消費中國

1949—1976

資本主義的敵人如何成為消費主義的信徒

葛凱 Karl Gerth 著

陳雅馨、莊勝雄 譯

Unending Capitalism

How Consumerism Negated China's Communist Revolution

目錄

推薦序

消費改變了共產中國

中央研究院近代史研究所研究員　巫仁恕

研究中國消費文化的歷史學界同好並不算多，葛凱教授不僅是重要的先驅，也是至今成果最豐碩的學者之一。二〇一五年筆者曾邀請葛凱教授到中研院近史所訪問，葛凱教授當即應允了。筆者最初雖與他並不熟識，但我們後來卻一見如故，同時還發現彼此間有許多共同好友，尤其是本書序言首頁提到的柯必德（Peter Carroll）教授。當時葛凱教授正著手研究一九五〇、六〇年代中國大陸的消費主義，現在他研究成果不但成書，又選擇在臺灣出版中文譯本，筆者很榮幸受邀為此書作序。

關於中國大陸在一九五〇年代與六〇年代的歷史，一般人的印象往往集中於政治整風、紅衛兵的暴力、經濟實驗、政策災難以及大規模的饑荒等等，消費主義幾乎是完全無法想像也無法理解的。因為在一般認知裡，力圖實現共產主義的國家，不太可能出現資本主義色彩濃厚的消費文化。而葛凱教授的這本新書，正是從一個全新的角度來詮釋這段歷史，筆者認為這是本書的第一大貢獻，也提醒我們思考歷史時，應該重視與大時代相悖的各種現象，如同筆者發現的抗戰時期位於淪陷區的蘇州，出現過所謂「畸形繁榮」的消費現象，這和過去我們對抗戰歷史的認知迥異。

本書第二個貢獻，應該從承先啟後的角度來觀察。葛凱教授先前已完成了討論民國時期民族主義影響消費文化的《製造中國》一書，這之後又有《中國好，世界就好》一書，發掘毛澤東時代末期以來的消費主義史。而這本新作則是要說明，在中共建國前就已存在的消費主義，如何持續影響後來的社會主義時期。一九五〇年代的中共政權，為了應對外部軍事鬥爭，必須將勞動力高度集中以造就大規模的工業化，同時將消費需求極小化並加以直接控制。葛凱教授稱此為「國家消費主義」，而在他的論述下，抗美援朝不僅是國家企圖控制特定消費形式的運動，同時還繼承了一九四九年前，在國貨運動基礎上所發展出來的模式；至於文革時期號召的破四舊，若從消費的角度來看，也是繼承二十世紀初國貨運動由下而上的模式。這個經由國家批准，對資本家和資產階級消費主義的攻擊，瀰漫在所有的官僚階層和整個社會裡。

同時本書探討社會主義時期的消費現象以及政策上的問題，也可以解釋八〇年代的中國大陸為何走向改革開放，這是重要的第三個貢獻。共產主義強調的階級平等，透過葛凱教授在第一章對「三大件」（手錶、腳踏車與縫紉機）需求的探索，反而呈現出社會的不平等，其中也包括了城鄉差異。第四章提到藉由各種傳播工具來宣傳國家消費主義的理念，企圖壓制人民的物質欲望，並改造為讚揚集體社會消費；但如此反而會造成了資產階級的產品愈加稀少，因而造成增加它們的吸引力和市場價值的反效果。第五章指出由於物資短缺與銷售服務人員不足，排隊成為消費者的日常活動，甚至讓他們走向黑市。第六章述及文革的破四舊積極地找出被政治化後的有問題商品，但人民購物時並不會因此輕易放棄喜愛的商品和品牌。總之，本書描繪的諸多現象再再表明，中共建國後為了反對資本主義所發起的系列運動，最後的結果卻是引入了新的擴大消費主義形式，結果反而有助於對共產主義革命的否定。

至於本書第四個貢獻，是促使我們思考以下的重要問題：共產中國的前二、三十年，只是消費主義在中國的長期發展過程裡的一個過渡與轉折嗎？筆者雖非從事民國時期或當代消費文化的研究，但讀完葛凱教授大作後仍獲益良多，深覺若從長時期變遷的歷史角度，可以為本書探討的諸多現象做些新詮釋。

例如一九五〇年代的三大件原本都是舶來品，三大件的大量生產也反映了近代早期以降進口替代的延續。而舶來品在中國向來是促進流行與消費的重要動力，例如明代從朝鮮輸入的馬尾裙與折扇，清代從西伯利亞等地輸入的皮毛等等，所謂的「洋貨」，推動了國內時尚的改變。到了近代西風東漸，歐美舶來品的影響力更大。但當抗美援朝運動在抵制西方消費品的同時，舶來品是否從此禁絕了呢？事實卻不是如此，新的舶來品正在帶動新的時尚，那就是本書第三章提及的「蘇聯風」。由於須尋求必要的軍事和經濟協助，蘇聯在各方面在中國被認可為新的典範，其中也包括了物質及文化的表現形式，因此蘇聯模式正當化了消費主義。當時蘇聯的服裝、時尚、模範勞工等各種輸入品，都幫助中國支撐了國家消費主義。

至於政治上的整風，雖與消費文化看似毫無關聯，實則並不盡然。例如明代權臣嚴嵩遭到抄家後的財產清單，被傳抄後刊印成書《天水冰山錄》，而書中所列的奢侈品目，竟又成為當時炫耀性消費的指南手冊。本書第六章提到的文革破四舊運動，雖是對資本家和資產階級消費主義的攻擊，但紅衛兵「抄家」時也在沒收物品的基礎上產生了新形式的消費主義。因為抄家讓更多人接觸到資產階級的生活方式和物品，當許多物品流入市場後，反而激勵、促進了各種黑市或市場資本主義活動。

在歷史上往往也能看到，處於權力最頂端的國家領導者，因為自身目的而刻意塑造出某種消費品味，並進一步以此影響社會各階層的分化。乾隆皇帝便是近代早期的代表之一，他所推動的消費時尚，就有助於漢人菁英對異族統治者的認同。本書第七章論及文革初期用來表明革命身分的強大圖騰之一：毛澤東像章。當毛澤東像章創造出象徵性和社會價值後，就逐漸演變成一種物質欲望的浪潮，推動了幾十億枚像章在全國與全球各地生產、銷售、收藏。佩戴這些像章顯示與眾不同的身分和社會地位，也就是所謂的炫耀性消費。這一種由領導人崇拜所塑造的消費時尚，其實與乾隆皇帝的品味異曲同工。

從筆者以上的敘述可知，本書討論的國家消費主義的諸多特點，在歷史中都可以找到它的脈絡與延續。當然本書還有許多精彩之處，有待讀者細細品味。

臺灣版作者序

一九八七年在臺灣做研究的我，從未想過會寫一本跟「共產中國」有關的書。這本書論述中國毛澤東時代（一九四九至七六年）的政經情勢一直以來都是由國家領導的資本主義變體，從未「建設社會主義」。

寫這本書之前，我自身對這個主題的理解，就連自己都感到不可思議。那時的我帶著世界對冷戰的理解標準來到臺灣。成長於七〇、八〇年代冷戰末期的我，對中國的好壞一無所知。然而在我的青少年時期，雷根總統將「邪惡帝國」的標籤貼在蘇聯身上。對於任何被他那樣的當權者貼上的邪惡標籤事物，都深深吸引著叛逆的我。我想了解與我所知全然**對立**的事物，便開始研究起「共產中國」。

在臺灣的頭幾年，恰巧是冷戰的最後十年。一九八〇年代的我們仍然將「資本／西方」和「共產／東方」當成完全對立的兩個不同世界。而我親身經歷了這兩個世界，也就是「共產中國」與「自由中國」（過去有時臺灣被這麼稱呼）之間的差異。我到臺灣研究中國之前，就已經在南京大學及北京大學做過研究了。我的生活周遭充斥著中國和臺灣的差異，也是共產主義和資本主義世界的差異。當時的中國沒有麥當勞，別說交朋友了，就連跟中國人交流都很困難。不像現在，過去我和中國人在消費文化等方面幾乎沒有共同點。相反地，臺灣有麥當勞，也能輕易與人接觸，討論我們共同的興趣和生活經驗。

八〇年代以降，我不再將中國和臺灣之間無可否認的差異理解成「社會主義對抗資本主義」。我知道若脫離我過去著作中傳統的文化史研究，肯定會招來批評。儘管如此，我仍希望讀者能跟上腳步，並就以下五個面向重新思考當代世界史，尤其是一九四九年後的中國史。

首先，直到最近，我們已然認為共產主義和資本主義之間的冷戰已經結束。冷戰既已結束，那就值得去重新思考我們的基本概念，特別是我們所使用的「資本主義」一詞，就像美國歷史學界一直以來所做的那般去擴展概念。

第二，將中國框定在多樣且持續變化的工業資本主義概念當中。這可以幫助我們解釋早期相互衝突的例證。

這種理解並不是由我開始的。起初，我照著傳統實證方法來解釋中國所發生的事物（即四九年之後數十年的「建設社會主義」中國），甚至將我所見的都貼上「社會消費主義」標籤。然而許許多多的事物都不符合「社會主義中國」的理解標準。用「資本主義的變體」去理解，才能使我的資料更說得通。

當時眾多來自中國內外的一手與二手資料，都對毛時代的政治經濟做出了類似的解釋。此外，眾學者不斷挑戰中國做為一個社會主義國家的概念，況且早在一個世紀前，就有人將蘇聯和其他自稱「社會主義」的國家解釋成不同形式的資本主義。這些評論加上我的資料，都提供了非常不同且有說服力的方式，來串起這段歷史。

這本書從大範圍的檔案文件、報紙、自傳及網路部落格中篩選出人證及物證。部分歷史採用否定「社會主義中國」的概念來理解會更為合理，也就是將中國的國家政策視為國家不斷在**「國家—私人」的資本主義光譜**中游移，並用消費主義的角度來理解。

這些資本主義種種的調整並未隨著毛澤東於一九七六年的去世而結束。我的方法也幫忙提出了主要的研究文獻和政治問題：七六年毛澤東死後的幾年發生了什麼？當共產黨的「理論家」吹捧著「市場社會主義」以及「具中國特色的社會主義」時，他們拋棄社會主義了嗎？我們仍該將中國理解成建設社會主義，如同黨宣稱的那樣嗎？儘管他們達成共產主義的時程表已如同黨五九年所宣稱的那樣往後調整幾個月，甚至還可能是幾個世紀？這本書揭示了，中國並不是在八〇年代才揚棄共產革命的，當時鄧小平支持開放產品及勞工市場經濟；鄧小平只是在原先工業資本主義的制度安排上簡單地做了個更大且更長遠的變動。舉例來說，六〇年代早期至文化大革命前夕，黨便是將制度安排從國家計畫導向市場運作、從公眾持有導向私有資本控制，以此促進資本主義的無限擴張。

第三，我也質疑「社會主義中國」的解釋，因為舊的「共產主義對抗資本主義」這種二元對立觀是民族國家及雙方政治菁英**希望**人民採用的思考模式。仔細來看，我們就會發現人民對共產黨真正想要建立什麼抱有**疑問**。本書將展現中國各社會階層人們的矛盾對立，譬如黨分配盈餘時使用的社會主義詞彙「平等主義」及「民主控制」，以及黨的資本政策所導致的不公平擴大。是史料引導我做出了如此詮釋。我們可以辯論「共產主義」與「社會主義」在當前的概念及意義。但我也認為，去理解**那時的**人們怎麼思考相當重要。

我碰到一些普遍存在的問題，讓我對所謂的標準解釋提出質疑。揭露這些問題可以幫助對抗標準解釋的假設：無論政治經濟形式呈現怎樣的面貌，中國人民仍然認為他們在「建設社會主義」。有時候部分人民的行為會顯現這類問題，譬如罷工的工廠工人，或在公有工廠保留體力再將勞動力賣給私人工廠的勞工。我們也能發現農民在對付高度剝削時使用的尋常武器：藏匿、食用及偷竊糧食。這一切的行為都顯現了問題。在其他時期這樣的疑問更加明確，例如一九六五年毛主席跟知名記者愛德加・史諾（Edgar Snow）也這樣說：現在的青年們會「否定」共產革命，「恢復資本主義」。

第四，由國家主導的資本主義，能擴張我們對工業資本主義的了解。不論五〇、六〇還是七〇年代的哪個特定年分，中國看起來一點都不像我們所想的「資本主義」或「消費主義」。中國曾經是個極度貧窮的國家，儘管如此，隨著時間及地點不斷變化，資本主義的某個面向依然持續保留著：它不斷要求新鮮跟自由輸入；它不顧後果地掠奪環境資源，毫不在乎家家戶戶中工作的女人跟女孩，奴役著人們；當然，它還不斷兼併新的土地。站在全球資本主義中心的紐約和倫敦，卻漠視資本主義的非市場面向，就等於忽視了是什麼任它能繼續擴張。相對地，除了關注中國這個全球資本主義的一分子，我也試著關注「資本主義」的另一半：需求與消費。從這個觀點，我們能更輕易地看見資本主義的不公。

第五，我們都知道，資本主義無止盡地擴張和成長，會毀掉我們的生物圈。好的歷史早已包含了各種分析項目，如民族、性別、階級和人種。然而，當代歷史必定也會分析氣候危機以及人類的存續威脅。要了解氣候危機的挑戰，我們需要先了解資本主義及其全球性成長，甚至比人類的存續還重要。去框定一個巨大又未能成功用社會主義取代資本主義的新中國，把它打成一個披著共產外皮的資本主義敵人，我不認為這能幫助理解我們的世界。相反地，藉由時常關注資本主義的成長和消費的必要性（這是所有工業資本主義的核心），我們才能學習到如何進一步改革或取代資本主義，以拯救我們的生物圈。

最後，這三十多年來，我已在臺灣找到了研究上的支持和友誼。現在我對臺灣的感謝表又能再加上一項，就是這本書的翻譯與出版。非常榮幸我的書能以中文版問世，在此感謝陳雅馨、莊勝雄的翻譯，以及臺灣商務印書館張曉蕊總編輯和徐鉞的費心處理。

葛凱（Karl Gerth）

謝詞

在我研究與寫作本書的十來年裡，若不是有曹梅（May Cao，此處為音譯）的協助，我就無法找到和理解這裡使用到的許多材料。而若不是珍妮．巴克－努恩（Jeanne Barker-Nunn）的編輯服務，這本書也不會完成。在為本書做研究時，我閱讀的資本主義批判文本使我敏銳意識到資本主義所依賴的諸種結構性不平等。所以我相當肯定，這兩位價值被工資低估的良善者都是女性，這件事絕不是巧合。我要把這本書獻給梅和珍妮。

柯必德（Peter Carroll）象徵了我忘記致謝的焦慮，許多朋友和同事直接或間接地幫助我完成本書。他曾鼓勵我去發掘一個對我第一本書的研究至關重要的檔案，但我卻忘了在那本書裡感謝他（但我在第二本書裡這麼做了）。我不知道這本書的「必德」會是誰。但是出現必德的可能性有很多：被遺忘的一次會議中的對話；曾經讀過發人深省的、卻沒被記入筆記中的一本書；或者最令人不安的，一個像必德一樣直接幫助過我的人。無論你是誰，「必德」啊，謝謝你。

首先要感謝的就是那些閱讀過全部或部分手稿的人。我必須事先說明，許多給我反饋意見的人往往不同意我初期草稿中的觀點。所以提到他們的名字並不表示他們為我背書。事實上，人們應該設想情況正好相反。就從施恩德（Andre Schmid）開始吧，他仔細的不同意見及建議使我的書得到了許多的改善。我尤其要感謝施珊珊（Sarah Schneewind）對整部手稿邏輯和清晰性的要求。還有許多其他人針對特定主題給予了反饋意見，包括茱麗葉・卡迪奧（Juliette Cadiot）、馬克・韓瑞克森（Mark Hendrickson）、林鍾國（Hyung Gu Lynn，音譯）、奧斯卡・桑切斯－習伯尼（Oscar Sanchez-Siboney）、薛鳳（Dagmar Schäfer）、沈邁克（Michael Schoenhals）、史蒂芬・席海（Stephen Sheehi）、路易斯・席格爾波姆（Lewis Siegelbaum）、文浩（Felix Wemheuer），以及文哲凱（Jake Werner）。

學術生活的一大樂事就是能與一大群人一起來討論觀點。法蘭克・川特曼（Frank Trentmann）是最早為我的第一本書提供反饋意見的人，從那以後他一直是我的求教對象。同樣地，安舟（Joel Andreas）、梅寶・貝雷辛（Mabel Berezin）、克里斯・布拉摩（Chris Bramall）、亞齊・布蘭特（Archie Bryant）、程麟蓀（Linsun Cheng）、凱特琳・艾伯斯丁（Katherine Epstein）、安東籬（Antonia Finanne）、麗莎・傅瑞斯提（Lisa Fredsti）、高尚（Shang Gao）、簡・海沃德（Jane Hayward）、柯偉林（Bill Kirby）、葛利格・路易斯（Greg

Lewis）、濮德培（Peter Perdue）、沈榆、孫沛東（Sun Peidong）、孫萬國（Warren Sun）、藍夢林（Patricia M. Thornton）、克林特・崔斯特（Clint Twist）、魏希德（Hilde de Weerdt）、吳旗滔（Qitao Wu，音譯）及吳翊君（Yiching Wu）都提供了其他形式的協助。雷納・米德（Rana Mitter）數十年來為我提供了學術參與、關於機構的實務知識以及友誼，他的貢獻是全面性的，不受限於我在謝詞中的簡易劃分。

劍橋大學出版社（Cambridge University Press）的露西・萊默爾（Lucy Rhymer）果然不負她身為委外編輯所得的盛名，在她的諸多貢獻中有一項是為出版社招攬嚴格但公正的匿名讀者，對這些讀者我也心存感激。劍橋大學出版社的詹姆斯・貝克提供了書籍生產方面的協助。除此之外，我還要感謝南西・赫斯特（Nancy Hearst）檢查每個註腳並讓這本書幾乎每一頁都變得更好，以及感謝丹・哈定（Dan Harding）的編修工作。伊莎貝拉・弗爾思（Isabella Furth）在寫作和修訂上提供了額外的協助。格林內爾學院（Grinnell College）的寫作顧問瑪蒂達・李伯曼（Mathilda Lieberman）是第一個教我如何進行學術寫作的人，她也間接教會了我獲得反饋意見的重要性。

我的研究生指導教授之一，已故的菲利浦・庫恩（Philip Kuhn）喜歡告訴研究生，我們從彼此身上學到的會比從他那裡學到的多。但他沒說的是，教授從學生身上學到的一樣多。我在加州大學聖地牙哥分校（University of California, San Diego, UCSD）大學部課程上首次測試運用了這份材料，除了感謝那裡的學生以外，我也要感謝「中國現代史」研究生專題討論課的參與者，包括我們的研究生彼得・布瑞登（Peter Braden）、焦宇鵬（Yupeng Jiao）、楊一雪（Yixue Yang）、王楚楚（Chuchu Wang）、麥特・威爾斯（Matt Wills）、湯瑪斯・陳（Thomas Chan）、林揚（Lin Yang，音譯）、班・克雷澤爾（Ben Kletzer）以及H・C・梁（H. C. Leung）。湯瑪斯・陳和麥特・威爾斯值得額外的讚美，他們閱讀及廣泛評論了初期的草稿，並推薦了有用的資料。

我也很幸運在UCSD有一個充滿活力的中國研究社群可以分享觀念、發現新的知識靈感來源。我要格外感謝謝淑麗（Susan Shirk）、廣磊（Lei Guang，音譯）、穆盛博（Micah Muscolino）、山謬・曹（Samuel Tsoi）、史宗瀚（Victor Shih）、貝瑞・諾頓（Barry Naughton）、李懷（Li Huai，音譯），以及白明（Jude Blanchette）。在範圍更廣的南加州中國研究社群中，我要感謝華志堅（Jeff Wasserstrom），是他讓我更容易地適應了新環境。永遠精力充沛的畢克偉（Paul Pickowicz）即使在退休後也持續分享著他和周錫瑞（Joseph Esherick）的研究生項目背後的成功祕訣，那就是奉獻與辛勤工作。

這本書背後的研究跨越了我在三所大學的服務時間。南卡羅萊納大學（University of

South Carolina）、牛津大學／默頓學院（Oxford University/Merton College），以及現在的加州大學聖地牙哥分校都向我提供了穩定的資金來源以及行政支持。我尤其想要感謝UCSD中國研究「魏枝和茱麗葉・秀講座」（Hwei-Chih and Julia Hsiu Endowed Chair）贊助人、UCSD教授評議會、默頓學院的院長及研究員、牛津大學費爾基金（Fell Fund）、英國國家學術院（British Academy）、英國藝術與人文研究委員會（British Arts & Humanities Research Council），以及布雷克摩爾基金會（Blakemore Foundation）。這些機構支持了我的研究，它們的員工為我完成了文書工作。這些機構行政人員的專業精神，尤其是蘇珊・溫徹斯特（Susan Winchester）的協助，讓我的生活變得輕鬆許多。

在二〇一八至一九學年，我有幸能以普林斯頓高等研究院斯塔爾基金會東亞研究贊助基金成員（Starr Foundation East Asian Studies Endowment Fund Member Institute for Advanced Study in Princeton）的身分完成這部手稿。狄宇宙（Nicola di Cosmo）在那裡打造了一個研究、寫作及討論的理想環境。在那一年，我還得到了來自美國學術團體協會中國史項目魏斐德獎學金（Frederic E. Wakeman, Jr. Fellowship in Chinese History of the American Council of Learned Societies）的額外支持。

本書也受益於許多學術交流的機會。珍妮佛・歐特韓格（Jennifer Altehenger）及何若書（Denise Ho）不只閱讀了早期版本的引言，還在世界各地組織了持續舉辦多年的系列研討會，使我能夠發表早期版本的兩個章節並徵求反饋意見。對於其他的參與者我心懷感激，尤其是雅各布・艾弗斯（Jacob Eyferth）、李傑（Jie Li，音譯），以及羅坤（Cole Roskam）。我要感謝巫仁恕邀請我到臺灣中央研究院擔任資深訪問學者。在我待在普林斯頓大學的那一年，我獲得了許多與陳怡君（Janet Chen）和謝爾登・蓋倫（Sheldon Garon）共事的機會。在加州大學柏克萊分校（University of California, Berkeley）的一場談話中，我得到高棣民（Thomas Gold）、葉文心（Wen-hsin Yeh）、歐博文（Kevin O'Brien），以及周欣平（Peter Zhou）給我的早期批判性反饋意見。作為哥倫比亞大學（Columbia University）現代中國專題討論的一部分，吳克強（Chuck Wooldridge）、高哲一（Robert Culp）及其他的參與者，尤其是林郁沁（Eugenia Lean），給出了建設性的批評。我也要感謝郭旭光（Arunabh Ghosh）邀我到哈佛大學演講，介紹我的研究。楊奎松、馮筱才、許紀霖、江晉、瞿駿、張濟順，感謝所有這些華東師範大學的教授多年來和我進行了成效斐然的學術交流。感謝上海社會科學院的金大陸和張秀莉允許我在中國的專家聽眾面前測試我最終的論文。

研究技術以及新的電子資源和資料庫的巨大進步令挑戰對於毛澤東時代（以下或簡稱

毛時代）的既定詮釋變得容易許多，正如我所使用的中文部落格文章中的無數證詞所表明。當然，如果沒有圖書館員的協助，我就無法得知或取用這些和其他資源，因此我要感謝UCSD的陳晰、普林斯頓高等研究院的瑪莎・塔克（Marcia Tucker），以及普林斯頓的約書亞・索弗特（Joshua Seufert）。此外，我還要感謝這些圖書館的工作人員，包括史考特・麥凱佛伊（Scott McAvoy）和科克・王（Kirk Wang）協助我準備書中所使用到的圖像。

我也要感謝在這個寫作計畫之外讓我的生活變得更美好的人。我的家人，尤其是我的雙親羅傑・葛斯（Roger Gerth）和茱迪・范倫丁・葛斯（Judy Valentine Gerth），他們在表達對我工作的興趣與鼓勵時，從不會使我開始意識到進度是否過於緩慢的問題，從很久前他們就是精通這門表達藝術的大師。丹尼斯・迪默崔爾（Denise Demetriou）讀完數不清的草稿，更提供了許多愉快的消遣。和蜜絲提・葛斯（Misty Gerth）在一起的許多時光令我可以沉浸於無憂無慮的樂趣中。許多朋友都對於我的生活品質作出了貢獻，尤其是法蘭克・貝屈特（Frank Bechter）、約翰・克羅爾（John Carroll）、肯恩・切斯（Ken Chase），以及史黛西・密爾納－柯林斯（Stacey Millner-Collins）。由於我以划艇為中心來平衡我的工作與生活，因此我要特別感謝這個社群的成員，先是安迪・戴森（Andy Dyson）說服了一個像我這樣的中年學者加入學校賽艇隊，接著是我的隊友們忍受了我在水上活動時製造出的「葛氏地震」。從那時起，還有很多其他人支持我從事這項活動，包括最近期的蓋瑞・亞蘭斯（Gary Ahrens）、克里斯・凱拉罕（Chris Callaghan）、卡爾・道格拉斯（Carl Douglas）、威廉・J・曼寧（William J. Manning）、派崔斯・里約克斯（Patrice Rioux），以及瓊安・史托倫（Joanne Stolen）。

去年發生了兩件事令我認識到人們所創造出的價值，這價值不僅超越他們的薪水，更幫助了其他人。在普林斯頓時，剛謀面不久的艾米・哥特查克（Amy Gottschalk）在聽完我介紹我的書之後，跑回她的車上拿了一套精美的毛澤東像章回來，這曾是她送給母親的收藏，母親逝世後又回到她身邊。她堅持要我將它們當作禮物收下，因為她信任我能為它們找到一個合適的家（其中的一些現在已經活在這些書頁中了）。也是在去年，我正準備搬家時，偶然翻閱了我小學時的畢業紀念冊，其中有我的老師和同學們留給我的告別字語。在我和老師這次最後的交會裡，曾不只一次因為合理的理由懲罰我的瑪麗・艾倫（Mary Ellen）修女，以她豐富的同情心寫道：「我相信你。」如果這些年來我不曾收到過這樣的盛情厚意，我就不可能完成這本書。

引言

消費主義與資本主義

隨著一九四九年中華人民共和國的成立，中國共產黨便以終結資本主義為宗旨。然而三十載悠悠經過，資本主義似乎在共產主義革命中倖存下來，甚至戰勝了共產主義，成為中國經濟與社會的驅動力。本書是第一本書寫中國共產主義革命（以下或簡稱共產革命）後最初幾十年消費主義發展情況的歷史論述，它對共產主義在中國看似失敗的下場提供了一個新的解釋。正如本書所表明的，消費主義的三大核心過程——消費產品的大量生產、在大眾媒體散布有關產品的論述，以及運用這些產品來創造並傳達身分認同——不僅早已存在於革命來臨前的中國，實際上更透過中國共產黨（以下或簡稱中共）的政策得到擴展。[1]本書超越了僅僅將消費主義整合進中華人民共和國（以下或簡稱中國）早期歷史的作法，主張中共自我認定的社會主義國家並非資本主義的對立面，而是一個對工業資本主義實施控制的「國家─私人」光譜上不斷移動的點。因此，黨的政策總是否定其自身的革命目標。

本書嘗試將消費主義整合進毛時代（此處定義為一九四九至一九七六年間）的歷史，這完整了我先前對二十世紀中國消費主義史的各種探索。[2]我的第一本書《製造中國》（*China Made*, 2003）考察了二十世紀初中國民族主義的誕生、大規模生產商品的傳播和相關消費文化的發展。後來《中國好，世界就好》（*As China Goes, So Goes the World*, 2010）則探討了後毛時代消費主義的歷史，這段時期消費主義在中國威力無窮，包括創造出全世界最大的汽車市場、國際及中國品牌藉由廣告及大眾零售業傳播，以及各種市場（從失竊嬰兒、瀕危物種到二奶）的再次復甦，都再再說明了消費主義的影響力。這些對於一九四九年前中國消費主義的誕生及其於七〇年代末復甦的論述，引領我提出本書欲解決的核心問題：「消費主義在中間這段毛澤東時代究竟發生了什麼」，以及核心爭論：「按理來說此時中國應當朝著共產主義邁進才是。」毛時代的消費主義史始終是個謎，極少有學者認為在那個貧窮的社會主義國家，會有什麼消費主義好研究。[3] 基於早期的研究，我最初以為新中國成立前已發展出的消費主義的諸多層面，包括廣告、品牌打造、時尚以及透過消費大量製造產品而產生的社會分化其實並未消失，而是悄然地持續存在著。確實，隨著研究的深入，我也發掘出大量的證據，表明儘管「共產中國」有著反消費主義的論調，但它卻也發展出許多被其稱為社會主義版本的消費時尚、商業活動、品牌打造和廣告，以及市場資本主義國家（market capitalist countries）都很熟悉的各種消費主義面向。在這些消費主義屬性的傳播過程中，越來越多的中國人開始渴望諸如腳踏車、縫紉機及手錶等量產商品，最終獲取這些商品，並因此打造出新的身分認同。以下章節中收錄的大量消費主義證據及事例，向我們揭露了與既往對此一時代的認知截然不同的一段歷史；以往對這個時代的論述往往是紅衛兵集會、經濟實驗、政策災難、大饑荒，以及最重要的——毛澤東一人獨攬的大權。

一開始我沿用中共自身的政策術語和學術慣例，將我的研究發現貼上一個「社會主義」的標籤。由於我所探究的消費主義是發生在一個社會主義國家，因此我一度認為它是「社會主義的消費主義」（socialist consumerism）。然而隨著累積更多的例證，我開始思忖，在一個由共產主義政黨控制之下的國家居然發現了如此之多的消費主義，而這個政黨宣稱的目標又是透過消滅資本主義的屬性（包括其消費主義的表現形式）來「建設社會主義」，這之間意味著什麼。[4] 中國共產黨聲稱要將中國改造成一個更平等的社會主義國家、一個勞動人民的共和國，然而我所發現的例外如此之多，情況似乎表明了：首先，黨所作的這些努力非但沒有削弱反而創造了更多的消費主義；其次，這種消費主義事實上是國家社會和經濟政策的結構性後果。[5] 儘管根據中共的預測，資本主義的表徵會在「建設社會主義」的過程消失殆盡，但我卻看到一種位於「國家─私人」光譜上的工業資本主義逐漸發展；誠意和成功程度不一的中國領導人則企圖透過社會主義論調，推行帶有社會主義色彩的政策（圖0.1）來證明它的正當性，或讓它變得更容易為人所接受。[6]

一九四九年後，整整三十年的中國消費主義歷史迄今為止從未被仔細審視過，這點絲毫不令人意外。整個毛澤東時代的中國一直都是個貧窮的國家。只有少部分人能接觸到消費品，更只有一小撮人能圍繞著這些商品打造出一種消費文化。相應地，以往對這個時代的歷史研究一直都關注於共產主義革命餘波的其他面向，包括中共為了建設新國家展開鬥爭、形成地緣政治聯盟、重組農村勞動力、徵收城市資本家財富、實現經

圖 0.1　工業資本主義（Industrial consumerism）。在第七章所討論的毛像章熱，描繪了消費主義的三個定義面向：消費品的工業生產達到空前規模、關於這類產品的論述在大眾媒體上傳播（這些論述引導人們產生新的需求和欲望），以及漸趨頻繁地使用（包括像章在內的）這些產品來創造及傳達不同的身分認同，而這些認同往往具有等級性質。資料來源：所有像章照片均來自作者私人收藏。

濟工業化、進行社會工程實驗，以及發起群眾運動以爭取支持。然而，正如以下章節所展示的，消費主義的傳播既是這些轉變的先鋒，同時也與它們密切相關。透過消費主義的視角來詮釋毛時代，為我們理解中國在一九四九年後政治與經濟的全面重組過程提供了一個嶄新框架。

消費主義的發展向來與工業化息息相關，因此在以大規模生產為目標的整個社會重組過程中，消費主義是重要的一環。[7] 傳統觀點認為，中共建立了一個反資本主義、超平等主義及反消費主義的社會主義方案來取代工業資本主義，而毛時代就是中共對此作出的最大膽嘗試。然而若拋開中共的論調去檢驗其政策及結果，我們就會看見毛時代的消費主義絕不是自革命前的舊中國苟延殘喘的遺留物，也不是國家政策導致的意外後果。消費主義在整個毛時代的擴張是一個可預見的結果，它持續否定了革命本身的核心目標。中共並沒有終結資本主義，而是斷斷續續地將中國從工業資本主義的「國家—私人」光譜上推向國家的那一側。無論具體的制度安排如何變化，中共始終是在發展著某種工業資本主義的變體。

因此，這本書的目的不僅是要闡明毛澤東過世後中國消費主義復興的起源，還意在拓寬一個長期存在的評論，亦即是否應該以消費和消費主義為分析視角，將中國（及其他

「社會主義」國家）視作是某種資本主義國家的變體。本書主張應將毛時代的政治經濟體理解為既往學者所描述的**國家資本主義**（state capitalism），而非社會主義。也就是說，它是工業資本主義的一個變體，由國家權力透過中央計畫機構及國有制主導了資本的積累及分配。[8] 黨的主要目標是利用資本主義的做法來實現國家工業化，完成那些迫在眉睫或長遠的經濟、軍事和政治目標。一些共產主義領導人，如蘇聯的史達林，願意接受由此而產生的社會不平等，並視其為實現共產主義目標所必經的社會主義發展階段。[9] 相形之下，毛澤東和其他中共領導人一方面追隨蘇維埃的領導，也認知到社會主義的過渡階段做在通往共產主義的道路上是必要的，但另一方面，他們也常痛苦地意識到自己聲稱的目標及施政結果總是相互矛盾，並擔心這些差異會摧毀他們的革命目標。然而為了進一步擴大資本，中共領導人仍持續選擇在體制內進行不同試驗，朝向更大地利用市場、私有財產和物質動機，而所有這些安排都導致了消費主義的擴張。[10]

毛澤東經常警告，這些現象和其他的資本主義表現，將會否定中國、蘇聯及其他地方的共產主義革命。在他的聲明中，「否定」（negation）一詞意味著啟動辯證歷史唯物主義的過程，在這之中，一種生產方式被另一種生產方式否定（譬如封建主義被資本主義否定，資本主義則被共產主義否定）。[11] 儘管有這些憂慮，但相較於實現共產主義國家的長期目標，包括創造公平共享的經濟、民主化工人對生產過程的控制等等，黨的優先任務是實現工業化的首要目標，以及相應的資本積累需求。簡言之，黨所許諾的共產主義目標，正當化了它所採取的資本主義手段。

與此同時，消費及剩餘分配（也就是生產出來的東西發生了什麼）也是我關注的賺點，這為理解此一時代的歷史及政治提供了一個嶄新的視角。不同於過去側重生產和積累的傳統研究，我在本書要表明的是，國家對工業化施加的控制越多，對消費的控制就必須越多。國家一再決定將快速工業化的優先性置於其社會主義目標，亦即轉變社會生產關係（即由資本所控制的生產轉變為勞動所控制的生產）之上，這在消費層面引發了一個必然結果。在一個貧窮、資本匱乏且急需資源的國度，國家不得不壓制個人的消費欲望，或引導這些欲望遠離所謂的「資產階級」（bourgeois）消費主義，並朝向對國家更為有利的方向。這包括了毛澤東所稱的集體財（collective goods）的**社會消費**（social consumption），如武器、基礎設施以及用來改善人力資本的社會計畫（圖0.2）。[12] 中共之所以最終未能終結資本主義，很大程度上是因為它選擇採取工業資本主義及消費主義的做法，來實現更遠大或更眼前的國家目標。可以肯定的是，這種工業資本主義的制度安排和那些「資本主義」和「社會主義」國家有很大差別。然而非市場分配機制的出現（譬如配給券和城市工作單位），以及黨有關建立社會主義國家的論調疲勞轟炸，掩蓋了貫穿毛時代前後資本主義和消費主義發展的潛在連續性。[13]

誠然，相較於消費量產商品，人們或許可以從工作單位和其他與中國社會主義相關的制度安排中獲得更多建構及傳達身分認同的機會。然而，若用消費主義的概念加以檢視這些制度安排，它們似乎更像是為了促進工業化快速發展而用來限制消費的額外

圖 0.2 社會消費。儘管「社會消費」一詞來自新古典主義經濟學，但毛澤東和中共仍將其當作「建設社會主義」不可或缺的概念來使用，他們讚揚如南京長江大橋（圖中官方海報所示）等集體財的社會或公共消費，認為它們是私人或資產階級消費的對立面。資料來源：國際社會史研究所（Landsberger Collection）。

手段，並因此助長了消費主義中的結構不平等。[14]

簡言之，這個時代中國的許多資本主義表現形式，並不像中共經常對內及對外宣稱的那樣，只是國家正在消滅的「舊社會」殘餘。它們反映了國家導向和市場導向的兩種資本主義形式以多樣的面貌共存於同一個「國家─私人」的光譜上，並會隨著經濟及政治的迫切需要而即時轉變。一個理論上被認為具有「計畫」和「社會主義」特徵的經濟不僅表現出消費主義的特質，更擁有許多與「資本主義」相同的制度安排，包括私營企業、地下市場和公開市場、商品價格、薪資勞動，以及公司間的競爭。[15] 在本書各章中展示的資本主義實踐例證，正如學者們經常提及的那樣，創造了一個「國家的」或是一個「現實中的」社會主義變體，進而挑戰且複雜化了社會主義的內涵。不單如此，這類例證反映出這個時期工業資本主義的靈活性，這種靈活性體現在沿著資本主義光譜的周期性體制調整，目的是要更多地利用私人資本主義的制度安排（尤其是市場和私有制）來輔助國家資本主義的積累。

自然地，中共也試圖控制或限制過此類私人資本主義做法對經濟的影響。我創造了「國家消費主義」（state consumerism）一詞來具體指稱中國國家資本主義形式為各方面的需求所作出的廣泛管控——從推廣、界定、甚至散播對某些物品的消費，到排除、貶低、或邊緣化對資源分配的私人偏好（圖0.3）。這些管控包括了消費主義的全部三個定義面向，也就是量產消費品的生產及分配、有關這類商品論述的擴散，以及透過消費這些商品來傳達身分認同。國家消費主義的論調通常只會在表面上論及社會主義和平等主義，我稱這些論調為「帶社會主義色彩的」（socialistic）。中共承諾人民，「建設社會

圖0.3 推動消費主義的國家體制。國家消費主義包括了根據國家定義的優先順序，同時去抑制和促進消費。中共透過預算分配和提倡「艱苦樸素」精神明顯抑制了消費，但國家消費主義也包含促銷某些產品，以及建立全國性的消費主義基礎設施，就如這間位於北京的百貨公司。資料來源：北京畫冊編輯委員會編，《北京》（北京：北京畫冊編輯委員會，1959），頁81。

主義」將會否定工業消費主義的屬性，包括黨所說的「三大差別」（three major inequalities），也就是根據居住地為城市還是農村、工作為勞心還是勞力性質，以及工作場所為工廠還是農場而產生的三種不平等。[16] 然而黨的政策卻有意無意地加劇了這些不平等。[17]

以往對國家資本主義的分析總是聚焦於由國家主導的積累，然而本書所使用的國家消費主義概念納入了國家對物質欲望的管控，有助於擴展研究聚焦範圍。在國家資本主義下，國家不僅是資本的主要占用者，也是主要配置者，從而產生出與之對應的國家消費主義，去抑制試圖將剩餘挪作他用的其他競爭需求。實際上，黨不僅決定了誰會得到什麼，更抑制或阻止了具社會主義性質的資本運用方式，包括滿足工人對更高薪資、額外住房，或更公平分配稀缺消費品的欲望。在國家消費主義下，個體的選擇被認為至關重要，重要到不能交給「資產階級的」或「封建的」個人來決定，甚至連城市或農村工人所組成的「群眾」也不例外。

然而正如我的主張，國家消費主義不過是那個時代消費主義的一個面向而已，它無法取得對整個國家物質欲望的全面控制，更不用說是對消費的全面控制了。在中國和在其他地區一樣，國家是不可能支配個體欲望的；事實證明，企圖用全面國家控制來取代以個體為中心的「資產階級」消費主義，是不切實際的。中國人民對這類消費的歷史，並不是一部拒絕黨所設立目標的歷史，而是一部拒絕給予黨壟斷權力、任其將社會主義等同於國家宣揚的「艱苦樸素」精神的歷史。這本書闡釋了否定中國共產主義革命的多種方式，這些否定「每日、每小時、自動自發並大規模地」發生，不僅被列寧曾預測的小規模生產所否定，更被黨所害怕的消費主義所否定；畢竟無論在工業資本主義光譜上的哪一點，消費主義皆是不可或缺。[18]

透過消費主義及資本主義發展的連續性這一觀察視角，就更容易理解中國在一九七八年後看似突然放棄其所謂革命性的社會主義遺產，究竟是怎麼一回事。與其說鄧小平及後繼的中國領導人終結了社會主義，不如說他們重塑了（或者用他們的話來說，改革了）資本主義的一種變體，將國家推向更靠近私人資本主義及私人消費主義的光譜那端。因此，重新回顧毛澤東時代的歷史，將有助於解釋中國近幾十年來在私營企業、市場資本主義和不受約束的消費主義的復興。這段歷史顯示，毛澤東之後中共內部接班的「改革派」並沒有逆轉黨內過去終結資本主義的嘗試；毋寧說，他們不過是調整了體制，持續加速資本主義的擴張而已。

第一章

自我擴張和強制性消費主義

對量產商品的物質欲望在毛澤東時代迅速蔓延。越來越多人開始了解新商品，渴望新商品，並想方設法得到它們。在城市、國有工廠和行政機關等受惠於共產黨工業政策的地方尤其明顯。這個有關物欲蔓延的故事早在一九四九年前即已出現，它幫助我們理解國家是如何在有意無意間促成消費主義建立，同時也否定了共產主義革命。

在以下分析中扮演要角的是消費主義的兩個面向——自我擴張及強制性。消費主義會導致更多的消費主義；也就是說，無論在中國還是其他地方，消費主義一如資本主義，都表現出自我擴張的本質。[1] 產品是新舊社會活動的先決條件。舉例來說，無論是找份好工作或是找個好的結婚對象，人們都會覺得自己必須要有一輛腳踏車、一件時髦的衣服，或其他大量生產的商品。資本主義與消費主義在中國的傳播過程確實遭遇過無數障礙，其中包括節儉這個固有文化價值觀，以及人們對於透過商品來彰顯身分認同的反感。自然也有些人欣然擁抱了黨在此一時期提倡的「艱苦樸素」精神，他們會這樣不僅是受大眾媒體的灌輸所致，也是因為這樣的精神由來已久。毛時代的消費主義克服了重重障礙（其中也包括黨所設置的那些），並持續擴展。

本章將展示奢侈品如何在毛時代變得司空見慣，並擴展了資本主義及消費主義的內涵。一九六〇年代，數百萬人民覺得自己有必要購入的奢侈品有三樣，那就是手錶、腳踏車和縫紉機。這些奢侈品在毛時代末期已經廣為人知，廣受討論，稱為「三大件」。[2]在五〇年代末期前，中國人要獲得這三樣物品是非常困難的，它們通常是進口貨或由中國的外資企業製造，並且只有在有錢人的家裡才能見到。然而隨著國內產業從連年戰亂中復甦，國家將控制力擴張至生產及消費部門，「三大件」在中國的城鎮，甚至某些農村地區，也變得越來越容易獲得。到了毛時代末期，這些物品的產量大幅增加。以山東為例，一九七五至八〇年間「三大件」的產量增加了兩倍之多，滿足了更多人對擁有手錶、腳踏車和縫紉機的渴望。[3]國家消費主義的政策與論調從一開始的強調勤儉，轉為提倡消費「三大件」，這證明了資本主義的擴張與消費主義之間的相關性。[4]隨著「三大件」在全國的普及，它們逐漸失去其菁英地位，到了八〇年代初時已被稱為「老三大件」。[5]一組更新、技術更複雜、資本更密集的消費產品，如電視機、洗衣機、冰箱，取代了它們的地位。[6]

在政府和民眾看來，「三大件」在六〇年代的逐漸普及是社會主義成功的象徵，比起報紙上自吹自擂的頭條，這一現象提供了實實在在的證據，表明國家正在逐步工業化並變得更富裕。中共開始將一九四九年前帝國主義者生產的城市奢侈品轉變為新社會階層皆可獲得的日常必需品，並積累必要的人力及工業資本，以便在國內大規模生產這三樣物品。

儘管中共將民眾對這些貨品的購買力當成共同繁榮的例證，吹捧為黨「建設社會主義」最終邁向共產主義的明證，然而一旦去檢視這些象徵經濟成功的物品分配情況就會發現，正是黨的政策引進、發展並展現了新形式的社會與經濟不平等。如下所述，雖然中共在實現它聲稱的共產主義目標，也就是預防或終結工業資本主義帶來的不平等時自有一套論調，也作出了對應的政策表態，但這些不平等（包括黨所針對的那些）實際上卻進一步惡化了。

在整個毛時代，中共持續對消費主義釋放出許多自相矛盾的訊息。它向公眾宣稱在國家容忍範圍內的不平等是社會主義的一部分，但與此同時，「艱苦樸素」的論調又經常被拿來與社會主義劃上等號。有時，國家還會試圖將個人的物質欲望醜化為對國家安全及實現共產主義目標的一種威脅。然而國家卻無法將消費主義與工業化完全切割；基於政治上的理由，它也避免一直這樣做。黨的領導人明白，優先將擴大生產做為目標本身，就是他們反覆灌輸的「社會主義」的最佳宣傳策略。正如毛澤東曾對來訪的波蘭代表團說過的，「如果中國在全球工業生產方面能夠超英趕美，那麼多數人（國內政敵）就會贊同社會主義。」[7]

正如資本主義的定義屬性是一個政治經濟體（即社會）被資本的需求所主導，資本的再投資是為了創造更多資本，工業生產的擴張也帶來了消費主義的自我擴張。在中國，消費主義甚至影響了那些沒有管道或方法購買商品的人們。隨著黨領導的國家資本主義不斷開發新的商品和品牌，國家消費主義也試圖形塑及控制人們的物質欲望。在此背景下，有關消費主義的論述也變得更為複雜。人們生活在國家落後與進步的論述夾縫之中，並用消費主義來克服他們個人的落後感。人們開始同時追求商品的實用價值及社會價值。

「三大件」的生產與引進

人們對「三大件」的特殊商品欲望既不是必然的，也不是與生俱來的。更好的說法是，中共專注於生產這些消費品，是因為它認定這會進一步幫助中國實現工業化，就如同其著力於建設鐵路、橋樑和道路等大型技術（big technology）一般。這個國家既想限制人民的物質欲望，又希望它的人民渴望並掌握日常技術（everyday technology），抑或獲取那些產品來發展相關的技術，尤其是利用化石能源實現的量產技術。在這個脈絡中，我使用「技術」（technology）而非「產品」（product）一詞來強調工業資本主義的一個關鍵要素：競爭所導致的持續且自我擴張的強制性變化。「產品」聽起來是一件已經完工的物品，「日常技術」則標誌了一件事物的變化過程，例如一台腳踏車變成更好（或更便宜的）腳踏車，甚至升級成一輛汽車。這裡沒有談到的其他日常技術還包括打字機、收音機、留聲機、照相機、碾米機、香菸等許多其他技術。就連牙刷和牙膏也教會人們對身體和衛生的全新知識（例如牙齒需要定期刷洗），並勾勒出階級和得體行為——那些不知道如何刷牙的人是落伍的，更別提那些根本不刷牙的人。[8] 儘管沒有在本書中談到，但大型技術被認為是提高生產力及降低交易成本的關鍵；舉例來說，鐵路或橋樑可以將中國西北的煤炭運往東南的工廠，或將農村的作物運往城市中心和外銷市場。大型技術可以讓東西變得更快、更好、更便宜、更普及。無論是在新中國建國之前或之後，中國領導人都瞭解，為了國家的生存與繁榮，他們都有必要去取得這些大型技術。

生產與擴散這類產品培養出一批勞動力，有助於黨在世界新工業經濟中擁有競爭力，尤其是在冷戰對抗的背景下。在這些量產的日常技術中，最主要的就是「三大件」；「三大件」的生產與推廣，提高了擁有並掌握這些技術的個人生產力。確實，蘇聯也將這三項產品（以及其他幾項產品）列入大量生產之「文化用品」（cultured goods）這一特殊類別，並對外發布有關其生產擴張的官方數據（中國也是如此）。[9] 透過消費並擁有這些技術（而這往往是在國家催促下進行），這些人確立了他們升級、而不再是落伍的一種身分認同，成為國家工業化過程中有用的參與者。

國家政策和幹部均助力並改變（但無法阻止）了消費主義的蔓延趨勢。透過指導生產水平及價格、資金及分配政策，以及貫穿整個時期廣泛運用的配給制，國家對消費主義實施最強力的直接控制。[10] 國家政策的介入，意味著因應地區、工人類型及財政資源的不同，受人們高度渴望之消費品的可得性也會有所不同。國家還管控了促進需求的消費主義機制，包括廣告、大眾媒體、宣傳運動和其他形式的社會壓力。然而正如本章所展示的，人們感知和內化了這些訊息，並用變化多端且令人意想不到的方式來使用這些產品。在國家試圖塑造需求的同時，消費主義也做為資本主義的一部分而持續擴張。

「三大件」引進中國是十九世紀晚期的事，當時帝國主義強行將中國國內市場快速整合進全球資本主義及各種新形式的新工業消費主義內。一八九五年後在帝國主義列強的贊助下，外資得以於中國設廠，並開始引進大規模生產的產品，令它們變得更便宜、更容易取得。這些公司也將原先在本國為了刺激物質欲望而開發出的工業消費主義手法挪用至中國。[11] 工業領袖們，包括總部設於美國的縫紉機公司勝家（Singer Corporation）、英國腳踏車自造商三槍牌（BSA）及雷利牌（Raleigh），以及瑞士手錶製造商塞爾卡（Selca）和羅馬（Roamer），都透過如新的廣告形式等創新行銷手法來刺激消費者需求。[12] 這些做法將中國國內市場置於工業資本主義及中外競爭的背景下（詳見第二章），為「三大件」投下了陰影。一九四九年後的國家政策意圖取代外來資本及技術，加強國家對國內市場的控制，但這類政策並非中共所獨有；可以說，它們只是延續了自民國時代（一九一二年至一九四九年）以來幾十年的努力而已。由於中共在此一時期的主要經濟目標是工業化，而非滿足消費者需求，因此需求往往大於供給。因此，探究「三大件」產品的分配情形有助於我們了解國家的工作優先排序。

手錶

在「三大件」中最具深遠社會價值的，莫過於最簡單實用的手錶。雖然在前工業時期的農業社會，鐘錶等報時工具並非生產的必要工具，但它們的應用價值在工業化過程中至關重要。手錶在中國的普及是全球競爭的一個日常小縮影，這場競爭包括全球計時制度建立所帶來的時間觀念的變化、標準化及內化。[13] 尤其是軍人，軍人是手錶最早的使用者，因為他們必須進行同步軍事演練。[14] 同樣地，鐵路工人也必須遵守精確的時刻表，尤其是開往相反方向的火車共用同一條鐵軌時更是如此。[15] 工廠和辦公室的職員依靠鐘錶來協調輪班和時間表，並使用（而且覺得有必要購入）自己的手錶來反制管理階層對他們時間的控制。[16]出於這些原因，從二十世紀初開始，中國的本土製造商就開始透過製造和出口時鐘來回應市場對量產報時工具的需求。雖然中日戰爭及國共內戰摧毀了大部分的時鐘業，但一九四九年後又恢復了生產，全國的時鐘產量也從一九五二年的十萬四千四百個增加到一九六二年的五百多萬個。國內生產線很快能夠產出各種特殊的報時工具，包括飛機、船和火車上使用的時鐘，以及數百種不同的裝飾性時鐘。全國知名的大品牌有煙台的北極星牌時鐘、上海的三五牌和鑽石牌鬧鐘，以及天津的錦雞牌鬧鐘。[17]每一個新品牌都在拓寬市面上已有的產品種類，人們因此可以透過擁有這些產品來展現不同的品味及身分認同。

跟時鐘不同，手錶象徵了鐘錶生產技術的進一步發展，然而中國一開始缺乏在國內製造手錶的熟練勞力和技術。手錶是比時鐘更為複雜的技術，一個手錶裡面有一百多個零件，需要一百多道工序才能夠組裝起這些零件。一九四九年後將近十年內，中國的手錶一直都依賴進口。為了發展國內生產，中國商務部在一九五一年禁止私人進口手錶，並將進口手表的所有合法管道集中在北京，再透過國營的中國百貨總公司總部將手錶分銷至全國各地。[18]此一時期大部分（百分之八十）的進口手錶皆是瑞士製（名氣最高），但中國也從蘇聯、法國、日本和德國進口手錶。五〇年代的進口數額波動極大，從一九五四年最低的三萬六千七百支，到一九五六年最高的一百三十四萬一千八百支。然而隨著五〇年代中期國內生產開始起步，進口數額便大幅下降了。中國在一九六五年之後每年可生產超過一百萬支手錶，即便如此，進口數額仍有數百萬之多。腕圍較細、錶面較小的女錶更難取得，因此中國直到一九七六年才開始進口女錶。[19]

儘管中國從民國時期（1912-1949）的國貨運動（National Products Movement, NPM）起就被迫和外國製造商展開競爭，但早在一九五五年國家即已動員全國資源來克服製造國產手錶的技術障礙。[20] 國家鼓勵全國各城市間彼此競爭，生產可用的手錶，天津就首先推出了第一支五星牌手錶（一九五七年改名為五一牌）。[21] 上海也參與了這場手錶生產競賽，一九五七年春夏，商務部召集了製錶研究小組，來自不同工廠的五十八位技術人員聚集在上海分析手錶結構，開啟拆裝手錶的逆向工程。在這之中扮演關鍵角色的是經驗豐富的中國修錶匠，他們已經很熟悉修理進口手錶，因此能夠提供工程師不同種類手錶的知識，讓他們有機會在這些手錶上進行實驗。但是在這次嘗試組裝的一百支測試手錶中，只有十幾支手錶能用。最後，技術人員以一支瑞士製的塞爾卡錶做為參考，打造出一個可行的模型。儘管最後出爐的手錶不是完全的純「中國」製，因為它們仍得依賴蘇聯和日本的進口零件，但這些成品仍代表中國在實現黨所設定的手錶國產的目標上邁進了一大步。一九五八年成立了一個量產手錶的國營工廠；同年，一批貼有「上海牌」商標的手錶進入了中國消費市場。[22]

中共對日常技術的分配，體現了不平等的擴大及與工業資本主義之間的關係。在五〇年代，由於一開始產量有限，進口又被嚴格管制，手錶始終是稀有的奢侈品。開始時生產進度十分緩慢，一九五八年中國僅製造了一萬六千八百支手錶。但那年之後，國家在北京、廣州、吉林和丹東建立了更多工廠，其他品牌也陸續問世，包括一九六〇年參考蘇聯模型（可能也使用蘇聯的製錶機器）的前進牌，以及一九六六年使用瑞士設備生產的紅旗牌。儘管圍繞著手錶的社會主義論調不絕於耳，但做為「三大件」中第一件實現國產的產品，它仍舊擴大了群眾間的不平等。國家規定某些特定的社會成員才有資格購買手錶，因為這些人在國家優先工業化的順序中占有一席之地，他們是冶金業、造船業、軍工業以及其他重點產業的勞動成員。然而要購買手錶，他們必須出示其工作單位開出的介紹信，此為中國國家資本主義的一個關鍵制度安排。[23] 這些分配政策強化了正在浮現中的「三大差別」，也就是腦力勞動與體力勞動、城市勞動與農村勞動，以及工業勞動與農業勞動之間的不平等；中共將其視為工業資本主義的屬性。工業資本主義也再生產出其他形式的不平等，包括性別、族群、地區以及個人與國家關係的不平等。

手錶生產與分配的歷史也表明了國家對消費主義的提倡是如何隨著其更大的經濟目標和承諾而起起伏伏。經歷了五〇年代末激進的工業化政策後，國家在六〇年代大力提高消費品的產量以便恢復經濟，國內手錶的生產量於是巨幅提升（圖 1.1）。即使在文化大革命時期（一九六六年至一九七六年），產量仍持續擴張，到了一九七八年產量已達每年一千三百萬支。[24] 即便如此，當時中國的七億潛在購買者中也只有極小一撮人擁有手錶。手錶並沒有成為一種面向大眾的產品，反而越發廣泛地象徵著見多識

圖 1.1 進步的兩面。手錶的普及過程中，品牌和風格的多樣性傳達了不同的消費者品味。照片中的兩款手錶都來自毛時代聲譽最高的國產手錶品牌—上海牌。左邊是原款上海牌，黑色錶面上的品牌標誌是以一座知名上海建築物為靈感而設計。右邊這支上海牌手錶的標誌則為毛澤東手寫，錶面上的漢字摘自他的兩首詩。這款錶也將政治標語融入品牌，這是一種經久不衰的做法。在這個例子裡，「為人民服務」寫在錶中心下方。左：作者私人收藏。右：來自沈榆的收藏，經允許使用。

廣的身分、富裕的農村階層，或如下所示的幹部地位（及貪污）。在追隨列寧主義提倡的創造「社會主義」轉型（其中包括以工作為分配基礎）的過程中，黨公開將工業化的優先性置於消除階級差異之上。黨將手錶優先分配給特定工作及產業的勞動者，從而引進或擴大了與工業資本主義相關的不平等。

腳踏車

同樣地，腳踏車的生產也反映並推進了國家對工業生產的承諾，而不是社會關係的改變。做為另一件與全球資本主義競爭息息相關的進口日常技術，量產腳踏車的發展與手錶並進，同樣受帝國主義影響，於十九世紀末引入中國。[25] 至少從民國時代起，人們（尤其是城裡人）就將腳踏車看作是一種地位象徵，炙手可熱的英國製腳踏車品牌在當時風靡全球。[26] 新中國成立前，擁有腳踏車就已經是某些人自我認同的一個重要部分。工業化強調勞動力及資本，其發展加速了城市化，也導致對機動性及運輸的需求增加。相較於如汽車或動物等其他個人交通工具，腳踏車成本更低，也更容易駕馭。到了二十世紀四〇年代，腳踏車已成為一種普及的城市交通工具，是先進的移動技術。舉例來說，一九四九年僅上海一地就有約二十三萬輛腳踏車。[27] 腳踏車的普及提升了個人機動性，直到半個世紀後的九〇年代才逐漸被汽車取代。

「三大件」將一種不斷擴張的消費主義及品牌等級共同論述傳遍了全國各地。就像腳踏車，消費者態度及相關流行論述早在一九四九年之前就已出現，並為日後腳踏車的普及奠定了基礎。[28] 在中國，腳踏車進一步創造出一種消費主義的共同論述——腳踏車成了一個特定詞彙，既代表一組產品所屬大類（腳踏車），也代表品牌子類（如「飛鴿牌」腳踏車）。隨著工業資本主義的發展，這種消費主義論述自然也變得更為複雜，並導致了品牌及身分等級的出現。透過獨特的品牌化，工廠去生產並差異化了這些產品，從而促進了這些相互競爭的消費論述。「三大件」的品牌子類催生出品牌的等級制，進一步將商品的意義及消費從生產條件中抽離，馬克思將這一過程稱為拜物化（fetishization）。正如他所觀察到的，勞動產品「以具有自身生命的獨立形象出現，它們彼此發生關係，並同人類發生關係。」[29] 如此一來，透過將產品呈現為一種獨立於社會的力量，品牌化進一步掩蓋了資本主義生產的社會關係——也就是拜物化。

對馬克思而言，商品生產是資本主義的基礎，他在《資本論》一開始就討論商品的複雜性，「它充滿了形上學和神學的精微之妙。」[30] 中共透過商品的大量生產及品牌打造雙管齊下，進一步助長了對量產產品的拜物化。品牌讓有關特定產品的論述大行其道，並促使人們產生一種消費更新、「更好」產品，以及淘汰老舊、「落伍」產品的強制需求。我們不妨設想一下名為「國營第一肥皂廠生產」的肥皂，以及名為「建國牌」或「紅旗牌」的肥皂有什麼區別。隨著工業化及消費主義的發展，隨隨便便擁有一件普通物品已不再能讓人感到滿足。舉個例子，在毛時代晚期中國最富裕的長江下游地區，一個年輕人想證明她走在時尚尖端，就要騎特定品牌的腳踏車譬如永久牌，或戴上海牌手錶，收音機則要聽紅燈牌。[31] 儘管人們渴望擁有的品牌可能不同，但隨著工業資本主義的全球蔓延，在數月、數年或數十年的時間裡，中國各地形形色色的人們就如同在資本主義世界中生活的其他人一樣，都學會了渴望同樣的物品。

新中國成立後，中共擴大了競爭的形式。正如許多其他的消費品一樣，中國製造的腳踏車在民國時期大量湧現，並逐漸取代進口品。二十世紀二、三〇年代，小型「工廠」主要使用進口零件來組裝腳踏車。[32] 缺乏經驗及資本額較小的本國公司通常是在低端市場競爭。雖然這些公司（就像那個時期的中國製造商一樣）試圖從當時「國貨運動」鼓勵「買中國貨」所激起的愛國主義消費情緒中獲利，但同時他們也盡力讓自家產品與進口貨的外國元素扯上關係，努力向消費者保證他們的產品就和高品質的進口貨一樣好。諷刺的是，國產商這種自相矛盾的做法反而強化了消費者對來自更強大的工業資本主義國家的產品和品牌的偏好，因為那些國家的科技更成熟。以三〇年代上海頂尖的腳踏車廠同昌車行為例，這家製造飛人牌腳踏車的車行在廣告中宣傳他們的腳踏車使用來自英國和德國的材料，並使用德國的生產設備。[33]一九二六和二七年，大興車行、潤大車行等製造商打著「愛用國貨」的名號行銷他們在中國組裝的腳踏車，即使大興車行聘請了兩名日本技師並用進口零件來製造旗下的紅馬牌與白馬牌腳踏車，而潤大車行的飛龍牌腳踏車也使用進口的零件。同樣地，腳踏車業從二戰後到毛時代得以復興及迅速成長，是因為接收了沿海地區的前日本工廠而打下基礎；相較於那些毀於戰火的工廠，這些工廠的技術更為優良。[34]其中的兩家工廠生產了後來在毛時代最炙手可熱的腳踏車品牌：天津廠的飛鴿牌，以及上海廠的永久牌。五〇年代末期，國家合併了一些上海的小工廠並成立上海腳踏車三號廠，打造出當時的第三大國產腳踏車品牌——鳳凰牌。[35]正是由於這些進口技術，國產腳踏車的年產量在此一時期不斷增長，從一九五二年的區區八萬輛躍昇為一九五七年的八十多萬輛，一九六五年產量來到一百八十萬輛，一九七八年更達到了八百五十萬輛。[36]即使在文革期間一些消費品的產量下滑甚至停產，腳踏車廠仍由十一家增加到四十六家。[37]跟其他「三大件」一樣，腳踏車也非常難買到，且讓人聯想到技術更先進的那些國家。這意味著購買腳踏車就代表擁有額外的文化資本（圖1.2），並由國家出面協調誰能獲得這種資本。舉例而言，一九五〇年代末的上海，為了讓城市居民更容易取得腳踏車，地方政府推行登記制，確保腳踏車只出售給城市居民。當上海市在一九六〇年取消此限制後，約有百分之八十的腳踏車銷往外地，由此可見此一優惠政策造成的影響。[38] 腳踏車不僅不容易買到，價格也十分昂貴。七〇年代一輛腳踏車的平均價格是一百

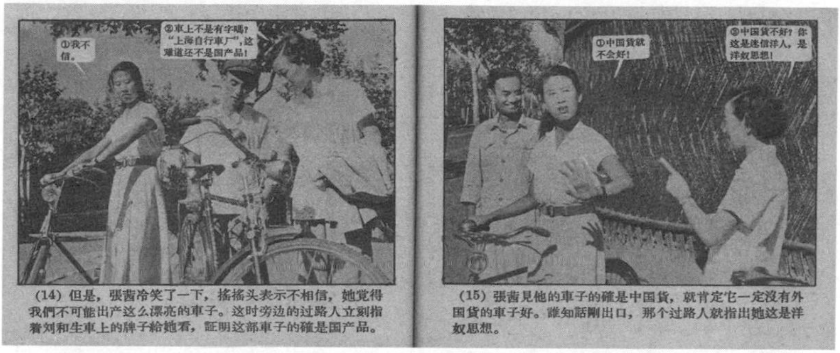

圖 1.2 時尚洋奴。這些頁面來自一本攝影敘事書，內容反映了城市居民對進口品牌的固執偏愛，及官媒持續打擊這種偏好並形塑消費主義的努力。故事的主角是一個「盲目崇尚洋貨」的年輕女性。一天，她騎著英國雷利牌腳踏車時，撞上了另一位騎著中國製永久牌腳踏車的騎士，她的腳踏車壞了，他的卻安然無損。雖然女子同意接受賠償，但堅持只用雷利牌的零件。在左側照片裡，這位女性說她「不相信」永久牌腳踏車是中國製的，直到她檢查腳踏車的車體和識別牌後才改口。在右側照片裡，她說「中國貨就不會好」，旁觀者則斥責她這種「洋奴心態」。在聽完其他人說明中國工業的巨大進步後，這名年輕女性才終於相信中國腳踏車和其他國貨現在已經和洋貨一樣好，並同意使用永久牌零件。資料來源：氣死英國藍鈴牌（譯按：本書作者將腳踏車品牌Raleigh翻譯為雷利牌，此處尊重資料來源譯為藍鈴牌。），《上海躍進新氣象之十》（上海：上海美術出版社，1958）。

五十九元人民幣，超過一個城市工人三個月的薪資。然而對城市家庭而言，錢通常不是最大的問題；配給券（或是有關係能在黑市取得這類配給券）才是關鍵。[39] 一位擁有腳踏車的北京人趙淑蘭就回憶，那時她的月收入是四十七元人民幣，但當她存夠了買腳踏車的錢之後，配給制也讓她不得不多等了三年才終於買到一輛。[40] 儘管購買者得被迫忍受長時間的等候，城市的腳踏車擁有量仍急遽上升。從四九年到六七年，北京的街道上每年多出五萬輛腳踏車。從六七年到八一年，這數字更翻了三倍，即每年增加十五萬輛腳踏車。到了一九七六年，北京市八百五十萬人口共擁有兩百五十萬輛腳踏車。[41] 北京不是一支獨秀。七〇年代末期，腳踏車在中國各個城市幾乎隨處可見。儘管毛主義的口號震天價響，共產主義也有所謂的農村基礎，但直到一九七八年，也只有不到三分之一的農村家庭擁有腳踏車。[42] 分配不平等是一種選擇，國家要生產何種腳踏車也是一種選擇。在泥土路或根本沒有路的鄉村地帶更難騎腳踏車，然而輪框更厚、更堅固，更適合在這類路況下騎的腳踏車最後還是被研發出來，這點也證實了國家優先考量的是以城市為基礎的產業策略，而非人民在鄉村擁有更高機動性的渴望或需求。因此，即使是腳踏車類型的開發也以城市工業化為重點，這種做法進一步加深了城鄉不平等；產品總是先在城市裡開發，之後才會迎合農村消費者的需要而修改。[43]

縫紉機

縫紉機進一步強化了進口外國貨與先進技術的連結。跟世界上其他地方一樣，縫紉機也極有效地滿足了中國的基本需求，因此成為首批進入中國市場的日常機械產品。和其他節省勞動力的紡織機器比較，腳踏式縫紉機便宜、有效率、方便移動、功能多樣，無論在城市或鄉村都非常實用。[44] 這項技術大幅提升婦女和女孩的生產力，她們是縫紉機的主要使用者。此一過程也再生產了紡織品生產的性別分工。[45] 雖然在二十世紀前半期，後進工業化國家如中國和印度等只有少數家庭有能力購買縫紉機，但對這一機器的認識與渴望仍然在群眾間廣泛傳播，並為縫紉機躋身「三大件」之列奠定了基礎。[46]

民國時期的中國私人資本家開始研發技術，製造並維修消費者導向的縫紉機。早在一九二八年，「勝美」牌就試圖在中國生產縫紉機；它的名字（戰勝美國）顯示人們企圖將它打造成具有進口色彩的愛國產品，以贏得市場占有率。[47] 這個名字迎合了以國貨取代洋貨的愛國主義運動（詳見第二章），另外這個中國品牌聽起來也很像（第一個字相同的）最大國際縫紉機製造商——美國的Singer，在中國稱為「勝家」（戰勝家庭）。然而，模仿一個知名的品牌名稱是不足以贏得市占率的；這個中國製造的最初嘗試（就像許多其他產品一樣）以失敗告終。中國競爭者製造的大部分縫紉機是供紡織廠使用，而不是做為消費品使用；這些機器不僅巨大、笨重，而且還很昂貴。[48]

然而一九四九年之後，國家消費主義停止進口家庭縫紉機。中國製的縫紉機在滿足國內需求及實現外銷願景上扮演了關鍵角色。三年內，中國東部沿海地區就冒出了五家國營縫紉機製造商，上海三家，廣州和青島各一家。這五家廠商的總產量超過了之前的產量，每年製造六萬六千台縫紉機，是國共內戰結束時中國工廠生產量的十三倍。到了五〇年代末，中共已徵用、重組並新增了兩家縫紉機廠，總數達到七家；一九六四年時，縫紉機廠已遍布於全中國二十八座城市。[49] 六〇年代中期，國內製造商每年生產超過百萬台縫紉機，由國家資助這種巨大擴張。從五二年至七八年，或者說幾乎整個毛時代，中國共生產了四千七百萬台縫紉機。[50]

除了激發人們對更優良產品及更美好生活的渴望之外，縫紉機還有許多特殊的應用價值，能夠幫助創造草根需求。舉例來說，縫紉機讓一般家庭可以製作自己要穿的衣服，也可以修改衣服讓它們變得更實穿，甚至更時尚。這就創造出一個反饋循環：滿足對縫紉機的渴望，又回過頭來令人們產生對時尚或是更合身衣服的更大渴望。在經濟階梯的底層，有縫紉機的家庭可以將幾塊布縫在一起來修改破舊衣物、修補破洞，或將碎布縫成毯子，他們就能將有限的收入用於其他地方。縫紉機也給了家庭、尤其是女性成員一個機會，幫他人縫製衣物來掙得外快或獲得好處，而這又激發出更多由下而上的縫紉機需求。[51]

縫紉機對同一個人來說，也可以有不同的實際用途。王玉石是出生於一九五五年的一位女性，二〇一四年接受訪談時表示她的母親在濟南結婚數年後買了一台縫紉機，在當時是家中的一件大事，原因有三個。[52]首先，擁有一台縫紉機意味著她們家可以和其他人一樣，作衣服給自己穿，或修改買來的衣服。王女士的母親給自己的兄弟姐妹做衣服，後來也給自己的孩子做衣服。她會根據潮流來修改裙襬長度，讓這些衣服既實穿又時髦。第二，毛時代的家庭通常擁有好幾個孩子，所以他們必須節儉，盡量避免浪費寶貴的配給布料，因此孩子們通常得穿哥哥姐姐留下來的衣服。縫紉機讓他們可以修改衣服尺寸，給下一個孩子穿。第三，王女士的母親喜歡做衣服，縫紉帶給她許多的樂趣。使用縫紉機提高了人們的生產力，更帶來額外收入，於是又引發另一輪自我擴張的消費主義，並進一步區隔了有縫紉機的家庭和沒有縫紉機的家庭。

縫紉機還讓人聯想到理想的女性形象，這種普遍連結也助長了人們對縫紉機的物質欲望。年輕女性從親朋好友那裡學會使用縫紉機，創造出一種集體認同感。通過口耳相傳、過去的廣告、已然養成的品味，以及在大眾媒體（例如電影）的流行再現等原因，縫紉機與女性氣質產生十分緊密的連結，以至於使用縫紉機的男性甚至會被嘲笑。[53]縱使縫紉機在「三大件」中是最難獲得的商品，但這樣的社會價值觀讓縫紉機成了新娘最重要的禮物。一位年輕女性的結婚對象如果有能力提供縫紉機當聘禮，這會讓她的家庭很有「面子」，或者說很有文化資本。[54]

擴大中的不平等

在毛時代，人們掌握並充分利用「三大件」的同時，也擴大並強化了不平等。舉例來說，隨著校準時間對城市工人變得更為重要，手錶也漸漸成為工廠和辦公室裡必要而常見的物件。[55] 騎腳踏車通勤或休閒的人也越來越多，這也助長了手錶普及，因為騎腳踏車時看手錶比看懷錶要容易得多。由此，「三大件」的傳播凸顯了一個消費行為（購買腳踏車）是如何創造出對另一個消費行為（一支騎腳踏車時能用來看時間的手錶）的欲望。

「三大件」的推廣對中國各地造成的影響並不是一致的。消費模式會隨著時間與地點不同而改變（圖1.3）。譬如說在用消費來傳達身分認同的過程中，住在上海的一位工廠經理（毛時代末期上海有超過九十種知名品牌）和一個廣西省的農民，可能就有很不同的體驗。上海的經理收入更高，購買這類產品的機會也更多。[56] 正如此一時期持續擴大的社

圖 1.3 消費主義的渠道。這三位城市青年和其他一千兩百萬城市青年一樣，都被國家下放到農村。這是在 1970 年一次返鄉探親期間拍攝的照片，照片中的他們戴著在地的中山牌手錶、穿著時髦（注意右邊那位的水手條紋 T 恤），並擺出望向「光明未來」的毛時代典型姿勢。他們的手錶和衣著象徵下鄉的城市青年更容易取得更好的產品，這將他們和接待他們的農村家庭主人區隔開來，並令他們了解到中國城鄉間巨大而日益加劇的不平等。資料來源：陳晰私人收藏。

會和經濟不平等所表明的，數千萬的中國人並沒有參與太多消費活動。中國各地無數的農村裡幾乎看不見「三大件」的蹤影，在城市居民購買到「三大件」後的數年、甚至是數十年，他們仍舊無法獲得這些產品。然而，儘管存在這些在地差異，但消費主義仍持續傳播，越來越多人靠這些技術去跟他人競爭：人們用腳踏車載農作物到市場、透過縫紉機出售自己的額外勞動力，或是用手錶來保值或傳遞價值，這些都是運用技術來競爭的例子。消費主義和人們對品牌商品的欲望影響了無數的城市和鄉村家庭。越來越多人開始認識、渴望，甚至感到必須獲得「三大件」；早在有機會一償宿願的多年之前，這些念頭就已經在他們的腦海中萌生了。

渴望商品的理由增加了

到了六〇年代，中國生產著成千上萬的這類消費產品，原先有錢人才買得起的奢侈品，也漸漸變為城市和一些鄉村地區都消費得起的日常用品了。在這同時，這些產品越發被看作是實用工具、社會潤滑劑和地位象徵。人們回憶起那種必須獲得這些東西的強制性，這反映了產品的社會意義與價值是如何擴大並深化消費主義的。有別於著眼於政治面的歷史敘事，關於物質渴望及獲取的回憶提供了一個不同的視角，超越了以往認為這個時代就是一連串大型政治運動的看法。[57] 當許多人回想起他們如何購入「三大件」以及這些物件對他們的意義時，這些生動的記憶甚至比毛時代那些大型運動更讓人印象深刻。

經歷過毛時代的人在部落格上發文回憶「三大件」時，最常被提及的是獲得它們所經過的挑戰、擁有後的自豪感，以及它們的社會價值。這些部落客都描述了自己如何學習駕馭這些消費品所傳達的複雜社會意義。在那個時代，獲得手錶的人都毫無例外地能侃侃而談他們是如何獲得了手錶、戴上手錶那瞬間的感受，以及他們透過手錶有意無意傳達給他人的那種身分認同。就拿一位中學教師為例，他回憶自己是學校裡第一個戴上手錶的人。一學年的大部分時間他使用低調的金屬錶帶，但一到夏季，他就會換上一條雪白的帆布錶帶，好吸引人們的注意；他完全不隱藏，驕傲地展示這支錶。正如他自豪他的手錶，他回憶當他戴著白色帆布錶帶的手錶第一次和女友父母見面時，對方卻認為他不是個合適的對象；在對方看來，他高調的消費行為非但不能說明他的身分地位，反而暴露了他的不成熟。[58] 消費產品所傳達的矛盾意涵，讓其他人也遇到了類似的麻煩。一位大學講師回想起自己開始第一份工作時，他最大的物質欲望就是買一支錶。在寄錢回去給老家的父母之餘，他盡可能地存錢，三年後終於存夠了錢，可以買支當時屬於一線品牌的英納格

（Enicar）手錶，價格為一百四十八元人民幣，相當於一個普通工廠工人三個月的薪資。但當他終於買下了那支錶，並有機會戴到學校炫耀時，一個幹部把他拉到一旁，要他想一想他的錶對大學裡買不起這種昂貴私人物品的其他教職員可能造成的影響。那位幹部勸他不要戴著手錶，因為太不合群。[59]

更重要的是，擁有所有「三大件」產品能體現一個家庭的富裕。腳踏車和縫紉機有其實際用途，但手錶明顯象徵了這個家庭擁有高於平均水平的財富，以及有辦法取得特權商品的管道，這支手錶是高級外國貨的話更是如此。家裡會把頂級手錶視為珍貴物件，就像傳家寶一樣。手錶是「三大件」裡最不實用的，也因此最有社會價值。畢竟當時人們並不缺時鐘或鳴鐘（後來用擴音器）等報時工具。和其他兩樣產品不同，手錶自民國以來就是較高社會地位的象徵。[60] 手錶擴大了，或用中共偏好的詞彙來說，「大眾化」（massified）了在四九年前做標誌資產階級身分地位的消費主義。手錶的實用功能，讓越來越多人逐漸意識到一種對手錶的強制需求。然而，手錶也帶有一些人（如幹部們）希望回避的資產階級社會意涵。然而在其他時候，工業化社會的需求又會占上風，並迫使人們想方設法購入一支手錶。

對手錶的渴望削弱了黨努力提倡的樸素生活精神。比方說，手錶在人們求愛時就扮演了關鍵角色，因為它不只是份禮物，更是身分地位的重要象徵。手錶的流行與聘禮習俗裡長期蘊含的物質渴望不謀而合；在中國，男方家庭除了要給女方家庭聘金，也就是傳統上裝有現金的紅包外，還要提供聘禮。到了五〇年代，就連北京工廠裡的女工也開始用是否擁有手錶，來衡量追求者是否適格了。舉例來說，在一家北京的棉紡織廠，有兩位女性向她們的潛在約會對象索求手錶和衣服以便篩選人選，但如果關係不幸結束還是會退回禮物。[61] 手錶不僅是經濟成功的標誌，也是個人克服落伍並取得社會進步的一個指標。根據學者戴蒙德（Neil Diamant）對婚姻的一項研究，「城郊女性認為鐘錶象徵了她們所缺乏的城市現代性。」戴蒙德指出在這段時期，許多女性更關心的是找到一個能送她們手錶的丈夫，而不是一個能提供較高政治地位的對象。[62] 女性和她們的後代自然會獲得丈夫家庭的政治地位，所以階級背景不佳的女性通常會設法嫁給階級背景更好的家庭。在這種情況下，對物質考量的看重就顯得更有意義。[63]

而要在婚姻市場上擁有競爭力，縫紉機的社會價值至關重要。雖然一個準新郎可以用縫紉機向女方家庭展示他養家餬口的能力，一個準新娘也可以用她擁有的縫紉機（或表現得想要擁有一台縫紉機）來傳達她未來做為好妻子、好母親及好媳婦的能力。正是這些社會價值驅使女性感到有必要獲得縫紉機。儘管縫紉機與工業生產相關，但因為這些既存的性別分工、廣告以及在大眾媒體上的呈現，縫紉機與女性氣質密不可分。這種社會價值意味著縫紉機也往往成為提供給新娘和女方家庭最重要的一件聘禮。[64]環繞著購買和擁有縫紉機的眾多意涵，凸顯了消費主義是如何深刻地形塑了鮮明的社會現實（lived social realities）。

隨著毛時代消費主義的發展，產品開始根據其擁有者及所處脈絡而傳達不同訊息。舉例而言，當十八歲的李動加入空軍成為殲6戰鬥機的技師時，來自上海的他和其他人都對他們從家鄉帶到基地的物品感到自豪，包括用來洗制服的肥皂、厚重的毛毯，以及帶有香味的乳液（他們會擦在鼻子下面來蓋住公廁的惡臭）。那些來自小鄉鎮或農村的士兵們要不是沒有，就是根本沒用過這些產品。上海籍士兵用的這些商品很快就吸引了人們的注意。雖然這些年輕人擁有的更好私人物品顯示出他們的城市身分和所受的優良教育（這是兩種人力資本），但他們也招來了上級長官的批評，上級端出了政府反覆提倡的艱苦樸素的「社會主義」精神，認為上海新兵身穿漂亮襯衫、佩戴手錶是資產階級的奢侈表徵。一位上級長官告訴李動，如果他繼續炫耀這些東西，就不准他入黨，而這可是每個立志向上爬的士兵的目標。後來李東就再也沒有給任何人看過他的手錶了；他只能放進口袋裡，好讓自己能時不時偷看一眼。[65]

即便到了七〇年代，在所謂平等主義的軍事文化下，人民解放軍（People's Liberation Army，PLA，以下簡稱解放軍）取消了軍銜標誌，但也沒有擋住手錶社會意義的持續增長。作家項小米在大致以自己軍中經驗為藍本的小說《記憶洪荒》中描述了七〇年代初期的軍隊禁奢令：只有長官能戴錶、穿著皮鞋和幹部軍裝（四口袋軍服）。普通士兵即使擁有這類物品，也得等到晉升後才能穿戴它們。由於晉升的消息（以及展示這類物品的權利）可能會在拿到國家發給的新服裝前就傳出來，即將晉升的士兵往往會事先購入或是收到手錶做為禮物，這樣就能在宣布晉升後立刻戴上。根據項小米的回憶，手錶進一步將軍人區分為不同出身，出身農村的幹部戴的是以前流行的上海牌手錶，而出身城市的幹部則偏好最新的日本和瑞士進口錶。手錶既表明了一個人的地位，也表明了他的家庭出身。[66]

社會價值的另一種擴張方式是按性別對手錶進行分類，由此人們不斷消費新的款式，消費主義進一步發展。在毛時代的大部分時間裡，女錶都十分稀缺，所以如果女性有手錶的話，也多半是錶面較大的男錶。儘管女錶在七〇年代末的濟南十分罕見，馮國慶仍設法從朋友手中購入了一支走私的日本歐米茄（Omega）手錶，這位朋友在上海出差期間從政府默許的灰色市場裡買了好幾支手錶。馮國慶將這支手錶送給了他未來的妻子做為訂婚禮物。這是她唯一的要求，因為她已經有一輛腳踏車了，也不想要縫紉機。她說她不想在婚禮花費上為難馮和他的家庭，接受馮的禮物就等於接受他的求婚。當時這支女錶的價格為六十元人民幣，比一輛腳踏車或縫紉機便宜，但仍占了馮國慶全年可支配收入的一半左右（當被問到為何還記得價格時，他回答「這支手錶這麼重要，怎麼可能會忘記」）。[67] 雖然一支手錶並不能向女方家庭或周圍的人表明自己很富有，但這確實表明馮國慶不僅是個體貼的人，還有能力利用體制來取得重要物品（雖然很難取得）。這支錶證明這對夫婦至少擁有一個起碼的生活標準，尤其是馮國慶的未婚妻評估當時在她的朋友和熟人圈子裡，只有不到一半的人能收到手錶做為聘禮。

親戚間也會以手錶做為禮物相贈。當倪萍在一九七六年準備離開青島前往山東藝術學院深造時，她的母親想給她買支手錶當作臨別贈禮。然而當地的百貨公司只有不太女性化的上海牌手錶，是男性偏愛的「又大又圓的錶面」。倪萍其實更喜歡她母親的瑞士羅馬牌手錶，雖然款式老舊但造型女性化，價格也很昂貴，這件事顯示對於象徵更高社會地位的進口錶的渴望跨越了世代。然而，倪萍最後還是接受了上海牌手錶；這支錶雖然時髦，但比她母親的錶便宜，就算被偷了損失也不大。[68] 根據樣式、品牌和設計的不同，手錶體現了一個人的性別身分、財務穩定度等一切訊息。

人們使用「三大件」的方式也在改變，讓這些產品創造出新的社會價值。[69] 以腳踏車為例，一九四九年前在公共場所從事體力勞動被認為是低下的，這種社會價值觀不鼓勵力爭上游的男性（更別說是女性）騎腳踏車。但在四九年後，腳踏車和艱苦勞動的工人階級特質，卻被等同於男子氣概和正面的「社會主義」特質。知道如何騎腳踏車成為一項男性最基本的技能，以至於年輕男性不會等到擁有自己的腳踏車後才去學騎腳踏車。當年輕女孩在使用自己或鄰居朋友的縫紉機學習如何操作時，年輕男孩也早在擁有自己的腳踏車前就學會如何騎鄰居朋友的腳踏車了。例如在七〇年代，曹冬梅的兩個兄弟在江蘇　東小鎮長大，他們在家裡人還買不起一輛腳踏車的時候，就已經從同學那裡借車學騎並成為箇中好手了。[70] 除了表達個人身分認同，人們還會透過消費品建立連結並分享集體身分認同。此外，隨著女性在五〇年代末期進入（或被迫進入）正式經濟，她們也需要交通工具來通勤。女性進入勞動力市場進一步提升了對腳踏車的需求，以及腳踏車的效用。在這同時，騎腳踏車的女性越來越多，也刺激了腳踏車類型的性別分化。五〇年代的中國社會克服了早期關於女性騎腳踏車不雅的觀念，使得腳踏車的潛在需求量增加了一倍。[71] 在中共執政的第一個十年，不論男女，騎腳踏車都不再有過去的負面意涵，從而大幅提升了腳踏車的應用價值和需求量；相對地，也激發了一批對於獲得腳踏車有著強制需求的新人群。[72]

一個主題從無數這類故事中浮現出來：人們在獲得「「三大件」」之前，有時甚至是在根本得不到「「三大件」」的情況下，就已經在傳播消費主義以及對「三大件」的需求了。對產品的認識及渴望，比獲得它們的那一刻更早到來。在城市街邊的廣告，或從流動電影放映隊訪問偏遠農村時放映的數千部國家製作的電影裡，即使是個幾無希望買下「三大件」的窮光蛋，也可能看到過「三大件」。結果，這些產品開始影響人們的生活。舉個例子，他們可能被告知結婚前景十分黯淡，因為家裡買不起「三大件」；或當他們看到其他人擁有「三大件」時，便會開始思考自己要如何得到這些物品。透過這樣或那樣的常見方式，人們認識了這些消費產品，也許也開始覺得有必要去渴望擁有它們——人們就是這樣參與、深化並擴張了消費主義。

灰色經濟活動和無法抑制的消費主義

「三大件」的應用及社會價值不斷增長，隨之而來的供應短缺導致人們更加渴望擁有這些日常技術。這種沒有被滿足且不斷擴大的需求激發了非正式的灰色經濟，也就是被國家默許的非法消費的發展。[73] 從國家的角度而言，無論是未經認可的欲望或是獲取手段，「三大件」都威脅並破壞了國家對經濟的控制；人們越來越依賴非國家經濟部門來滿足他們的物質欲望。然而國家越是透過生產和分配來限制消費，就越是激發了在國家控制之外的經濟，包括那些未經許可就運作滿足這類需求的國營與集體工廠。仔細檢視的話可發現，國家經濟的計畫性質似乎只是紙上談兵，因為不斷擴張的物質欲望創造了灰色經濟活動地帶。[74]

在一個對物質短缺與偷竊充滿恐懼的經濟中，一些人轉而從灰色經濟中獲取「三大件」做為貨幣的替代品。例如農民就把囤積「三大件」當成一種儲存價值的方式。[75]手錶具有小巧、價值高、便於攜帶的特性，所以頗受走私者青睞。[76]大多數非法活動的程度都相對輕微。江義高是重慶市郊一家工廠的退休鉚釘工人，他講述了自己當初是如何幫助弟弟在當地配給票券市場進行交易的。[77]江義高的弟弟為了擺脫四川農村的貧困生活決定參軍，江義高想幫弟弟找一個安全可行的方式儲存並轉移他的微薄家當。他弟弟用自己的財產跟當地農民換來面值一百六十七點五公斤的糧票，之後江義高賣掉了糧票。雖然技術上來說不合法，但這類活動卻是稀鬆平常。根據江義高的說法，工廠工人經常談論的話題就是如何買賣各種交易配給票券。他們會爭論價格，公開討論怎麼做、上哪兒才能用更好的價格買到更多的配給票券，藉此最大化他們的利潤。江義高承認他曾經以人民幣一百一十元的價格賣掉了面值一百四十五公斤的糧票，但還來不及賣掉剩餘的糧票，他就在警察的一次突擊檢查行動中被捕了。由於他沒有前科又是模範工人，警察讓他寫了篇自我檢討就放了他，雖然在之後的一年內被剝奪晉升機會和黨員身分，但警察還是讓他留下了賺到的錢。最後，有了一百一十元人民幣和二十張工業券的江義高終於存夠了現金和票證，為他弟弟買了一樣炙手可熱的消費品——一支上海牌手錶。

由於「三大件」持續的短缺、以它們做為禮物的眾多用途，再加上灰色經濟的運作，人們往往會購入不打算自己用或非立即使用的手錶和其他高價值消費產品。儘管國家持續強調擴大國內生產，但「三大件」的社會價值以及必須擁有它們的強制性，仍然違背了國家提倡的節儉生活精神。雖然手錶比腳踏車或縫紉機更容易獲得，但隨著時間與地點的不同，國產或進口的手錶數量通常不足以應付需求。手錶的稀缺現象營造出一種機會主義購物（opportunistic shopping）的環境，導致人們總是處在搜尋手錶的狀態，以便為將來的不時之需作準備。到了五〇年代末，國家固定於特定地點發配票券，而人們不能在未經官方許可下隨意出行，因此出差就成了從外地獲得商品的理想機會，對那些不住在大城市的人而言尤其如此。在這類採購過程中，機運扮演了關鍵角色，因為人們高度渴望的商品很少有現貨。那些出差的人會到當地主要的商店街，譬如上海南京路或北京王府井去瞎逛；他們並沒有一張具體的購物清單，只是想碰碰運氣而已。

這種購物模式符合了機會主義的另一層意義。購物者利用旅行的機會來購買他們不需要的商品，並預期這些商品在家鄉會更有價值。對於山西省長治鋼鐵廠的經理程先生來說，這種隨時保持警覺的購物方式（vigilant shopping）已經成了一種生活方式。[78] 長治是個小城，儘管在象徵及經濟意義上都位居黨的政策核心，但這個城市並不像大城市那樣有許多接觸頂級消費品的機會。每當他去北京或上海這樣的大城市出差，他總會買下所有他能找到的心儀商品，然後把自己不需要的那些當成禮物送人，或日後再找其他方式轉換它們的價值。舉例來說，五〇年代末他曾有過一次成功的北京出差之旅，那次他在無意中看見一支用過的瑞士女錶，這可是很罕見的。當時他對錶的認識不多，還無法辨別出女錶和男錶的差異，但他覺得這支小一點的手錶比才剛開始進入市場的笨重國產錶要有型得多。那時他已經知道人們認為最好的錶是瑞士錶，這顯示有關消費者品牌的論述及相關的等級制已經不侷限在少數的沿海大城，而是開始傳播到全國各地了。這支錶要價一百元人民幣，而他的月薪還不到這個價格的一半，所以他和一位同事決定各出一半，然後每個月交換著戴。但錢還不是唯一的阻礙。有時人們還需要一封來自工作單位的介紹信，才能獲得最受歡迎的產品。幸運的是，程先生在北京的一個熟人同意為他寫一封這樣的信。雖然程先生和他的同事並不是要賣錶賺錢，但他們很清楚這支錶的社會價值非常高，值得他們費些周折。這樣的消費直覺後來被證明是正確的。當程先生打算向他的女友求婚時，他的同事同意讓他將他們的瑞士錶送給她做為聘禮。她一直將這支錶視若珍寶，直到毛時代結束後的最初幾年，她將這支錶拿到當地的一個修錶師傅處，師傅說服她賣掉這支錶換支更新的，因為她的錶已經失去了它原有的社會價值。這件事預示了消費主義突飛猛進的時代來臨。透過這樣做，她也在無意間重新肯定了自己那種持續運用消費行為來傳達社會價值的強制心理。

透過這些間接管道來滿足物質欲望幾乎成了常態，以至於很多人不認為在灰色市場購買消費品是非法行為。從前面馮國慶獲得走私手錶的故事裡不難看出，只有中國與國際消費市場不斷擴大的接觸，才讓他能夠買到這支錶。馮國慶在灰色市場中看到的那些錶也許是從走私者手裡買來的，也可能是有人把海外親人送的禮物轉手到市場上，這是當時最常見的兩種非國家認可管道。當被問到擁有從非法取得的手錶存在的風險時，馮國慶回答說當時他並不是從「合法」或「非法」的角度來思考這些產品，他考慮的是「買得到」或「買不到」。這是當時人們廣泛採取的觀點，有時還利用延伸的人脈來取得只有在大城市才能買到的產品。舉例來說，馮的叔叔就經常去廣州帶走私貨回到濟南。他從不擔心被抓。[79]

非法經濟活動促進了國家經濟的發展。儘管中共領導人的期望是，接受集中計畫的國有經濟機關幹部們能成為全社會的社會主義楷模，但對「三大件」的需求是如此普遍，以至於地方幹部們發現在與工廠、單位甚至是公社間交易時，「三大件」和其他消費品比現金更能有效地促成交易，因為這些地方都在試圖取得必要的工業產品以履行國家合約。當貨幣不再適合或不足以用來獲取人們想要的商品或服務時，人們就會使用物品來儲存和轉移價值。但如前所述，由於上述消費品的短缺，人們可能還需要配給票券、來自單位的介紹信或其他政治途徑，才能確保取得「三大件」和其他需求量高的消費品。而這些東西都是幹部能夠提供的。如此一來，物質欲望透過非國家管道得到滿足，並在幕後推動了計畫經濟的運作。

高層宣導的規範與在地現實發生碰撞，揭露了國家不同層級間的裂痕。一方面，毛澤東和黨領導人意識到，讓幹部成為新的剝削階級是危險的，這樣會削弱公眾對「建設社會主義」的信心。他們也更明白，利用「三大件」來促成非法商業交易的行為（那些被他們貼上「資本主義」標籤的做法）吸走了實現官方計畫目標的資源，即使幹部並沒有腐敗地將這些資源用於圖利自己，而是拿來實現對國家有益的目標。地方商業部門用手錶和腳踏車等高端產品跟其他工作單位建立商業關係、促成非法交易的普遍做法，受到了中央委員會的批評。另一方面，按照國家邏輯在全國層次上指導國家資本主義的發展被在地化了，地方幹部聲稱他們的作法最終是為了發展經濟，那些所謂資本主義的手段就因此有了正當理由。例如，中央委員會通報的一份廣東省地方幹部報告就主張：「用禮物建立商業關係也許是種資本主義的手法，但這類作法對於發展社會主義事業具有正面效果。」[80] 在答覆中，中央委員會堅持不能將生產力提升的這一結果，做為持續使用資本主義手段的正當理由，並做出結論：用「三大件」來鞏固社會及商業關係的作法等同於「資本主義復辟」——中共經常用此一術語來表達對於革命成果被否定的關切。儘管這類行為實在太普遍，以至於黨不得不公開訓斥這些廣東地方幹部，但對這些活動的懲罰力度卻往往不足以遏止這類行為發生。黨的高層儘管在意識形態上持反對態度，但也默許那些促進其工業目標的「資本主義」行為，容忍了地方幹部破壞規則的作法，因為這樣能有效擴大資本。建設社會主義是名義上的目標，黨認定的資本主義作法則是普遍存在的現實，當兩者間出現了核心衝突時，黨還是會定期發起運動，來遏止地方上浮現的這股歪風。

工作單位把腳踏車做為一種支付方式，雖然操作過程麻煩重重，也無法阻止這些單位參與到非法的交換中去，也因此產生了一個複雜且深度的灰色經濟，消費品在其中服務於許多非法的目的。事實上，灰色市場活動看似如此公開，儼然成為地方經濟不可或缺的一部分，以至於北京幾乎看不出它的灰色性質。在山西省省會，太原市市場物價管理委員會記錄了一系列非法交易活動，一切從鄰省河北定州人民公社的四名男子到訪開始。一九六〇年二月，定州工廠廠長馬錫福、另一家工廠業務代表陳樹森和若干同事來到了太原市的新民賓館，他們還帶來了十四支錶、四輛腳踏車、三部工業冷卻風扇，以及人民幣四千兩百元現金和其他工業產品。根據這份報告，他們計畫從事「非法活動」，用手裡的貨交換重要的工業原料。馬錫福首先聯絡了毛統一，毛是他的老鄉，在太原水電安裝公司工作。透過毛統一在當地的各種關係，馬錫福用他帶來的手錶、腳踏車和其他物品交換了七座馬達、一台檯式鑽床、兩台繞線機，以及一百公斤的鋁。這個「非法貿易團」也進行了較小規模的交易。陳樹森透過自己的關係，用二輛飛鴿牌腳踏車和其他物品交換了來自幾家在地工廠的四座馬達。在所有這些交易中，腳踏車和手錶既被用來進行直接交易，也被當成送給當地聯絡人的謝禮。[81]

在這些非法貿易的故事背後，國家和地方的工業化目標進一步強化了幹部們取得「三大件」的欲望，也加速了工業化進程。太原市市場物價管理委員會在調查中得出結論，定州公社對這些交易的渴望令人讚許，因為他們得到的產品對電氣化發展至關重要。然而，非法交換腳踏車、手錶和其他原料的收購手段「嚴重」違反了市場管理規定及商品的計畫分配。結果，委員會對兩家工廠分別處以人民幣一千元和五百元的罰款，總金額還不及這些人非法買賣金額的一半。此外，這案子只有一個人被輕微懲處。委員會和其他幹部們都意識到，沒有灰色市場和「資本主義」交易的協助，公社——以及更廣義的國家經濟——根本就無法運作。[82]

儘管這種作法受到了廣泛的認可，但整個毛澤東時代，在利用公權力謀取私利的貪污案件中，人們往往將擁有「三大件」做為腐敗的鐵證，尤其是高端品牌。人們透過物質聯想來斷定擁有「三大件」是有罪的。這樣的案例在毛時代的整個經濟中俯拾即是。比方說一九五一年十二月，在哈爾濱鐵路醫療部工作的張子剛，就是這樣一個尋常而微小的貪污案例。在法庭紀錄裡，起訴他的證據指出張子剛擁有五件西式襯衫、兩支派克牌鋼筆、一支英納格防水錶，以及一瓶香水。對於品牌的具體說明讓不利張子剛的證據顯得更加鏗鏘有力，也證明了早在中共建國初期，消費品的品牌等級就已經廣為人知並令人嚮往，以至於法庭可以直接將其做為證據。派克牌是當時引領全球的鋼筆品牌，瑞士的英納格手錶更不僅僅是個時髦的外國品牌，還因計時精確、錶面特別易讀而成為鐵路工人間炙手可熱的商品。[83] 另一個例子發生在大躍進後對消費主義抱持較寬容態度的一段期間，劉少奇暗示幹部們擁有高人氣產品的行為「透露著腐敗的氣息」，結果激怒了地方幹部。他聲稱

「只要看一眼」就能認出貪污的地方幹部；看他們是否戴錶、住在翻新過的房子裡，或是否擁有腳踏車或收音機，這些都是當時普通的公社成員買不起的奢侈品。[84] 在國務院批准下，中央委員會不再只是嚇嚇地方幹部，他們命令人民銀行禁止地方幹部用行政信用額度為自己買好貨。[85] 然而，獲得「三大件」的強制需求仍持續凌駕於國家對幹部應貫徹節儉的國家消費主義精神的命令之上。

儘管利用「三大件」和其他消費品來促成工作單位間非法交易的行為只受到輕微的批評，但國家真正有意取締的是幹部藉機自肥的資本主義和毫無節制的消費主義做法。借用黨的詞彙，幹部對這類產品的個人積累意味著「資本主義復辟」和「上流階級復辟」，也就是說，地方幹部正在成為會否定革命的、令人畏懼的新剝削階級。因此，一些公開及黨的內部文件均點名如廣東省港口城市汕頭等地的商業部門幹部，警告他們不得索取手錶或腳踏車之類的賄賂。地方幹部不只利用這種手法「開後門」與其他工廠進行非法交易，還藉機為自己和家人謀求財富。[86]

品牌地位可以做為法庭的呈堂證供而凸顯其熱門程度，對私人及個人消費的壓抑也同樣刺激了人們的物質欲望。例如，張輝虎回憶起一九七〇年代自己還是個孩子時看過的一部電影，電影中的反派角色非常好認，因為他的手腕上戴著好幾支錶，張輝虎的父親解釋這表示那個人犯了貪污罪。

然而，這類國家傳遞的訊息無意中卻強化了品牌等級，正如張輝虎學到了在所有手錶裡上海牌是最好的。在那之後，從十歲起張輝虎就想要一支上海牌手錶。即使後來他有了自己的手錶，他也不滿足，因為那不是上海牌。[87] 手錶收藏家周寶興也講了一個他同學的故事。就像其他成千上萬人一樣，他的同學被城裡的學校趕出來，送到鄉下去從事農活。大多數被下放到農村的城市年輕人都想回家，但是除非有官方的許可，否則他們很難獲得配給票券，也無法在城裡找到工作。周寶興的同學符合返回城市老家的資格，但一個地方幹部卻擋住了歸鄉路，拒絕提供他適當的表格。這名幹部透過第三方表示，如果學生能「給幹部添支上海牌手錶」，他就會「交出表格」（幾十年後周寶興還記得這個要求，因為中文「塡個表」的諧音就是「添個錶」）。這位同學的父母都是工廠工人，儘管很吃力，但他們還是搞到了一支錶，用錶換回了自己的兒子。[88] 這則故事不僅顯示手錶已經成為助長賄賂行為的替代貨幣，還表明即使是一個小農村的領導也深知手錶品牌的等級，以及上海牌手錶在國產手錶等級裡擁有最高的地位。

小結

這裡呈現的故事只是一小部分，它們擷取自人們關於商品的無數經歷，揭示出新生的消費主義如何鼓勵了人們的物質欲望。對量產商品的物質欲望及附加其上的社會價值持續向外蔓延，並未隨著黨「建設社會主義」通往共產主義的道路上消失，充分證明了工業資本主義需求面的不斷深化。中共將這些不平等視為是必要且暫時的社會主義階段，默許了伴隨這些不平等而生的現象。[89]促進消費主義擴張最終加速否定了共產主義革命。

在一九四九年後的中國，想要在社會上與人競爭，光有「三大件」是不夠的。從一小群菁英開始，越來越多人了解、渴望然後獲得最時髦的品牌，並學習藉此來區別自己和他人。陳毅林就是其中一個例子。他的奧德賽「長征」之旅第一站就是自豪地擁有一支廣州製造的地方品牌羊城牌手錶。同事起初都非常羨慕他的錶，除了報時的實用價值之外，它還有引人嫉妒的社會價值。但是隨著越來越多同事買了自己的錶，有的甚至還是知名的上海牌，陳毅林的錶的社會價值就下降了。他開始感到不自在，自己最初引發的那種嫉妒的強制心理也影響了他，有一位同事更直接告訴他「現在沒人在戴羊城錶了」。他那支一度時髦的羊城錶現在成了落後的標誌，於是他買了支上海牌取代它。從那之後，工業消費主義持續對陳毅林施加不斷購入消費品的強制性壓力，他隨時保持對品牌的敏銳嗅覺。當日本的西鐵城（**譯註：Citizen，臺灣譯為星辰**）手錶在七〇年代末重新進入中國市場時，陳毅林成了第一批購買這個最新品牌的人（圖1.4）。[90]

消費主義的蔓延反映了中共優先考慮的是資本積累，而不是消除不平等和賦權勞工。國家並未全力進行社會改造，而是容忍貪污、走後門貿易及以品牌為基礎的新社會階層秩序的誕生，只要它們有助於進一步的資本積累。另外，更複雜的量產消費品的傳播以及人們對於獲得它們的更強烈欲望，都再次強化了以建設社會主義為名運作的國家工業資本主義所導致的社會不平等，而非減少或削弱它們。儘管採取了社會主義論調，但黨的產業優先考量卻是加快資本積累，導致黨未能公平地分配社會產品——城市、管理層和工業部門的工人獲得了更多人們渴望的商品，逐步發展成政府所要剷除的「三大差別」。最終，國家權力壓制了所有消費形式（甚至包括吃和住），並從農村吸取剩餘價值來進一步補貼工業資本主義的發展，這些作法也讓不平等再次加劇。本章所討論的日常技術反映了第二章將討論的，針對大型技術更明顯、緊迫的競爭形式。這兩種形式的技術競爭共同促成了工業資本主義和消費主義的強制性自我擴張，而一切都是打著毛澤東社會主義的旗幟進行。

圖 1.4 國家消費主義的轉向。這張攝於一九七五年的照片捕捉了國家資本主義背後潛藏的社會消費及消費主義間的競逐力量。一方面，國家想要限制消費需求以再投資於快速生產，促進社會消費（背景為南京長江大橋，毛時代晚期社會消費的標誌）；另一方面，隨著產量提升，國家也需要國內消費者來渴望並購買更多的量產商品。照片中的人當時才剛汰換了他那支比較便宜、沒那麼時尚的本地中山牌手錶，升級為新的廣州牌；這是七〇年代初進入市場的許多新手錶品牌之一。為了賺到足夠的錢，他在一家沒有經營許可證的工廠裡工作，存了整整半年的錢。那支更好的錶帶給他自豪感和成就感：「這表明我有一份工作，能養活自己，還能給自己買件好東西。」資料來源：陳晰私人收藏、採訪。

第二章

跨越四九年，持續建設國家資本主義

起初中共的政策只是要漸進轉變資本主義制度安排，朝著國家加強控制資本及消費的方向發展，並沒有要否定資本主義並「建設社會主義」。一九四九年春，當解放軍南下朝上海進發時，中共領導人面臨了選擇。他們擔心若軍隊攻入上海，並如國民黨人宣傳的那樣擄掠工廠、砸毀私人物品、沒收私有財產，新國家將很難控制人民、贏得民心並復甦經濟。尤其是有錢人更需要中共的接納，畢竟就如戰時文宣所說的，黨從一開始認定城鄉「剝削階級」藏匿了他們的不法財富。[1] 然而當勝利近在眼前，中共開始希望依靠富人的資源與專業知識來積累國家資本。換言之，黨的優先考量是資本積累，因此暫緩了資本主義光譜上挪往國家控制那端的力道。

基於前述的城市恐慌及政策先例，中共如何處理國家最富裕的城市——上海的經濟菁英，成為新中國將採取何種計畫的風向指標。中共利用上海來安撫當地和國內外的閱聽人。在毛澤東的領導下，黨認為此時接管上海並不是要進行階級報復，或透過工人對生產工具的控制來改變生產關係。這次的接管反而能消除城市中產和上層階級的疑慮，讓他們相信黨的領導意味著秩序、紀律，以及解決惡性通貨膨脹。簡言之，這將為私人資本主義及經濟的立即復甦帶來一個穩定的環境。[2] 雖然陳述了這些正當理由，然而決定再生產而非廢除私人資本主義，這個最初的政策選擇在中共的論調（建設社會主義邁向共產主義）以及實際政策（建設工業資本主義）之間產生了核心矛盾。這種矛盾將成為整個毛時代以至今日的特徵。

黨的做法立刻減輕了上海資本家的恐懼。監督接管工作的陳毅和其他將軍要求解放軍貫徹高度自制及節約消費的政策。這些軍人成了黨提倡的節儉、自我克制和紀律等國家消費主義價值的活招牌，恰恰與上海那些資產階級價值相反。當解放軍於四九年五月進入上海後，他們不徵用民宅，而是露宿街頭。黨指示軍隊保護私有財產，包括那些富豪的財產。解放軍於六月初將國民黨強徵的數千輛汽車物歸原主，就是一例。[3] 戰爭結束後，所有非維控的部隊都被要求離開上海，以防止劫掠。黨也禁止幹部借宿民宅、工廠、醫院、學校、寺廟或教堂。總之，上海的幹部必須體現艱苦樸素的精神，他們只能擁有少數值錢財物，並確保公有財產仍為公眾所有，而富人的私有財產則維持私有。此一公關攻勢為中共贏得了國內外輿論的一致好評，緩解許多資本家的憂慮，有助於說服其他人返回上海[4]，同時也給英國貿易公司怡和洋行（Jardine Matheson）之類的外國企業留下良好的第一印象。[5]

中共接管上海讓中國人民陷入了社會主義論調與資本主義政策間的矛盾。第一章探討為何工業資本主義的擴張必然讓人們被迫參與消費主義形式的擴張，本章則要檢視國家轉而更介入資本主義制度安排，來解答黨為何認為「建設社會主義」是促進工業生產擴張，而不是進行生產的社會關係轉型。這兩章將闡述中共如何在既有的制度基礎上擴張消費主義，並在制定改變社會關係的政策時，優先考慮將資本積累極大化。接下來將說明黨為何前後一致（且明確）地將積累及控制資本的目標置於社會關係的轉型之上。

中共針對資本家制定了矛盾的政策，但只要這類政策能夠達成眼前的目標，中共就容忍其存在。以下探討的兩次大規模運動顯示，黨為了達成目標，將階級鬥爭工具化以便進行資本積累，實現國家資本主義，而不是服務於階級關係的社會主義轉型。由於黨針對城鄉關係發動了殘酷的階級鬥爭，本章的最後一節將探討城鄉差距的不平等，這是馬克思對工業資本主義的分析核心。這種快速工業化優先於社會轉型的考量也體現在農村，國家對農村榨取極大化，以促進城市工業化及消費主義。本書關注的是城市消費主義，較少討論農村。然而工業化和消費主義背後潛藏的關鍵，正是馬克思所稱的「原罪」——城市工業化所需的資源，是從農村勞動者身上榨取累積出來的。[6]

軍備競賽及強制性資本主義

毛澤東和中共面對關乎生死存亡的軍事競逐，迫使他們支持我在全書中所揭露的國家資本主義及國家消費主義，包括黨最初對資本家的政策。整個二十世紀的國內外軍備競賽使得資本及國家權力越來越集中。在四九年之前的幾十年間，戰爭侵略殘害了數千萬中國人民，摧毀無數人的生活，讓一個資本匱乏的國家陷入赤貧。消費品和農產品的產量從一九四九年前的高點雙雙下降近三分之一。[7] 戰事頻仍促使國民黨和共產黨先後轉向全球市場，尋求最新的軍事科技，否則就會被國內外的對手征服。[8] 除了繼承向武器更精良的英、日、美等列強開戰的歷史外，中共在國內外都有敵人，必須鞏固邊界，同時還要征服（或再次征服）圖博、臺灣和新疆等爭議地區。[9] 參加韓戰（一九五〇至五三年）更進一步提高了中共製造或購買武器的資金需求。[10] 毛澤東和黨的領導幹部認為發展傳統軍備和核武為國家獨立的必要條件，因而成為中國的首要目標。[11] 儘管中共常說要透過生產關係的轉型建立一個更平等、更民主的工人國家，但也了解有必要迅速發展工業，重新確定資源的投入目標並執行政策，以便在軍事和經濟面迎頭趕上威脅中共生存的資本主義國家。[12]

國共內戰的雙方都犧牲消費，由國家主導重工業的快速資本積累。對於後進工業化經濟體，譬如德國、義大利、日本和蘇聯等國而言，這確實是個可靠而實際的戰略。[13] 正如一九四五年時毛澤東曾直白地說，「沒有工業，便沒有鞏固的國防，便沒有人民的福利，便沒有國家的富強。」（圖 2.1）[14] 數十億人民幣及數百萬人民從生產性投資領域轉往軍事部門，如此大規模的資本配置為這個國家和人民帶來了一連串的影響。

國家消費主義是國家集中精力積累更多資本，並將之導入關鍵產業所衍生的結果。整個毛澤東時代，黨內不斷討論如何在犧牲消費與專注積累之間取得平衡；他們很清楚，過分專注積累會壓抑勞工，最終減緩積累。中共在執政之初就嘗試強制實施國家消費主義，方法是讓個人物質欲望服膺於國家目標，並將這樣的從屬關係定義為開放式兩階段轉型的一部分，「建設社會主義」是其開始，最終邁向共產主義。官方媒體不斷重複放送國家消費主義的論述，將黨的實踐與意圖和所謂「資本家」的標籤做出區別；這些資本家偏好個人或家庭導向的消費模式，而不是以國家利益為依歸。根據中共的宣傳，從黨的政策中誕生的消費文化將是「大眾化的」，也是「社會主義式的」。對積累的需求導致黨壓抑所有過度奢侈的消費形式。毛澤東自己就提出禁賭令，並要求婚喪喜慶「簡單就好」（如「自己釀自己喝的酒」）。此外他也要求幹部擁抱艱苦樸素的生活，具體提出什麼該做、什麼

圖 2.1 「工業與國防」(1956)。國家消費主義反映了中共分配稀缺資源的優先順序。黨認為國家的生存與福祉得仰賴快速工業化,因此分配資源時消費部門總少於生產部門,並提倡艱苦樸素精神。在這張海報的標題下方,有一句常被引用的毛澤東名言就強調了這個順序:「沒有工業,便沒有鞏固的國防,便沒有人民的福利,便沒有國家的富強。」為了強調其間關係,底下的圖表說明造一架坦克和船隻需要多少鋼、造一架飛機需要多少鋁,以及需要多少布才能備齊步兵的服裝。資料來源:國際社會史研究所(Landsberger Collection)。

不該做，例如一九五八年他在一次講話中就說過，「辦舞會不是幹部的專長。」[15]

這裡頭描述的國家消費主義規範始終模糊不清；黨要否定什麼，它就被定義為什麼。黨將「社會主義」與「資產階級」消費文化的對立觀念普及化。包括政策聲明、報章雜誌、廣告、電影、宣傳海報，以及上面提到的那類閉門會議，黨批評「資產階級」的消費形式傳達了「資本主義」價值，包括不平等、個人主義，以及透過對商品和勞務的欲望及購買而進行的剝削。正如前面所述，「艱苦樸素」的口號經常被用來傳達這種精神，與「勤儉建國」等格言內蘊含的國家利益連結起來。此外，黨的論調還將這句口號連結到特定團體，譬如家庭主婦的「勤儉持家」、專業人士的「勤儉辦廠」，以及對一般人呼籲的「厲行節約，反對浪費」。[16] 根據這句口號，理想社會主義公民的唯一欲望就是努力工作（從而為國家創造出更多資本），以及節儉過活（從而減少對國家資本的需求和支出）。[17]

國家企圖從「大眾」身上榨取勞動力來應付工業及軍備競賽；為此，黨的做法是呼籲人民過社會主義的生活。結果產生了我們在這裡要考察的核心矛盾：黨創造了一個國家資本主義的政治、經濟和文化，以便在極大化勞動力產出的同時極小化勞動力對產品的直接控制——這正是中國共產主義論調的基本宗旨。中共高呼的「建設社會主義」口號，最終要實現共產主義並消除工業資本主義不平等，實際作為卻加劇了黨所宣稱專屬於資本主義的那些不平等及勞動異化。

延續朝更大國家資本主義的政策轉向

關於黨加大對生產與消費控制的作法，一般解釋或視其為國內政經政策的激進轉變，或認為這只是「建設社會主義」國際劇本的照本宣科而已。但這樣的解釋忽略了新中國建立前那幾十年間國家政策的連續性。[18] 黨繼承了民國時期國貨運動以降的國家消費主義基本理念，亦即國內消費應當促進國家資本積累，而不是以滿足私人欲望為優先考量。

為了遏止進口貨流入中國導致資本外流，國貨運動和中共都極力敦促人們購買中國製造的「國貨」。[19] 二十世紀初，中國開始進口和製造成千上萬的新消費品，這些消費品創造了新的消費文化，並改變了幾百萬中國人民的日常生活。自十九世紀末誕生以來，國家消費主義在中國面臨和國家資本主義相同的挑戰，也就是如何駕馭消費以服務於生產。要說服人們用國籍來判準，去偏好那些被貼上新近「國貨」標籤的產品，事實證明是很困難的，特別是一個弱小的國家很難透過拉高關稅來禁止或限制進口，從而控制人們的物質欲望。

由於缺乏像加徵高關稅這樣的政治解決方案，國貨提倡者不得不試著採用對消費加以文化限制的作法。雖然國貨運動在改變消費者行為方面取得的成果有限，但它教會中國領導人使用強制手段是如何影響消費模式的。民國時期國貨運動的名稱、口號及愛國消費類別透過國家與非國家力量向外擴散，包括強制使用中國製布料製作衣服的禁奢令、頻繁的反帝國主義抵制行動、《國貨月報》及其他產品雜誌的出版、政府宣傳、每週的報紙增刊、時尚秀，以及展示銷售國貨的專門會場。毛時代的國家消費主義遵循了國貨運動的原則，即產品有「對、錯」之分，以及一個負責任的國家（以及訓練有素的「愛國」公民）應當介入去鼓勵、施壓或強制人們消費對的產品，避免消費錯的產品。例如，國貨運動的論調將進口貨形容為敵軍入侵；因此，選擇錯的產品就等於資助和煽動帝國主義。國貨運動要求消費行為須以公共利益為先，以此正當化私人牟取暴利，卻允許獲利歸私人所有，資本家可按照自己認為合適的方式自由分配。如此，國貨運動助長了在缺乏國家監督下私人資本主義必會利用愛國主義牟利的觀念，從而貶抑了私人資本主義，為四九年後在「國家—私人」光譜上從工業資本主義轉向國家資本主義鋪平道路。[20]

四九年前，長達半世紀的時間裡一直有由國家干預消費及消費主義的聲浪，為中國的國家主義奠定了基礎。四九年後，中共更加強大，也更善於執行國貨運動的程序。黨有效建立並部署了一支我所稱的「消費者後備軍」（reserve army of consumers），這和馬克思和恩格斯描述的「勞動的產業後備軍」（industrial reserve army of labors）雷同，這些後備軍的徵召與整編有助於降低成本及提高利潤。[21] 世界各地的工業資本主義總是透過管理國內外需求來促進積累。即使中國的消費者後備軍在四九年前的幾十年間就已不斷增長，但中共更進一步擴張及部署這支大軍。消費者後備軍的隱喻說明國民黨和中共都曾十分認真地將中國社會軍事化。[22] 國貨運動提供了一個根本意識型態：所謂的消費，應該是由服務於生產的消費者組成的後備軍，以及由「愛國」消費者組成的人口。這些消費者樂於購買任何國內工業資本所生產的物品，而不是如一般所想的市場資本主義那般，搶著加入生產（圖2.2）。

新中國成立後，黨以國貨運動的論調、制度、工具，甚至是代罪羔羊為基礎，將國家轉向了國家資本主義的光譜那端，幫助國家順利積累，並管理消費者後備軍。國家利用關稅、外匯管制和無數的大眾媒體官僚體制，形塑人們的消費選擇。然而正如接管上海時的作法，在轉向國家資本主義和國家消費主義之際，黨也必須容許私人資本主義及消費主義的制度安排，以便更快速地進行積累並獲取政治支持。從內部討論紀錄可證實，對於四九年再造資產階級的最初政策，黨非常了解其可能導致的結果，但它別無選擇。正如毛澤東在一九五八年為此一政策辯護時所言：「全國有七十萬戶資本家和數百萬的資產階級知識分子；沒有他們，〔我們〕就辦不了報紙、搞不了科學、辦不了工廠。有人說〔你已經〕向「右」轉了。這樣的「右」是必要的，「我們」必須慢慢轉變〔資產階級〕。」[23]

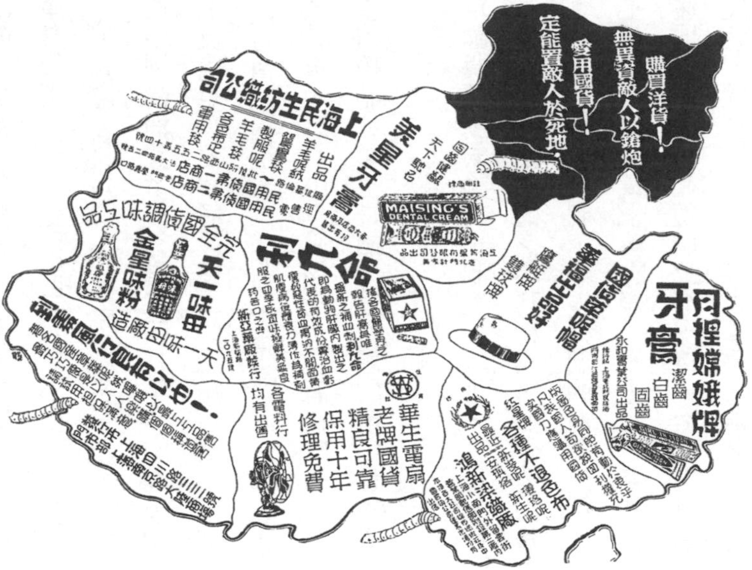

圖 2.2 捍衛國家的消費者大軍。毛時代的國家消費主義繼承並擴張了民國時期國貨運動的原則和制度。在三〇年代初刊出的這則廣告內，中國被描繪成一個受列強（正在蠶食中國這片桑葉的幼蠶）威脅的國貨聚集地。而這個國家的最好國防就是只內需消費中國製產品，讓帝國主義沒有侵略的動機。毛時代擴大了這場國貨運動，方法是攫取並再投資更大份額的資本，而不是只允許私人（及國家相關的）資本家從國內消費者的動員中獲利。資料來源：葛凱，《製造中國》，頁16。

擴大國家對資本及消費的控制

資本主義從一開始就戰勝了社會主義。四九年後，黨並沒有如多數資本家所恐懼的那樣立即徵收私人資本或逮捕、殺害他們。[24] 黨沒有在「共產主義革命」後著手消除馬克思所謂的資本主義「胎記」，而是在一開始就採行了務實政策，允許大多數私營商人保留他們的生意和資本，以穩定管控並重振經濟。黨還允許高級夜總會之類與資產階級有關的消費主義，以及迎合中產階級消費品味的大眾廣告等繼續存在。雖然黨在五〇年代末對私人資本施加更多控制，但在建國的頭幾年，黨（包括毛澤東在內）始終覺得只能繼續允許消費主義存在，包括購買時尚服飾、在高級餐廳吃飯或僱用傭人等等，雖然這些都是人們將私人資本分配到黨認為不可取的非生產性消費。[25]

中共用「新民主主義」（New Democracy）政策來解釋對既有資本主義作法的讓步。毛澤東在一九四〇年提出的新民主主義被設想成解放後從「舊社會」邁向共產主義的轉變過程中，建設社會主義過渡期的第一階段。[26] 根據毛澤東的設計，初始階段的優先考量是在「經濟復甦過渡時期」強化生產力，而不是改變生產的社會關係並立即推動「共產主義革命」。儘管馬克思和列寧都曾用理論闡述，「共產主義革命」所需的資本積累是以資本主義階級的興起及「資產階級民主革命」（bourgeois-democracy revolution，又稱舊民主主義革命）為前提，但毛澤東仍主張這兩場革命可能會變成一場革命。他指出了與黨結盟建設「新中國」的四個進步社會階級——工人階級、農民階級、城市小資產階級和民族資產階級，也就是中國五星紅旗上大星星旁環繞的四顆小星星（正如第一章所述，國旗上的「五星」也是第一個手錶製造商選擇以「五星」做為品牌名的原因）。[27] 根據一九五三年至五九年蘇聯駐中國大使尤金（Pavel Yudin）的說法，毛澤東告訴他，在這個階段好好對待資本家是恢復生產的必要條件，還批評了一些同志想立即沒收私營企業的那種「左派幼稚病」。[28] 儘管這種與資本主義妥協的作法牴觸了透過社會主義達成共產主義長期目標的公共符號及論調，但一九四九年九月至五四年這段期間做為中國過渡時期憲法的「共同綱領」仍舊將其納入法典，從而確保私人積累及消費主義的延續。[29]

一九四九年至五六年間，中共的政治經濟體是典型的「國家資本主義」。此一詞彙用來指涉國家鞏固對私人、工業及商業資本的控制權，在一九五三年至五六年間徵收私營企業，此舉是中共所謂「社會主義改造」（socialist transformation）政策的一部分（我將「社會主義改造」括號起來，用意是將其標記為一個隨處可見的中共術語，否則我更傾向稱其為「國家資本主義式徵收」〔state capitalist expropriation〕政策）。[30] 為了讓國家資本主義在意識形態上更容易為人接受，黨表示它不像國民黨實行的那種國家資本主義，讓資產階級菁英控制國家，導致國家資本主義成為私人積累的工具；中共的國家資本主義是為了改善工人階級的生活而運作，聲稱黨將代表工人階級進行控制。根據黨的解釋，國家代表所有的中國工人，並代表他們控制資本，這意味著它不會從工人身上榨取「剩餘勞動」。然而，即使國家取得對經濟的更大控制權，四種擁有資本的不同制度安排——國家所有制（state ownership）、合作社所有制（cooperative ownership）、外國所有制（foreign ownership）和私人所有制（private ownership）——依然存在。這四種所有制表明黨持續實施一連串作為來控制及配置資本，以便快速工業化。黨在整個毛澤東時代將調整所有權的安排（包括市場及私人所有制）做為加快國家資本積累的一種手段。[31]

根據臨時憲法規定，新中國開始建設國家資本主義的當務之急，是對所有被認為「對國家經濟生活至關重要的」企業實施國家所有制。[32] 這些企業多半是資本密集產業，如礦業、交通運輸業、鋼鐵和化工業，以及金融業。這些國營企業是構成國家資本主義的主要支柱。正如引言所述，中共領導人及其冷戰對手透過「私人／市場」相對於「國家／計畫」的具體制度安排，將資本主義從社會主義中區別出來。如此，雙方都同時將注意力從剩餘的生產者轉移到占有和分配者身上。[33] 冷戰雙方領導人都強調制度安排的明顯差異，但彼此面對剩餘的態度與方式是相似的。[34]二十世紀初，外國公司在中國掌握了技術與資本最密集的產業。中日戰爭期間這些公司落入入侵的日、德、義軍手中，一九四五年軸心國戰敗後又為國民黨徵收。國共內戰後，中共先沒收了那些國民黨合作者的資本，後來又以預備「社會主義改造」的名義再沒收了其他資本家的資本，進而達成了國家所有制。[35]藉由這些國營企業，國家占有了最工業化或最資本密集的資本，占中國整體工業產出的百分之三十五。[36]

第二種更常見的制度安排稱為集體企業（collective enterprise），包括由國家組織的農業供銷合作社，以及由公社和在地組織經營的準國家或準私有制工廠，這顯示黨對資本的控制漸趨複雜。[37]集體企業的所有權制度安排與社會主義的基本定義看來最為相似，因為它們都允許工人合作並對勞動成果行使若干的直接控制權，但黨認為這只是從私有到國有制的一個過渡階段。按照黨的說法，集體企業是「半社會主義的」、一種「社會主義公有制的不成熟形式」，只是最終朝向「全民所有制」（ownership by the whole people）過渡的預示而已。黨所稱的「全民所有制」是「國家所有制」的同義詞。然而，國家不願意實行自己版本的社會主義，也就是「全民所有制」，因為這樣做必然得付出不可承受的代價。國家所有制會使國家將更多資本分配給工資（也就是消費），並犧牲快速工業化（也就是積累）。非國營農業和企業會發現自己幾乎得不到中央政府的支持。正如「按需分配」的共產主義理想一樣，將大部分經濟收歸國有被認為是抱負崇高但昂貴又不切實際，相較於有限的國家控制以及透過地方所有制和責任制來榨取資本的作法，更是如此。從快速工業化的角度來看，集體所有制的優勢說明了黨為何採取徵收的方式，而非將大部分經濟收歸國有。集體所有制的存在也說明了國家認為解決工業資本主義的不平等問題，不如維持低國家成本以快速積累國家資本來得急迫且重要。於是，黨對僱用更多工人的不重視，使得領取國家規定工資的城市國營企業工人與在集體企業或農村工作的工人之間的不平等加劇了。換句話說，由於國家資本主義的優先排序，導致在毛時代的中國，人們對「社會主義」的體驗有極大的不同。

在毛澤東時代，資本的私人所有制仍持續以各種形式存在，並隨著國家對政治及經濟事件的反應而更迭。所有制的第三種制度安排是資本的外國所有制，其在中國的歷史顯示了國家曾作出的各種妥協。這個例子可說明為何外部觀察者將國家對資本的不斷增加控制稱為非資本主義的「共產主義」，而不是如我在這裡所主張的，只是一個由國家主導的資本主義變體，持續剝削勞動力並播下工業資本主義不平等的種子。二次大戰後，無論是國民黨或共產黨都不曾將外國企業完全逐出中國，也沒有徵收他們的全部資本。一九四五年中日戰爭結束，外國銀行家、商人、工廠主、官員、醫生和教師們希望在中國重建他們的生活與事業，但內戰及經濟動盪摧毀了他們的希望，這些市場資本主義國家的外國人在中國的影響力曾持續一世紀之久，如今走到了盡頭。[38] 許多資本家甚至在新中國成立前就已自願離開，儘可能帶走一切，帶不走的就虧本出售。他們指責共產黨造成了內戰和經濟破壞，在自己國家直言不諱地表達反共立場。[39] 為減緩資本流出中國的速度並將取得資本控制權的代價降至最低，黨在幾年的時間內徵收了外國企業。到了一九五三年，四九年仍活躍於中國的一千家外國企業中已有半數歇業，十二萬六千名外國僱員中只有兩萬三千人留下。英國企業從四百零九家降至兩百二十三家，僱員人數由十萬四千人降至一萬五千人。隨著資產逐漸貶值，企業主更急著拋售，一名觀察家將這種手法稱為「人質式資本主義」（hostage capitalism）。[40] 正如一九五二年二月二十六日一名上海的英國商人曾表示，「當然所有人都能看到這幅很清晰的畫面，就像寫在牆上，甚至連盲人都能讀懂……英中貿易已經完了。」[41] 不出所料，到了一九五二年春，大部分的英國公司已決定結束在中國的業務。[42] 撤出中國讓這些資本家更清楚認識到「共產中國」對所有私人資本都抱持敵意，而不是只針對他們的資本。

除了國家、集體和外國資本之外，做為第四種對資本的制度安排，國內私人所有制也持續存在於整個毛時代。執政的最初幾年，黨曾努力「鼓勵和培養」它認為能促進快速經濟復甦的兩類私人資本家：民族（大型）資本家及小（小型）資本家。[43]為了贏得這些群體的支持，擴大政治基礎，黨將自己塑造成兩種人的救星：受資本主義和帝國主義壓迫的工人階級，以及無法成功與外國人競爭的民族資本家。[44]民族資本家的企業大部分都是輕工業和紡織業，不需要什麼技術和大量的固定資本。黨允許這些資本家控制自己的企業並自由消費。[45]第二類私人資本家是小資本家，多半是夫妻合營的家庭商鋪和其他小型或家族事業的業主，在五〇年代中期被迫納入合作社前，黨曾允許他們保留小生意積累的微薄資本。除了這些獲得許可的資本家，黨也容忍在國家監視下運作的極小規模私人資本家，我稱之為存在於那個時代的「灰色經濟」。四九年後，為了擴大控制所有私營企業以促進國家資本積累，黨開始進行基礎工作。例如，五〇年代初期國家開始控制批發分銷、提供原料並訂購成品，用國家經濟學者薛暮橋的話來說，這就是在「引導〔資本家〕走上國家資本主義的道路。」根據薛暮橋的說法，這種「國家資本主義的基本形式」確保私人資本會支持國家確立的目標，允許資本家賺取「合理利潤」，但不會「透過投機而獲得鉅額利潤。」[46]隨著一九五六年「社會主義改造」的完成，無論是合法或遊走灰色地帶，這些工業資本主義光譜上朝向私人這一端的制度安排基本上已經消失，在城市更是如此。然而它們殘留下來，又於六〇年代初重新復出，於文革初期被鎮壓，卻又在文革後迅速傳播，這些都說明了黨從未致力於全面實現國家資本主義。事實上，它連試都沒有試過。

黨從一開始就允許私人資本主義持續運作，讓資本家擁有隨心所欲進行資本配置的權力，並繼續維持他們的奢華生活。那些十分富裕的企業主可以購買豪宅、私家車和僱用僕人。對大部分的人來說，他們較為素樸的資產階級消費風格則是上電影院、上館子，或是買幾樣「三大件」商品。然而即使只是一點點，其他人仍很快注意到其中的不平等。作家羅鴻玉（以筆名古華聞名）的暢銷小說《芙蓉鎮》，就指出了家庭商鋪令人無法忽視的存在。以作者蒐集的資料為基礎，小說描寫一家小鎮豆腐店的老闆娘，當地人曾十分看重她提供的重要業務，後來卻攻擊她是「資本主義尾巴」，因為她獲得的利潤讓她可以享受比鄰居更好的生活。[47] 在上海，民族資本家的生活方式要好得多。即使國家徵收他們的事業，但國家固定給予報酬加上積累的財產，他們仍能過著舒適生活。[48] 他們住豪宅、舉辦豪華派對、在仍然生意興隆的知名餐館吃飯、打麻將（雖然黨禁止打麻將）。[49] 這些人鮮明地象徵了一個核心矛盾，黨所謂「建設社會主義」的論調和國家資本主義政策正在建設資本主義相互牴觸。這類（前一類）資本家在日後成為文化大革命的主要目標，也就不令人意外了。[50]

雖然資本的國家所有制最初容許了許多例外，但到了五〇年代，中共持續朝向國家對資本更大控制的制度安排轉型，也就是國家資本主義。一九五二年年底，黨控制了超過一半（百分之五十六）的工業總產出，以及另外四分之一（百分之二十七）的新興公私合營所有制（state-private ownership）。到了一九五三年，黨自信地宣布「經濟恢復」（joint economic rehabilitation）時期已步入尾聲，「社會主義改造」正式開始。在接下來的三年裡，黨強迫資本家「合夥」經營所謂的公私合營企業，控制資本的權力迅速從私人轉移到國家手上。這所謂的「合夥關係」，是讓前企業所有人持有一定比例的資產及有名無實的職位，由國家幹部控制企業。

儘管黨在完成「社會主義改造」後仍允許極有限的私人資本主義存在，但「資本家」和「走資派」一直都是黨內批評者在控訴領導人和幹部管理階層重經濟發展（也就是增加生產力）、輕階級鬥爭（或生產關係的平等化）時，經常濫用的蔑稱。[51] 他們的控訴表明了，黨內某些成員（且假定是他們的攻擊目標）明白黨正在建設的與其說是邁向共產主義的社會主義，不如說是某種更類似資本主義的東西。接下來的章節我將揭露中共黨內外如何一再表達類似的擔憂，即黨的「社會主義」手段正在否定共產主義的目標。

在國家控制爭奪戰部署消費者大軍

一九五〇年六月韓戰爆發，證實了中共對軍備競賽的擔憂，也強化了黨內領導人對積累資本的強迫心理。為了擴大國家對資本的控制，黨發動了兩場大規模運動。第一場運動是「抗美援朝」，目標是形塑消費者態度及行為（需求面）；第二場則是「三反五反」，目標是強化對私人資本所有者及管理者的控制（生產面）。這些運動提供了一個模板，讓我們得以認識毛時代的中共如何透過控制消費來積累資本。[52]

一九五〇年發起的「抗美援朝」運動企圖控制特定消費形式的周邊文化。既往研究顯示，為了加強對新中國的忠誠、剷除一切美國價值及帝國主義遺緒，中共在抵制美國產品之際，也將美國教會學校、醫院、孤兒院和其他慈善機構等等都納入抵制的行列。[53]然而，學界主要關注受到黨自身論調所影響的意識形態，而忽略了在更長的時間裡，中共一直試圖阻止人民透過消費將資本移出中國。以好萊塢電影為目標的宣傳運動即是一例，當時好萊塢電影占據了國內市場的極大份額。

按照國貨運動發展出的模式，中共利用韓戰和美國帝國主義的威脅將消費美國產品視同為叛國。一九五〇年十一月中旬，隨著協調動員組織「中國人民保衛世界和平反對美國侵略委員會」成立，這場運動也於上海展開。委員會的主軸是由一萬餘名小學教師組成的六百個小組。教師小組造訪工廠、社區、茶館和劇院，傳播反美帝思想。[54]短短一個月內，上海的工作小組就舉行了八千場集會，指認並批判各種美國的侵略形式。在活動達到高潮的一場大規模集會，來自全上海的十萬多名學生代表、十萬名商人和企業家，以及數千名教師、醫生、律師和其他專業人士，都出席了這場抗議美國的活動。接下來的幾個月裡，數百萬人民參與了各種反帝國主義集會，包括抗議美國重新武裝日本。當時的三百家全國性雜誌中有半數發表文章，將美國的對韓軍事行動與早前在中國的軍事和經濟帝國主義扣連起來。這類文章均附和中共的論點，認為偏愛美國產品就等於歡迎帝國主義的統治。[55]「派克墨水橫行罷道，中國墨水垂死邊緣」，同年十一月和十二月，中國官媒反覆使用這類標題，提醒讀者美國的經濟與文化帝國主義跟軍事侵略狼狽為奸，以此來團結這群消費者後備軍。[56]官媒主張，美國對消費的影響力損害了中國的工業化能力，等於損害了中國的自衛能力。文章警告人們要找出並抵抗帝國主義。各報頭條大力宣傳各種美國產品威脅中國的方式：「美國帝國主義：我民族工業死敵」；「美罐頭食品滿大街，我罐頭工業快窒息」；「美國帝國主義毀滅中國機床工業」。[57]這些抨擊以死亡和垂死掙扎等字眼強調消費者選擇的利害攸關。它們還進一步論及日常生活，包括控訴美國製造商迫使中國企業破產，並進入皮鞋、菸酒、鐘錶及各種其他低端消費品市場，從而削弱國內工業成長，並玷污中國製品的聲譽。[58] 例如，全國性報紙《人民日報》的一篇報導引用「重慶奶牛場」負責人的話，他表示抗日戰爭後「美國製造的克寧奶粉壟斷了重慶的牛奶市場，導致重慶有三分之二的奶牛場賣不出牛奶。農民別無選擇，只好殺牛換錢。光我們的家庭牧場就殺了四十頭奶牛。」同一期報紙上的另一篇文章則指出美國塑膠牙刷進入國內市場後，造成國產牙刷的銷售量從每月八十四萬支暴跌至九萬六千支。[59] 總體而言，讀者得到了和國貨運動時相同的教訓：消費者的選擇攸關了國家的存亡。

韓戰期間發起的第二場國內大規模運動，鎖定的目標是那些負責生產的人。一九五一年，從基本的消費用品到戰爭物資，一切物品都因戰事陷入短缺。黨將這些短缺歸咎於腐敗的幹部和利用這些短缺牟利的懦弱資本家，批評他們抬高價值、拒絕滿足國家的訂單，以便在市場上攫取更高利潤。透過將戰時物資短缺的責任推卸到腐敗幹部和貪婪資本家這兩群代罪羔羊身上，黨就能占用更多私人資本。一九五一至五二年，黨開始盡最大努力限制「新民主主義時期」、也就是「三反五反」運動期間的私人資本主義與消費主義。[60] 儘管還沒有全面徵收，但這場國家主導由上至下的運動，顯示了國家企圖從私人資本家手中奪取資本控制權。[61]

在「三反五反」運動的早期階段，黨鎖定的對象是腐敗幹部，而不是資本家。一九五一年十二月，為節省資金以供戰爭所需，黨要求管理階層和工人增加生產，消費者則須力行節約。接著，一場針對政府內部「反貪污、反浪費、反官僚主義」的全國性「三反」運動正式開始。[62]在一個月內，在二十七個中央政府機關就初步查出了一千六百七十名犯罪者。廣泛存在的問題很快就浮上檯面。例如，在北京稅務局一千七百五十名工作人員中就有九百多人坦承收受賄賂。[63]黨指出在全國各地城市的各種鋪張行為，譬如修建豪華辦公室、學校和娛樂設施等等。[64]這些證實貪污浪費行為的證據，導致黨內、官僚機構和軍隊不值得信任的幹部遭到撤職。[65]

即使是早期階段，「三反運動」也針對了監督私營企業的收受回扣的幹部，以及其中普遍存在的消費主義形式。對黨來說，這些幹部優渥的生活方式說明他們已然腐敗，將自己和家人的物質利益置於國家利益之上。結果在這場運動中，看似不起眼的資金分配不當，成了意識形態不純的明證，任何生活不簡樸的幹部就是在過資本主義生活。黨譴責「奢侈浪費」，包括用國家的錢舉行派對、僱請傭人、到全國各地旅遊和買車等，這為後來的大規模運動作了鋪墊。這類「奢侈」行為打擊了艱苦樸素的國家精神；這種精神是要限制或引導消費主義進入適當管道，而不是要廢除消費主義。[66]黨再次搬出之前國貨運動提過的目標，將來自帝國主義國家的進口物品評為浪費甚至叛國行為，並指出東北瀋陽的幹部開著美國、英國製汽車招搖過市的行為極其惡劣。[67] 但這場運動也攻擊幹部對於日常用品，如菸酒和食物的過度消費。[68]

事實上，國家資本主義的政策創造了一個由剩餘占有者組成的新階級——幹部透過直接或間接方式控制工人生產的產品，並大膽地利用公共資源為私人消費買單。直到文革前，黨始終不願意公開承認這點，很多黨員可能都不相信這種事情的存在。然而，中共在這種情況下創造出新的不平等，並迅速將「三反」運動的焦點從幹部對資產階級物質產品的貪婪，轉移到私人資本家及其詐欺商業行為的腐敗，也就是轉移到國民黨執政時期遺留下來的問題上。[69]「三反」運動開始後不久，隨著官員開始準備「五反」運動，周恩來建議運動的焦點應從「腐敗官員」轉移到「違法商人」。一九五一年中，也就是正式發起這場運動的六個月前，黨強迫所有商人和企業家都要加入貿易或產業協會。他們一加入協會，就被要求坦白供出之前在幹部腐化和浪費問題上的共謀，並分入「學習小組」，每晚都要開會研究與「三反」運動和社會主義有關的各種教條。這些會議成為國家政策落實國家對資本加強控制的正當理由。一九五二年一月底，黨根據國家對「三反」罪行的調查結果以及學習小組的自白內容，來宣稱國內存在大規模的資本主義陰謀。根據調查發現，

「（國內）腐敗分子不僅包括舊政權的一大部分人員，還有超過百分之八十的腐敗分子為實業家及商人。」毛澤東在前不久才得出結論，資本家從事各種腐敗的商業行為，而他聲稱這些行為在整體上「甚至構成了比戰爭更危險、更嚴重的威脅。」[70] 一開始只是一場以資本主義之名要求資本家供出幹部相關情報的黨內整肅運動，現在卻演變成針對那些仍有資本可被徵收者的攻擊。

有關資本家的輿論出現了戲劇性轉向，資本家被列為國家敵人（圖 2.3）。官媒責怪資本家的生活方式和商業行為腐化了黨員、幹部和軍隊。例如，學者于光遠以〈「抵抗資產階級攻擊，維護工人階級領導」為標題，在深具影響力的《學習》雜誌上告訴讀者，資本家對工人階級和黨的領導階層發動了「猛烈攻擊」，削弱了經濟及國家抵抗美帝主義入侵韓國的能力。[71] 強化完國家對私人資本加強控制的官方理由之後，于光遠又主張，黨已經給過資本家一次機會，讓他們能夠在「新民主主義」政策下協助建立「新中國」。但資本家卻不改本色，只忠於自身利益，選擇追求個人利潤而非國家利益。現在，為了「共產主義革命」的存續，黨和群眾必須反擊。于光遠指出國家必須將以下五種活動列為非法活動：賄賂、逃稅、盜竊國有資產、不遵守契約規定，以及盜竊經濟機密。這五種活動涵蓋了資本的不當分配以及企業家的所有常用手法。他的建議包括教育群眾認識資本主義的威

(a)

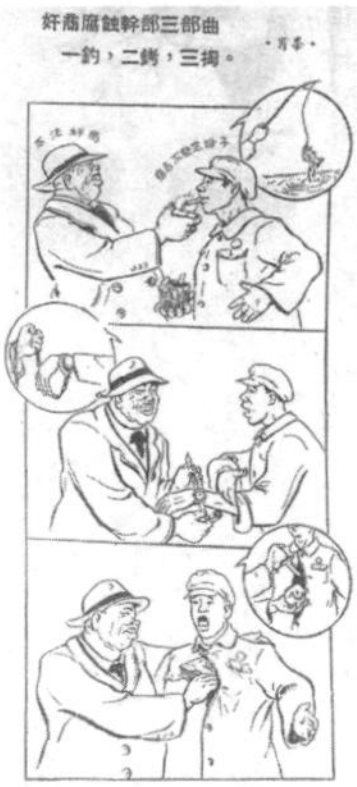

(b)

圖 2.3 詆毀資本家和消費主義。來自「三反五反」運動的兩個例子，說明該運動企圖散布一種觀念，即資產階級消費主義有可能腐化黨的革命精神。

(a) 「奸商腐蝕幹部三部曲：一釣，二銬，三掏」（Manhua, February 1, 1952, 9）。這幅插畫以隱喻方式描繪一個私營商人如何作幹部的工作，就如他頭上的文字，他是「意志不堅定分子」。那名奸商用香菸之類的「誘餌」「釣」他，跟他建立友誼。接下來，奸商送了一支昂貴的錶戴在幹部手腕上，於是就給幹部上了手銬。最後，他「掏開」幹部的外衣，把一疊鈔票塞進幹部衣服裡面的口袋。在這幅插畫裡，他的動作就像是將一把匕首插入他的胸膛。

(b)「提高警惕，決不上奸商的圈套」（Manhua, March 1, 1952, 7）。在這幅插畫裡，一位幹部（穿著幹部服裝）拿著一個上面寫著「國家經濟情報涉及人民利益」的公事包，有個穿西式夾克的生意人熱烈歡迎他。保險庫裡面裝著許多五〇年代最受歡迎的產品：一支鋼筆、一支手錶、一個鐘、一座收音機，還有兩抽屜的錢，門上寫著「專門招待幹部」。印在保險庫上的「腐蝕」和「行賄」字眼強調這些貨品和金錢都是圈套。除了商品和金錢，幹部還面臨著另外兩個危險：來自美女的性誘惑，以及潛伏在保險庫背後歹徒可能的伺機勒索。

脅、讓他們對階級鬥爭作好思想準備，以及強迫資本家簽訂「愛國合同」。在這份合同裡，每個「資本家」都要承認個人過去所犯的錯誤，承諾與官方人員合作，而官方人員將檢查及監督他們的企業。此外，于光遠還呼籲查核所有企業的會計帳簿，實際上就是讓國家介入越來越失去私人特性的企業內部運作。國家採納了于光遠的所有建議，並發起「五反」運動。

一九五一至五二年的「三反五反」運動比一九四九年更深刻地改變了資本家的生活。四九年後，即使城市資本家開始與國家機關合作，但他們仍像從前那樣繼續從事相同的商業行為。雖然新稅、通貨膨脹和國家對分配零售的加大控制威脅著私人積累，但企業常常作兩套帳、偽造發票和訂單、將收入轉成黃金與外匯，並設計其他方法好讓資本躲過國家的窺視，與他們在國民黨時期如出一轍。實際上大多數的企業家都這樣做，當「三反五反」運動開始時，這就成了黨從他們身上榨取收益可利用的一個弱點。正如一位上海企業家所描述的，「事實上，如果你賺到了一大筆利潤，這就表示在定義上，你做了共產黨眼裡的非法勾當。當你說出你賺錢的方子時，這些都成了你的罪行……。然後你交代你的罪行，共產黨就拿走你的『非法獲利』，交還給人民——或比較好的說法，交給人民政府。只要你獲利，他們就認為你一定是欺騙了人民政府。」[72]

除了讓私營企業成為罪犯之外，為了徵收資本，國家還把這場運動當成鐵撬，撬開資本家的權威性及其社會與工作地位，將他們從特權位置上驅逐出去。[73] 五一年十二月，在意識到普遍作假帳的現象之後，國家派出查帳員到各企業，並利用媒體敦促資本家的親朋好友施壓，要他們坦誠以告。[74] 彼此互不聯繫的資本家獨自面對巨大的心理壓力，因為他們被國家當成箭靶宣傳，城裡大街小巷張貼著譴責他們的海報，要求他們認罪，更要他們的僱員提供罪證。[75] 在上海，當地政府在生意繁忙的大街上安裝了大聲公，用這種新的傳播工具指示路上行人去催促店主交代自己的罪行。[76] 國家並不是像它聲稱的那樣只要求補繳逃漏稅而已，它還透過加強對資本的榨取來擴大其控制。這標誌著國家資本主義的崛起，國家成為資本的主要占有者和分配者。

不只讓國家得利，「五反」運動還強化了資本家與工人階級衝突的社會主義論調。透過群眾集會，黨動員了上千萬民眾來批判私人資本主義，爭取更強大的民意支持，讓國家從社會、金融及象徵三方面弱化私人資本家階級，並集中控制資本。例如在「五反」運動期間，廣州有一萬人進入工廠和商家，組織對資本家的大規模譴責行動。[77] 在上海，超過百分之八十的工人和店員參加了「訴苦」群眾集會，他們在大會上陳述在資本家手下受過的各種不當待遇。[78] 國家利用階級衝突論調，將民眾注意力從自己這個新的勞動力榨取者、剩餘控制者身上轉移，對資本家的公開攻擊和羞辱則削弱並切斷了僱主和工人之間的忠誠紐帶。[79] 上海總工會的劉長生（Liu Changsheng，音譯）就表示：「過去僱主對工人的態度很糟；現在工人正在把角色對調過來。」[80] 這場運動也讓人們認識到國家資本主義和國家消費主義的一個基本前提：私人資本主義是為了私人積累而剝削勞動力，國家資本主義和國家消費主義則是以造福所有人的名義，要求每個人都過「艱苦樸素」的生活。

一九五二年三月末，國家已經掌握了推行官方運動所需的所有犯罪資料。國家特工已取得供詞，讓資本所有者與工人間的緊張加劇，資本家之間陷入分裂，士氣低迷。接下來就只剩資本家公開招供了，這代表他們將接受黨對階級剝削的羞辱敘述，從此以後國家就能夠更隨心所欲地對待資本家和他們的資本。巨大壓力引發了一波企業領導人的自殺潮。[81] 公開運動在城市迅速展開。雖然開始日期因城市而異，但全國各地都遵循了同樣的模式。[82] 以廣州為例，地方政府在四月的第一個禮拜進行程序測試，目標鎖定在醫藥製造商和商人。在與「五反」工作小組及工人職員共同參與的「批鬥大會」上，資本家照本宣科承認了前幾個月的調查所發現的罪行，國家則祭出了包括罰款在內的各種懲罰措施。[83] 第二階段是全市集會。在接下來的兩週內，運動的範圍擴大到約兩百個產業和行業。六月的前三個禮拜是運動的最後階段，這段期間所有的案件都告一段落。[84]

「五反」運動降低了流入私人消費主義的資本。一九五二年春季開始，大部分的資本家都停止或減少使用汽車，不再購買珠寶或其他奢侈品，也避免帶有明顯資產階級地位標記的物品，譬如西服，春節送禮的開銷也削減了。結果，服務富人的高級百貨公司業績出現劇烈下滑；這些百貨公司當時仍屬私營，例如上海的永安百貨（公認為全中國最出色的百貨公司之一，第五章將進一步討論），業績在單月內就下滑了三分之二。[85]

這場運動讓國家能更大地控制大量私人資本。調查了近百萬家企業並施以懲罰後，國家收取了近三十兆人民幣（約合十二點五億美金）的罰款及稅金，迫使資本家交出或賣出他們的現金、貴金屬、商品及設備。根據某項估計，國家榨取的資本總額相當於中國在整整三年韓戰軍事支出的一半以上。[86]「五反」運動逼迫資本家誇大自己的罪行，以加重他們所欠的稅金及罰款，透過這種方式，該運動為國家擴大對經濟和資本的控制留下了長遠影響。在運動期間為了生存，資本家不得不變賣事業和個人資產，許多人（譬如戰前國貨運動的領導人、愛國實業家吳蘊初）漸漸將他們的企業交給國家。[87]國家利用在這些運動發展出的方法，包括制定規章制度和由工人進行內部監控等手段，控制徒具虛名的私人產業，進一步介入企業經營的各個方面，從僱用工人到固定價格無一不受國家指揮。

此種模式在整個毛時代一再使用，然而這對國家經濟造成了巨大損害，一九五二年六月初中共不得不收斂極大化榨取資本的作法，並通過展延貸款、削減補繳稅款和提供國家合約等方式暫時振興私營企業。[88] 儘管如此，黨在「三反五反」運動期間已摧毀資本家的社會地位，吸收大量私人財富，更令那種資本密集的生活方式名譽掃地。透過這場運動，黨在「國家─私人」的工業資本主義光譜上朝向國家資本主義的那端，在「社會主義改造」期間沒收私人資本，並在整個毛時代用貼「資本家」標籤的方式抹黑任何人或任何活動。「三反」運動展現了黨在處理貪污、浪費、不平等及炫耀性消費時偏好的策略，那就是攻擊問題的外表並怪罪一小群選定的目標，而不是去處理國家資本主義的不平等結構與制度性矛盾。雖然到了一九五六年，私人資本家階級已不復存在，但黨認為的資本新占有者及分配者（也就是幹部）的問題，卻是益發顯著。[89]

占有農村剩餘來支付城市生產與消費

雖然「三反五反」運動徵收城市資本家階級的資本，為國家控制資本主義和消費主義提供了最初的推動力，但比起城市，國家在農村推動「艱苦樸素」精神的力道更加強勁。農村有百分之八十的人口，因此黨在農村創造或擴大國家對剩餘及分配的控制，儘可能快速榨取更多剩餘。黨在城市裡「建設社會主義」（透過國營企業「鐵飯碗」的工作保障城市工人更好的薪資，促進快速工業化），依靠的是近乎封建式的農村人口管理和勞動榨取政策，透過強力抑制農村消費來協助城市的工業化。[90]

正如第一章所述，就像所有工業資本主義的變體一樣，中共的國家資本主義實際上擴大並普及了它聲稱「建設社會主義」要解決的不平等，包括城市與鄉村、勞心與勞力，以及工廠與農田之間的不平等。儘管黨用充滿敵意的論調將城市描述為帝國主義和消費主義的象徵，但除了從農村榨取剩餘之外，黨獨厚城市積累及資本配置的無數政策也讓城市居民變得富裕。其中一個例子是四九年後，黨為了特別照顧長期住在城市的居民，不僅運來物資，更將四十萬難民送出上海。[91] 這些政策使得農村居民注定只能擁有更少的機會以及更低的生活收入。一九五八年的戶籍政策讓此種情形達到高峰，黨給予城市優惠，因為城市是潛在的工業和資本積累中心。然而此類政策不僅延緩並破壞了城市生產社會關係的轉型，更擴大了城鄉差距。

資本主義必須有資本才能運作。黨將其拋棄農村工人、獨厚城市資產階級和工人的作法合理化，聲稱是遵循蘇聯的樣板，以此做為徵收農村以促進城市工業化的正當理由。一九二六年，史達林大力認可了著名蘇聯經濟學家葉夫根尼・普列奧布拉任斯基（Yevgeni

Preobrazhensky）的研究成果，並於日後將強制工業化和集體化奉為「建設社會主義」的基礎。[92] 普列奧布拉任斯基為殘酷的農村榨取政策辯護，但這些政策只不過是掛上一個「社會主義」的虛名，實際上創造並普及了工業資本主義的不平等，就像「社會主義」國家領導人一再推出那些與資本主義雷同的制度和政策。普列奧布拉任斯基提出「原始社會主義積累」，是為了對照亞當．斯密（Adam Smith）及馬克思討論的「原始資本主義積累」，正如我所指出的，馬克思將這種積累比喻為神學的「原罪」。其他蘇聯黨員（例如布哈林〔Bukharin〕）也明白建立在農村榨取基礎上的城市「社會主義」的「罪惡」意涵，並質疑這樣的政策。然而就和中國的情形一樣，蘇聯領導階層也得出結論，他們沒有更好的選擇——他們沒有外國人可以奴役、沒有殖民地可以剝削，沒有外國貸款可提供軍事及工業化所需的資本；正如本章稍早指出的，黨領導們早已決定了這個國家最需要達成的關鍵目標。[93] 史達林在一九三一年的〈致工業管理者演說〉（Speech to Industrial Managers）為加速榨取農村的政策辯護，表示為了讓國家在軍備競賽中生存下來，這是必須的：「我們現在落後先進國家五十或一百年。我們得在十年內趕完這段路程。要麼就做，要麼就完蛋。」[94] 二十年後，中共走上了同樣的道路。在中國各地城市，關於戰爭與生存的論調成為國家消費主義的正當理由；在鄉村地區，官方論調則為國家對這群幾近一窮二白的群眾所作的一切進行辯護。

就像早期工業資本主義原始積累的其他形式，如英國圈地運動或美國蓄奴政策，中國農村的「原始社會主義積累」同樣殘酷無情，對邁向工業資本主義也同樣至關重要。國家祭出各式各樣的策略來積累農村資本。首先是從農作物收成中攫取更大的份額，接著是剝削那些被戶籍制度強迫留在鄉村的低成本勞動力。最後，國家還榨取了環境資源，猖狂而毫不節制。國家資本主義政策在儘可能榨取的同時，也儘可能減少進入地方消費的資本再分配——甚至到了令數百萬農民挨餓的程度。除了少數與社會主義相關但仍屬資本積累的政策，例如改善公衛、實施教育、小規模農村工業化，以及建立促進低成本資本榨取的公社等等，農村堪稱是這個經濟體中最不「社會主義」的部門。正如在蘇聯的情形，中共領導下的中國也把農村地區當成提款機：資本的原初（或「原始」）來源，為主要在城市進行的工業化提供資本。[95]

國家資本主義追求最大化對農業剩餘的控制榨取，但不是將這些剩餘分配給這個資本的原始生產者農民，而是分配給大部分位於城市的資本密集的重工業。這些政策降低了原已低落的農村收入，讓農村面臨勢必更為嚴峻的消費者前景。對剩餘的榨取意味著將收入移出農村，因此國家也試圖剝奪農村居民對非國家剩餘的分配能力。國家大量攫取穀物、蔬菜、棉花和其他農產品，甚至到了讓農民幾乎沒衣服可穿、甚至沒東西可吃的程度。留在農村的糧食較少，就意味農村居民能用來購買腳踏車、手錶和縫紉機的資本較少。如第一章所說，當時農村已將「三大件」視為基本的聘禮，這代表兒子要討個好老婆的可能性也較少。難怪當地人回應中央榨取政策的方式，就是想盡辦法為自己留下更多的剩餘。

國家資本主義的概念包含了黨從農民身上榨取的三種資本形式：勞動力、土地及牲畜、工具。這種「原始資本主義積累」始終是學者理解中共發展策略的關鍵面向，因此關於中國如何在五〇年代對農業產出（收成）取得更大控制的文獻紀載相當充分。[96]簡言之，五〇年代初地主的土地重分配後，國家先是半哄半騙，繼而強迫幾乎所有農村人口進入一系列國家控制逐步擴大（但很少為國有，藉此讓中央政府付出的成本降至最低）的農業機構，這些機構促進資本榨取的極大化，一九五八年「大躍進」運動成立的人民公社是其代表。「大躍進」被譽為一座橋樑，可通往共產主義並消除工業資本主義所產生的「三大差別」。[97]戶籍制度擾亂了勞動市場，阻礙了農村居民前往城市尋找更高薪的工作，因而讓農村勞動成本持續維持在較低水準。事實上，戶籍制度創造出一個幾乎是契約制的農村勞動階級，使得國家為城市提供服務的成本降至最低，要不然城市人口原本還會更多。

農村土地所有權和城市的資本所有權類型相似，它們同樣是為國家資本主義積累服務。國有農場大致相當於國有工廠，在國有農場工作的農人也很穩定，包括擁有保證工資。然而就像城市的國有工廠一樣，國有農場只僱用了一小部分的農村勞動力，產出也僅占總收成的一小部分而已。[98] 合作農場和公社對應的是城市合作社及公社。也就是說，它們都是國家用來榨取資本的工具，但又被期望在只得到極少或毫無國家支持的情況下生存下去。最後，儘管市場資本主義國家對冷戰時期的普遍印象是「社會主義」國家沒收了所有私人土地和企業，但實際上私人土地（就像其對應的城市私人資本一樣）仍然存在。即使一九五六年國家幾乎徵收了所有土地，黨仍持續爭論允許小範圍私人土地存在是否能增加產量。跟城市裡私營企業持續存在的情況一樣，無論國家政策如何，農村裡仍持續存在著超過官方允許數量的大量私人自有地。在整個毛時代，這類私人或半私人自有地持續存在，不是到毛時代結束時才出現。[99] 再一次地，和城市私人資本主義活動一樣，企圖極大化農村榨取的國家政策，也刺激了這些私人活動的出現。

國家拿得多一點、城市工人吃得多一點，農村居民就吃得少一點、買得少一點。國家消費主義政策壓低農村的收入和配給，僅夠維持生存甚至低於生存所需，亦即壓抑消費主義的第一定義面向（量產商品的流通），因此更別說是透過消費傳達身分認同了。[100] 除了一心完成積累的國家，黨的政策也刺激了地方幹部浮報糧食產量，讓國家可以順理成章從農村攫取更多。[101]在制度上，稅收、固定價格以及對壟斷必需品都助長了國家消費主義，因為這些制度讓國家可以額外控制收入，並讓農民幾乎沒錢消費必需品，更別說是消費品。[102]首先，農業稅即是一種明顯的直接榨取，即使規模不大。其次，國家透過讓農產品價格更便宜、工業產品更昂貴的方式（一種被稱為價格剪〔price scissors〕的制度安排）而從中獲利。[103]國家以低廉的價格從農民、接著從合作社／公社手中收購農產品，並以高昂的價格出售工業產品牟取暴利，包括食物、衣服和肥料。第三，國家建立一套向農民出售工業產品的壟斷機制，從而減少競爭。國家禁止過去向農民提供大部分產品的農村手工業的運營，這消除了工業產品（以及農村勞動力挪作他用）的競爭。此外在擴展國家資本主義的時期，如一九五九年，國家還關閉了私人農村市集，這些市集讓農民銷售他們獨立加工的（或偷來的）產品，從而阻止農民積累國家想從他們身上攫取的資本。最後，在第一個五年計畫時期（一九五三至五七年），國家鉅額投資以城市為主的重工業，這也代表了對農業的低度投資。[104]

黨用不同方式分類農村居民，也以不同方式分類一九四九年擁有資本的人群。農村裡數量最多的「資本家」（以及那些國家想從他們身上榨取資本的人）並沒有被貼上「資本家」的標籤，而是被稱為「地主」。為了達到自己的目的，國家改變了對地主的定義。在城市裡，資本家在一九四九年倖存下來，並持續享受某種程度的消費主義；與之相反，國家卻立刻決定向農村的土地擁有者開刀。農村地主不像資本家，他們不一定比其他農民更了解農業，況且他們也不可能帶著自己的資本逃到國外。在一九五〇年至五二年的「土地改革」時期，國家拿走了他們的土地，因而消除了「無生產力」的地主對剩餘的控制，也減少了基於土地所有權而非勞動收入所導致的不平等。至於那些擁有土地、在部分土地從事農作並僱用勞動力的人，就被貼上「富農」的標籤。起初黨不直接徵收，而是和他們妥協，原因跟城市資本擁有者妥協一樣——贏得他們在政治上的支持，並利用他們農民的身分和識字的能力，以便日後發展出幹部。[105]

儘管為了振興農村經濟，國家對發揮關鍵作用的土地私人控制權作出了各式各樣的妥協，但大部分都不持久。一九五五至五六年「社會主義高潮」期間，隨著針對城市企業的「社會主義改造」完成，黨也從範圍更廣的人群中攫取土地。幾乎在一夜之間，黨就以強迫形成「集體」（collective）的方式徵收了「中農」的土地。透過「集體」，黨得以迫使土地更多、設備更好的（稍微）富裕農民和其他農民分享。黨的目標是透過土地和工具的分享來加強獎勵勞工，而不是那些有可能從最小形式的資本（多一點的土地、一頭牛、一把堅固的鶴嘴鎬）中獲取額外收入的人。跟其他政策一樣，中共高調宣傳這個先建立「集體」再大規模公社的政策不是為了加強國家的榨取，而是「建設社會主義」的下一階段。黨甚至在五八年的「共產風」期間提出這個想法：人民公社是即將實現的共產主義及「全民所有制」的前導。[106] 與工人控制自己勞動成果不同，這個集中資本的政策促進了更大程度的國家榨取，使資本從農村向城市轉移。

對於黨將榨取政策定義為「社會主義」的作法，公眾很少提出質疑，然而還是有一些批評政策導致饑荒的聲浪，最明顯的就是彭德懷一九五九年提出的質疑。[107] 此外也有一些較溫和的異議，例如五八年一位叫做王文昌的軍校中尉曾在軍事雜誌上寫過一篇批評穀物徵收政策的文章，認為政策犧牲了農村工人，卻讓幹部富裕起來。[108] 不過，更多人選擇默默對抗。毛時代離開中國的人們接受訪談時，揭示了一件事實：農民並不總是任由國家處置自己的資本和勞動力。面對國家的無情榨取，有無數人運用草根力量、所謂「弱者的武器」的「日常抵抗」形式，以便將更多的資本留在地方。[109] 農民運用許多策略（國家則作出回應），以保留對他們勞動成果的更大控制權。他們會吃掉、藏起來或是偷竊糧食。他們在工作時刻意不使出全力，並偷偷摸摸地參與灰色和黑色經濟活動，甚至破壞資本以阻止國家沒收。「大躍進」期間農民甚至集體屠殺牲口，而不上交給「集體」——一種半國家的榨取工具。這些政策並無法提供任何激勵（反而增加了藏匿農業產出的動機），因而導致總產量下滑。在「三反五反」運動餘波中，為了解決農村的經濟頓挫，國家不得不撤回直接榨取政策，允許有限的私人積累以鼓勵人們投入更多勞動。此外，國家也實施直接徵稅等手段取得對農業剩餘的更大控制。[110]

國家資本主義使得城市的生活水準優於農村。除了創造出廉價農產品及昂貴工業產品的價格剪，中國農村更在「大躍進」饑荒期間付出了極高的代價。在饑荒最嚴重的時期，農村居民面臨著飢餓、販賣兒童、吃人及各種難以言說的死亡威脅，而國家卻在確保城市居民不挨餓。[111] 糧食一耗盡，人類就成了可出售或交易的商品，甚至在同類相食的情形中成了「食物資本」。[112] 農村經濟衰退之際，為了維持城市的生活水準，國家把剩餘勞動力丟到農村，任他們自生自滅。舉例而言，從一九六二年至七九年，由於城市裡沒有工作給他們做，國家將一千八百萬名國高中畢業生送進了農村。[113]「大躍進」之後，國家把兩千萬名工人趕下了田。[114] 除此之外，最能說明濫用農村解決國家積累問題的，就是用下鄉這種對國家而言的廉價方式，來處理城市罪犯。[115]

一九五六年的中國，已然沿著工業資本主義光譜上遠離市場及私人財產、朝向全面國家資本主義的方向邁進。雖然不是全部，但資本的四種所有制在很大程度上縮減成了合作社及國家所有制兩種。[116] 然而，即使表面上已朝向全面國家控制，但私人資本主義的要素並未消失。排除「大躍進」的極端實驗不提，即使除了住房、床鋪和服裝等一切都必須交給公社，農民仍舊擁有或控制不同數量及形式的資本，包括自有地、設備、動物，以及最重要的——份額不等的合作社產出。國家從未徹底剷除這些不平等，這類不平等反而還增加了。

在看過當時政治經濟與社會的真實樣貌，以及人民在其中的真實經歷之後，就更能理解中共的社會主義論調及資本主義實踐之間的核心矛盾。「建設社會主義」的目標並沒有失敗，五〇年代的政策選擇性地改變生產關係以達成這個社會主義目標，前提是它必須讓國家能夠強制積累更多的資本。人民所經歷的一切都源於這個一致（而有效）的目標——打造一種對農村勞動及產品的極大化榨取，以建設城市工業的國家資本主義形式。

小結

一九四九年前，長達半世紀間，中國人民呼籲國家能更多地介入消費和消費主義，在背後支撐這一普遍呼聲的是民族主義的意識形態。這些呼聲為中華人民共和國時期的另一種意識形態（社會主義）奠定了基礎，帶來了更多的國家干預。一九四九年後，中共力量更龐大，也更善於執行國家消費主義的既有議程以服務於國家資本主義。為了儘快發展工業以應付軍事及其他需求，中共領導人發現必須同時干預資本主義的兩端——生產和消費。

新中國成立初期，儘管時而中斷、時而逆轉，但黨的政策仍是傾向國家資本主義及國家消費主義的制度安排。對資本積累的需求超越了國家強化對生產及消費控制的欲望。回顧毛澤東時代的四種資本所有制——國家、合作社、外國及私人所有制——的制度安排，均印證了黨將資本積累視為優先事項，即使這種特權意味著「延遲」實現社會主義的基本原則，或是放慢國家控制的步伐。每種制度安排都在協助建設國家資本主義，而非社會主義，於是每種制度安排都揭露了中共「建設社會主義、邁向共產主義」的論調及資本主義實踐之間的核心衝突。黨想盡各種辦法快速累積更多的資本，包括更加轉向國家資本主義，以及在「三反五反」運動期間打擊幹部非法行為與資本主義的資本配置。這場運動讓國家以前所未有的方式滲入私營企業，國家聲稱的逃漏稅罰款及稅金也讓國庫進帳了近三十兆人民幣。然而，隨著國家逐漸擴大控制及榨取力度，「三反五反」運動帶來的經濟倒退結果也令黨放慢了邁向國家資本主義的轉變步伐。

最後，儘管本書關注的是城市消費主義，但所有的城市消費及消費主義均依賴國家對農村的資本徵收。古代也好，封建或資本主義也罷，無論是那個階段的農村生產、占有及分配，它們的目的都是促進國家資本主義積累，而這種積累擴大了工業資本主義所產生的各種不平等。，無論表面上看來是準封建主義還是社會主義，黨的農村榨取政策都是為了服務由城市主導的工業資本主義。國家的農村榨取政策導致了工業資本主義的擴張及隨之而來的不平等，包括消費本身及消費主義的不平等。正如後續章節將表明的，相較於限制或控制消費主義擴張，黨在促進國家和非國家資本主義擴張方面顯得更游刃有餘。

第三章

蘇聯對國家
消費主義的影響

一九四九年春天，中共與資本家妥協的同時，也在建立自身做為一個社會主義政黨的聲譽。在十月一日中華人民共和國正式成立前幾個月，毛澤東宣布蘇聯已經建設起來了一個「偉大的光輝燦爛的社會主義國家」，是「我們最好的先生。」[1]四九年後，官方媒體習慣將蘇聯稱為「老大哥」、「我們的明日」和「我們的榜樣」。[2]

這樣的地緣政治，說明了中共除了加強與蘇聯「老大哥」的密切關係外，一開始就沒有選擇的餘地。中國相對落後，還得面對來自國民黨和他們美國盟友的軍事威脅，這些都迫使中共必須從所有可能的地方輸入工業和軍事科技，也就是從其他供應處取得美國和其他市場資本主義的軍事和工業資本來源。一九五〇年二月十四日，黨正式建立與蘇聯的關係，並宣布簽訂《中蘇友好同盟互助條約》。[3]該條約為中共提供了政治合法性、經濟援助以及關鍵的軍事物資。整個五〇年代，蘇聯一直是中國主要的政治盟友和最大的貿易夥伴。[4]

第二章曾提到，為了防衛這個新國家，黨迫切需要資本以進口或製造武器。這也推動中共在「國家─私人」工業資本主義光譜上更朝向國家那端，加強對資本積累和消費的控制。四九年前後，國家從蘇聯進口軍事物資一事已經眾所周知。四八年二月，全國各地謠言四起，說當時與國民黨內戰方酣的中共已同意用中國兒童來交換蘇聯的武器。五〇年春，類似謠言在中國西北的蘭州再度傳得沸沸揚揚，數百人走上街頭抗議有關毛主席與蘇聯達成的一項祕密交易，據說是以十萬名中國兒童交換武器。五〇年六月韓戰爆發後，中國需求軍火孔急、甚至用人類睪丸交換子彈的流言又開始甚囂塵上。[5]

然而沒有來自蘇聯的軍事支持，中共也不可能啟動快速工業化戰略，就算在韓戰爆發前也是一樣。例如一九五〇年三月，蘇聯人就向上海支援了空軍顧問、雷達和探照燈，幫助解放軍擊退來自上海附近舟山島的國民黨空襲，更於五月中旬拿下舟山島。由於蘇聯進口的軍事物資及人員，這個中國輕工業和商業中心終於恢復了工業發展。[6] 在這裡，快速積累資本的潛在強制力以武器的形式清楚地展現出來（圖**3.1**）。

除了轉向蘇聯尋求必要的軍事及經濟協助外，黨領導層也從蘇聯引進了在二十世紀被貼上「社會主義」標籤的國家相關制度安排。正如引言中指出的，中共引進的最有利的政治觀念是將社會主義理解為到達共產主義目標前的過渡階段，其中包括國家計畫和國有制這兩項決定性屬性，用以替代市場分配和私有制。這個關鍵的蘇聯意識形態輸入並非只是個社會主義過渡階段的抽象化表述，它還是許多其他資本主義屬性（包括商品和薪資勞動）持續存在的具體詳盡論證。[7] 在政治和社會領域，蘇聯的「社會主義」國家相關制度包括由單一政黨統治的高度中央集權、缺乏獨立媒體表達政治異議，以及由國家控制工

圖 3.1 「老大哥」。中共賣力宣傳蘇聯為「中國的明日」，並強調中國對兩國關係高度重視，這張海報即是這場全國宣傳的產物之一。與其說「老大哥」是「社會主義」的典範，不如說是一幅國家主導的快速工業化藍圖。正如海報標題：「在蘇聯偉大的援助下，我們將盡最大的努力，逐步地實現國家工業化！」

會、媒體、教育、青年組織及婦女團體等各種組織。然而，這些制度安排不只是單純的「社會主義」標誌，它們以非資本主義的生產關係將大部分經濟（尤其是農村經濟）結構化，並促進國家資本主義的快速資本積累。

除了制度及意識形態特性，在中華人民共和國初創期，黨更提倡一切蘇聯的事物。[8]黨將所有蘇聯的物質及文化表現形式視為典範，並允許消費主義的擴張，以協助推廣蘇聯風格。諸如蘇聯電影、藝術、小說，以及明確反對資本主義及資產階級價值觀的政治意識形態，包括這裡要討論的特定蘇聯進口品——服裝、時尚及模範勞工，都在協助支撐中國版本的國家消費主義。[9]然而隨著時間的推移，五〇及六〇年代早期，社會階層的上下兩端都出現了批判聲浪。毛澤東和其他中國領導人開始對蘇聯式政策及經濟感到幻滅，普通民眾也注意到並批評蘇聯時尚和產品背後的消費主義含義。為了反擊這類批評聲浪，國家四處宣揚時尚並非資本階級專屬，其可與社會主義相容，甚至引入蘇聯對這問題的看法。[10]然而內外逐漸升高的批評聲浪，最終驅使黨中央公開發出責難。黨批評，腐敗及消費主義在蘇聯大行其道，說明蘇聯正在否定革命遺產，變成一個資本主義國家。許多關於中蘇關係惡化的歷史著作往往聚焦在菁英政治，舉例來說，強調關係的破裂源自於毛澤東與赫魯雪夫為爭奪社會主義世界領導權而展開的對抗。相形之下，本章則聚焦在日常互動中日積月累種下的猜疑，也就是懷疑蘇聯在「通往社會主義」的道路上出了問題。[11]然而正如六、七章將揭示的，即使中共在六〇年代否定蘇聯模式並明確轉向，但並不足以讓自身避免重蹈覆轍，中國仍舊面臨像其他工業資本主義國家那樣持續擴大的不平等。畢竟，告別蘇聯經濟政策（並將之污名化為資本主義）並不代表迎向共產主義的社會主義政策。反之，中蘇關係破裂後的那幾年裡，中國的國家資本主義政策持續擴大了資本主義的規模。

採用蘇聯模式的國家消費主義

並沒有一個簡單、固定的蘇聯模式可以輸出中國。到二十世紀五〇年代，蘇聯已經實驗過各式各樣的制度安排，試圖實現城市的工業化。最終，這些實驗均造成了有限市場、私人所有制及激發更大的物質欲望。這些制度安排導致消費主義相關的不平等，但它們都被定義為社會主義邁向共產主義道路上的暫時性問題。[12]然而，當中國企圖引進一個社會主義國家的模式時，它遇到了過去一直在實驗（尤其在一九二〇年代）減少國家對資本的控制以換取立即經濟收益及更快資本積累的蘇聯共產黨（Communist Party of the Soviet Union，CPSU，以下簡稱蘇共）。蘇聯由國家決定生產數量、銷售地點及定價方式，但也允許工業資本主義透過比例制工資及獎金而產生的基本不平等，甚至鼓勵私人資本主義及消費主義。[13] 最初中共將整個蘇聯模式奉為典範，認為它是一個國家建設社會主義遵循的原型。[14] 由於蘇聯認為它的建設社會主義版本與隨之而來的不平等間不存在任何的矛盾，認為這只是需要定期調整政策的緊張關係而已，因此中國也採納了這個模式。

四九年後，一開始中共對資本主義及消費主義的容忍與蘇聯的「建設社會主義」模式是相似的，蘇聯在二〇年代早期「新經濟政策」時期及五〇年代政策實驗時都採取這個模式。蘇聯模式長期以來都將消費主義納入經濟（圖 3.2）。[15] 早在三〇年代中期史達林的革命後，蘇共就做了一件早期蘇聯學者眼中的「大事情」（Big Deal）——或更準確的說法「大撤退」。學者認為這些政策暗中支持了消費主義及相關不平等在內的資產階級價值觀，目的是換取部分人士的政治忠誠，也就是受過教育的城市居民；為了加快工業化進程，蘇聯領導層需要這些人。[16] 無論這類政策是否單純只是為了收買政治支持，但蘇聯人還是屈服了，他們放棄透過配給制嚴格分配食物及消費品，放棄早期那般對禁慾主義的譴責，也不再視平等主義為「從社會主義邁向共產主義」支配意識形態的特徵。時尚及舞蹈、嘉年華和節日等休閒活動日益常見，這些都反映了擁抱消費主義與建設社會主義是和諧相容的，而不是相互牴觸的。於是，那個時期的模範蘇聯公民無論衣著還舉止，在海報、電影和文學作品的形象往往表現得更像資產階級，而不是無產階級。[17] 在二次大戰後，蘇聯通過擁抱消費主義來建設社會主義的傾向變得更加強烈。

一九五三年史達林死後，後繼的赫魯雪夫延續了

苏联妇女穿什么服装

圖 3.2 「蘇聯女性穿什麼？」《蘇聯婦女》雜誌中文版的這幾頁內容說明了蘇聯如何向中國讀者推廣與社會主義相容的消費主義，包括時尚。這篇文章的蘇聯作者聲稱社會主義時尚符合人性，並且注重便利與美觀，與追求利潤最大化的資本主義時尚不同。資料來源：《蘇聯婦女》第四期（1956年4月），頁46–7。.

擴張消費主義的基調，包括強迫取得更多量產產品。[18]中共日後的評價是有事實根據的。奧焦爾斯克（Ozerk）是俄國的一座小城，在冷戰軍備競賽中生產製造核武原料而成為受益者，根據一位歷史學者對當地的觀察，黨員們擔心「先進社會主義的條件正在創造出完全非社會主義的公民。」[19]奧焦爾斯克的居民不只想擁有更多，他們在物質欲望方面也變得越來越有鑑賞力，例如他們會要求衣服只能來自莫斯科或從國外進口。根據一位黨內活躍分子在一九六〇年的說法，他們的人生目標是買「一輛車、一間房、電視機、地毯，工作和社會責任則成了次要。」[20]雖然效法蘇聯模式的中國人會看到日益豐衣足食及工業化的表象，但他們也會注意到那些類似資本主義的不平等形式。

蘇聯在五〇年代的持續轉向包括重新定義產品，包括一些曾受譴責、不適合禁慾自我犧牲的蘇聯工人的資產階級奢侈品，譬如珠寶、化妝品、流行服飾、燙髮、美甲及漆皮鞋。在過去，口紅可能會讓年輕女性因道德墮落之故被拒於共產主義青年團（Communist Youth League，俄語為Komsomol，以下簡稱共青團）門外，但在五〇年代，擦上紅色口紅卻成了一種社交禮儀。[21]四九年後蘇聯的顧問及援助開始源源不絕地湧入中國，根據蘇聯文學研究者維拉・鄧海姆（Vera Dunham）的描述，這時對物質的熱切渴望「從上到下吞噬了戰後的〔蘇聯〕社會。」[22]或許消費主義「吞噬」整個蘇聯社會的說法言過其實，但蘇聯的情況也確實說明了中國已開始經歷的——工業化及消費主義擴張之間相輔相成的關係。

蘇聯宣稱消費主義（及其伴隨的不平等）與社會主義相容，這在接待大量蘇聯專家的中國城市居民眼中是顯而易見的事。五〇年代末期，總數超過一萬八千人的蘇聯專家來到中國時已作足了消費的準備；可以假定，由專家主導城市工業化而產生的不平等，他們代表的正是從中受益最深的那群人。[23] 根據一九五八至六〇年住在中國的一名蘇聯顧問表示，雖然北京數量眾多的家庭商鋪經營狀況極差，貨品也乏善可陳，但王府井大街的主要國營百貨公司仍向遊客和蘇聯顧問兜售奢侈品。他很開心發現了在莫斯科很少見的各式產品，包括皮草、手錶、珠寶，尤其是搪瓷器。在北京訂做西裝比在莫斯科便宜也容易得多，所以他和其他的顧問抓住這個好機會，為當地裁縫師帶來了大量生意，許多人甚至張貼了俄語的店鋪招牌。[24] 貪得無厭的蘇聯消費者急於搶購有限市場、灰色市場、黑市中所有貨品的景象，似乎像是官方認可了這類消費，但部分中國人還是持批評或嫉妒的態度。正如武漢這座工業城裡的一位觀察者所指出的，「他們把大量我們人民的錢花在像是衣服、筆、手錶和珠寶這類東西上，〔所有這些〕都是從令人痛恨的西方工業化社會來的。」[25] 城市裡的中國人可以看見這些社會主義「模範」國家的代表們正在購買進口產品，享受著爵士樂和舞蹈等資產階級的西方文化，而黨卻告訴他們要拒絕這些帝國主義和資本主義的殘餘物。更令人生氣的是，有些蘇聯顧問還對中國東道主擺出一副居高臨下的姿態，像是他們違反了社會主義國際主義的精神。[26]

蘇聯式消費主義就這樣傳播了不平等，也暗示了社會主義國家內部以及國家之間的競爭關係。蘇聯顧問的工資是他們中國同行的十倍以上，這些人同時領取國內及中國兩份薪資，所以可支配收入也比他們多得多。[27] 他們的配偶和孩子在中國只能用購物來打發時間，因此若擔憂會讓資本流向中國競爭對手的蘇聯當局沒有祭出特殊手段，以優惠利率向他們出售當時蘇聯的「三大件」——電視機、冰箱和汽車的話，這些專家和眷屬可能會花更多錢購買中國產品。在這些產品中，汽車具有最強的吸引力，因為在蘇聯要買一輛汽車得在等候名單排上數年的時間。然而，很少人有辦法存到夠多的錢來購買這類商品，正如一位蘇聯顧問回憶的，他們大部分的可支配所得都花在像是「便宜毛皮、瓷器、絲製品，〔還有〕洋裝」之類的中國產品上。[28] 儘管有國內政策的限制，但蘇聯人對這類消費品的需求仍然引起了一些中國觀察家的懷疑：在這個代表了「中國明日」的國家裡，生活（包括消費品）的品質到底會有多好？

中蘇專家間的相處給彼此留下的印象是持久的，既有關於合作方面的，也有關於雙方暗地裡消費競爭的。約莫六十年後，王明榮（Wang Mingrong，音譯）回憶起她為蘇聯專家工作的經驗，當時她在蘭州金屬製造廠裡一間服務蘇聯專家的店鋪裡工作，提供特殊服務。她的店鋪為工廠的蘇聯專家提供管道，讓他們能立刻買到店內販售的香菸、糖果、茶葉和酒精。這些專家除了住在有全職服務人員的好房子裡，吃的也更好。她的同事在國內四處奔波，為專家尋找食材，他們想要新鮮的蔬菜和肉類。王明榮還敘述了要在衣著和外表趕上蘇聯人的那種直接壓力。有一天，她的老闆要求辦公室裡所有與專家打交道的女性員工都要燙髮並穿著時髦衣服。她心裡覺得不舒服，但是「為了黨和這份工作，只好把頭髮燙了。」[29]

五〇年代期間，除了觀察這些專家的習慣之外，蘇聯的展覽也讓數百萬中國人得以見識蘇聯式的消費主義。例如在一九五四年的最後三個月，有近三百萬人參觀了北京新落成的蘇聯展覽館展出的「蘇聯經濟與文化成就展」，之後展覽在全國巡迴展出，又有幾百萬人在其他城市參觀。[30]這些展示品傳播了產品的意識及消費者偏好。在這個例子裡，為了將「中國明日」願景、蘇聯工業資本主義的成果呈現在大眾眼前，中國官方舉辦了蘇聯展覽，因為這是一個看得見的目標，讓民眾覺得中共要求他們作出的犧牲是值得的。然而有些參觀者卻帶著非預期的印象離去。這些展出（及提供的食物）助長了人們懷疑蘇聯模式對中國的適用性，以及蘇聯技術的全球競爭力。[31]

中國人民要認識蘇聯社會主義中的蘇聯式消費主義，還有第三個管道，那就是大眾媒體。五〇年代大眾媒體以小說、電影、雜誌和刊載蘇聯生活照片的寫真雜誌形式大量湧入中國。[32] 例如一九五六年更名為《中國婦女報》的《新中國婦女報》，上頭的文章就傳播了性別一律平等的蘇聯思想，從工作、教育、假期到薪資等所有生活領域皆然。在社會各階層大力宣揚女性參政的中國領導人，透過這類管道證明自己正在迎頭趕上。[33]

打造時尚的社會主義

中國引入了蘇聯版本的社會主義，透過與服裝及時尚連結的自我擴張以及具強制性的消費主義，強化了公民對國家政治和經濟目標的認同。大眾時尚在全球各地，包括東歐國家，均協助擴散了工業消費主義的全部三個面向：大量生產、時尚論述的供應，以及透過時尚服裝的消費來傳達階層性社會認同。[34] 在整個毛時代，黨主導的工業化都依賴於消費主義的傳播，尤其是它在大眾時尚中的各種具體表現。就像巴黎與莫斯科，中國也有自己國家特有的時尚。[35] 中國的時尚創造、反映並出售著各種不同的社會及政治認同。

黨利用大眾媒體訊息及幹部榜樣人物來宣揚艱苦樸素精神，向大眾推廣容易被視為無產階級的簡單廉價服裝。[36] 這樣的時尚意在推進社會主義，因此帶有耐用性、機能性和工人階級傾向，並根據某種消費主義邏輯透過三種方式運作。[37] 首先，社會主義時尚創造出社會和政治認同的新階層和分類，人們可透過消費傳達給其他人。其次，時尚創造出社會競爭壓力，增強了消費的強制性，導致消費主義及資本主義的持續擴張。沒有留意或是趕上最新社會主義時尚的人就被視為與所處的政治時代脫節。正如任何風格，社會主義時尚在五〇年代也創造出一套追求文化資本的新規則。時尚非但不會阻止人們透過服裝來追求不平等的文化資本，時尚還建立了消費主義。[38] 第三，歸根結柢，儘管國家在不同類別工人間強加了一個統一標準，但在那個年代，造成服裝差異的主要來源正是共產主義革命力圖根除的那些不平等。[39] 這種大量生產的時尚傳達、再生產並深化了工業資本主義所製造的不平等。

四九年後，許多有能力這樣做的年輕城市女性很快加入了新的時尚潮流，將她們資產階級的緊身旗袍和高跟鞋換成了寬鬆的幹部制服和簡單棉鞋。有些人甚至穿上男性的服裝風格，尤其是格子襯衫和胸前有口袋的工人階級吊帶褲，另一些人則擁抱了農村服裝偏好，例如棉布印花襯衫。[40] 城市男性通常選擇穿藍領工人服裝，再戴頂藍色的帽子或穿解放軍制服，這種社會主義風格從一九六六年「文化大革命」開始就成了不分性別的正統時尚。同樣地，解放軍鞋，也就是內戰期間解放軍穿的那種鞋頭和鞋底為橡膠材質的綠色帆布鞋，也與艱苦素樸的農民兵形象連結而成為一種時尚。除了普遍轉向工人階級的時尚外，還出現了一些次時尚，可根據不同情況傳達社會和政治聲望。例如，從事腦力而非體力勞動的人就會選擇白色，醫生和科學家是最好的例子。[41] 儘管有些許表面差異，但社會主義時尚和工業資本主義的所有時尚一樣，都根據相同的基本原則在運作，也就是以明顯可見的方式，按照職業、年齡、性別、身分認同及階級來區分人群。

除了個人身分認同，人們也透過時尚來傳達他們對共產主義革命的支持或參與。曾在無數國內外電影中擔任旁白的蘇秀回憶，解放軍攻占上海後，她非常羨慕那些和軍隊一起抵達上海的女幹部，因為她們留著鮑伯頭、頭戴藍帽子，身穿藍色幹部服。她羨慕這些幹部的原因是，她們的服裝風格明顯來自中共的蘇聯贊助者。雖然沒有人會阻止她仿效，但蘇秀還是認為在成為幹部前這樣做有點突兀，因此她很快就當上了幹部。[42] 同樣地，杭州等繁華城市裡的商業菁英也將西服改換成幹部穿的社會主義流行套裝。由此可見，即使共產主義革命支持他們，有錢人還是比許多工人、農人和軍人更快表達出對社會主義的認同。那些無法取得最新款式但想展現支持的人，也會透過如戴紅色臂章等較小的時尚消費行為來傳達訊息。紅色臂章是象徵革命的一種時尚配件，後來在「文化大革命」期間因為紅衛兵而再度流行起來。[43]

國家以直接和間接方式促進時尚。首先，對公務員下達服儀指示，說明國家在普及社會主義時尚及擴張消費主義方面扮演的角色。國家配發給男性幹部四口袋的幹部裝，也就是後來的中山裝；女性幹部則是被稱為列寧裝的雙排扣套裝。官方媒體透過特寫或專題鼓勵人們仿傚這些受蘇聯啟發的服裝風格，例如一九五〇年的一部紀錄片，片中的中國電影明星就穿著這些套裝購買儲蓄債券，支持「抗美援朝」運動（參見第二章）。[44] 其次，為了應付隨之而來的服裝需求，國家為一般人製作了各種版本的風格服飾，包括「人民裝」、「學生裝」和「青年裝」。這些口袋厚重的服裝為民國時期以降的一個時尚配件找到了去處——人們可以在胸前口袋插上一兩支時髦的鋼筆炫耀。由於國內生產的擴大及國家的推廣，這些風格將一種從前被認為是城市教育文化象徵的潮流普及到一般人身上。[45] 第三，國家透過政治菁英及其配偶來發揮時尚影響力。例如一九五〇年春，毛澤東的妻子江青接待她二十年前共事過的一群電影和戲劇圈名流，當時她穿的藍灰色列寧裝很快就成了城裡人模仿的穿著。[46] 向來以時尚形象聞名的孫中山遺孀、國家副主席宋慶齡也穿起了列寧裝。[47] 第四，如同市場資本主義國家的大眾媒體，國家大眾媒體也透過電影和報紙告知潛在消費者，得穿什麼服裝才能傳達某種身分認同。舉例來說，電影《鐵道衛士》（1960）中的傳奇女間諜角色王曼麗就因為穿著鐵道員服裝一夜之間成了時尚偶像。這種服裝的風格類似列寧裝，她胸前的口袋也插了支鋼筆。[48] 年輕女性透過官媒專題報導的新角色模範，認知到社會主義品味的變化，例如第一位女性拖拉機駕駛梁軍，她穿著吊帶褲的形象後來被印在一元人民幣鈔票上，第一位女性火車駕駛田桂英則被拍下穿著列寧裝的照片。[49]

中蘇同盟的締結導致新時尚的傳播。如上所述，將這類資本主義實踐貼上「社會主義」標籤的蘇聯模式正當化了消費主義，對於人們取得時尚服裝等消費品以表達多樣性及個人性的渴望，蘇聯模式也提供了政治掩護。[50] 除此之外，中共對消費主義更是從全面接納進一步擴展到鼓勵所有人擴大他們的衣櫃，除了基本的工裝和幹部服外，也接納了中產階級的蘇聯風格，如五〇年代中期一種受國家支持，俗稱「蘇聯大花布」的彩色布料製作的時尚服裝。特別的是，這種布料用來製作被稱為布拉吉（bulaji）的一件式洋裝，布拉吉是俄文「連身裙」的音譯（圖3.3）**（譯註：布拉吉是一種俄羅斯風格的連衣裙，有泡泡袖，下身裙擺也是多褶的泡泡裙，在五〇年代的中國相當流行）**。這種布料的歷史突顯了國家在推廣時尚消費上扮演的特殊角色。很快地，蘇聯大花布就出現在全中國各個城市社會階層男女的衣櫃裡，成為那些能穿著它們的幸運兒用來傳達社會主義時尚新階層的最新方式。[51] 這種蘇聯時尚起初是使用在軍隊及其他制服上，接著官媒對蘇聯顧問及配偶出現在主要城市大街廣泛報導，湧入中國的蘇聯圖片雜誌和電影也加速了傳播。[52] 從中蘇同盟締結到一九六六年為止，約有七百五十部蘇聯電影在中國放映，占了該時期電影總數的將近一半。[53]

國家推廣消費主義的努

(a) (b)

圖 3.3 推廣蘇聯時尚。國家消費主義雖鼓勵樸素節儉，但有時也鼓勵消費特定產品。透過這張《中國青年》雜誌的封面（3.3a），官媒推廣布拉吉，也就是這些年輕女性身上的蘇聯式一件式洋裝。從封面上的戳章可看出訂閱者是湖南省鄉村山區的藍山縣第二中學圖書館，說明這些有關「中國明日」的形象散播得有多廣。圖3.3b（沈榆提供）顯示穿著各式洋裝的女性正在幫助中間那位女性試穿布拉吉。

力立即產生了效果。一位南京的鐵路工人捕捉到了一九五一年夏天的轉變，當時的年輕人立刻流行穿起顏色鮮亮的格子襯衫。當時仍是一名青少年的時盛麟回憶，國家命令工作單位的領導指導屬下接納這種受蘇聯影響的新風格，從而促成此一轉變。[54] 伍貽業教授也這麼說：「第一個穿這種新布料出現在中學的男孩，被叫到全班面前向眾人展示。」[55] 年輕女性擁抱這些她們在蘇聯電影和雜誌中見過的風格。這種布料被作成簡單的一件式布拉吉，很快就取代旗袍的地位，成為正式場合的女性服裝。中國官媒敦促年輕女性接納這種風格，宣稱目前只有藍色（工人裝的顏色）過於單調，鼓勵她們「穿得漂亮點」。[56]

儘管布拉吉與最初簡樸的社會主義時尚截然不同，但國家形塑時尚主義的力量仍很快讓它成為個人效忠社會主義理想的方式。雖然引進中國的時間要早上幾年，但這種洋裝是在一九五七年中國熱門電影《護士日記》上映後才流行起來，這部電影不僅有穿著列寧裝工作的女性，也在主角的眾多服裝中特寫了布拉吉風格的洋裝。事實上，這部電影的人物服裝更換得如此頻繁且引人注目，以至於評論家抨擊主角的幾十套服裝是為了推廣時尚，而不是如電影說的推廣社會主義價值觀。[57] 正如學者朱大可指出的，儘管這種風格因突顯女性曲線並露出腿部被批為傷風敗俗，但中國的社會主義「老大哥」卻賦予這種風格的正當性。[58] 事實上，一九五五年五月十七日上海《青年報》刊出了某人以筆名「啟新」

撰寫的文章，作者引用蘇聯的例子，主張年輕女性的穿衣風格應增添多樣化及時尚感，而不是從頭到腳都是工人穿的那種單調藍色衣服。[59] 確實，一名來自國家婦女組織的官員就認為女性有責任透過自己的穿著打扮讓社會主義看起來更好。[60]

如前所述，國家消費主義包括推廣有益於國家資本主義的消費。對蘇聯的軍事及工業資本依賴，意味著中共並不是心甘情願地推廣這種蘇聯風格。蘇聯的過度生產讓它極力向中國推廣布料，而中國也藉由提倡穿著蘇聯「愛國布料」製成的「愛國服裝」，來傳達適當的政治立場。國家對時尚的推廣再次發揮了作用。[61] 正如一位南京裁縫師的回憶：

> 許多印花布料都是從蘇聯採購。因為買得太多，國家就勸說人民買這種布料。黨希望幹部以身作則。有款布料上面印著滿滿的大朵牡丹花圖案，風格跟當時人們習慣的穿著不太協調。但人們都穿著它，也就讓這種圖案不再令人害羞了。[62]

在回憶國家消費主義敦促擁抱蘇聯時尚時，郭宇一提到了某個具體時點。那是四九年後不久，他參加學校的一場會議，學生被通知「每個人都要穿進口蘇聯印花布料製作的衣服。這可以強化我們兩國的關係，也是愛國主義的表現。」[63] 這說明了國家再次主張定義愛國消費的權利。在這個案例裡，國家不像國貨運動期間那樣推廣中國製產品，而是鼓勵人們穿著特定時尚，好讓國家能出清那些不這麼做就派不上用場的布料，並從這筆投資中獲利。如此，國家消費主義成了國家資本主義的需求工具。

國家對消費主義的認可形塑了全國各地的時尚潮流。如郭宇一所述，女學生很快就拋棄那種男女不分的男性化時尚，擁抱這種新的「愛國主義」。新時尚比起旗袍更方便工作，顯示了女性對工作能發揮更大用處，也顯示女性對無用時尚的嫌惡。新時尚的愛國意涵也受到男孩和男人青睞，許多人一天之內就從原本藍色和黑色的制服換成了彩色的蘇聯布料衣著。郭宇一表示即使是資深教師（一個與時尚感絕緣的年齡層）也趕上了這波新風格，令人留下深刻印象。引領這次風潮的男學生是一家大型國營企業經理的兒子，郭懷疑那件鮮豔的襯衫是他父親給的，好幫助引進這種新時尚。這招的確奏效。當這名年輕人第一次穿著這件襯衫踏進教室時，所有人「都用豔羨的目光盯著他的襯衫看，看得他臉都紅了。」[64] 作家沈琨指出，這些時尚變化甚至蔓延到他山西省的鄉下老家。沈琨注意到四九年後人們很快就放棄了傳統的幹部服風格，並在國家的敦促下換上了蘇聯大花布製成的服裝。「當我還在念小學時，」他回憶道，「我的家人就在老師的指示下，用這種印花布給我做了件短袖襯衫。當時學校的男孩、女孩都穿著色彩鮮豔的衣服。」[65]

其他人也經歷了沈琨提到的這場由國家主導、影響廣泛的運動，目的是推廣對蘇聯紡織品的消費。當張荃青還是個山東聊城的中學生時，蘇聯大花布忽然就流行起來。女老師帶頭用這種布料做了夏天的洋裝和裙子。很快地，男老師也有了這種布料製成的衣服。然而，消費主義又再一次透露出不平等。張荃青表示，來自農村的窮學生負擔不起這種比國產替代品貴兩三成的布料。然而隨著報紙不斷刊出標語、文章，連地方領導人都穿著這種衣服來提倡此一新時尚，改變的壓力也越來越大。除此之外，國家也很快發揮對城市和鄉鎮商店的控制力，確保每間店都供應這種蘇聯布料，讓那些買不起新衣服的人連選擇的機會都變少了。[66]

為了提倡國家需要的消費，中共官員引進了蘇聯的宣傳手法——勞動模範。這位受吹捧的勞工名叫黃寶妹，她成了國內外國家消費主義的一個範例（圖3.4）。黃寶妹一開始的形象是中蘇友好關係及艱苦樸素精神的模範，後來又因她的服裝和生活風格聞名。她接著成為消費主義及物質欲望的典範，既促進國家目標的實現，甚至超出了國家的控制。黃寶妹這個理想消費者典範與四九年前不同的是，她不是個有錢資本家，而是個工人。透過勞動模範，黨將時尚普及到新社會的各個階層，從而擴大了消費主義，並產生新階級成員必須參與的強制需求。他們透過學習最新時尚、設法獲得時尚產品，以及消費時尚產品傳達身分認同，來參與消費主義。

如果是一九四九年以前的中國，黃寶妹不可能成為時尚偶像的人選。她出生於一九三一年上海市郊，沒上過學，一九四四年十三歲的她開始在日資的裕豐紗廠工作，這家工廠在四八年成為中紡十七廠。五三年八月，二十二歲的她被提名為全國紡織工業部勞動模範。她因在品質和產量競賽以及政治學習（包括學習蘇聯經驗）方面的傑出表現而獲獎。

圖 3.4 塑造模範消費者。黨不只用模範勞工來鼓勵人們投入工作，更利用他們來形塑消費。以勞動模範黃寶妹（照片中的她穿著旗袍並戴著手錶）就把時尚普及到各個新社會階級，擴大了消費主義。資料來源：《上海故事》電視紀錄片系列，〈一位勞模的美麗記憶〉，上海影像工作室製作。

然而，黃寶妹的例子說明了四九年後國家在擴張消費主義上扮演的核心角色。她之所以有別於其他數千位勞動模範，是她的穿著以及在官媒曝光的方式。一九五四年，黃寶妹前往蘇聯參加勞動節慶祝活動，這是她三次訪蘇行程的第一次，當時在五三年史達林死後進一步放寬文化政策，她訪問的正是這樣的蘇聯。這個在黨口中更先進的社會主義國家，讓她留下深刻印象的是那些時髦的蘇聯女工，她們都穿著色彩鮮豔的美麗印花洋裝。回到上海的她便迅速改變了自己的形象。她燙起了頭髮，穿了兩款蘇聯風格的布拉吉，還去學了交際舞。[67] 國家將黃寶妹送到各地巡迴、官媒也大篇幅報導她的故事，立刻就引起其他勞工的注意。她重述自己的故事：「我從蘇聯回國後，就開始穿上布拉吉。工廠裡的工人覺得我這樣很好看，所以他們也開始穿布拉吉。我們還唱王丹鳳的那首兒歌：『小燕子，穿花衣，年年春天來這裡。』」[68] 這首歌是王丹鳳在《故事日記》唱的曲子，這說明大眾媒體是如何散播關於產品的論述，並再次強化國家對接納蘇聯風格消費主義的呼籲。

黃寶妹曾在一九五六年的某篇報紙文章中談到，蘇聯之行影響了她對時尚、生活風格及它們與社會主義相容性的看法。[69] 她說她當時帶了一件非常漂亮的絲質旗袍去蘇聯，但和她遇見的那些女性相比，那件旗袍還是過於普通了，因為她們所有人，「就連年長點的婦女，」都化了妝並穿著美麗的印花衣服，「真的開了（她的）眼界。」[70] 就連製襪工廠的女工都穿得比她好。根據她的描述，蘇聯工人似乎更享受生活，彷彿他們「每天都有什麼事情值得慶祝」似的。黃寶妹（以及那些在官方媒體上發表她故事的幹部們）都覺得乏味的中國風格是社會主義的拙劣反映，這進一步證明她擁抱蘇聯風格的決定是正確的。

一九五六年，媒體對黃寶妹的大篇幅報導促進了休閒及時尚產業，譬如髮型設計師和理髮師。舉個例子，有篇文章報導黃寶妹向官員抱怨當地工廠小區的工人沒辦法去理髮店理髮，結果有位技術熟練的理髮師就這樣轉到了附近的理髮店工作。[71]

透過時尚踏上消費主義之路的黃寶妹，顯示她（和其他時尚消費者）必須去克服對自己外表的既定看法。雖然是工人的勞動模範，但她很快就成為對國家更有用的宣傳工具；而且就像其他的勞動模範一樣，她也沒有再回到工廠當一名全職工人。國家把黃寶妹送到各地，讓她穿著色彩明豔的旗袍去宣揚中蘇友誼。她後來承認一開始對自己的大膽選擇還有些擔心，甚至會穿上一件深色短上衣或外套，只敢些微露出她的蘇聯品味。但是諸多好評鼓勵了她，她於是公開穿著這些款式的衣服；很快地，她就把布拉吉當成她的日常服裝了。然後國家開始幫助其他人進行時尚改造。媒體透過大幅報導將黃寶妹的形象傳遍全國各地，她成了男性的愛慕對象、女性的時尚教主，也鼓勵了其他人積極追逐時尚。[72] 報導黃寶妹以勞動模範身分為黨宣傳的官方媒體，將她提倡蘇聯時尚的努力描繪成個人的主動行為，原因也許是萬一國家宣布她的特殊時尚（甚至是追求時尚本身）不可接受時，還可以保持些許政治距離。

官方媒體不僅敦促勞模，還鼓勵一般的工人進行多樣的時尚選擇，把自己打扮起來。

例如一九五六年婦女節前夕黃寶妹工作的紗廠，工會就號召女工穿著蘇聯風的印花服飾來慶祝這個節日。甚至連工會主席吳秀珍自己都穿起這種衣服，這等於是一個要屬下效法她的強烈訊號。工廠的青年團委會書記齊根弟曾表示，據說那一年的婦女節「工人姐妹們」人人都穿著印花服裝。吳秀珍預測這種風格將來會變得隨處可見，因此提醒百貨商店和設計師留意工人偏好的是精緻、色彩豐富的時尚，而不是「俗麗」的衣服。[73]

由於這類時尚提倡平等觀念，因此具有「社會主義色彩」。然而跟其他時尚一樣，它們也創造並強調了社會區分和階層，因而造成消費主義的自我擴張及強制性，從而破壞了平等觀念的實踐。不是每個渴望蘇聯風格布料的人都負擔得起，許多人只在類似拍照等特殊場合才會穿這些衣服。[74] 一篇黃寶妹的特別報導主張她的時尚選擇是正確的，文章強調黃本人、讀者及國家都意識到時尚和克服工業資本主義不平等的社會主義論調之間的潛在矛盾。根據報導，其他女工一開始質疑她打扮得如此時尚的決定時，她的回答是：「我們必須從蘇聯人身上學習，穿得更漂亮。」也就是說，她用蘇聯建設社會主義的例子，來合理化自己可能引起他人反感的「資產階級」行為。因此，國家表揚黃寶妹這位模範，就等於為具備時尚意識的女性提供了明確的政治掩護；四九年後的時尚潮流及國家對樸素精神的提倡，讓這些女性在追求市場資本主義國家的「資產階級」時尚潮流之餘感到不安。

整個一九五六年官方媒體都支持黃的選擇，支持她視時尚為愉快與美麗來源的說法。然而一九五七年政治風向出現轉變，關於時尚在一個「建設社會主義」的國家應占據何種地位，也出現了意見分歧。後面我們會討論到這點。媒體從公開支持消費主義的立場上逐漸退縮，尤其是女性時尚，《青年日報》等較早的倡議者甚至發表了自我批評。同樣地，上海總工會等國家機關也批評這種資產階級「追逐奢侈與享受的潮流」。黨也對這種蘇聯典範表示懷疑，開始批判那些被稱為「時髦小姐」的年輕女工，也就是一直關注最新時尚潮流並把薪水投入炫耀性消費的人。然而，這種遠離時尚的國家政策轉變並非專斷而絕對。舉例來說，黃寶妹在「大躍進」期間就逃過了批評，成為一個「工人影星」。她持續在國內外大眾媒體現身。一九五八年，她主演了自己的傳記片《黃寶妹》，這部電影在《北京日報》和《北京晚報》共同舉辦的一場比賽中被票選為年度最佳中國電影。[75]

顯然，黨對於時尚的用途、定義及物質欲望並未採取一貫立場，於是人們更容易忽視黨口中那些只能秉持艱苦樸素精神來參與建設社會主義的告誡。國家的矛盾心理讓人們看清工業資本主義是如何依賴消費主義，以及由此產生的不平等。另一方面，在這個國家需要人們加大消費力度的時候，又持續傳播關於時尚的新論述。正如我們在蘇聯大花布的例子中看到的，這件事突顯了國家依賴時尚消費來產生國家資本的程度。

摒棄蘇聯「建設社會主義」的模式

從整個五〇年代到六〇年代初期，中國社會從毛主席到城市街上的普通人，各個階層對於蘇聯是否適合做為「建設社會主義」的模範，或更極端的說，蘇聯是否真的在「建設社會主義」，產生了越來越深的懷疑。中共與蘇共間日益增加的分歧以及人們對蘇聯式政策和產品的普遍幻滅，包括該容忍多少私人經濟活動，或容忍多少透過時尚等消費主義形式而出現的不平等，反映出人們對於「建設社會主義」的代價已經有了不同的想法。

人們對蘇聯模式的懷疑導致對身分認同的不同表達，而對身分認同的不同表達呈現在人們對蘇聯模式的懷疑中。一九五七至五八年，中共高層出現分歧。黨領導層如周恩來、陳雲、薄一波等人希望持續效法「老大哥」，並繼續稱呼這樣做是「建設社會主義」。[76] 但以毛澤東為代表的其他人則在蘇聯模式中看出了明顯的消費主義，他們認為這是資本主義復辟的象徵，應該加以打擊。

雖然中國需要蘇聯援助，但黨領導班子始終對蘇聯模式心存疑慮。黨領導層對於蘇聯的援助條款感到惱火，他們認為這破壞了蘇聯宣稱的社會主義團結。[77] 史達林的蘇聯優先政策迫使中國必須高價購買關鍵技術，並低價出售唯一可出口的產品——糧食。[78] 此外，蘇聯人提供貸款而非直接援助，也令中共不得不將稀缺的物資、人力和金融資本投入軍事支出及高額償債，特別是韓戰期間。於是中蘇之間從早期就播下了社會主義團結只是場空話的懷疑種子。[79] 在經濟領域以外，令中共蒙羞的另一件事是，蘇聯一開始拒絕從中國領土上的旅順海軍基地撤離；旅順位於遼東半島尖端，是控制中國東北沿海的重要戰略港口。[80]

學者們通常認為，地緣政治在中蘇分裂的過程中起了很大的作用。然而，地緣政治只是其中一項比較明顯的因素，中國更深層的疑慮來自於對蘇聯的日常印象。前面已經描述了住在中國城市裡的蘇聯專家張揚的行為引起的疑慮。至於親身在蘇聯生活過的中國知名人士，也對於中國採納蘇聯模式建設社會主義表達深切的擔憂。例如，新中國成立後幾年，毛澤東的妻子江青曾在蘇聯待了一年，當地對消費主義的過分關注令她震驚。她告訴她的傳記作者，蘇聯人似乎「執迷於」金錢。菁英們不僅享有特殊待遇，也極為富有，例如有位蘇聯作家就是個百萬富翁，而他的妻子則醉心於昂貴珠寶。對於那些說著法語的「貴族們」的存在，江青也感到不安；這些貴族在文化上支配了蘇聯社會，還批評她「沒有跟上最新的時尚。」一種透過追求財富和消費品來克服個人落後性的執迷，似乎瀰漫在整個國家（幹部會要求收取禮物和小費）和社會。[81] 和黃寶妹不同的是，江青批評那些化妝的一般女性不是「革命者」。江青在水療浴場的護士穿戴珠寶，還跟難以置信的江青說這個行為沒有負面政治意涵。根據江青的說法，問題在於蘇聯領導層沒有為充斥整個蘇聯社會的消費主義提供一個具有真實替代性的社會主義價值觀。對於蘇聯模式感到憂慮的不只是江青而已。曾留學蘇聯的國家副主席劉少奇的結論是，儘管可能受到蘇聯腐敗生活的影響，但把他的孩子送到蘇聯讀書還是值得的。[82]然而他也警告一群將前往蘇聯的留學生，說那個國度仍然存在階級差異，「女性仍穿戴寶石項鍊和戒指」就是個例子。[83]

文化接觸逐漸帶來疑慮，而在五八年的「大躍進」運動開始後，中蘇關係急速惡化。專注於快速成長及由技術官僚菁英管理的城市工業發展的蘇聯經濟模式，黨否決了這樣的做法。用毛澤東在五八年的話來說，黨試圖用「兩條腿走路，」或換種說法——平衡城市和農村、全國和地方、工業及其他發展面向。[84]就某層面來說會發動「大躍進」，也是為了逃避蘇聯式工業資本主義及其對快速積累的優先關注，包括創造出一個功能上相當於工業資本主義資產階級的特權城市階級。在允許這類不平等擴大的情況下，蘇聯模式等於是公開要求否定資本主義的共產主義目標讓位給快速城市工業化這個更立即的目標。

儘管黨對蘇聯模式的不滿導致了中蘇關係的破裂，但「大躍進」政策仍帶來了一個不同版本的國家資本主義。正如第五章將討論的，無論是城市或農村，「大躍進」政策都高度依賴大規模動員無償勞動者來促進快速積累。第二章也提過，「躍進」這一可怕的詞彙體現了城市和農村之間的不平等，數千萬農村人口挨餓只為拯救工業化的城市中心。一名觀察家預測，這就是在蘇聯模式達到極限後，國家資本主義尋求恢復資本積累的結果。[85]用來購買技術以促進城市重工業發展的資本總得有個來源。黨領導層不利用技術官僚菁英來推動發展，他們設想的是一種去中心化的工業化：利用中國農村人口的優勢來從事資本密集程度較低的產業，因為這些產業依賴的是勞動力而非技術。農村工業化運用了中國豐富的勞動後備軍，並產生了更多的「原始社會主義積累」。

然而，野心極大、過度榨取的「大躍進」政策卻再次反映了黨希望儘速資本積累的強制心理，即使付出巨大的人力成本也在所不惜。國家政策將五分之一的農業勞動力轉移到農村產業，向農民索取不切實際的農業收成來餵飽城市和農村的產業勞動力，同時繼續用糧食償還蘇聯的貸款。[86]結果一場規模難以想像的大饑荒，餓死了數千萬人口，讓「大躍進」的農業及農村工業化政策名譽掃地。[87]為了恢復積累，六〇年代初期中共再一次允許了更大的私人資本主義及消費主義以激勵勞動，從而又造成了另一輪極度不平等的實質後果。儘管想和蘇聯模式分道揚鑣，但黨仍持續與那個核心矛盾進行抗爭；它宣稱要建設社會主義，從而導致共產主義對資本主義的否定，然而快速工業化卻帶來了各種不平等。[88] 即使試圖掙脫蘇聯模式，黨還是深化（而不是否定）了從整個「國家—私人」工業資本主義光譜中的不平等。

「假共產主義」

一九六三年九月至一九六四年七月間，中共發表了九篇尖銳的長篇評論（譯註：以下簡稱「九評」）批評蘇聯，被稱為「論戰」。[89] 這些評論由黨的研究員和宣傳官員組成的小組起草，反映出中共針對蘇聯做為一個建設社會主義的國家所提出的種種理論性和一般性質疑。黨在國內和國際上宣傳發表這些評論，為黨和中國人要如何持續「走在社會主義道路上」指明方向。[90] 這些評論（尤其是最後一篇）證實了中共在此一特定時刻，或許已經了解到我的核心論點：當時的現實情況，譬如消費主義的擴散等等，說明了那些被認為「建設社會主義」的政策是如何透過建設某種由國家主導的資本主義變體，而否定了共產革命。

中國官方對私人經濟活動「資本主義復辟」的憂慮，有許多證據可證明。據傳，中國仍存在著大量國家所稱的「地下工廠」。國家從來不曾完全控制工業生產和分配，甚至在

「社會主義改造」後也不曾做到。這些「工廠」更像是僱用十人不到員工的作坊，僅極少數工廠僱用五十人以上的員工。雖然國家承認這類灰色經濟的工廠對必需品生產的作用，但也認為它們對技術性勞工、原料及最終收入構成了競爭威脅。此外，毛澤東和想法相同的其他領導人都擔憂這類工廠的存在預示著一股朝向更大私人經濟活動和財富的更大潮流即將襲來。它們仍然缺乏控制，尤其是許多的「地下工廠」實際上附屬於國營企業，一九五六年僅在上海一地就有超過一千一百家這樣的地下工廠。[91] 一年後，蘇州當局也找到了七千多家的類似工廠。情況如此嚴重，以至於媒體甚至指責國有工廠「白天搞社會主義，晚上搞資本主義。」[92]

毛澤東和其他幹部非常擔心這股所謂的「資本主義自發力量」。那些閱讀只有幹部才能閱覽的新聞文摘《內部參考》的人，可能也意識到了灰色經濟和私人生產的普遍問題。例如一份針對四川、浙江、貴州省及上海市的報告指出，僅在成都一地就有四百五十五個家庭從事地下工廠。這些工廠誘使國營企業勞工為他們勞動，用國營企業的名義購買原料，從而「剝奪了國家的資源和收入。」[93] 另一份針對大連的報告指出，僱用四百多名員工的二十六間這類工廠從事建築和卡車維修等工作。[94]《內部參考》還講述了山東農村的「牟取暴利行為」，那裡的奸商把假肥料賣給農民。一份調查顯示銷往臨朐縣的肥料中，三十七批有三十三批是假貨，讓國家蒙受十多萬人民幣銷售額的損失。[95]

因此，當這些贊成國家對資本加強控制的中國領導人們將眼光看向蘇聯時，他們擔憂的不僅是國家介入控制的後果，也擔憂它在中國實施的後果。對毛澤東以降的領導人而言，在「九評」背後，蘇聯的建設社會主義模式不只是說給國際、也是說給國內民眾聽的警世故事。[96] 這些論戰文章譴責蘇共是「反革命」、「修正主義」（後面這個詞在「九評」中出現了四百多次）。[97] 此外，文章還說赫魯雪夫是「假共產主義」，帶領蘇聯走向「資本主義復辟」。根據中共的這些評論，蘇聯政策推廣資本主義文化，詆毀社會主義文化，並讓蘇聯從「從無產階級專政變成官僚資產階級專政，從社會主義公有經濟變成國家資本主義。」[98] 這些譴責進一步分裂了中蘇同盟，預示了蘇聯建設社會主義模式的霸權地位在全球的瓦解，並將「毛澤東主義」和中共描繪成一種替代模式，宣稱拒絕蘇聯式轉向，也就是拒絕轉向更大的市場資本主義以及相關的社會不平等擴張。[99]

雖然這也許不是黨的本意，至少在六〇年代初期還不是，但是中共向國內及國際表達有關蘇聯不是真正社會主義國家的這個主張，也在許多人中引發了類似的疑問：那中共在中國建設的又是什麼呢？中共領導層和其他人或許也意識到了這種來自左派的「社會主義」批評。南斯拉夫共產主義者聯盟前領導人紀拉斯・米洛凡（Djilas Milovan）的《新階級：對共產主義制度的分析》（*The New Class: An Analysis of the Communist System*）即是一例，這本書在一九五七年被譯為中文，並於六三年再版。[100] 對於那些無法接觸到那些批評的國內民眾而言，這九篇鉅細靡遺的評論解釋了如何透過周遭人的日常活動來偵測「資本主義復辟」跡象；這樣一來，它們就成了中國人自己的一面鏡子。黨利用這些評論來打擊中國自己的資本主義，實施政策以抵銷它批評蘇聯帶來的影響。這些政策包括一系列預示了「文化大革命」到來的群眾運動，包括旨在消除農村腐敗的「社會主義教育運動」；為效法士兵雷鋒的艱苦樸素精神而在城市進行的群眾宣傳運動「新五反」運動；以及一九六三年九月對孫冶方發起的清洗運動。孫冶方曾被譽為「中國的利別爾曼」（China's Liberman），利別爾曼是蘇聯經濟學家，赫魯雪夫倚重他來證明在經濟管理上採用物質激勵及利潤的作法與社會主義的宗旨完全相符。[101]

這些政策反映出針對蘇聯同樣的批評，也就是「資本主義」正在中國社會的各個層面孳生，包括黨內及官僚體系。此外，那些表面上違反「社會主義」規範的微不足道行為，例如幹部收取賄賂、工廠在計畫外自行生產、男女追逐時尚等等，全都是資本主義的日常表現，卻威脅了社會主義的未來及實現共產主義的可能。儘管深受菁英權力政治影響，但黨為反制資本主義復辟的蘇聯式倒退而推出的一連串政策是認真的，目的是挫敗消費主義並增加國家對積累和消費的控制力，也就是將中國的政治經濟從大躍進後、六〇年代初對私人資本主義與消費主義的容忍，導回資本主義光譜上朝向國家對資本更大控制的方向。相對於部分學者對中蘇關係破裂的分析，聚焦於菁英權力鬥爭以及毛澤東企圖奪取海外國際共產主義運動的領導權以鞏固國內的黨領導權，我將此一論戰放入政治經濟學脈絡，將其視為是對蘇聯模式的相容性及實現否定工業資本主義的社會主義目標的關注，抑或（至少）是對國家控制資本的一個威脅。

為了確保幹部和全民都能從九評中學到「教訓」，黨使盡了渾身解數。[102] 儘管文字抽象，但為了更好理解，一個由四到五百人組成的特別小組以直白易懂的散文體及參與反特權階級鬥爭的普通人口吻精心寫就了這些評論文。至於幹部，黨將這些文章發表於必讀刊物如《人民日報》和黨的理論刊物《紅旗》的頭版。主要的報章雜誌重刊並討論它們，國家廣播電台也向中國廣大的半文盲及文盲人口廣播它們。這些評論和該小組的其他文章也以小冊子形式刊印，並由「新中國」書店的國家分銷網絡大量購入。遍布全國各城市鄉鎮的書店協助將這些國家希望人民能讀到的書籍和雜誌散播出去。為了盡可能擴大讀者群，該小組還將這些評論翻譯為非漢語的少數民族語言及外國語印刷刊行。[103]

從日常生活的草根層次來審視何謂資本主義復辟，中共最完整的表述就是第九篇評論

〈關於赫魯曉夫的假共產主義及其在世界歷史上的教訓〉（以下簡稱〈假共產主義〉）。[104]此文告訴讀者，從資本主義經由社會主義再到共產主義的「極漫長」過程中，社會主義國家會持續承受壓力，必須在「資本主義道路和社會主義道路」之間抉擇。訴諸列寧的權威，〈假共產主義〉一文指出人們防範資本主義復辟的四種方法。首先，人們應該對那些「被推翻的剝削者」用來恢復財富和權力的「千方百計」有所警惕。第二，人們應該警覺到這場戰鬥將持續進行下去，因為新的資本主義分子會「經常而自發地」產生出來。這篇評論重新提出毛澤東在一九五八年為反資本主義而「不斷革命」的呼籲，重申對列寧主義的否決，即不認為革命已經結束，也不認為在一個已經邁向共產主義的社會主義國家沒有必要再進行階級鬥爭。[105]第三，人們必須警惕，在國家和工人階級隊伍中也會出現一些「新的資產階級分子」。最後，〈假共產主義〉提醒讀者武裝干涉威脅的持續存在，而中國在受到「國際資本主義包圍」的情形下，更迫切需要快速工業化及其隱含的國家消費主義。[106]〈假共產主義〉提供蘇聯「資產階級意識形態」的許多例子，而這些正是黨透過「社會主義教育」、「五反」以及「學雷鋒」運動試圖解決的。這篇評論引用蘇聯工廠的私人資本主義例子，說這些工廠已被「蛻化變質份子把持」，成了「名義上的社會主義企業」。評論指責，這些工廠「實際上已經變成他們發財致富的資本主義企業。他們同工人的關係，變成了剝削與被剝削、壓迫與被壓迫的關係。」文中舉例包括非法販賣其產品由管理階層均分獲利的地下工廠、濫用國家資產私下生產及銷售自來水筆和其他消費品的國家僱員，以及想在這類工廠工作的勞工之勞動市場的重新出現。文章還引用幹部控制剩餘、將剩餘分配至私人消費，以及消費主義的例子來證明資產階級意識形態的存在，例如一個管理者在自己的國有家具廠偷偷成立了一個針織車間並因此暴富，「有好幾個老婆，好幾輛汽車，好幾所房子，一百七十六條領帶，近一百件襯衫，幾十套西服。」這篇評論聲稱在這整個國家裡，這樣的人正在「把社會主義集體經濟變成為新的富農經濟。」[107]

從這篇評論發表到以發動「文化大革命」做為對「資本主義」最引人注目的普遍攻擊，中間有兩年的時間。這段期間不斷增加的證據表明，讓更大私人資本主義存在的蘇聯式政策，產生了更富裕的私人資本家及腐敗的幹部。一九六四年夏天，當反腐運動往深處推進時，對物質欲望的腐敗程度感到憤怒的毛澤東指出，「現在用幾盒香菸就可以把一個黨支部書記給賄賂了。如果把女兒嫁給一個幹部，那就要什麼有什麼。」[108] 六〇年代中期，毛澤東顯然擔心黨和社會大多數人已經忘了他在六二年提出的訓誡：這個國家「永遠不能忘記階級鬥爭。」中共對私人資本主義具體表現的關注，突顯出黨意識到那些它仿效了近十年的經濟政策所帶來的問題。

小結

國家先是推廣蘇聯方式，幫助推進了消費主義的擴張，但之後就停止這種作法。中蘇關係在五〇年代末開始惡化，由於在政治上逐漸不合時宜或風險過高，蘇聯模式也逐漸淡出舞台。一名來自南京的裁縫師後來回憶，到了六〇年代初，無論是用蘇聯進口布料作成的鮮豔時裝或流行時間更廣、更多人穿的列寧裝，已沒有人敢穿蘇聯風格的服裝。就連聽起來十分奇特的布拉吉一詞也名聲掃地，被更有中國風味的「連衣裙」取代。諷刺的是，當中共宣稱蘇聯模式為革命帶來威脅時，損害已經在中國造成了。與其說「文化大革命」初期對「資本主義復辟」文化形式發動的廣泛攻擊反映了中國緊追蘇聯「老大哥」步伐和「建設社會主義」的失敗，毋寧說它是反映了中國成功擴張工業資本主義，以及與之相關的消費主義。

儘管蘇聯從一個典範，變成了一個像毛澤東這樣的黨領導人避而遠之的警世故事，但正如第四章將說明的，中國的領導人迴避了蘇聯模式，但卻沒有任何好的替代模式為工業化和軍事化積累資本；尤其考慮到中國極度缺乏國內的資本來源，和以美國為首的市場資本主義世界所抱持的敵意時更是如此。即使在一九六〇年中國正式與蘇聯斷絕關係，蘇聯的影響力依然存在。於是中共面臨了兩個超級強權的競爭，而不是一個；這迫使黨將更多資本分配到軍事競逐上，並尋求新的積累資本方式。為了解決資本的困境，中國政府再次調整方向，通過廣告、宣傳和電影論述，對消費主義實施更多的控制。

第四章

廣告、海報和電影裡的國家消費主義

國家消費主義傳達出混亂的訊息。蘇聯提供了擴大消費主義政策的理由，然而中共利用它對相關大眾論述的掌控權，對消費加以抑制。這些大眾論述包括產品廣告、大眾傳播工具如政治海報，以及文化產品如電影。這些都企圖壓制人民的物質欲望，黨於是快速推出一波波宣傳，宣揚努力工作和勤儉生活的重要性。如此一來，中共的消費主義立場就是將個人物質欲望斥責成「資產階級」，但是讚揚集體社會消費。這些集體成就有利於整個國家，因為能夠增加商品產量並擴大興建基礎建設，包括核子武器、橋樑、電力設備、鐵路、公園、肥料和農業設備、公立學校、大眾食堂、育兒和醫療照護。[1] 但黨努力宣揚的此一訊息，卻被其他因素破壞了。

黨使用越來越龐大的宣傳機制來推動消費主義，但其實是企圖改造、有時是壓制消費主義自我膨脹及強制性的本質。本章要檢視三種形式的經濟宣傳（廣告、海報和電影）的發展過程，進而顯示出黨朝向更大的國家消費主義邁進，以及如何去引導社會主義論述與資本主義之間的核心矛盾。[2] 在國家監督下，報紙和期刊繼續維持對商品的盲目迷戀，系統性掩飾商品生產與資本主義社會的關係，也繼續刊登平面廣告，連黨媒也投入其中。[3] 五〇年代初期，即第二章討論的新民主主義時期，讀者看到的產品和影片廣告，其實跟四九年之前看到的十分相似。[4] 這些廣告畫面包括裝滿食物的冰箱，具種族諷刺意味的黑人男性商標牙膏，吸上一口就能讓資產階級家庭生活更完美的香菸，以及頭頂波浪髮型、腳踩高跟鞋、身穿緊身洋裝推銷化妝品的女性。因此，全國各地的報章雜誌讀者會看到這些廣告旁邊就是政治宣傳，可能是遊行、慶祝「解放」的公開慶典照片，以及讚頌社會主義來臨的演說文本。[5]

隨著中共的政治經濟工作從五〇年代進入到六〇年代，黨開始對廣告和電影設下限制，企圖減少顧客對商品的需求，淡化廣告和電影內資產階級分配不公平的現象。[6] 大量發行的新電影、廣告和海報，宣揚著國家介入後的消費主義：能夠建立社會主義共同繁榮的是社會集體消費，不是個人消費。不過，這三種經濟宣傳方式對於黨的新中國物質生活計畫內容，卻經常呈現混亂、甚至相互矛盾的訊息。儘管加強對媒體和幾百家廣告公司的管制，廣告和影片還是常常引發爭議，因為國家消費主義的政策和論述在這段時期一再變動。[7] 針對這種核心矛盾提出的解決之道，就是換掉消費主義裡醒目的資產階級外觀，換上更社會主義化、國家認可的消費主義，並加強宣傳，引導消費者的物質需求走向正確方向。

廣告宣傳消費主義

新中國成立初期，中共的廣告政策明確指出國家的新民主主義政策是優先考慮生產，而不是改變社會關係。例如，黨允許繼續投放廣告，因為廣告能夠幫助黨來資助報紙發行，而報紙則是黨不久後即將接管的主要政治宣傳工具。[8] 全國各地的讀者來信向報紙抱怨，「淫穢廣告」會逐步破壞中國共產黨的路線和社會主義新聞。人民日報的編輯回應這些抱怨時向讀者（包括全國各地尋求官方路線指引的幹部）保證，廣告只是暫時性的必需品。[9] 商業模式無法即刻改變。就如同黨替自己辯護，新民主主義只是一種臨時手段，目的是說服資本家合作，直到國家能夠充分接管私人資本。同樣地，黨允許廣告繼續存在，就是向那些較富裕的讀者委婉地保證，「解放」並不會剝奪他們的特權，也不會讓他們不能再取得消費品和消費服務。[10] 貫穿整個毛時代，中共黨內對廣告與社會主義是否兼容的問題爭論不休（下文即將討論）。儘管如此，中共還是通過實施支持社會主義的政策，比如減少產品廣告的數量，來試圖控制廣告。然而，人民還是用其他方式來獲得資訊並購得產品。如此一來，反而加深了社會的不公平和分歧。

五〇年代初宣傳中產階級產品的一系列廣告表明黨向資本主義作風妥協，以及社會主義論述與廣告政策之間的矛盾。這個新成立的國家想協助私人公司生存下去。以「黑人牙膏」為例，這個產品明顯與黨希望團結被壓迫非裔美國人的論調相牴觸，因為黨竟然允許這家公司使用種族名稱和肖像來銷售產品。[11] 這個知名品牌牙膏最初在上海生產，後來改到香港和臺灣設廠，以英文品牌「Darkie」風行於亞洲大部分地區，包裝上頭都有這個英文名稱和商標，旁邊再印上中文的「黑人牙膏」。[12] 就像其他無數中國製造的「國貨」，這個品牌精心選擇了產品名稱和行銷題材，來暗示它的國際聲譽以吸引客戶。公司的英文名稱是「Hawley」，就印在產品包裝上；名字像英國公司，但其實是來自寧波的嚴氏四兄弟於一九三三年在上海英國租界創立的「好來藥物」（Haolai/Hawley Pharmaceutical Company）公司。如同其他「國貨」，黑人牙膏試圖把自己扮成光鮮亮麗的進口貨。嚴氏兄弟沿用國際間模仿美國人使用黑人圖像銷售牙膏的做法，替他們的產品選用一種刺耳的種族主義名稱和商標，上面畫著一位穿著黑色燕尾服、頭戴黑色高頂禮帽的黑人男子（或一個有著黑色臉孔的男子），笑得很開心，露出潔白的牙齒，和他黝黑的臉形成強烈對比。[13]

這支牙膏於一九三六年十一月十四日在上海發行的申報上首次刊登廣告。從那時起，這支產品的廣告就採取最常見的打造品牌技巧：做出可疑的訴求，套用種族刻板印象，並虛構很多個人缺點來告訴他們衛生習慣不好，以此推銷產品。此外，廣告還散播如下觀念：使用黑人牙膏的人，比那些因缺乏知識或金錢而無法克服衛生問題的人優秀。[14] 廣告說該公司已經發現黑人牙齒比較白的祕密，那就是黑人經常嚼食的一種小樹枝中含有某種清潔劑，而公司把這種物質加進牙膏裡。除了讓使用者牙齒變白，廣告還宣稱黑人牙膏可以讓使用者的口腔保持二十四小時的清新口氣，並能消除因口腔衛生習慣不好帶來的種種疾病。一方面虛構牙齒不夠白「問題」的解決方案，一方面將真實人生類比成種族諷刺漫畫中不可能達到的標準，這些廣告在讀者腦海裡播下懷疑的種籽，懷疑自己的牙齒是否夠潔白。這些廣告顯示廠商如何引發人們注意到個人缺點，像是體臭、皺紋、贅肉、沒燙過的頭髮、臉頰斑點、不合時宜的服裝或不潔白的牙齒，以此來銷售這種量產產品，解決以前從沒注意到的問題。[15]

上海解放後一個月，黑人牙膏的一則廣告刊登在一九四九年六月十日的黨報《解放日報》，當時這家報紙已經和備受歡迎的《申報》合併。這則中文廣告提醒讀者，它的產品歷史久、品質好、銷路大，而且儘管該產品使用非漢人頭像當商標，廣告中仍然提出「國貨」運動的一個訴求口號：「中國人應用中國貨。」（圖 4.1a）這種圖像與文字的組合震驚了讀者，這可從人民日報的一封讀者來函中印證，投書人是內蒙古商業局的幹部張怡。張在信中抱怨，產品上的外國文字和商標讓他誤以為這是美國製產品，他呼籲立即更換商標，以此澄清黑人牙膏是中國的品牌。[16] 產品經銷商百昌行回應指出，之所以出現這種誤會是為了黑人牙膏的海外市場，並辯解這個產品與美國扯上關係，可幫助該品牌在中國和東南亞各地建立地位，也能實踐「國貨」運動的宗旨：國內製造的產品可以銷售到華人居住的所有地區，還可以對國內的國家建設作出貢獻。雖然如此，這家經銷商還是勉為其難地保證，「只要存貨銷售完畢」，該公司就不再於國內市場使用這個商標和英文，但出口產品則不會改變。[17] 但兩年後，黑人牙膏的廣告仍然沒改變。例如，一九五一年五月五日《大公報》（上海版）的黑人牙膏廣告，包裝上的英文字甚至更為醒目（圖4.1b）。[18] 多年來歷經黨的各種言論洗禮，包括韓戰時期的抗美援朝運動，黑人牙膏和其他類似產品還是以中產階級為銷售目標，而這些顧客仍然希望透過使用英文與帝國主義的產品連結。

社會主義改造期間，國家開始徵收私營企業，並在一九五六年完成徵收工作。徵收工作在四九年至五六年這七年當中，很多廣告仍然維持在四九年之前的商標和行銷策略。也許是為了反映對種族主義商標及與美關係的齟齬，再加上當時抗美援朝運動正如火如荼進行，因此在五一年年初某則黑人牙膏廣告中，黑人男子的頭像被縮小、側翻並下移到畫面底部（圖4.2a）。相反地，這則廣告改放上一名女子的特寫，此女保留了四九年之前的中產

(a)

(b)

圖 4.1 黑人牙膏廣告。這則刊登在一九四九年六月十日上海黨報《解放日報》的廣告（圖4.1a），提醒讀者，它的產品歷史久、品質好、銷路大，並且打出「國貨運動」口號，「中國人應用中國貨」。兩年後（圖4.1b），黑人牙膏和類似產品的廣告顯示，這些產品還是以中產階級為銷售目標，而這些顧客仍然希望透過使用英文來和帝國主義產品聯結在一起。請注意，一九五一年五月五日刊登在大公報（上海版）的這則廣告，印在包裝上的英文字更為醒目，該公司的名稱和地點（上海），都用英文表示。

階級城市女性特色。[19]她塗著口紅，擦著指甲油，眉毛修得齊整，有長長的假睫毛，一頭波浪燙髮，手上拿了面鏡子，證明她的笑容明亮潔白，口氣清新迷人。此廣告明顯落後此時期於其他國家主導的視覺文化轉變，因為這名女性及其對自己外觀的關注，正好站在同一時期國家海報所描繪的新社會主義女性的對立面（圖 4.2b）。這兩位女性都顯得很快樂（而且兩人都有一口白牙和艷紅嘴唇），但其中一位從消費中獲得快樂，另一位興高采烈的年輕女性則留著一頭到工廠上工的俐落短髮，身穿工人褲和襯衫，在工地操作噴燈——她從勞動中獲得快樂。[20]

一些全國發行的雜誌報紙如《人民日報》和《大公報》，以及地方性報紙如《北京日報》和《寧波時報》，讀者會看到無數類似的廣告推銷資產階級商品，目標是比較富裕的消費者。它們說明了四九年之前和之後頭幾年的廣告，兩者之間是無縫接軌。例如，就在一九四九年十月一日新中國正式宣布成立隔天，名叫「甘露」的皮膚藥廣告就刊登在《解放日報》，上面有位留著長捲髮，戴著耳環，後背拱起，胸部前挺的迷人女性（圖 4.3）。[21]共產主義革命宣示的理想，與廣告內容有一次更為極端的對比，出現在一九五一年一月《大公報》上海版的一則廣告：一名腳踩高跟鞋的女子站在敞開的大型電冰箱前，思考要如何從冰箱裡滿滿的食品中挑選她想要的；但當時只有最有錢的人才擁有冰箱，甚至很

(a) (b)

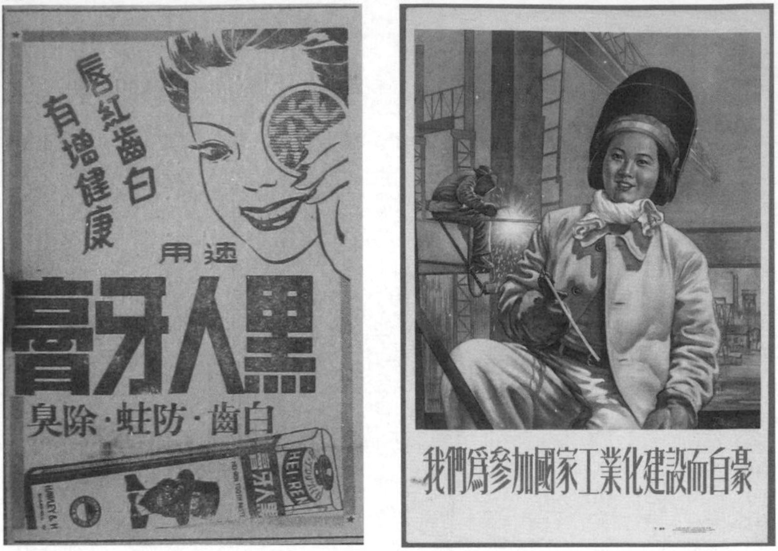

圖 4.2 改推女性行銷。圖4.2a，一九五一年二月十九日，刊登在解放日報上的這則黑人牙膏廣告中，黑人男子的頭像被縮小、側翻並下移到廣告畫面底部。圖4.2b，大約在同一時間，黨開始傳播與勞動而非消費相關的新型女性化形象，如同一九五四年這張標題為「我們為參加國家工業化建設而自豪」的海報。資料來源（圖4.2b）：國際社會史研究所。

圖 4.3 廣告中的資產階級生活方式。名叫「甘露」的皮膚病藥品廣告刊登在一九四九年十月一日的解放日報，廣告裡有一位美麗迷人的女性，長長的捲髮，戴著耳環，她後背拱起，胸部前挺。在這之後的幾年裡，讀者繼續在主要的報紙上看到這種資產階級廣告。

難看到一台電冰箱。這些廣告與四九年以前廣告之間的連續性表明，中共至少在一開始遵循了蘇聯所作的指導（我們在第三章討論過），對於透過產品廣告延續消費主義和讓廣告服務於眼前的目標，也沒有太多疑慮。

階級階級

自四九年新中國成立直到社會主義改造完成，這段時間內國家逐步擴大對經濟的控制，廣告公司及其客戶因而面對這樣的衝突和矛盾：一方面要爭取消費者的信任，另一方面則要取得加強干涉的國家的認可。在四九年後的幾年內，像這樣的廣告必須和其他官方媒體宣揚工人階級的廣告共享版面空間。舉例來說，雖然吸菸最初被認為是新中國成立前的資產階級生活方式，但追求利益的香菸公司還是在廣告中同時帶入資產階級與工人階級意象。[22] 在新中國成立後的第一個月，刊登在《解放日報》上的一則「白蘭地香菸」廣告，內容明顯是描繪一對上流社會夫婦悠然自得的畫面。[23] 幾年之後，一九五一年美麗牌香菸推出一則廣告，內容是工人從卡車上搬下貨物（圖4.4a），出現在金鼠牌香菸廣告裡的則是農民和城市鋼鐵廠工人，並配合這樣的口號：「金鼠牌香煙，質美價廉。為滿足工人大眾努力。」[24] 同一年，金鼠牌香菸的另一則廣告將政治與商業廣告融合得更明確。一名幹部沈溺於手中的一根香菸，他頭上的文字寫著「極度滿足」。[25] 在四九年之後的兩年間，廣告仍然推銷相同產品，但國家企圖讓消費主義更符合社會主義的決心已然更明顯。中共對廣告業者施壓，要求他們作出調整，以配合當時的政治優先。到了一九五二年夏天，包括抗美援朝運動，第二章討論過的打擊幹部貪污和商業不法行為的三反五反運動，以及新發布的國家指令要求消除種族主義、帝國主義和資產階級象徵，這些終於開始影響到廣告。黨推動反帝國主義運動，並在韓戰宣傳中攻擊非裔美國人受到的不公平對待，報紙保證撤下美國電影和產品廣告。[26] 在反應這些改變之際，五二年夏天《解放日報》的一則廣告（圖 4.4b）特別提醒讀者，黑人牙膏已經改名為「黑白」牙膏。該公司的種族主義商標被認為不適合出現在廣告裡，然而之後該商標還是繼續被印在產品上。[27] 廣告商換掉這些被新認定不適宜的圖像，並換上象徵工業進步、露出堅毅表情的工人階級女性，以及出現在當時宣傳海報上其他代表社會消費主義的圖像。[28]

隨著五〇年代的到來，報紙讀者經常寫信給報社，指出黨建設社會主義的論述與他們看到的資本主義風格廣告之間的矛盾。例如一九五四年，一位名叫超琪的讀者寫信給《人民日報》編輯，批評該報廣告與資本主義廣告十分相似，有太多誇張不實的宣傳。來信指

(a)

(b)

圖 4.4 社會主義式變化。雖然在整個毛時代裡廣告繼續存在，但也確實採用了一些社會主義特色，包括在圖 4.4a 中，描繪了工人階級的人物從卡車上卸貨（解放日報，一九五一年三月二十日），並去除「資產階級」和「封建」用語與圖像。至於圖 4.4b（解放日報，一九五二年六月二十三日），解放日報的一則廣告告知讀者，黑人牙膏已經改名為黑白牙膏。對廣告業新設限制的另一項證據就是，這則廣告旁邊的高樂文具廣告宣布去除原商標的外國文字：「我公司出品高樂牌各種文教用品商標圖樣向有外文字樣，現自即日起，一律改用中文新商標，高樂。」

出最糟的是廣告推銷的產品，商店或政府生產工廠實際上沒有庫存，這激發了政府無法滿足的消費願望。超琪宣稱，像這樣的問題也延伸到消費品之外。例如，大連一家公司為了替自家的建築起重機打廣告，在廣告中用了一張蘇聯產品的照片，但實際上公司尚未成功生產出這項產品，因此無法出售。超琪堅稱，這種不法行為實在太過惡劣，一家國營企業竟然公然欺騙人民，因此她「反對這種資產主義廣告術」。[29] 一九五五年，另一位叫魏保賢的《人民日報》讀者抱怨，國家使用有限的寶貴資金刊登廣告吸引顧客，而不是用來改善產品品質。例如在他的家鄉吉林市，魏保賢就觀察到十七種「引人注目的廣告」；這是一家國營製造廠和上海永利廣告社簽約，計畫推出五百多種油畫廣告，並把這些廣告張貼在六十個城市的牆壁上。雖然他也同意，廣告應該在新中國占有一席之地，但把這麼多錢用在廣告上，是浪費資金的行為。[30] 這些抱怨證明了國家持續使用資本主義的手法來推動消費主義。這些讀者來信有的也許真的是熱心的民眾寫來的，或者也可能是中共幹部的來信，《人民日報》的讀者來信很可能就是後面這一種。當然，這些信也有可能是報紙編輯捏造出來的。雖然如此，一家全國性報紙刊出來自全國各地這樣的讀者來信，證實了人民對「建設社會主義」與廣告傳播是否相容，已經公開表示懷疑。

國營媒體公司繼續推出廣告，為消費主義的擴展作出貢獻。一九五六年之後，國家控制了所有廣告公司和出版商，也因此連帶控制了媒體對所有量產產品的廣告發布權。然而廣告公司推出的廣告，還是繼續使用四九年之前舊中國資產主義生活方式的圖像。例如一九五八年四月二十一日的《人民日報》，這時已經改成國營的好來化學製品公司在該報刊登廣告，出現一名擦著口紅、露出潔白牙齒的婦女特寫圖像（圖4.5）。[31] 這則廣告不僅顯示國家繼續使用四九年之前的資產主義論調和訊息來推銷產品，也顯示國家透過這樣做強

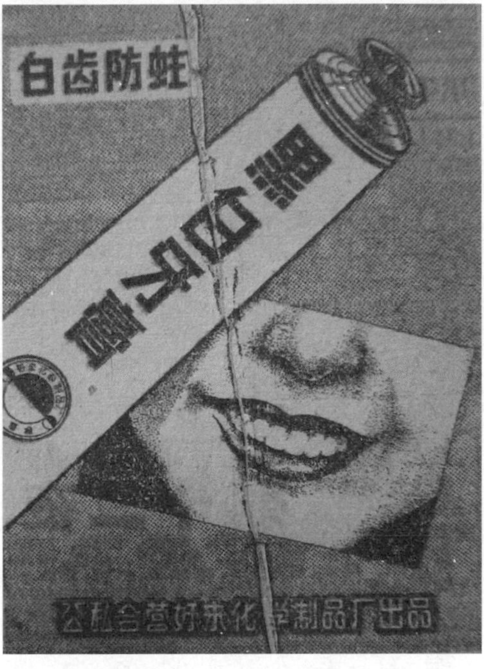

圖 4.5 傳遞訊息。一九五八年四月二十一日解放日報上的黑人（黑白）牙膏廣告，顯示這家國營公司也刊登廣告，使用一名塗著口紅的女子圖像來傳達這樣的訊息：比較進步的都會女性，知道如何找到和使用商品在社會上和人競爭。

化了工業消費主義的不平等。此外這樣的廣告也暗示了，女性應該懂得使用合適的消費產品來傳達世故、文雅的形象，而這樣的形象應該包括紅唇和潔白牙齒。像牙膏之類的產品或可以購買這類廉價商品的收入，在城市比在農村更容易獲得。廣告的內容，以及分配這些收入和產品的國家政策，都加深了城市消費者與鄉下民眾之間日益擴大的差距。工業消費主義不僅擴大了單純基於收入的不平等，還透過廣告展示了另一種不平等：那些擁有潔白牙齒（並理解擁有潔白牙齒的重要性）的人，不同於那些牙齒不潔白的人們。

一九五六年中國完成「社會主義改造」後，採用資本主義手法的廣告受到越來越多的批評。批評廣告與社會主義不相容，原本就是馬克思主義的傳統。根據正統的馬克思主義觀點，廣告是資本主義製造業者之間不理性與極端的競爭象徵。馬克思主義者指責廣告創造出不實的需求，並進一步掩飾了對商品盲目崇拜的社會關係。此外，廣告的費用取自工人階級剩餘的一部分，並製造出這些虛假的需求，做為向中產階級出售產品的方式，通過向上轉移資本來加劇主要的不平等（心理與勞動），類似於本書第二章討論的農村到城市的資本轉移。根據此一觀點，資本主義企業利用廣告來獲取對個人行為與財政資源的控制權。像這樣的控制會迫使人們參加資本主義商品的交流：他們必須賺錢，來買那些廣告宣稱他們必須購買的商品。[32] 此外根據馬克思主義正統理論，在有計劃的、中央控制的、以生產為導向的社會主義經濟中，廣告是不必要的，因為生產決策是基於合理的中央計畫，而不是基於追求利潤的私人公司製造和操縱的物質欲望。社會主義的生產目的在於滿足人類的真正需求，而不是通過滿足虛假需求來產生利潤。在這種理論框架下，光是在社會主義國家中讓廣告存在，就可能默默暗示了國家計畫、甚至基本經濟制度出現了問題。確實如此，黨內外對廣告的持續批評，再一次證實了這樣的指控。[33]

批評者認為，五〇年代中國廣告業的持續存在，通過創造虛假的需求來產生利潤，教導人們購買他們不需要的東西，並根據消費來建立資產階級身分和社會差異，因而腐化大眾媒體和廣大民眾。在「社會主義」國家，這種批評長期存在。正如蘇聯作家伊利亞・伊爾夫（Ilya Ilf）和尤金尼・彼得羅夫（Eugenii Petrov）在描述他們遊歷經濟大蕭條時期的美國時所觀察到的：

廣告越普遍，廣告中推銷的產品就越微不足道。只有出售小雜貨才能支付如此瘋狂的廣告費用。美國的房屋、道路、田野和樹木被無聊的廣告看板破壞得支離破碎。支付這些廣告看板費用的，其實是消費者。有人告訴我們，每瓶售價五分錢美元的「可口可樂」，製造商只須花費一分錢，然而這產品的廣告費用就要花費三分錢。剩下的第五分錢流向何處，就用不著說了。事實已然相當明顯。[34]

按照這樣的批評，廣告推動了黨所譴責的資產階級文化特徵，並宣揚個人主義、放縱、階級差別以及與工業資本主義有關的不平等現象，從而破壞了艱苦樸素的精神。[35]

即便在一九五六年「社會主義改造」完成之後，商業部與工業部官員也不打算完全消除廣告，而是反覆重新制定廣告政策，以消除四九年以前那些糟糕的廣告模式，並創建「社會主義商業」。[36] 他們跟其他名義上的社會主義國家執政黨分享此一廣告政策，還一起公開宣稱已經在他們國家創造出一種明確的「社會主義」廣告形式，但私底下仍就這些問題持續辯論。[37] 例如一九五七年在布拉格舉行的「社會主義廣告」會議，蘇聯、波蘭、匈牙利、南斯拉夫和中國代表就公開辯論如何善用廣告，來創造更「社會主義」的消費主義版本。[38] 上海市商務局在會議中提出一篇報告，討論廣告是否為無可救藥的資本主義作法，還是有可能為替社會主義服務的工具。報告得出了大致相同的結論：中國的社會主義廣告與一九四九年以前的資本主義廣告不同，因為後者充斥著「買辦、殖民主義、搶錢一族和過度的市場競爭」。[39] 該報告反映了一項未明白說出的共識：即使是名義上的社會主義國家，也必須控制個人消費者的消費行為和財務資源。僅僅因為較早時期的過度行為就除掉所有形式的廣告，這是錯誤的。因此該報告建議中國擴大廣告投放場所，並在火車、公共汽車和其他公共設施設置更多「社會主義廣告」。再一次地，這篇報告以蘇聯為榜樣，引用蘇聯貿易部長阿納斯塔斯·米高揚（Anastas Mikoyan）在一九五三年替廣告所作的辯護，認為廣告對促進貿易是不可或缺的，並對改善社會主義的生活品質至關重要。[40]米高揚認為，與資本主義廣告不同，良好的社會主義廣告可以提高消費者對產品的理解，擴大對新產品的認識，並培養人們對國家希望他們購買的商品的渴望。在此米高揚提供了清楚的例子，說明從「國家—私人」工業資本主義光譜上朝向國家資本主義前進的明確轉變，並利用消費主義來分配盈餘。對中國觀察者來說，蘇聯的例子無疑證明了消費者需求可以推動生產；而透過國家從上而下的塑造和引導物質需求，最終主導盈餘分配，廣告扮演著最重要的角色。[41]

這篇報告詳細說明了國家可以如何利用廣告和消費模式來分配剩餘。首先，廣告應該助力基於對社會需求而做出的集中生產決策。這些決策是理性的、從上而下的，而不是為了擴大資本而從下面刺激非理性的物質欲望。第二，短缺產品的廣告應該強調這些產品的使用方法，以此延長商品的壽命。針對容易買到和常見普通商品的廣告，應該像資本主義廣告那樣，培養消費者對這些商品的欲望，進而擴大市場。第三，新產品的廣告應強調產品的品質、用途和特點。根據這些建議，黨開始對廣告進行更多限制。讀者注意到廣告數量變少了，並被限制在有限的空間內。與傳播黨路線的報紙文章說教內容不同，廣告很少強行推銷。然而，在像中國這樣的國家資本主義國家裡，廣告內容通常只有產品品牌、產品基本說明，以及那兒可買到產品的地點清單。

國家對廣告的妥協，為黨創造了更多工作，因為國家必須持續監視廣告，以確保廣告商不會以人為方式刺激產品需求，像是對產品本身和它的功效作出誇大不實的說明。例如工商局的幹部就不相信任何產品能在五分鐘內治癒胃痛，迫使上海「五分鐘治胃痛」品牌的製造商將其名稱改為暗示一個小時才能治好。[42] 該局還禁止嬰兒食品是由「牛奶和麵團」製成的描述，因為這種嬰兒食品不含奶粉，並指示廣告商把此類產品改稱為「嬰兒哺育布丁」，即使一般不會有人這樣稱呼。同樣地，廣告商也不能聲稱庫存不多的產品「到處有售」，該局指示廣告商要謹慎使用「價廉、質好」這類最常見的廣告詞。[43] 關注事實真相的本質，是國家廣告政策的基本原則之一。

廣告暗示的無限供應與實際短缺之間的差距，造成廣告商與國家之間的緊張關係，因為廣告商企圖利用廣告來增加銷售額，國家則擔心被刺激的需求可能無法得到滿足，這也暴露了國家重視積累高於消費的立場。一九五九年「大躍進」和隨之而來的產品和食品嚴重短缺期間，商務部等部門命令地方辦事處停止對當地無法供應的產品打廣告，說這樣的廣告會損害國家信譽：「在社會主義國家訂購商品但卻無法供應，這會對人民對我國的信念產生重大影響。」[44]

廣告的潮起潮落強調了黨考慮資本積累優先於消除社會階級。雖然廣告在整個一九五〇年都在下降，但國家仍然試圖替它找到一個安身之處。例如一九五九年，商務部在上海召開商業廣告會議，邀請來自二十一個城市的代表參加，重申廣告的重要性。[45] 正如大躍進後的情況，當國家累積的產品數量大幅下跌時，國家再一次限制廣告和其他消費機制。[46] 上海廣告公司在一九六一年的報告中解釋了這一轉變背後的原因。這家公司產出中國大多數的國內外廣告產品與影像。這份探討近代廣告史和國內廣告情況的政府內部報告，先是稱讚廣告業消除了最惡劣的資本主義廣告做法，特別是那些誇大宣傳和使用有辱人格形象的做法，但內容接著警告「資本主義的殘餘影響」仍然存在。報告還特別指出社會主義廣告還不夠社會主義化，[47] 例如報告批評了展現人們痛苦形象的醫療廣告，認為社會主義廣告只應展示正面形象。另外還批評廣告業者頻繁使用美女，她們雖然穿著工人階級服裝，但仍然擺出姿勢，露出「缺乏勞動人民精神和情感」的面部表情。儘管該報告支持政府政策，即良好的社會主義廣告應強調產品用途，並應將「西式」廣告替換為具中國「民族特色」的廣告，但報告也指出，為了消除資本主義式的吹噓，而在嚴謹的社會主義廣告中加入一些政治口號，如大躍進時誓言中國的生產要「超英趕美」，這樣就太誇大了。[48] 此外，設計師很難確定什麼是幹部要求的民族風格，因此經常與傳統（「封建」）形象混淆，例如在廣告中使用龍、亭子和歷史人物，結果這只是間接宣傳了傳統生活方式，而不是秀出工人、農民和軍人圖像來正確傳達社會主義。[49] 正如報告所證實的，那些監督廣告業的官員，只會試圖向國家幹部推銷一種與廣告兼容的社會主義觀點，只要能讓內容看起來更具社會主義。

一九六一年的這篇報告提出的解決方案，揭示了廣告商要求稍稍去除社會主義限制的壓力，尤其是這樣做有助於充實國家財政收入。該報告建議放寬對廣告內容的監管，包括減少政治口號的使用，給予設計師更大的自主權，創作更具吸引力的廣告。這些建議背後的一個驅動因素，就是國家需要增加對外貿易金額。這篇報告以一家以出口為主的高級糖果公司無法取得新市場為例，進而作出結論，認為出口之所以受到影響，是因為國內資產階級廣告手法低落，難以製作出具吸引力的廣告，在國外推銷中國製產品。報告稱設計師已經變得過於謹慎，不確定他們的廣告可以包含什麼內容，並過於擔心在國內製作廣告可能引發刺激海外客戶物質欲望的政治風險。設計師不應該考慮到客戶的喜好而害怕政治報復，不應該擔心無謂的小事，比如把人們安排在美麗風景讓他們看起來很休閒，而不是在「為社會主義努力工作」。[50] 這份報告建議進行強制性的產品競爭，就如第一章所討論的，包括強制採用最新穎適宜的廣告手法。

在接受這些建議的同時，黨延續之前的努力，使國內廣告更加帶有社會主義色彩。廣告商被鼓勵將國家的集體成就當成一種社會消費形式來推銷，但有其限度。同時，監管機構也努力制止製造商為獲取商業利益而把國家標誌加進廣告的不當做法。例如一九六四年春，中宣部下令打擊在產品廣告和商標中濫用毛主席肖像和書法的行為（圖1.1b重新設計的上海品牌手錶商標，就用了毛主席的書法）。[51] 同年，上海市工商局也指示製造商不要在「迷信商品」或其他「不適當事物」（如洗漱用品）上使用包括國旗或火箭在內的國家標誌。[52] 這些爭論和法規的存在，說明了黨如何持續激勵製造商去無視或迴避法規，並拓寬廣告的使用和內容，甚至不乏具有欺騙性或政治嫌疑的廣告；而製造商這樣做，只是為了提高自身的經濟利益。

利用海報宣傳國家消費主義

在整個一九五〇年代，隨著中國消費產品廣告的減少，國家大幅增加了海報的製作和發行，這是毛澤東時代視覺文化的第二種經濟宣傳形式。以數百種設計印刷的數千萬幅海報傳達了黨批准的訊息，朝著國家資本主義和國家消費主義的目標前進。[53] 這些海報宣揚了國家消費主義核心的社會消費福音，那就是只有透過努力、節儉生活和購買國家決定的那些物品，才能建立社會主義。社會主義的消費理論告訴人們，儘管目前可能尚未擁有他們想要的許多東西，但他們現在是「新社會的擁有者」和社會集體成就的主人，這些成就包括橋樑（圖 0.1）、水力發電水壩、原子彈、傳統武器（圖 2.1）和豐收作物。[54] 事實上，這些海報招募人們加入消費者後備大軍，大軍成員則渴望透過勞動來幫助生產資本，並接受國家對資本的分配命令。[55]

毛時代的視覺文化及宣傳海報推動了不惜一切代價的積累，以此做為至高無上的目標，並提倡由社會全體而非個人來消費剩餘。這種形式的經濟宣傳模式其實就是蘇聯社會主義式的現實主義，吹捧由社會全體來消費公共成就，以及合作解決問題。[56] 舉例來說，社會主義式現實主義的社會消費主題包括了人們聚集在一起聽收音機電台廣播的圖像，而不是一個人自己聽廣播。跟其他國家資本主義國家一樣，廣告和海報在中國透過宣揚國家成就來服務國家資本主義，例如蘇聯的人造衛星或中國橫跨主要河流的新橋，從而提醒觀看海報的人們，他們是以一個國家的身分來消費資本，而不是個人。[57] 同樣地，這些國家也使用海報來宣傳社會主義的節日，包括在勞動節紀念勞工，在國際婦女節（三月八日）承認婦女平等權，以及紀念各自共產革命的特定國定假日，例如中共的十月一日國慶。[58]

設計師希望這些海報能吸引觀眾。[59] 經濟進步和成功的插圖，包括農作物豐收、火車、橋樑，以及電氣化等新基礎設施，全都用引人注目的色彩來表現，與報紙的黑白廣告正好形成強烈對比。海報以「盡最大努力，力爭上游，以更多、更快、更好和更便宜的方式建立社會主義」這類口號來強化黨的路線。其他海報還宣傳了要克服資本累積落後的「大躍進」目標，那就是「在十五年內超越英國的工業生產」（一九五八年）。[60] 與「社會主義廣告」一樣，經濟宣傳海報的主題往往是健康快樂的工人、農民和士兵，國家敦促他們更加努力工作（圖4.2b）。但是更加努力工作，並不代表要犧牲自己的健康。海報裡的大多數人物——男性、女性、兒童和嬰兒——看起來都有點胖嘟嘟的，而且很健康。海報就這樣包裝和宣傳了理想化的社會主義視覺效果，但現實卻是：人們加倍工作和更長的工時，非但沒有額外的工資，對人們的健康幸福更是毫無益處。

這些海報的焦點是生產。甚至包括一些少見描繪消費的圖像裡，也常常伴隨消費行為附近的生產情景，提醒觀看的人消費依賴於生產。有時這種經濟文宣與特定的群眾運動有關，例如韓戰時期的抗美援朝運動，會用文宣來推銷政府債券，或學習如何仿效大慶油田的產油模式來加快工業化的速度。海報大刺刺地強調，個人和國家政策必須盡可能具有生產力。例如一九六〇年的一張海報，有位農村婦女正在替穀物脫粒，畫中有一行文字：「粒粒金黃似黃金。」[61]經濟宣傳海報敦促人們貢獻更多的勞動力，以使國家能夠分配「最後的每一粒珍貴穀物」，同時試圖限制和引導他們的欲望（對剩餘的需求）到國家認可的社會消費上。

在毛澤東時代，此類海報的數量、種類和張貼次數如雨後春筍般大增，並滲透到國內每個角落。[62]當黨控制了全國的出版業後，就開始利用媒體力量來推進政治和經濟項目。[63]海報隨處可見：家庭、辦公室、工廠、醫院、會議室、火車站、城市街道及鄉村各地。國營的新華書店連鎖店和書攤在全國各地出售此類海報。有些甚至出現在郵票上。[64]文化大革命之前的幾十年間，各大城市的印刷廠生產了逾百種圖樣的數千萬份海報。海報的使用材料也反映了國家消費者主義對節儉生活的重視，且有利於大量分發：海報經久耐用，大批印刷價格低廉，用途廣泛，可用作家庭、辦公室、工廠和學校的裝飾品。因此，海報代表了家庭裝飾的大眾化，也使得國家宣傳更進一步滲透到私人空間。

通過展現各個地區不同類型的工人肩並肩站立、平等地分享建設社會主義的重擔和勞動成果的畫面，海報宣傳了中共否定資本主義的目標。海報不僅是要傳達給識字和富裕的中產階級，也是為了傳達訊息給所有民眾，尤其是不識字的人；即使看不懂報紙上的國家訊息，他們也可以「閱讀」海報的圖像。[65] 這些圖像有時會帶來當初意想不到的後果，成為中國現實生活中不平等現象的鮮明對比。例如藝術史學家沈揆一提到自己是六〇年代在上海長大的孩子，他曾經讀過一些故事和唱過一些歌曲，而這些故事和歌曲全都強化了理想化的中國是快樂富裕國度的海報形象。但後來由於實施要求數百萬城市「受教育青年」下鄉的政策，他被分派到安徽鄉下。當地極度貧困的情況讓他從宣傳誘導下城鄉差距日益縮小的天真美夢中驚醒。[66] 許多受過教育的青年人，都在回憶錄裡描述了他們在中國農村遇到的極端貧困情形。[67] 這些回憶錄提供了第一手資料，見證了社會主義宣傳與當時現實生活之間的核心矛盾。

毛時代無處不在的宣傳海報並沒有消除資產階級的消費主義。相反地，它試圖向一般大眾推銷特定的、理想化的社會主義觀點。海報傳播了新的特定形式消費主義，將物質欲望和資本支出引導到國家認為有用的渠道，同時也有助於對剩餘勞動力的運用。同時，海報使黨能將自己推銷給社會各階層，即使文盲也看得懂慶祝最近豐收的五顏六色海報。消費主義和廣告手法在毛時代並沒有消失。國家反而重新利用它們，從已經過度勞累和吃不飽的人民身上獲取更多的勞動力和資本。

透過電影質疑和傳播消費主義

在共產革命之前，國家試圖通過控制和規範媒體內容來改變大眾文化，包括其中的資產階級成分。[68] 跟世界各國政黨一樣，中國共產黨把文化產品——尤其是電影，這是在電視機問世之前的幾十年間城市大眾最主要的娛樂形式——視為灌輸新規範的重要媒介。[69] 正如毛澤東在一九四二年《在延安文藝座談會上的講話》中提出的，文學和藝術應為政治服務。[70] 黨採取雙管齊下的方式控制觀眾所觀看的電影種類：限制美國和非社會主義集團的歐洲電影進口數量，以及增加國內和其他電影的發行量。[71] 在國家消費主義這個領域，黨的管制特別有效，因為黨控制了電影的進口、生產、發行和放映場所。

伴隨新民主主義時期的諸般政策，黨一開始也允許了一個更為寬容的環境存在，來製造迎合中產階級市場偏好的文化產品。只要電影不攻擊黨和蘇聯，不宣揚帝國主義，「不支持封建主義和官僚資本主義」，黨就不要求它們為新的政治目標服務。如同五〇年代早期消費主義的其他領域，國家對電影內容的妥協，意味著電影業可以照常存在。主管文化產業的幹部雖然在嚴峻的延安時期就開始替黨工作，並了解毛澤東在藝術上的立場，但他們還是默默接受了這種暫時性讓步的經濟和政治需求。[72] 就像第五章將討論的百貨公司業主一樣，大城市的電影院老闆不敢公開挑戰國家將產品劃分為可接受或不可接受、社會主義或資產階級，而是懇求黨給他們時間，先用他們喜歡的電影來吸引觀眾，再改而播映思想更正確的電影，讓這類影片宣揚「社會主義」價值觀，累積國家資本。[73]

不過，中國的電影導演、明星和編劇卻遊說新政府，要求立即禁止好萊塢電影，以幫助陷入困境的國內電影業。[74] 他們的這項訴求正是「國貨」運動的另一種具體呈現，要黨實踐它愛國、反帝國主義的承諾。這給黨帶來了相當大的壓力，以致於黨內的溫和派——他們很清楚美國電影受觀眾喜愛，因此不願下令禁止這種受到歡迎的休閒活動，以免得罪剛納入統治的民眾——只好找來專業影評人撰文反駁，說明放映外國電影和建立社會主義工作並不衝突。[75]

除了允許電影院繼續放映資產階級電影外，黨還容忍使用好萊塢的行銷手法來宣傳國內電影。例如，一九五一年《人民日報》就批評中國私人電影公司和劇院所有者利用資本主義行銷手法來欺騙客戶，包括替蘇聯電影取個美國電影片名，使用不同片名發行同一部電影以誘騙人們多買幾張票，甚至還利用廣告暗示某部電影充滿性與暴力，但其實沒有這些元素。[76] 有些電影公司和電影院並未摒棄這些行銷手法，而是假社會主義之名來模仿這些手法。例如上海《文匯報》的一部蘇聯電影廣告強調性與暴力，許多蘇聯電影都被改成符合中國人喜好的名稱。這部名為《鋼鐵意志》的蘇聯電影講述一位蘇聯戰爭英雄，另外以《真正的人》的片名放映，後來又改名為《無腿飛將軍》讓它聽起來像部功夫片；而《貨郎與小姐》則被改成《有情人終成眷屬》這樣的片名，讓人們以為這是一部賺人熱淚的愛情故事。[77] 這些例子說明了，黨認為可以使用資本主義的工具來打敗資本主義，於是在建設社會主義旗幟的掩護下，官員開始採用資本主義的作法，讓它合法化。

因此，報紙和期刊讀者再次注意到無所不在的社會主義論述，與這些一般市場資本主義作法之間的矛盾。從一九四九到一九五三年，許多讀者來信抱怨。五三年年底，即革命勝利四年之後，國營電影雜誌《大眾電影》對此類信件做出回應，要求電影院對同一部電影不要使用多個片名。細心的電影觀眾也譴責電影院用不具社會主義內容的音樂來娛樂觀眾。正如一位觀眾在《人民日報》上抱怨：「我去大光明電影院看蘇聯電影，電影開始放映前十分鐘播放了美國音樂，中場休息期間則播放了兩首法西斯主義的德國軍歌，破壞了整個氣氛。」[78] 即使在社會主義改造之後，批評家們仍然注意到電影和相關文化產品廣泛使用了資產階級的內容。他們指出，例如一九五七年夏天發行的《上影畫報》的訂閱數在一年內就達到將近五十萬份，部分原因是這家雜誌刊出美麗、豐滿的「電影工作者」（現在稱為電影明星）的照片來迎合資產階級口味。該雜誌有時甚至不理會社會主義的封面，而在內頁刊登一些花邊新聞，報導電影明星的家庭生活和他們的資產階級式愛好，例如家中照片和諸如養魚等休閒活動。[79]

在韓戰爆發後的抗美援朝運動的背景下，國內對電影業過於資本主義的批評更加激烈。[80] 這些批評的目標是電影：一九五〇年八月至九月，電影業成員在上海向數萬名學生發表演講，譴責「美帝影片」是「美國文化侵略的有毒工具」。[81] 一九五〇年秋冬，電影院的工作人員掌握了主動權，拒絕播放令人反感的電影；到了十一月，上海四十家電影院發誓不放映美國電影。[82] 指控美國是「假自由」和「假民主」國度的那些報紙和期刊，說明了美國電影遭到抵制的原因：「朋友！你還無法和美帝影片分手嗎？在美帝國主義瘋狂地擴大其侵略戰爭的時候，在全世界人民憤怒咆哮的時候，你還仍然是那麼無可救藥嗎？醒來吧，朋友！」[83] 報紙也刊登了描述美國電影內容「有毒」的文章，警告讀者這些電影粉飾美帝國主義的暴行和資源浪費。為了推動禁映令，有一篇文章更特別指出這類消費與國家安全之間的關係，聲稱在四九年之前消費者花費了數千萬美元在這些影片上，而這筆錢則被拿來補貼美國盟友蔣介石用來殺害中國人的飛機和武器，並引誘國內消費者購買傾銷到中國市場的美國製產品。[84]

然而，人們對國家的消費主義言論和政策卻展現出矛盾的心理。一九五〇年九月十一日《文匯報》刊登了一封陳蒼葉的來信，承認他對美國電影百感交集，引起了民眾對美國電影長達一周的熱烈討論。陳蒼葉寫道：「我一直喜歡美國電影。但從一九四九年深入瞭解了社會主義真諦之後，我開始改變對這類電影的看法。但我仍然對報紙上對美國電影的極端攻擊持懷疑態度。」陳蒼葉指出，一些「美帝影片」也為無產階級發聲，例如一九四一年約翰．福特（John Ford）導演一部描述威爾斯礦業家庭的電影《青山翠谷》（*How Green Was My Valley*），他認為在與資本主義無關的領域裡，美國電影就是比較好——他們就是擁有更好的布景、導演、演技和舞蹈。陳蒼葉進一步宣稱，國產電影不應該僅僅「因為資本主義是我們的敵人」就迴避這些特點，也不應僅僅因為蘇聯電影是社會主義國家製作的，就模仿蘇聯電影「不像樣」的男女演員和「不切實際」的劇本。[85]

對於國家欲消滅「帝國主義」電影一事表達矛盾心理的不只陳蒼葉一人。另一位僅自稱陳先生的讀者認為，報紙過度誇大了對美國電影需求下降的報導。他引述一則新聞報導，稱美國電影觀眾從百分之八十下降到百分之五十二，他提醒讀者，在這段時期仍可看到很少數的美國電影，即使是過時的美國電影也可以吸引到百分之五十以上的票房收入。做為證據，他表示：「我最近去美琪電影院看美國電影《移魂都市》（譯註：**Dark City**，**臺灣譯名為極光追殺令**）。在電影開始前，裡頭就已經坐滿觀眾了。」相較之下，當他與哥哥姐姐一起去看蘇聯電影時發現觀眾就少得多。[86] 對美國電影這樣的讚許不斷湧入，導致《文匯報》編輯作出評論：「我們收到了十多封支持陳蒼葉立場的來信，這表示人們仍然喜歡美帝影片。」[87]

國家做出一些努力，意圖消除人們對資本主義國家電影的喜好，因為人們這樣做等於把資金送到海外，並會被灌輸資產階級價值觀，因而破壞了國家消費主義。例如，電影管理處要求提高來自資本主義國家的電影票價，以鼓勵消費者「自願」選擇較便宜的蘇聯和中國的「進步影片」。但是，中產階級觀眾負擔得起更多的花費（且經常這樣做），因此電影管理處還要求私人戲院限制美國和英國電影的放映次數，並至少每四周放映一次蘇聯和中國電影。管理處還限制美國和英國電影打廣告，提高這類電影的稅金，票價變得更貴，電影院管理層也因此面臨財務風險，並造成一些制度障礙，例如引進強制性的電影註冊系統（以此打擊從香港走私進口的電影）。這些市場管制減少了消費者接觸資本主義國家進口電影的機會，電影票銷售在一九四九年四月有近八十萬張，一個月後剩不到四十五萬張。[88] 到了一九五〇年十一月，國家下令的抵制行動幾乎結束了美國電影的公開放映。到了十二月，由於幾乎不可能與美國改善關係，國家於是正式禁止進口新的美國電影。[89]

與此同時，政府官員大力宣傳蘇聯和中國電影，以填補資本主義國家電影數量減少所留下的空白。一九四九到一九五三年期間，中國正式進口了二百三十四部長片電影，首先是從蘇聯進口，但後來又從捷克、匈牙利和日本進口。[90] 一家電影雜誌認為，社會主義國家的電影是「人民電影」，旨在灌輸社會主義，促進「工人階級思想」，這點與美國電影不同。為了鼓勵人民增加對社會主義電影的需求，使電影院對工人階級觀眾更具吸引力，在電影產業大眾化的需求下，電影管理處派代表到學校和工廠，督促從未看過電影的學生和工人群眾集體去看電影。這些代表採用了原本禁止廣告商使用的銷售策略，例如向訂閱《大眾電影》（這是一份旨在促進電影消費的新電影雜誌）的團體和任何人提供折扣，並鼓勵成立電影俱樂部和電影講座系列。該管理處還設法吸引那些本來不想看電影的人，在工人社區建立新的電影院、取消廁所收費、用中文的「入口」和「出口」取代英文標誌的「Enter」和「Exit」，使買票變得更容易，並引進電話訂票系統，為工廠提供送票服務，甚至提供行動售票亭。[91]

為了擴大吸引新的觀眾，官方甚至派出數千個電影放映隊，將國家指定的電影放映給較小場所的觀眾觀看，像是學校、較小的城鎮和農村等等。[92] 這些工廠工人和農村觀眾表示，觀看這些重度說教式的新影片，讓他們感到無聊和困惑，尤其是蘇聯電影；於是電影放映隊接到指示，要他們在放映前向觀眾說明這些影片的意義。[93] 儘管做了這麼多努力，中國和蘇聯的「進步電影」仍然必須很辛苦爭取，才能吸引到跟好萊塢電影一樣多的觀眾。在一九四九年，僅僅是一個美國電影即將禁映的謠言，就激起了影迷們的小小狂熱，擠著去看最後一部美國電影。這預告了毛澤東時代常見的一種模式，就是國家消費主義減少需求的努力卻造成反效果，因為這使得資產階級的產品更加稀少，增加了這些產品的吸引力和市場價值。即使在禁止進口美國電影和其他電影之後，官方媒體仍繼續面臨觀眾抵制。特別是許多狂熱的電影愛好者不喜歡蘇聯電影。有時觀眾感到非常無聊，就會提前離開電影院，報紙甚至為此發表文章，指出在電影結束前離開是不好的行為。[94]

黨除了增加有益於意識形態的電影行銷外，還試圖增加在政治上可接受的電影數量，以填補影片供應的空檔並維持電影院運作。儘管中國電影製作曾在三〇年代上海經歷了一段黃金時期，但中國電影製作人在一九三七至一九四五年日本入侵期間逃離上海。戰後恢復了電影生產，四九年後黨也鼓勵上海的私人製片廠拍攝新影片。然而一九五一年，政府禁止放映四九年前的中國電影以及帝國主義的外國電影，並成立了電影指導委員會，對私營製片廠的工作人員進行「再教育」。覺得這樣做還不夠，於是黨在一九五三年將私人製片廠併入國營的上海電影製片廠。到了一九五四年，國家已經全面接管了外國人和前國民黨擁有的電影製片廠，並聲稱這些製片廠犧牲人民利益來讓官員和親信中飽私囊，將它們貼上官僚資本主義企業的標籤。國營的國家電影發行公司壟斷了所有國內外電影的發行，進一步控制了文化消費。

電影院——影片與消費者的接點——是供應鏈的最後一個環節，五〇年代中期的社會主義改造，國家徵用了所有電影院，並將它們轉為國營和私營的公私營聯合企業。[95]這最後的環節終於併入了國家資本主義的紐帶，這條紐帶將國家對電影製作的控制連接到對各種選擇權的控制，然後把完成的選項提供給消費者選擇。簡而言之，毛澤東時代製作的所有電影——六百多部劇情片、八千多部紀錄片和新聞短片——都是黨為了執行「建設社會主義」政策而製作、發行和銷售。[96]

這些國家出品的電影提供了無數例子，來印證努力工作和節儉生活的「社會主義」價值觀。耕耘機成了英雄，是集體化美德的象徵；女主角在一九五〇年的《女司機》這樣的影片中操作重型機械和火車，宣導兩性平等。[97] 這些影片的男女主角們為了國家目標，犧牲自己的利益和個人舒適，展示了社會主義價值觀；片中的反派角色則貪圖物質享受和個人福祉，表現出資本主義價值觀。更重要的是，這些影片的英雄們為了共同利益而合作奮鬥，反派們則表現出個人主義、享樂主義，渴望不勞而獲；這些都是資本主義社會的基本特性，是中共宣稱共產主義革命要消滅的對象。這些電影的主題往往很強烈、說教意味濃厚，在全國各地被播放了數十億次。[98]

一九六四年，就在中共發表第九篇〈假共產主義〉評論、譴責蘇聯恢復資本主義的同一年，著名電影《千萬不要忘記》傳播了國家消費主義的訊息：擁有私人財產來彰顯自我欲望，會破壞社會主義價值觀。電影片名是為了提醒觀眾遵守毛澤東的告誡，那就是「千萬不要忘記階級鬥爭」，否則就會被物質欲望給誘惑，如同電影主角這位名叫丁少純的模範工人。電影背景是一個工人住宅區，故事講述主角的成長過程。他在一個舒適的工人階級家庭中長大，後來在父親的工廠裡工作。娶了前私人商店老闆的女兒後，丁少純開始想要美好的事物。有一次他與妻子到一家百貨公司逛街，這對夫婦發現了一件漂亮的藍色衣服，但他們沒有用來買下這件衣服的一百四十八元人民幣（大約是一輛腳踏車的價格），只好敗興而歸。後來，他的丈母娘（她讓人聯想起「國貨運動」譴責的某些女性，說她們是特別墮落且不愛國的消費者）[99]開始破壞他的無產階級態度，向他提供一些建議，包括借錢買時髦服裝，以及在黑市賣掉丁少純在曠工期間出外打來的野鴨子賺外快，讓一家人可以享受更好的衣服和食物。丁少純很快就成了追求時髦的花花公子（圖4.6），他的副業和專注於追求時髦消費，使他無法專心從事主要工作，而這項工作可以為國家的社會主義建設做出貢獻。有一天，他把家

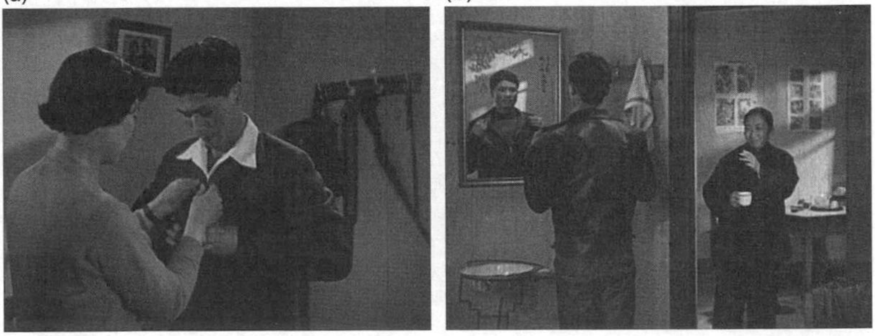

(a) (b)

圖 4.6 被遺忘和再度記住的階級鬥爭。一九六四年，就在中共發表第九篇〈假共產主義〉評論、譴責蘇聯恢復資本主義的同一年，著名電影《千萬不要忘記》傳播了國家消費主義的訊息：以擁有個人財產來彰顯自我欲望，會破壞社會主義價值觀。在這部電影中，身為模範工人的男主角在百貨公司看到一件昂貴的衣服後，受到想要擁有美好事物的欲望誘惑。為了支付此類費用，包括他最終買下來的衣服（圖4.6a），他將自己的勞動力轉移到諸如打獵這樣的非法活動（請注意背景裡掛在牆上的步槍）。他對美好事物的胃口越來越大。圖4.6b 顯示，他在丈母娘的同意下試穿借來的皮夾克，以給來訪的上司留下好印象。來源：《千萬不要忘記》，北京電影製片廠。

門鑰匙掉在工廠正在進行裝配工作的大型電動機裡。如果這部電動機被打開，將會造成爆炸，威脅到整個生產線及周圍工作人員的生命。還好，一位同事在最後時刻找到丁少純弄丟的鑰匙，工人和工廠才逃過一場災難。受到嚴厲懲戒的丁少純，終於學到了這個教訓：「千萬不要忘記」，資產階級的物質欲望會以陰險手段破壞社會主義建設。

官方媒體對這部電影的報導，強化了電影想要傳達的核心訊息。各地方報紙刊登電影觀眾的來信，目的是教導讀者，如何在生活中找出資產階級初期傾向的信號，也就是每天將所見所聞都記錄下來。[100] 其中一封信，駐杭州的解放軍士兵周文林承認自己曾落入普遍存在的資產階級思想，情況跟丁少純很類似。有一次他看到有人戴著手錶，馬上感受到第一章所討論的、想要替自己購買手錶的強制性欲望。他借了四十元人民幣買了錶，後來因此遭到上司嚴厲懲處。[101] 在另一起案例中，一家汽車零部件廠生產小組長李阿榮坦言，他沒能事先警告孩子們要提防物質商品的誘惑。當李阿榮的長子（是一名農村幹部）向他徵求意見想要購買手錶、腳踏車和一些漂亮衣物時，李雖然不贊同，但一想到他兒子花的是自己的錢，便沒有加以阻止。然而，兒子的消費欲望並沒有就此止步，後來竟向工作的集體農場借了二百元人民幣來蓋房子；這是很惡劣的例子，因為他公然地將集體剩餘用於私人消費，而不是用來讓國家對生產進行再投資。這件事踩到了李阿榮的底線，他馬上召集家庭會議來討論這部電影，並指出忘記與資產階級思想和行為鬥爭是錯誤的。兒子感到十分羞愧，很快賣掉了手錶和腳踏車，並且還清債務。[102]

然而，黨不能強迫電影製片人去喜歡國家製作的電影，更不用說要他們去學習這些影片蘊含的教訓，就如同不能夠說服他們去欣賞蘇聯電影。為了力挽狂瀾，贏得這些觀眾並吸引新觀眾，國內電影直接或間接地借用一些早先在外國電影中被他們指控是資產階級的策略。因此，即使他們還是嘴硬的批評，中國電影仍然為觀眾提供了他們期望在電影裡看到的事物——資產階級的時髦服裝、髮型、住家和辦公室陳設，以及其他城市消費主義的場景。另外諸如鋼筆、手錶、家居擺設和其他奢侈產品，在電影裡扮演著至為關鍵的角色，例如《千萬不要忘記》的皮夾克，以及第三章提到的《護士日記》的多變服裝。還有，被電影消費影響到的不只觀眾，廣告和民眾的廣泛討論讓電影將這股力量傳播得更遠、更廣。

儘管做出了努力，但觀眾從這些電影中獲得的訊息往往與國家想要的不同。就像評論家看到了《護士日記》講述自我犧牲和奉獻精神的故事，但也注意到電影的時尚敏銳度，城市觀眾也從中研究電影所提供的時尚和消費技巧，而不是黨認可的訊息（圖4.7）。至於鄉下觀眾，他們總是接收到意料之外的訊息，不然就是毫無反應。孟犁野與其他兩名幹部一起去汾陽縣調查新中國電影接受度時發現，以笨拙方式宣傳社會消費價值的中國電影，在農村並不太成功。在那兒，幹部為八百名小學教師和地方幹部播放了四部電影《豐收》、《一場風波》、《夏天的故事》和《水鄉的春天》，並舉辦了兩次「農村電影」座談會，討論以農業生產為主題的電影。[103]得到的回饋絕大部分是負面的：觀眾把這些影片當作「宣傳片」，充斥著「狹隘的主題，無聊的故事和無

(a) (b)
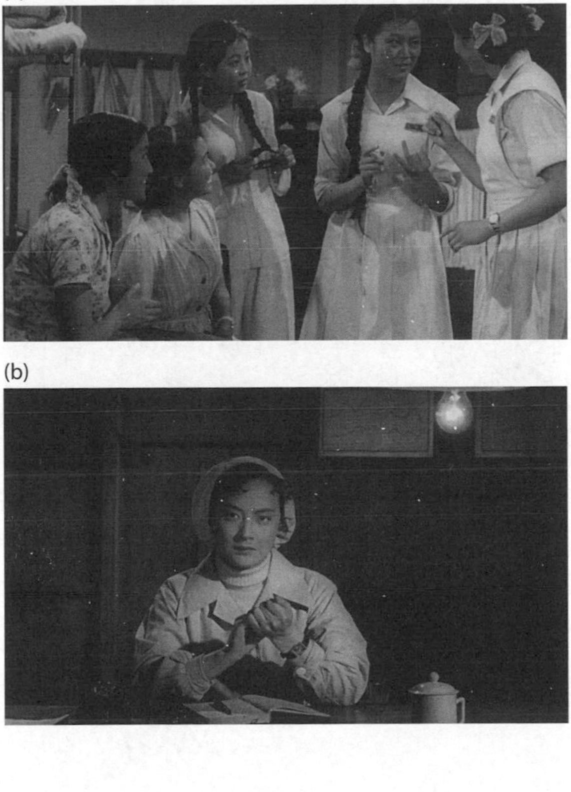

圖 4.7 護士的時尚感。像《護士日記》這樣的電影，提倡自我犧牲是社會主義明確的特質。不過，如影片畫面所顯示的，同一部影片也間接展示消費品來促進消費主義。在電影中，主角戴著多種手錶，身穿很多不同的服裝，包括布拉吉式的護士服。

趣的角色」。在下一個村莊，孟犁野本來打算播放兩部農村電影，但電影放映小隊告訴他，觀眾討厭這種類型的電影，他放了沒人會去看。後來幹部只好放映一部農村電影，另外加映一部戰爭片。到了晚上，一半的觀眾在農村電影放到一半時就離開了，只有一半不到的觀眾留下來觀看戰爭電影。[104] 這反映出想要在「社會主義」訊息和大眾喜愛之間找到平衡是很困難的，國家很難在「建設社會主義」論述和獲得多餘勞動力的政策之間找到平衡。

觀眾對香港電影的反應，也突顯出國家在限制消費主義方面是失敗的。在中國電影院停止放映好萊塢電影後，直到六〇年代初期，香港電影一直是政治上可以接受的替代選擇，即使在「大躍進」強調生產和反消費主義宣傳的高峰期也是如此。例如一九五九至六二年，上海一共放映了二十九部香港電影，幾乎所有電影票都被搶購一空。相反地，在《大躍進》期間放映的中國電影，像《常青樹》和《鋼城虎將》兩部關於工人克服障礙以增加鋼鐵產量的電影，觀眾人數就少得多；據報導，一家有著一千二百三十個座位的戲院，只賣出了五分之一的票。[105]

香港電影的流行，給國家帶來了幾個問題。香港電影賣出的票，是對硬通貨（強勢貨幣）的浪費，而民眾想要觀看這些電影的欲望顛覆了國家企圖掌控經濟、推動國家資本積累的能力。六〇年代初，有傳言說香港新片《美人計》（1961）將很快在上海放映，導致了長達六天的排隊購票人潮，並引發數起鬥毆事件。很快就出現了黑市交易，進一步將消費者的可支配資本都給了非國營企業。更令人震驚的是，這些電影的資產階級內容，反而造成吸引大批觀眾購票的大量需求。根據上海宣傳部和青年團的研究，觀眾發現香港電影之所以有吸引力，是因為它們展現了資產階級的生活方式，包括化裝舞會和舞蹈。[106] 甚至那些專注於描述窮人生活、更具說教意味的香港電影，也影響了消費者的髮型和服裝品味，導致「香港風格」在文化大革命期間遭到直接的攻擊（參閱第六章）。在整個毛時代，城市裡的年輕人都在模仿這些資產階級香港人的生活方式。只要香港電影中出現新的服裝、髮型或鞋子樣式，很快就可以在上海街頭找到仿冒品。其他人則試著學習英語，期盼有一天能夠前往香港一遊。一位女學徒承認，她從工作場所偷錢，買了十分賣座的香港電影《垃圾千金》（1958）中出現的衣服。[107] 在觀眾眼裡，香港和上海電影處於相同地位，這明顯打擊了中國建立社會主義進程的信心，因為這顯示替代方案顯然表現得更好。的確，黨的內部調查發現，年輕的電影觀眾將他們自己的物質環境與香港電影中描繪的環境進行比較並得出結論，在帝國主義和資本主義制度下，香港華人過著更好的生活。看過《美人計》之後，一位年輕工人如此總結：「在香港，生活是自由的，有你需要的一切，與這裡不同。我們光是要吃口飯，就必須先拿到糧票。」[108]

最後，香港電影突顯了一點：在消費主義的三個定義面向，國家消費主義政策全部失敗。首先，精明的城市人買票看香港電影（這是一種量產商品）。第二，觀看香港電影意味著看過的觀眾會談論該商品。最後，能夠聽到這些電影的談論內容，成為地位的象徵；通過消費來傳達身分認同，是消費主義的基礎。儘管國家試圖生產國內電影做為替代品，並限制進口影片的風靡程度和影響力，或至少將市場資本主義國家的電影宣傳成是資產階級放縱行為的警世故事，但香港電影的影響力仍不斷傳播。工會、共產主義青年團和工作單位在很大程度上取代了個人觀眾，成為這些電影票的主要購買者。儘管被警告這類電影在意識形態上是不正確的，宣傳了「小資產階級」價值觀，但這些團體仍持續找機會公開前往觀看。[109]

有時候，當局也會試圖利用香港電影的流行來達到國家資本主義的目的。例如一九五九年，上海市電影局決定發放更多的許可證給香港電影，以增加市政收入，但這種作法引發了人們的狂熱甚至暴力。在大名電影院，人們砸碎了出入口和座位，至少有十個人從屋頂爬進去買票。在淮海電影院，一些人排了六天六夜的隊購買團體票。在文化廣場的售票處，多達三到四千人擠成一團搶票，警察和共青團成員得到廣場維護秩序。面對這些現象，國家一如既往地試圖實施更社會主義式的分配規定。舉例來說，一九六〇年上海市電影局就頒布了更大的管制措施。在供給方面，針對內容突出資本主義弊端的香港電影，該局只進行了輕描淡寫的監督，但對於美化資產階級生活方式的香港電影，則限制它們的發行和票房。在需求方面，該局透過官方媒體（包括在城市公告欄張貼報紙）的文章大肆批評香港電影，這些文章分析並解釋了應如何理解和批評這類電影。[110]

然而在大躍進之後，一九六二年資本主義的制度安排從國家資本主義轉為增加利用市場和私人財富積累，過程中又出現了另一次「香港電影風潮」，不只排隊等候時間更長，還有更糟糕、更為猖狂的黃牛票亂象。警方採取更多鎮壓措施，上海市電影局更實施新規定，禁止人們買票後又在黑市以高價出售電影票的行為。儘管這些行動確實減少了很多消費主義的公共脫序行為，例如排隊和騷亂，但從未完全抑止，因為國家無法減少人民的物質欲望，更不用說將其轉變為某種社會主義的形態了。黨承認政策失敗，並於一九六三年禁止引進香港的劇情片。[111] 國家消費主義只是試圖重新定位物質欲望，而不是去消除自我擴張的工業資本主義中造成這些欲望的源頭。對於能夠看到新上映的香港電影，以及接觸其他新商品和服務的城市居民來說，黨的社會主義論述的吸引力，似乎遠遠比不上想去看最新海外影片、獲得最新時尚資訊的強制性衝動。

小結

毛澤東時代中共的諸多經濟宣傳政策，並不是以單一、直線發展或統一的方式，將國家從「國家—私人」工業資本主義光譜上挪向國家資本主義那端。資本主義制度的安排隨著時間推移而變化，以因應經濟形勢和國內批評家的抵制。儘管黨的既定目標是在通往共產主義的道路上建設社會主義，需要消除市場消費主義，但它必須積累資本以支付永無止境的軍事支出、日益增長的官僚體制和工業化。正如本章和其他章所表明的，黨需要將眼前的經濟需求置於長期目標之上，這樣做多次阻礙了國家為取代消費主義所做的努力。這種妥協只是複製並擴大了國家所針對的消費主義，從而破壞了人們所信奉的社會主義價值觀。為了保持對資本的控制權，黨試圖將政治經濟的制度安排轉向更大的國家消費主義，而不再允許出現會激發「資產階級」欲望的廣告。一九六五年，規範電影製作的上海市電影局就批評電影製片廠製作的電影廣告，內容包含太多西方活動、居家生活環境和服飾風格的刻板印象畫面，並指稱這些廣告暗中提倡西方資本主義生活方式，破壞了國家想要灌輸社會主義價值觀的種種努力。[112]

第五章

服務業的國家消費主義

一九五九年權威經濟學家薛暮橋寫道，新中國成立僅十年，社會主義改造完成僅三年，一切都發生了變化。他認為，黨的確在建設社會主義，生產工具變成公共所有；這表示工人不再和他們勞動的果實「異化」，他們一度替資本家創造出來的「剩餘價值」，現在也已經轉變成「社會主義的贏利」。國家已經利用替國家工作的固定薪水，以及集體分享利潤，來取代先前的剝削性工資勞動。結果，勞動變得「光榮」，而以剝削他人來獲利則被認為「可恥」。在社會主義的生產關係進行社會主義改造後，控制生產工具的是工人而不是資本家，工人們才能不知疲倦地擴大了生產力量。正如馬克思主義者預言的那樣，否定資本主義，並在引入新的生產社會關係的基礎上轉向社會主義的作法，擴大了生產力。[1]

但是，社會主義承諾的不僅僅是物質產品。如果薛暮橋所描述「轉向社會主義」的過渡期已經發生，那麼普通民眾的購物體驗也會發生類似的轉變，而不再是四九年之前那樣只有少數人有能力購買奢侈品、但其他人卻物資匱乏的生活現實。黨的政策導致社會主義轉型，透過向勞動人民提供更多商品來造成「大眾化」消費（全世界在「國家─私人」工業資本主義光譜上的各種變體都是如此）。與第四章討論的經濟宣傳類似，包括購物和其他服務業也產生了意想不到的後果，而這取決於客戶如何解釋其體驗。然而與宣傳不同，購物不僅產生了圖像、思想和欲望，還立即產生了明顯的不平等，以及社會和階級差異。第四章提到的那位下鄉學生沈揆一被迫從上海搬到鄉下，才能親眼目睹宣傳與現實之間的矛盾，但人們只要走進任何一家商店，就能體驗到以消費為主的階級制度，以及他們日常生活中的種種不平等現象。像前售貨員朱仲玉這樣的消費者已經期望，共產主義革命將同時為結帳櫃檯內外的人們提供絕佳的購物體驗：理論上，做為生產工具所有者的售貨員將不再害怕他們的資本家老闆，而購物者也將不再擔心會被不良商品和欺騙性銷售手法所騙（這些都是為了追求最大利潤的資本主義生產方式）。[2] 商務部的「社會主義商業」應該提供無憂無慮的社會主義購物體驗。朱仲玉指出，在資本主義制度下強迫服務人員臉上露出的微笑，應該用顧客和售貨員（也包括國家）「真正的社會主義微笑」來取代；如此一來，深感滿足的廣大民眾將有益國家經濟和政治。[3]

然而，這種「社會主義的微笑」並沒有實現。售貨員和顧客都沒有任何值得微笑之處。售貨員遇到的是沒有商品可以出售、憤怒的顧客和長時間工作，顧客遇到的是排隊、缺貨和幫不上忙又缺乏經驗的售貨員。如本章所顯示的，櫃檯內外的問題是由「解放」的話題（包括售貨員及顧客的解放）和國家資本主義政策之間的核心矛盾引起的。黨優先考慮快速工業化，代價是無法滿足人民對更多日常用品的需求，奠定了服務業的失敗。造成這些問題的原因不是模糊又包羅萬象的社會主義，而是國家的資本主義政策。連官方媒體也承認，在社會主義制度下購物可能是不舒服的。在一九四九年後的將近十年，《人民日報》的一篇文章提出了疑問：「為什麼資本主義商業可以讓消費者受益，而我們的社會主義工人卻不能？我們對顧客的服務不是應該更好嗎？」[4] 薛暮橋在一九八一年承認（這時已可公開批評毛時代期間國家對經濟的控制），國營商店的服務品質低落是有其政治性的，並已造成「對社會主義商業聲望的傷害」。[5] 儘管國家作出了努力，但社會主義商業的定義和做法，卻隨著當前的經濟和政治意外事件而發生變化，特別是在國家需要迅速積累之際。儘管黨努力找尋改善分配和消費的方法，試著採用或中止社會主義實驗，但它從未放棄過利用國家有限資源進行工業化的首要目標。國家希望進行與零售和分銷有關的「社會主義」實驗，以最大程度控制勞動力，防堵國家利潤流失，而不是致力「建設社會主義」以創建理想的社會主義市場。本章重新解釋了針對零售和分銷的國家政策，揭示了黨透過對零售業的控制，也許可能已經消滅了透過貿易而非勞力獲利的那一群人，實現了它的目標，但這樣做實際上是為了幫助國家能更有效地控制消費。

創造「社會主義商業」（一九四九至一九五八年）

在中共由國家控制的百貨公司成為資本密集、技術精密的一種手段，用來產生、調整和控制需求。這些是國家版本的私人零售機構，與工業消費主義緊密相連。國民黨時期的中國人在海外見識到百貨公司後，先回到香港開設最早的百貨公司，再回到中國開設百貨公司。[6] 雖然大型零售店的數量在一九四九年之前有增加，但在五〇年代，國家資助建立了比起早先百貨商店規模較小的全國連鎖店。這種國營銷售鏈是在工業資本主義資本密集型零售業中的一種關鍵性機制，快速擴散開來，而且是建立在國家體制上，而非私人資本家體制。[7] 中共對零售業的動作，是其創建所謂龐大、複雜和協調一致的「社會主義商業」的一環。首先，早在一九五六年國家正式控制商業之前，中共就已經在五〇年四月成立了諸如中國百貨公司這樣的組織，用來分銷和管理消費商品的零售。這家公司之所以能執行這項艱鉅的任務，是因為它在成立後的幾個月內，就已經建立了由一百多家商店組成的全國網絡；到了一九六三年，該網絡已包含近二萬家零售商店，員工人數達到二百四十萬人。[8] 舉例來說，一九五一年浙江省政府設立了七十一家新店，其中有十九家是分店；到了一九五四年，數量已增加到一百八十二家，當時該省的每個縣都設立了商店。[9]

第二，像這樣的零售商店不只對上門的顧客產生影響，還影響到商品的銷售和分銷，因為這些店還引進新的零售和分銷方式，包括預購、郵購和賒帳購買，甚至也提供奢侈品，例如進口女錶和相機等等。[10] 黨的政策建立了工業消費主義的基礎架構，國家消費主義的政策則試圖抑制和引導消費者的需求。[11]

全國性百貨公司網絡的建立，將消費產品和消費主義擴展到了數百萬從未有過這種體驗的人們的生活中。[12] 國家將原來的高端百貨公司轉變成替更多民眾服務的機構，試圖把中產階級和精英階層消費主義的資產階級百貨公司轉變成一種反映需求並服務更廣泛社會階層（即黨的所謂「群眾」）的機構。[13] 透過擴大國有百貨公司的零售體驗，黨開始整理這支尚未開發的消費者後備大軍資源。政府官員用來形容資產階級制度朝「社會主義」轉向的術語——大眾化——無論是英文和中文都不太恰當。大眾化被翻譯成英文的「popularizing」（普及化），意思是「受歡迎」的消費行為和消費主義，但這個英文意涵未能準確傳達出黨的目標。普及化旨在將消費品賣往更多地方，而大眾化則旨在將消費品專門供應給勞動「群眾」，而不是那些依靠他人勞動獲利的富人。[14]

大眾化的最高層級，就是在主要城市為精英客戶服務的大型百貨公司。如第二章所述，最初黨遵循新民主主義原則，准許國民黨時期消費主義的資產階級成分繼續存在，例如奢侈品和百貨公司附設的舞蹈俱樂部，但這時黨已經開始限制和批評這種消費主義。至於零售方面，四九年之後的上海南京路的歷史，突顯出寬容與批評之間不穩定的緊張關係。南京路是當時中國最著名的購物街。這條馬路和鄰近區域是國民黨時期消費主義的堅實支柱，聚集了上海的四大百貨公司：先施、永安、新新和大新。[15] 這些商店鞏固了上海做為全國資本主義和消費主義首善之都的聲譽，這讓它很難在中共同時容忍和攻擊消費主義的政策下運作。[16] 儘管這四家百貨公司在內戰結束和四九年之後的過渡時期已經面臨了供貨短缺、遭到抵制、工廠關閉和付不出員工薪水等種種困難，但五〇年代黨的經濟政策以及提倡艱苦樸素的國家消費主義精神，讓這些奢侈品連鎖百貨公司的經營變得更加複雜。[17]

以永安百貨來說，它是民營企業勇敢與國家資金競爭的最佳例子。這家百貨公司當時由創辦人家族第二代郭琳爽經營，是這些以前的精英商店在轉型過程遇到各種困難的一個絕佳例子。[18] 最初，黨的新民主主義政策允許郭透過公司高售價、高利潤、商品庫存低和獨占性的經營策略，繼續維持其資產階級消費品提供者的形象。店內不斷變化的時尚產品庫存，包括時裝、進口手錶、香水和美味佳餚。永安的其他業務，例如舞廳和西餐廳，也開始從戰亂中恢復。[19] 然而不久之後，黨的政策迫使這家百貨公司開始迎合「群眾」

的需求，提供更實惠的價格和更多元的服務，並強調商品的實用性而非品質。官方媒體為了說明社會主義商業與早期資本主義做法有所不同，便指責永安這樣的資產階級零售商賺取「超額利潤」，報導稱這些利潤是這些私人資本主義企業獲取最大化資本回報的一大特徵。然而，與黨的指控正好相反；由於內戰的影響，從一九四九年八月至五〇年三月間共有三千多家店鋪被迫關門，其中銷售高級產品的商店受到的打擊最大。[20]

永安的商業模式面臨了來自同一棟建築的新競爭。為了打擊投機活動和壓制價格，一九四九年十月上海地方政府設立了一家國營公司，租下永安一樓，並出售一些與樓上永安百貨相同但由國家供應的商品。[21] 這家永安百貨樓下的國家資本主義競爭對手，它的產品價格更具競爭力，因為日常管理費用較少，稅率也較低。到了一九五三年，這家國營公司已經成長壯大，並接管了上海原始的四大百貨當中最新、最大的大新公司，成為「第一百貨商店」。這是國家創立的消費主義聖地，在整個毛澤東時代吸引了全國各地的遊客。[22]

隨著國營商店競爭的加劇，永安試圖順應新的艱苦樸素生活政治準則。但這只是表面上的。該商店在櫥窗展示便宜的大眾商品，但裡面照常銷售奢侈品。[23] 郭琳爽想從國家政策中找機會獲利，例如他遵照國家要求增設兒童空間的指示，在百貨公司三樓開設兒童世界。一九五〇年夏天，兒童世界使用一九四〇年之前的營銷手法，吸引年輕的消費者及父母，其中包括抽獎活動、贈送免費電影票和每次消費後的小禮物。為了因應營業額下降的情況，這家百貨公司還試圖擴大資產階級的休閒形式，並開設一家新的夜總會。即使是副業如餐廳、舞廳、咖啡店和酒吧，也拒絕以針對低收入客戶的服務——例如出售外賣食品或茶水——來降低店內奢侈品的售價。[24] 儘管國家擴大了對消費主義的控制權，永安等私人商店仍繼續從事資產階級的營銷和商業活動，這是它們在四九年之前取得成功的關鍵。

自從一九五一年國家發起「三反五反運動」，以及全國城市反對幹部貪腐和商業不法行為的活動（第二章已討論過）之後，炫耀性消費就不再那麼顯眼了。儘管在這些活動開始後的幾個月內，永安頂樓的夜總會仍舊生意興隆，但上海的經濟精英分子已經開始減少使用汽車，停止購買珠寶等奢侈品，並避免展示資產階級身分的共同特徵，例如西服或晚禮服。百貨公司的業績也跟著急遽下降。一九五二年二月「五反」運動發起後不久，永安的銷售額比前一年下跌了三分之二。在被迫承認客戶來源已經改變的情況下，永安為了維持生計使出最後一招，就是讓它的存貨「大眾化」，採購更低價的商品，例如洗臉盆、鍋子和用於加熱烹飪的小型煤爐。中共近一步強化永安以群眾為目標的消費主義新承諾，要求商店經理人在五三年底和五四年參加幾十次政治會議。[25] 據一位記者觀察，這家店曾一度是富人購買進口商品的唯一地點，但到了六〇年代中期，每天大約十萬名顧客進店，其中「主要是政府和工廠的工人，或是從鄉下來的農民」。他們從店裡提供的三萬六千種商品中挑選想購買的東西，這些商品百分之九十五都是中國製造的。[26]

然而與這段時期的其他私營公司類似，永安的所有者從下而上失去了商店控制權，因為這家店越來越依賴國營和公私合營公司生產的商品。不管是基本商品或是奢侈品的供應，都變得越來越不可靠。從一九五三到五四年，該店的商品採購量下降了百分之六十一，銷售額下降百分之五十三，庫存下降百分之五十。[27] 在緊要關頭之際國家迅速介入，將永安公司轉為公私合營。黨將永安的衰退歸咎於總經理郭琳爽的「傲慢」，指責他無視或僅口頭上聽從國家命令，實際上卻不聽從工人階級下屬的建議，還聲稱要拯救這家瀕臨破產的企業。對於永安和其他無數商店和私營企業來說，轉為公私合營制只是名義上的「合營」，是生存的唯一途徑。這些企業實際上就是國營企業，由國家向原所有者支付股息（分期付款）。[28] 國家則利用其競爭優勢和供應鏈優勢，迫使私營企業退出。同時，由於打敗了「資本主義剝削者」，對前精英消費堡壘成功進行了大眾化，也讓國家取得正面的政治輿論。

儘管國家強行併購百貨公司，確保了對這棟現有工業消費主義標竿人物的控制，但事實證明，黨想將它們轉變成替國家消費主義目標服務的機構，會更困難（圖5.1）。一旦購物者在商店遇到的問題成了國家的唯一責任和過錯，那麼黨為了改造這些曾是資產階級熱點而付出的努力，就會產生意想不到（如果可以預見的話）的後果。缺貨、大排長龍、服務差、陳設過時，以及下面討論的購物不佳體驗，不僅是經濟問題，也是政治問題。題，黨再也不能把責任推給資本主義，尤其更不能推給百貨公司的資本家老闆。

社會主義櫥窗展示

中共試圖把長期發展起來的資本主義零售業轉變為「社會主義商業」，這會影響到商店的各個方面和購物體驗，櫥窗展示首當其衝。國家商務部（負責創建和監督商業的機構）將櫥窗展示的品質及商店內部的設計，視為良好服務的基本要素。與國家批准的經濟宣傳或時尚服裝類似，適當的櫥窗展示很好地反映了社會主義。根據一九五五年分發給全國八千多家商店的一本關於最佳做法的小冊子，維護櫥窗展示是一種商業和政治行為，「需要密切關注」，以確保這些櫥窗展示與資本主義的展示和廣告不同，因為這些商店並沒有誇大其辭來欺騙消費者購買產品。這本小冊子宣稱，社會主義的櫥窗和產品展示，應

圖 5.1 「上海市第一百貨商店」（1955）。在徵收大型百貨公司時，黨也同時讓這些商店「大眾化」，在全國各地設置這些消費主義機構，讓它們的商品售價更便宜，使得主要城市的旗艦店受到全體民眾的歡迎。這些商店將更廣泛的社會面貌引入它們最新的零售方法，包括瀏覽櫥窗購物的觀念，像是當時全國唯一的自動電扶梯，可以吸引顧客將他們帶往更多樓層選購商品（請看海報中心處），以及加強顧客服務（服務台上放有意見箱和幾部電話）。甚至那些沒有能力購買展示商品的人，也通過認識新商品而參與了消費主義。海報底部有一行小字：「百貨商店商品無數。根據自己喜好選擇珍貴商品。購買所需物品。讓生活一年好過一年。」資料來源：國際社會史研究所（私人收藏）。

只能展出商店有存貨的商品，並應幫助消費者找到他們想要的東西，而不是激發他們對時髦新商品的渴望或進店閒逛。商店應展示由國有工廠（而不是當時還倖存的私人工廠）製造的產品，以幫助和推廣國家資本主義製造商。[29] 與第四章討論的廣告、海報和電影一致，商店的櫥窗展示應該讓群眾容易理解，不要包含太多難懂的文字。商務部的指導方針要求商店經常更新展示品，至少與季節搭配每三個月更換一次，並配合特定節日推出合適商品。例如在十月一日國慶節前後的展示，就要是慶祝前一年的國家成就。同時，黨希望展現出國家消費主義的精神，以打擊資產階級品味並提倡「簡樸生活」，這就表示商店必須展示「國貨」和售價「實際且合理」的商品。[30] 然而儘管國家試圖「通過修改資本主義的現有基礎設施（例如櫥窗展示）來建立社會主義」，它的努力卻適得其反，反而擴大了消費主義和資本主義的連結。

櫥窗展示曾經是一九四九年以前城市視覺文化最生動的部分，後來許多商店關門，櫥窗展示數量減少了，倖存下來的櫥窗很快被重新調整用途，用來反映新的政治秩序。剩下來的展示通常是政治性的，例如國家會利用商店櫥窗展示來推行大規模運動，例如韓戰時期的抗美援朝運動。一九五〇年韓戰爆發後不久，百貨公司工會成員就重新裝修了各大百貨公司，全力宣傳這一運動。[31] 隨著戰爭的進展，為了支持中國對美國使用生化武器的指控，永安百貨在櫥窗裡貼出了九張照片，這些照片顯示美國在朝鮮半島和中國北方發動細菌戰。有數百萬人看到了這種櫥窗展示，其中包括在長江沿岸的武漢市，四個月內估計有三百萬名購物者觀看了這些照片；另外，估計也有十八萬人觀看了北京西鴻記綢布店的櫥窗展示。[32]

報紙文章大力讚揚這些商店，但也批評那些未遵循商務部指導方針的商店。在四九年後的幾年內，評論家們開始注意到有些商店並沒有定期更換櫥窗展示。一篇文章指出，北京最繁忙的商業區之一、毗鄰商務部的北京大柵欄區，當地八十八家商店櫥窗有七十六家在七月新增了文宣展示。但到了十月，許多商店仍然保留最初的展示內容，這顯然是過時了。評論家認為，這種過時的櫥窗展示不僅傳達了過時的政治訊息，還給人社會主義商業活動被凍結了的印象。[33] 儘管國家需要利用和命令資本主義基礎設施來達到目的，但它也發現這樣的命令執行起來很困難。

為了慶祝新中國成立十週年，一九五九年八月商務部舉行一次全國櫥窗廣告和產品展示會議。會議試圖利用上海仍蓬勃發展的資產階級視覺文化，來發展與蘇聯類似的社會主義商業視覺文化，並與全國其他地區分享。[34] 來自全國二十一個頂級零售城市（包括北京、天津、廣州、武漢和哈爾濱）的代表，以及來自其他十五個城市和中央工藝美術學院負責商務的幹部都出席了這次會議。與會代表實地考察了上海的代表商店，包括第一百貨商店、第一食品商店、永安百貨商店、萬象影樓等地點。儘管他們觀察到的是廣告的資本主義淵源，但商務局藝術辦公室副主任提醒與會人員：「我們的商業廣告必須植基於社會主義商業的性質和使命……以執行黨和國家的政策。」[35] 同樣地，在「關於櫥窗展示設計藝術的若干問題」的報告中，中央工藝美術學院裝飾系主任吳勞教授提醒與會代表，櫥窗展示應宣傳「國民經濟成就」，也就是說必須傳達國家的經濟訊息。[36]

會議上的演講和討論，揭示了協調社會主義理想與現有商業慣例的困難。理想的展示品必須引起路人的注意，但也必須避免刺激出資本主義的欲望和銷售。相反地，社會主義展示只是為了告知潛在客戶產品的可用性，並指導如何使用。這些辯護和用來證明為什麼要繼續使用廣告的理由相同。評論員還強調櫥窗展示的實用性，呼籲商店經理不僅要把櫥窗展示視為平實的商品描述，還應該把它們視為美化城市的、獨特的社會主義街頭藝術品。例如一個被國家吹捧的展示，裡面有一名女孩被很多手帕包圍著，這些手帕排成樹和花的形式，顯示店裡出售的手帕上不同的顏色和圖案，並暗示如何使用手帕做成髮飾，但這樣的櫥窗展示並沒有展示出「社會主義」。[37] 跟這個形成強烈對比的例子是，南陽鞋襪襯衫公司的櫥窗裡展示了成堆擺放成幾何圖案的商品，十分吸引人們目光，並傳達出商品庫存很充足的訊息，這是種很流行的宣傳概念。南京路第一百貨商店的櫥窗展示則是在前景裡擺放樂器，背景播放著眾所周知的歌曲《社會主義好》。第一百貨的另一處櫥窗展示則是將商品和政治宣傳結合起來，在巨大和平鴿的海報前擺放電視和收音機，海報上面有著一行標語「和平的聲音嚇壞美國戰爭掮客」。[38]

強調節儉生活的國家消費主義精神，是商店櫥窗展示的另一重要主題，也是這次會議討論的重點之一。例如南京路的「上海時裝商店」掛有兩張海報，第一幅是漫畫家豐子愷的作品，畫出在勤勞節儉的家庭中「只有長子才能得到新的衣服，然後再將他們的衣服交給下一個孩子，如此一路往下相傳。」另一張海報是全國推動艱苦樸素生活運動的一環，上頭有一句政治口號，呼籲人們應該讓他們的衣服能夠做到「新三年、舊三年、縫縫補補又三年」。[39]

儘管這種櫥窗展示和其他類似展示，將節儉包裝成是一種個人紀律的自願行為，但這種「未雨綢繆」式的警告，說明國家努力降低消費者欲望和抑制大眾對產品的需求，因為這種需求若太過高漲，會迫使國家必須在消費品的生產（輕工業）上投資更多，但國家資本主義是把重工業列為第一優先。此外，透過宣導重視節儉生活，這些展示將服裝等基本物品的短缺，視為並非國家供應不足或與優先次序有關的結構性問題，而是歸咎於個人浪費。以這個例子來說，國家消費主義與所有消費主義一樣，都試圖去解讀透過個人消費行為傳遞出的訊息。在這兩種情況下，消費主義就成了創造和傳播身分認同的手段。[40]

正如國家消費主義所強調的，國家資本主義對剩餘的積累，有賴於以建設共產主義未來為名的艱苦樸素生活精神。然而「社會主義商業」逐漸給社會主義帶來了壞名聲，破壞了黨的合法意識形態。即使在朝向國有零售環境過渡的五〇年代中期，國家對節儉生活和避免浪費的重視，也強化了人們的如下印象：社會主義商業就像商店櫥窗本身一樣，是單調、缺乏變化、反應遲鈍和不合時宜的。例如當時的一則新聞報導，記者沈文英指出，在一家私人商店外展示的全都是適合夏季使用的廣告商品，包括T恤、蚊帳和手提風扇，但和平電影院放映的國有商店廣告幻燈片卻遭到觀眾嘲笑，因為廣告裡出現的全的是冬季服裝，例如羊毛衫、厚襪子和冬天使用的潤膚膏。沈文英認為，這種差異反映了商店對顧客季節性需求的忽視，再加上這些商店裡面滿是灰塵、室內維護不佳，服務態度又差，這更進一步加深了不良印象。她特別提起毛澤東「為人民服務」的口號，認為國有服務業的無數員工都忘記了「為消費者服務」的責任。[41]在社會主義轉型完成後，政治宣傳與商業訴求之間的緊張關係，以及不良的「資本主義」與良好的「社會主義」展示之間的緊張關係，導致商店持續推出單調、缺乏變化但政治上安全的展示，從而破壞了黨所謂正在創造優越的「社會主義商業」的說法。[42] 因為，黨認為正確的「社會主義」展示，是促進國家資本積累的展示，而不是為人們提供他們需要或想要商品和服務的展示。

討價還價

黨試圖消除商店內討價還價和爭論不休的行為，讓商業活動更加社會主義化。所謂固定價格，是通過剝奪商家和消費者權力來獲取更多的利潤。黨聲稱社會主義商業是為人民的利益服務，而不是為利潤服務；為了確保人民利益能夠免於牟取暴利、投機和通貨膨脹，解決方法之一就是固定價格，也就是「不二價」。就字面上來說，「不二價」就是「沒有第二個價格」。黨認為相較之下，資本主義市場的混亂與討價還價有關，因為每個人都試圖使自身利益最大化。

討價還價給予人們一種操控感，因此很難用禁令來改變這種長期做法。例如一九四九年底，北京東安百貨不再允許銷售人員抬高價格開始議價，甚至透過擴音器宣布：「我們歡迎顧客舉報這家商店的商家抬高價格。」這種新做法很難被接受，特別是那些珠寶商人；他們在商店租用空間，只能勉強遵守新規定。一九五〇年年初，北京市政府實施了更全面的討價還價禁令，宣布所有在國營商店租用空間的企業都必須公布實際價格。儘管東單人民市場在一月中旬實施了此一新政策，但部分攤位仍希望顧客能從抬高的起價開始議價，導致市場經理試圖在違規商戶的攤位上張貼標語來羞辱商家，標語上寫著「這個攤位抬高了價格。買家要小心。」然而，當商家或幹部打出不二價時，他們還是認為客戶無論如何都會討價還價，要不然他們就對懷疑是國家員工的客人提供不二價，但讓其他人議價。[43]

負責推動不二價政策的幹部，將部分原因歸咎於難以將早期的「封建」或「資本主義」消費行為轉變成更「社會主義」的行為。客戶認為他們需要討價還價，以獲得一個公平的價格，這意味著他們要麼不知道，要麼不相信新的國家政策已經設定了不二價。寫給《人民日報》的一封信建議，為了糾正這種缺乏信任的行為，全國應該以蘇州為榜樣，舉辦一個揭發傳統銷售欺騙手法的展覽，向消費者傳授商家如何利用討價還價等技倆來獲取「暴利」。[44] 然而，討價還價是一種根深蒂固的行為。寄售店的銷售人員抱怨，他們的顧客不相信有合理價格的存在，至少不相信國家有能力制定和執行合理價格，因此他們期望能夠議價。做為回應，一些銷售人員在交易開始時報價高於定價，然後降低價格，給客人留下他們得到優惠的印象。與其要求少付一點錢，客人不如建議銷售人員「多給一點點」，超出原本購買的數量。對價格可以協商的預期，使店員夾在習慣獲得折扣的客戶，和將討價還價稱為資本主義做法的國家規定之間，處於一種尷尬的地位。一些聰明的銷售人員會採取各讓一步的銷售手法，假裝給客戶更好的交易，但實際上並沒有給任何優惠。[45]一九五一年春節後，北京最大的朝陽門蔬菜市場允許在很小的範圍內討價還價，這意味著最終售價仍取決於議價者的技巧。[46]國家試圖界定和限制消費主義的努力，再次遇到挫折。

儘管國家希望定價政策成為社會主義商業的決定性特徵，但民眾的抵制，意味著新政策只有等到社會主義轉型成功後、國家已經實際上控制了城市的零售後才算確立。此外，與毛澤東時代的許多其他改革一樣，人們是否遵守新規定，也隨著時間和地點而變化。例如黨在六〇年代初期「大躍進」之後，取消對個人土地、市場和小販的限制，這讓討價還價的現象再次出現。在整個毛澤東時代，討價還價和其他形式私營企業的重新出現證明了列寧的格言，即小規模生產導致了「每天、每小時、自發性且大規模」的資本主義。在「文化大革命」期間對資本主義文化的猛烈抨擊（這是第六章的主題），說明黨不可能將社會主義論述與消費主義調和。[47]這突顯了人們對國家確保公平價格的能力缺乏信心，因此企圖自我掌控情況。這些例子表明了，即使黨努力消除市場慣例，其政策還是只能取得有限的成功，因為它沒有提供一種吸引人的「社會主義」替代方案。

擴大的社會主義，不斷惡化的購物（一九五六至一九六〇年）

到一九五六年時，完全受國家控制的經濟幾乎已經取代了私人市場，物價也漸趨穩定，結束失控的通貨膨脹跟搶購亂象，但黨的國家資本主義政策也惡化了許多城市購物者的購物體驗。[48] 在五〇年代期間，黨的政策迫使各種規模的零售商進入規模越來越大的國營組織。因為國家減少了商店的總數，也幾乎完全消滅了街頭小販，這限制了消費者取得產品的選擇。到了一九五六年，黨將商店分為兩類：一類是國家、省或地方政府公私合營企業（如永安）和實際持有經營的商店，另一類是極少數的小規模家庭商鋪，以固定價格和利潤出售國產商品，往往比大型國有商店更能滿足當地需求。以往關於「大躍進」的學術討論，一直集中在黨不惜一切重視生產上，包括將五分之一的農業勞動力轉移到工廠，導致了大躍進的「三年大饑荒」。[49] 可想而知，學者們不太關注黨如何為了累積資本而限制一般大眾的消費，也跟著不關心城市消費者的購物體驗。我們在前一節檢視了，黨計劃創建更「社會主義」的購物體驗但收效甚微，本節則要檢視黨的國家資本主義政策在地方層級產生的不平等。

國家政策擴大對銷售和勞動的控制（這兩種同樣重要），包括把街頭小販調往其他工作，將小型半私營商店併入國有商店，或將他們聚集到被稱為人民公社的大型合作社。這些合作社其實就是農村農業公社的城市版本。[50] 為了推廣購買國家產品而非地方產品，黨禁止農村公社在城市銷售非農業副產品（或「手工藝品」），並減少供應肥皂、刷子、毯子到調味料等日常產品。然而國家希望控制供應鏈，這意味著產品在送到消費者之前必須經過多層官僚之手，結果加劇了一些地方消費品短缺的現象，其他地方的庫存卻過剩。此外，原來的街頭小販代表了小規模的分銷網路，被獲准可以在鄉村購買產品拿到城市轉售，但現在這些小販消失，意味著無數促進消費品和服務的副業消失，像是銷售食品、芝麻油、紅薯、糖果和米餅等等，以及像是磨菜刀和剪刀、把木炭這樣的家庭必需品送貨到府的服務。[51] 毛澤東時代「社會主義」的日常生活品質下降，其實是國家企圖控制勞動力和資本盈餘的後果。

商店裡能夠銷售的商品並不多，而且往往都是劣質品。社會主義改造的結果，並沒有導致薛暮橋所預言的品質提升，事實上正好相反，黨私下也承認了這一點。[52] 在一定程度上，這是由於國家規定達到或超過銷售配額的工廠和國營企業經理可得到獎勵，才導致了重量不重質的結果。然而，普遍存在的地下經濟也刺激工廠工人做出欺騙客戶的行為，利用國家分配的原料或劣質材料來達到國家的生產配額，再利用剩餘材料在官方管道外生產或交易。在大躍進期間，經濟擺脫中央集中控制，大量分散到各地，當時國家鼓勵鄉鎮和生產大隊建立由黨鬆散控制的小型工廠，更進一步加劇這些問題。[53]

排隊做為社會主義成功的標誌

隨著國家在「大躍進」期間日益重視資本積累，一九五九年「大躍進」高峰期，消費品短缺的問題日益普遍。過去人們只有在買一些很難買到的東西（如電影院的學生票）時才會排隊，現在連包括蔬菜、肉類、草藥等日常用品都得排隊。儘管黨採取了三種應對物資短缺的共同方法——價格、配給和排隊——但排隊已然成為購物生活的標誌形象，就跟全世界其他國家資本主義經濟體的國家一樣。[54] 由於長時間的排隊有損人民對黨及政策的信心（也浪費潛在的工作時間），黨試圖減少這些不信任感，不過黨仍拒絕將更多資本用於消費品的生產和分銷。作家華新民回憶，當物資短缺和排隊購物剛剛開始時，國家就向學生保證這些不便只是暫時的，因為共產主義也僅實施了短短幾年。華新民就讀學校的團委書記警告學生，不要排隊搶購產品，並重申國家認定排隊是對革命喪失信心，是人們不信任官方保證供應產品的表現。排隊買東西的人經常要左顧右盼，生怕被認識的人發現，但這些初期的羞愧感很快就消失不見。國民黨統治末期的排隊現象，在新中國成立最初幾年消失殆盡，然而很快又成了常態。這種情形非常普遍，華新民表示比他小幾歲的人，排隊時一點都沒有他們那種心理障礙，因為這些年輕人的記憶中沒有不需要排隊購物的日子。[55]人們排隊等候日用品的日常經歷，再次反映了黨對快速工業資本積累的優先順序，儘管有越來越多明顯證據顯示消費品產業需要更多的資源。

五〇年代後期，排隊已成為日常生活中理所當然的一部分。一九五七年一份關於北京南邊太原市的政府報告就是典型的例子。報告發現，人們到處都在排隊，從米糧店、百貨公司到浴室和理髮店，有些隊伍長達幾百人。當某個人終於排到隊伍最前面時，也沒有任何人敢保證他一定能夠買到想要的商品或服務。[56]面對這樣的困境，人們慢慢適應了。還有有些人在排隊時拿東西占位子，例如一個破籃子；其他人則在排隊時帶上板凳坐下；還有一些人乾脆派小孩子去排隊。人們不得調整他們的購物習慣。邀請朋友同事共進晚餐的風俗，給這個國家已然緊繃的供應鏈和長長的排隊行列帶來了物流問題，在節日期間問題更為嚴重，因為那時人們必須接待眾多親朋好友。華新民記得，一九五九年末除夕夜，由於商品需求增加、人們更加焦慮，排隊的人龍比平常更長、更緊張，迫使地方幹部不得動員他和高中同學到當地菜市場維持秩序，確保沒有人插隊。[57]

五〇年代中期以後，隨著排隊購物現象逐漸普及，《人民日報》的文章承認，國家未能兌現其「社會主義商業」將會創造更好服務的承諾，使人們普遍感到失望。一九五七年，天津南開區幹部和四百多戶居民的會議報告裡提到當地家庭主婦提出很多抱怨，她們抱怨服務差、存貨少、排隊長，一位家庭主婦提起排隊的事時不滿意地說：「舊社會買東西挨個，新社會也挨個，什麼時候才挨出個頭來？」另一位居民認為購物變得更為困難：「過去半夜買肉也能買到，現在一過早晨十點就沒有了。」另一些人則對商品供應和一些常見現象表示焦慮，例如人們往往出於恐慌而排隊，能買到什麼就買什麼，完全不顧自己是不是需要這些東西。[58]

官方媒體對排隊的報導，試圖將這個問題界定為購物者個人的管理問題，而不是國家現行政策的失敗，更不是社會主義的失敗。《人民日報》的該篇文章引用一位家庭主婦的話提醒讀者，一九四九年以前的惡性通貨膨脹已經結束，並保證現在物價已經穩定下來，他們不再需要用搶購來對抗對通貨膨脹的恐懼。文章中引用另一位家庭主婦的建議，購物者應該等到排隊的人變少之後再去排隊，而不是加入他們來延長排隊時間。一些家庭主婦還建議，人們可以一次購買一整包大米和麵粉，而不是零買糧食，如此可以加速商店銷售。透過一般消費者的回饋，官方媒體敦促購物者按照「三不排（隊）」的非正式政策來改變自己的行為：人多不排隊，東西少不排隊，家裡有的不排隊。[59]官方媒體將對商品短缺和顧客劣質購物經歷的指責，從對國家資源分配不當的潛在批評，轉向購物者的個人行為模式。這樣做的同時也再次強調了黨的優先重點。

《人民日報》和其他官媒試圖說服人們將排隊視為是積極訊息，以此化解人們對排隊的不滿。根據這些新聞報導，排隊不是物資短缺的結果，而是工資上漲和生活水平提高的結果。人們排隊是因為他們有更多的錢可以花。[60] 文章引述滿意顧客的話來反駁負面報導。一位五十多歲的家庭主婦趙連慧指出，購物者現在排隊買更好的食物：「過去是窮挨個，現在是富挨個。我大女兒在敵偽統治時期深更半夜排隊買來的穀子，裡面帶著老鼠屎，人吃了就中毒……現在挨個買大米，買肉，這怎麼能說是一樣呢？」徐淑芬說，一九四九年以前她的二兒子曾經在半夜排隊時被警察毆打：「過去排隊是窮人活受罪，現在我家一月收入二百多元，排隊去買肉，這是多大的變化？」[61] 沙航在《杭州日報》上撰文，作出更詳盡的辯護，他說一九五八年春節前幾天看到某家商店外頭一塊牌子上面寫著：「今天下午二點，我們將開始銷售。賣完為止。」在開始銷售前六小時，顧客在店外很有秩序地排起長隊。沙航（以及刊出這篇文章的編輯們）選擇將之解釋成一種社會主義文化：「從某種意義上說，這是一個好現象。第一，在不受到強迫的情況下，人們自動排成一行隊伍，這體現了群眾的紀律和美德。第二，這表明我國人民購買力的提高和經濟的繁榮。」儘管政府試圖透過媒體傳達積極訊息，但它也擔心人們排長隊帶來的負面政治影響，更擔心背後代表的勞動方的浪費。正如沙航在同一篇文章中指出的：「如果我們把在小市場和公用事業排隊等候的所有時間加起來，那將是一個巨大的數字！」[62]

為了減少排隊，幹部恢復了之前廢除的一些資本家慣用銷售手法，包括放寬對小販和上門推銷員的限制。一些商店將排隊歸咎於購物者在店內遇到的低落效率，並仿效蘇聯的例子，讓店員提前稱重和包裝預定數量的商品，以及使用平台秤而非鋼製秤來加快流程和縮短等待時間。幹部們要求雜貨店、火車站和汽車站的服務人員延長上班時間，減少排隊人龍。其他幹部要求店員幫助整個商店，而不是只專門負責一套產品。電影院擴大了售票處，增開窗口，允許預售票，也重新開放了電話訂票和送票服務；之前這些服務都被視為是資本主義做法而廢除，因為它們只服務資產階級。[63] 儘管國家意識到排隊所代表的問題，但大躍進期間的政策仍然傾向快速工業積累，而不是去改變購物體驗，更別說去動搖潛在的國家資本主義政治經濟了。

「學天橋」運動期間的無償勞動（一九五八至一九六〇年）

儘管存在種種缺陷，國家仍試圖解決前一節提到的各種問題。然而，要最大化的推行「社會主義」政策，就需要徵調大量的無償勞工。正如前一節的例子，實施更多的「社會主義商業」，就需要徵用更多的勞動力。大躍進加劇了上述服務部門的問題，當時國家加速向工業化邁進，因此將經驗豐富的店員調到工廠和集體農場工作。[64] 按照「以女代男」和「以弱代強」的政策，一九五八到六〇年間從商業部門移出了一百多萬人。[65] 為了釋出工人，僅上海就合併了大約一萬六千家小型企業，而它們原本是負責向五百間中央公共食堂提供食品。[66] 用來取代這些被迫轉業工人的，是一些年長、生病、體弱、幾乎零經驗的人，以及五十多萬名無正規經濟經驗的前家庭主婦。在這期間，商店的工作人員都是沒有幹勁和缺乏經驗的店員，既不怕被解僱，也不會因為獎金或佣金激勵而提供更好的服務，尤其是這類獎金和佣金已被視為是非法行為。[67]

報紙文章抨擊不耐煩的店員，指責他們很少主動協助顧客，只是勉強允許顧客檢查商品，如果顧客不買任何東西就生氣。這些文章指出店員只對不需他們出力的交易感興趣，有位惡劣的店員甚至告訴顧客某樣商品賣完了，即使貨架上就清楚看到擺著那樣商品。報導上還說，店員很習慣與顧客爭吵或侮辱顧客，不時爆發衝突導致雙方大打出手，最後全都進了警局。[68] 商店店員不受尊重，導致許多新員工都避免被親朋好友發現。店員經常遲到早退，工作表現不佳，偷竊和黑市活動等問題日益增加。情況越來越糟糕，導致一九六一年國家在城市發起新運動，以打擊那些對國家生產利潤掌控權的威脅，例如偷竊、投機、奢侈浪費、漫不經心和官僚主義（即生產力低的冗員太多）。在五〇年代末期，對許多城市居民來說，國有商店已經變得比之前的私人商店更糟糕。用一九六〇年以來流行的表達方式來說，「國有商店員工的態度真的非常糟糕。客人提出的很多問題，卻無一得到答覆。而當店員終於張開嘴，他們的回答往往會讓你十分生氣。」[69]

為了替工業部門節省經常性開支，國家試著將零售業整合到員工較少但規模較大的國有商店。數十萬名新工人和缺乏經驗的工人轉移到其他工作，數萬名有經驗的商業員工則送回零售場所。然而，人均商業員工數仍未恢復到以前的水準。在一九五二年，全國平均每八十一人中就有一名零售員，但到一九七七年，每二百一十四人中只有一名零售員。另外，餐廳服務生與顧客的比例也急遽下降。一九五二年，一家餐館平均服務六百七十六人，但到毛澤東時代末期，一家餐館平均得服務八千一百八十九人。[70] 換句話說在毛澤東領導下，服務業員工必須服務的顧客平均數是五〇年代初的兩倍多。在工業發展迅速的中國東北遼寧省，一九七八年商店和維修站的數量是一九五七年的五分之一，餐館數量只有十分之一。到一九七八年，擁有五十多萬人口的遼寧阜新市擁有三百一十六家商店，而在此二十年前則有一千多家，且當時該市人口只有十四萬。這種商家數目下跌的現象也出現在農村，一九七九年底全國合作商店和餐館總數為五百八十家，遠遠低於一九五七年的四萬家。許多公社（包括擁有數千戶家庭的集村）沒有一家商店或餐館。[71] 國家解決零售部門這些問題的方法，就是削減勞動日常開支，但這些政策卻也讓服務部門剩下來的工人多了額外的工作和工時。難怪這些員工的服務項目裡不包括「社會主義微笑」。

為了回應公眾日益高漲的不滿情緒，黨再次故技重施，克服了工業目標帶來的缺陷：發起一場群眾運動。以這個例子來說，黨發起的是「商業躍進」運動，這是一次鮮為人知的服務部門群眾運動，與旨在改善「社會主義商業」的大躍進相對應。[72] 正如「大躍進」政策要求農民和工廠工人提高生產率，「商業躍進」試圖最大限度地提高零售商店服務工人的生產率，盡量減少國家對服務業的投資，同時加強宣傳工人的艱苦樸素生活精神。[73] 這項運動的核心是一九五八年展開的「學天橋，趕天橋」運動（以下簡稱「學天橋」運動）。這項運動鼓勵全國各地商店採取北京天橋區示範性百貨商店的做法，以解決服務業弊端，體現社會主義商業的優越性，並大肆推廣這些觀念。[74] 然而最重要的是，「學天橋」運動把承擔「社會主義商業」缺陷的責任，從國家和國家的優先項目轉移到了個人和執行過程上。商務部向全國六萬個商業工作單位徵集了類似改革範例，以鼓勵商店向它們學習。這個前所未有的全國性商店組織，旨在引導和傳播社會主義商業的最佳實踐範例，範圍橫跨最北邊的哈爾濱到最南邊的廣州，再到最西邊的烏魯木齊。[75] 從這些提交的資料中，商務部挑選了約二百個全國性模式，並編輯成一套多冊的叢書，書名就叫《商業紅旗》，然後分發到各地。商務部將天橋商店及模仿者的大量改善和實驗描述為「釋出勞工的創造力」。跟範圍更廣的大躍進運動及毛澤東時代的許多政策實驗一樣，「商業躍進」等實驗也都依賴無償勞動。除了國家主導的宣傳和徵用勞工之外，國家只需提供很少、甚至完全不用提供任何資源。[76]

這套大部頭的書冊和相應的媒體閃電宣傳建議了很多改進方法，從簡單的改進到對勞動力的巨大需求都有。比如，武漢的麗豐百貨商店就改進商品展示系統，把一定數量的產品集中展示，而不是分散在商店各處。這家商店也推動類似「顧客永遠是對的」的座右銘：「甚至即使顧客問了一百次，也不要抱怨，即使顧客特別挑剔，也不要抱怨。」[77] 在中國西南邊陲，昆明銷售員的座右銘是「五不四好」，指的是要避免五種情況（錯誤，意外，浪費，貪污，出售過期商品）和擁抱四種良好行為（服務，學習，清潔，成就）。[78]

而在西北的甘肅省慶陽縣，一家商店延長營業時間，卻沒有給支薪員工額外報酬。這家商店進一步聲稱，即使「顧客半夜來敲門」，它的員工也會開店作生意。[79]

「學天橋」運動鼓勵採用天橋商店的做法，來表達他們對建設社會主義的承諾。首要任務就是將店員減少百分之四十五，再把這些「過剩」的員工轉移出去，從非生產性的服務業轉移到工廠和農場。就這麼一下子，該運動一口氣把被國家視為冗員的工人轉變成「大躍進」的參與者，繼續留在服務業的員工的工作量則增加一倍以上，從他們身上榨取了最大的勞動力。[80] 店員現在不得不輪班工作更長時間，必須從早上九點工作到晚上八點半，中午也不能回家吃飯和休息，以此彌補被調走人員留下來的工作量。[81] 諷刺的是，這些做法其實是一九四九年以前的做法，譬如店員經常被迫要住在工作的店裡，必須想方設法解決無法跟家人相聚的問題。但在與工人家屬開會時，官員們故意感謝他們無私地支持大躍進，此舉等於將剝削性的勞工措施納入更大的國家政策，使得這些員工家人更難表示反對。可以預見，官媒會報導員工家人對這場運動的支持，也就是對國家的支持。[82] 除了產品短缺，此類政策還會導致人員短缺。報酬極低的過勞員工，意味著客人幾乎從未看過「社會主義微笑」。

根據這個運動的文宣，在一九五八年，已經開業五年的中型天橋百貨商場也遇到了困擾其他國營商店的同樣問題，並且和中國其他地方一樣提供了同樣糟糕的服務。[83] 然而文宣卻聲稱在一九五八年這一年裡，天橋百貨商場已經做了簡單的改變來修補自己的缺失。天橋百貨商場僱用了模範社會主義員工，他們在客戶服務契約中承諾，要用「同志！您需要什麼？」這樣的話語來迎接上門的顧客。[84] 店員還自願提供有關最佳產品的訊息，鼓勵客戶檢查商品，且不一定要購買，還告訴客戶節省金錢的方法，例如在替客人製作服裝時用更省布料的方式有效地裁剪。有位記者觀察到一個案例，售貨員允許顧客購買裝在同一包裝兩個枕頭套之中的一個，這位店員還說，「一定有人願意購買另一個」。[85] 甚至在店員的問候中，也可看見社會主義表面功夫與標準資本主義做法互相結合的方式：店員的標準問候語，把社會主義的「同志」和與禮貌形式的「您」混合在一起。但後來「您」這個尊重的稱呼被認為是「資產階級」用字，因為這讓講話者處於從屬位置。

這場運動突顯了一個典型的國家意圖，即透過攻擊「服務工作是做到死的卑微勞動」這種普遍觀點，來提高服務工人的士氣。儘管廣泛使用「勞動最光榮」這樣的口號，但像黃寶妹（在第三章有討論）等人被表彰是模範勞工的具體範例，卻似乎是在暗示體力勞動比服務工作更受人尊敬。[86] 為了反駁這一觀點，「學天橋」運動特別宣導這樣的思想：店員已被社會主義商業解放，所以他們應該採取相應的行動並得到相應的待遇。例如，曾在資本主義商店工作的員工被要求向新進員工保證，他們的工作要比為資本家賣命的工作要有尊嚴得多，因為以前的資本家老闆會強迫員工肅立在一旁等老闆經過，替老闆點煙端茶，在老闆上床睡覺前不可以先睡。四九年以前的商店老闆經常以解僱做為威脅來責罵、毆打和欺凌店員，而一位資深店員則宣稱：「現在誰敢欺侮我們？」[87]

根據黨的宣傳，社會主義使中國社會變成了一個「幸福大家庭」，使工人和店員團結在一起。例如，有軌電車的標語牌寫著歡迎乘客來到「顧客之家」，電影院張貼著標語「觀眾的家」。「從早到晚，我們把商店當成家」成了宣傳口號。[88] 經理告訴服務人員，顧客是店員家中的貴客，應該以這樣的認知來對待他們。同樣地，顧客把店員視為是他們的主人，而不是僕人。就像將無禮對待顧客的服務人員與無禮的主人相提並論，那些鄙視服務人員、提出不合理要求或威脅要客訴的顧客，就會被指控是忘記了中華民族這個大家庭的概念。《杭州日報》的一篇文章描述了這種態度變化的實際情形，杭州一家絲綢商店的店員承認，當商店尚屬私有制時，他對富人和對窮農的待遇是不同的。但當商店成為國有商店後，他重新接受了培訓，對客人變得很有耐心，無論背景皆一視同仁。文章引述另一位杭州店員的話：「在『學天橋』運動之前，店員並不關心客人的選擇。現在，我們會向客人提供建議。」[89] 這項運動試圖在顧客和店員之間建立新的社會關係。但這是透過關注店員和顧客的行為來實現的。這樣做同時將雙方置於社會和物質環境中，使得人們不可能獲得社會主義的消費體驗。

儘管工人不再為私人資本家工作，但他們無法控制自己的工作場所，而且國家政策試圖從工人身上獲取最大的勞動力，但沒有給予類似獎金或傭金的額外報酬，因為這些現在被視為資本主義的做法。除了要求服務人員為更多顧客服務和延長工時，「學天橋」運動還增加了更多無償的「政治與思想工作」，使他們有責任去傳播「服務客戶」的理念，並指出這種理念其實是廣為流行的人民解放軍「為人民服務」口號的特定職業具體體現。從理論上來講，服務是社會主義的一個基本屬性，因為它試圖服務人民並創造一種理想的購物體驗，在這種購物體驗中所有人都受到歡迎且人人平等，而不僅僅是為了在資本主義制度下謀取最大化利潤的一種策略。但正如這裡所討論的，在這些為人民服務的指示背後，最終的驅動力是國家資本主義的中心思想要求，即個人必須堅持艱苦樸素生活精神，為了人民和國家的集體利益而犧牲自我。[90] 黨準備加強利用服務業人員的勞動力，這清楚表明了「為人民服務」只是一個門面，用來證明從服務業中提取更多剩餘勞動力並將之分配到工業生產上，這樣的做法是有正確理由的。[91]

類似於其他聲稱工人是社會主人的社會主義觀點，新的國家購物論述聲稱銷售人員有責任代表他們的商店、他們的同志以及整個國家的利益。這代表不僅店員的工作報酬很少，消費者能夠買到的東西也不多。《人民日報》等大眾媒體以具體的例子來宣傳這種關係，比如杭州的布料銷售員沈寶根，他耐心地向一位顧客解釋，雖然他想買的布邊上有一個黑點，但如果買下這塊布料並加以利用，這位顧客就可以「替國家省下一筆錢」。[92] 會挑剔產品缺點的客人往往只考慮到個人私利，完全不管國家利益。[93] 為了說服消費者過著節儉生活，從而推進「大躍進」的「增產節源」目標，國家希望銷售人員能夠阻止客人購買不必要的產品。匯集了來自全國各地商店在大躍進期間店員最佳服務實例的套書《商業紅旗》，其中有另一篇文章讚揚了成都一家百貨商店的銷售助理，因為他告訴一位想要買新襯衫來取代舊襯衫的準顧客，他的舊襯衫只是衣領有些磨損，所以他應該去修補衣服的部門更換磨損的衣領就可以了，不需要買新襯衫。這位店員接著告訴顧客，這樣做既可以替自己省錢，又可以「替國家省錢」。[94] 套書中的另一篇文章讚揚了重慶一家大型百貨公司的店員，因為他們會教導客人節儉。其中一個例子裡，店員告訴一位存夠錢來買手錶的工廠工人，說該店沒有手錶可賣，因為國家才剛剛開始製造自己的手錶，以國家優先所以不進口手錶；這名店員解釋，「因為我們國家仍然很窮，進口手錶將使國家付出大量外匯。」店員建議，這位工人應該將錢存進銀行以幫助「積累建設資金」，這將使國家「更早建立社會主義，然後每個人都會戴上漂亮的手錶」。根據文章敘述，在這兩個例子裡，客戶們都很讚賞並聽從了店員有益而主動的建議。[95]

「學天橋」運動不僅減少了員工總數，也加重了管理人員職責，從而造成了員工態度的急遽轉變。所有的經理都親自伺候顧客，而不是僅僅監督店員，他們以身作則，證明服務工作並不丟臉。[96] 回想起自己學習招呼顧客的過程，一位商店經理的證詞，無意中證實了傳統對服務業員工的鄙視是多麼根深蒂固：

當第一位客人上門時，我很害羞，以致無法與他打招呼。但我是工會主席，所以其他員工盼望我能夠帶頭。當第二個顧客出現時，我正要向他打招呼，但卻發現我的喉嚨好像卡住了。最後，當第三位顧客進來時，我低聲向她打招呼。我的聲音顫抖，但這是一個好的開始。很快地，我就不怕招呼顧客了。[97]

除了期望經理們能夠多做事之外，「學天橋」運動還宣導模範商店率先使用新技術來約束工人，鼓勵工人更努力地工作，而這一切都是以賦予社會主義工人權力的名義進行的。商店裡掛著一塊黑板，上面寫著銷售額最高的店員名字，還鼓勵購物者在一本特別的筆記本上，就店員服務不佳和其他服務相關的問題寫上意見。[98]僅僅一個月內，就收到了六百八十五則對店內約四十名店員的意見。經理們統計了這些正負意見，還與員工在下班後開會討論改進情況。《人民日報》指出，這些措施有助於改善客戶服務，並引用了店員梁材的例子。經過外部考察人員的調查，發現梁材的服務工作本來存在著缺點，但在他的努力下，六個月內就顯著改善了工作紀錄。據報導，梁材甚至利用自己下班後的時間，在嚴寒天氣裡為顧客送貨和維修。[99]另一篇報導說，天橋商場的一名工人在半夜幫助一名因腳踏車鏈條斷裂而無法趕路的耕耘機操作員，這名工人找到一家腳踏車商店的員工，幫他修好了，使耕耘機操作員能夠及時回到生產最前線。[100]

無論這些故事是真實的，還是為了宣傳這場運動而捏造出來的，它們的基本動機都是一樣的。首先，這些故事全都是在宣揚模範工人，使得個人努力更具有價值，因此能夠讓人們把注意力從國家製造出來的更大的結構性問題上轉移開來，因為國家資本主義企圖從商店員工那裡榨取更多無報酬的勞動力，並移轉這種勞動力，將之等同於社會主義行為。第二，這些故事宣傳了艱苦奮鬥和無私奉獻的精神，讓工人為了生產而心甘情願犧牲自己的健康和福祉。第三，這些故事強化了服務工作仍然不如生產最前線工業勞工的觀念。這些觀念顯示了，服務人員的時間、精力和健康情況仍然被視為是次要的，比不上替顧客服務，幫助他們買到想要的商品，或者在某些情況下，比不上去幫助那些對國家資本主義更有價值的勞工（即工業工人）。

在整個運動過程中，國家不斷提倡一種觀念：服務人員在以顧客為中心的嚴酷環境中勞動，沒有額外的報酬，這是「社會主義行為」。跟全國其他標榜的模範工廠和社區一樣，天橋商場也成為公共檢查代表團的考察目標。北京市市長彭真、作家郭沫若（商店的店名招牌就是他的書法作品）等全國領導人都前去正式參訪，而在一九五八年六月一日，周恩來總理更在這家商店視察了兩個小時。周恩來得出結論，這家商店的經營方式「非常先進」。[101] 其他參觀者自然包括來自其他地方的店員，例如杭州的解放街百貨商店就派出了數十名售貨員到該店實習。天橋商場的無私服務模式已被奉為社會主義一般行為的典範，因此該店歡迎工廠工人、幹部、郵局人員、醫生和醫護人員、教授，甚至十幾歲的學生前往參觀考察。有一天，一位記者走訪天橋商場的倉庫，在那天他一共遇到了六百名類似的參訪團人員（圖 5.2）。[102]

開放貨架

報紙經常報導這種「社會主義商業」成功改善的例子，這其實是在模仿海外資本主義

圖 5.2 視察天橋百貨商場。照片所附的一段說明文字寫道：「天橋百貨商場的售貨員徐貴祥熱情地向吉林市商務旅遊團介紹這家商場的先進經驗。」請注意，在這個理想化的「社會主義商業」版本，商店十分乾淨，貨架上擺滿商品，店員也很細心。這張照片還顯示店裡使用了玻璃商品展示櫃，讓客人可以進一步檢視商品，因而激發他們的物質欲望，這種零售做法在二十世紀初首先傳到中國的主要城市，然後在商務部的幫助下，在毛澤東時代傳遍全國。資料來源：北京畫冊編輯委員會編纂，《北京畫冊》（北京：北京畫冊編委會，一九五九年），第124頁。我很感謝阿爾弗雷德．默克（Alfreda Murck）分享這張照片。

企業的最佳經營模式。在北京，一位記者說：「無論你去哪裡——商店、餐館甚至澡堂——顧客受到的待遇都比以前更好。」省級和地方報紙也經常刊登有關全國商店服務品質獲得提昇的報導和讀者來信。[103] 一些商店開始嘗試採用更先進的零售技術，比如開放式貨架，讓顧客可以自行選擇和檢查產品，而不必麻煩店員。儘管國家將這項實驗和其他實驗列為「社會主義商業」的一部分，但這些銷售技術是世界各地工業資本主義中新興的最佳實踐，旨在降低勞動力成本，最大限度地吸引顧客與商品互動、瞭解商品、開始出現想擁有這些商品的欲望，最後將它們買下。[104] 例如，一家食品店採取一九四九年以前的銷售做法，將一輛裝滿商品的手推車推到社區，這樣人們就可以在那裡購買商品，而不用進商店購物。其他商店則試圖提供更多的事前服務，包括幫顧客絞肉，提升在家裡做飯的效率。據一份報告指出，僅僅在一九五八年七月，杭州解放街百貨公司就收到了四千多封讚揚該店服務的手寫便條。[105] 該店的一名客人甚至在留言簿上寫了一首詩，稱讚該店的良好服務，描述了店員在迎接顧客時露出的「熱情微笑」，以及提供地方讓客人可以坐下來喝杯茶，在炎熱的天氣裡用毛巾擦擦汗：「每個人都稱讚百貨公司，所有人都想再來購物。」[106] 這一則訊息很清楚：「社會主義商業」的改善（包括微笑的店員）有賴於擴大服務，以誘導和加深顧客對國家生產商品的欲望。

附加經驗

大躍進期間，國家資本主義取消了一些限制國家徵召剩餘勞動力的傳統限制。特別是將婦女從家庭經濟中釋出，這批勞動大軍被國家稱讚為「解放」的證據，但這往往給城市婦女帶來了有薪工作和無償家務勞動的「雙重負擔」。[107] 儘管黨確實幫助打破了性別障礙，並讓婦女將勞動力商品化且從中獲利，取得更大的兩性平等，這也是國民黨時期的一個目標；但在這個特殊關頭，國家強制城市婦女進入勞動大軍，主要是為了取得更多勞動力，而不是實踐替婦女提供平等獲得有薪工作機會的「社會主義」目標。[108] 然而，政府卻將這些政策宣傳成是婦女「展示潛力」的「機會」，透過讓婦女在正規經濟中工作，「將消費群體轉變為生產者群體，將家庭主婦納入工人隊伍。」[109]

與此同時，以前由正規經濟之外的婦女負責的家庭照護工作（這是支持資本主義存在的要素之一）並沒有消失，現在必須由其他家庭成員來取代，或由婦女自己在一整天的工作後繼續接手。公社食堂的崩潰和「大躍進」時期的兒童實驗，讓國家必須更依賴白天工作的支薪勞動力、以及在工作結束後看不見的家庭勞動力。[110] 一九五八年五月成立的杭州一家大型食品店提出報告，到該年年底，在那裡工作的婦女從二十七人新增到六十二人，多數是母親；她們總共有一百二十個孩子，其中一人甚至有六個孩子。當「學天橋」運動一開始要求該店將員工人數減半時，他們還以為這些新來的女員工會被解雇。根據零售業長期持有的刻板印象和陳腐觀念，大都認為女工不如男工，因為婦女有「三多、二少、六差」的問題：婦女必須承擔更多的家務責任，更瑣碎的興趣，態度更挑剔；她們的耐力較差，職業知識較缺乏；她們不擅長替牛羊豬等去骨，不擅長賣肉、魚、蔬菜和西瓜，也不擅長送貨。然而，黨並沒有解僱這些女員工，讓她們重返家庭，而是把這家商店改造成一家實驗性的「由婦女經營的商店」，訓練這些婦女克服不願從事通常由男性負責工作（特別是體力勞動和送貨）的心理障礙。不久，四十名婦女學會了騎三輪車和運輸重物，還接管了本來由男性壟斷的其他職位，如賣魚賣肉、去骨、除去雞內臟和魚鱗。黨聲稱，這些訓練成功克服了服務人員對從事服務工作的羞恥感，還講述一位年輕女店員的故事，她曾經在朋友來店裡時跑去躲起來，但由於同事的勸說，她克服了尷尬，銷售額也成長四倍。[111]但這篇文章沒說的是，這位婦女克服了對工作的反抗心理之後，國家能夠從她身上取得更多的勞動力。

這時全國各地開始努力推動零售商店提供更好的服務，鼓勵消費者節儉，用社會主義來掩飾國家工業野心造成的物資短缺，並鼓勵消費者後備大軍儘量減少對產品的需求。在

「提倡節儉」的旗幟下，上海市第一百貨商店通過新增服務項目而非新增產品來應對短缺。這家商店增加了對店員勞動力的需求，而不是要求更多的國家資源。銷售人員教客戶如何維護產品，包括如何洗羊毛衣，還主動提出要幫助顧客修補舊衣服，甚至將西式西裝（現因國家規定而變得不合時宜）改成年輕人喜歡的服裝。銷售可以拆卸的衣領而不是整件襯衫，以此來節省布料，這樣的銷售手法變得非常受歡迎，商店還製作了一個大展示櫥窗，來推廣所謂的「節儉衣領」。[112] 為了在國家沒有提供充足日用品的情況下滿足顧客需求，該店開始出租本來只會出售的產品，包括照相機、鬧鐘、望遠鏡和溫度計，並擴大維修服務範圍，從鋼筆、收音機到服裝、兒童玩具，應有盡有。商店甚至派人到學校和軍事單位收集舊樂器或破樂器，由工作人員修理和轉售。在這個國家資本主義導致商品短缺的時代，第一百貨商店擁護國家消費主義節儉美德的一個極端例子是，它提議如果需要的話，願意只賣一雙鞋子中的一隻，或一雙襪子中的一隻。[113] 第一百貨商店沒有承認自己資源短缺，也沒有向政府提出更高的要求，而是強迫員工無償加班，學習新技能，並應付處理憤怒客戶的情緒工作。因此，這家商店對消費主義節儉美德的關注，是依賴從服務人員身上取得的無償多餘勞動力。

大躍進時期的「社會主義商業」實驗證明了，國家資本主義政策如何試圖極大化攫取勞動力，同時極小化透過消費者的消費需求來推動資本積累，如同他們在私人資本主義和消費主義中扮演的角色。這些政策還試圖把國家的資源分配降到最低，減少透過直接工資或間接改善服務來支付勞動報酬。「大躍進」使國家最大化地利用剩餘勞動力，同時削減消費，將資金保存在國庫。

國家推動與勸阻消費主義（一九六〇至一九七〇年）

然而再一次地，國家發現消費者需求對資本積累至關重要。國家企圖迫使人們不停工作以展現革命熱情，但效果卻很有限，且一路遞減。大躍進將生產置於消費之上的極端優先地位，結果付出了巨大代價，造成災難性的饑荒，導致數百萬人喪生，使國家陷入經濟困境。在毛澤東的默許下，黨開始盡其所能修復經濟。[114] 在一九六〇年代，中國恢復了四九年後最初的制度安排，也就是與私人資本主義和消費主義妥協；如前幾章所述，這是為了產生必要的收入，以便恢復經濟和繼續推動工業化。

國家調整了商品配給政策，從一個以配給和排隊為基礎的體系，改為以價格為基礎的體系，來分配受歡迎的產品；正因如此，國家犧牲了穩定物價和公平分配這些自詡的社會主義目標。市場機制重新引入後，國家維持了十八種必要商品的固定價格，防止可能的價格失控，但同時對手錶、腳踏車等產品實行了「高價商品政策」。商店現在公開銷售這些產品不必使用配給券，任何人只要有錢，都可以買到。[115] 這個政策導致了不平等現象再度出現，其中一個衡量標準就是越來越多的北京商店和餐館再度推出昂貴的餐飲。一九六一年一月二十一日，北京市十一家食品店開始銷售名貴菜餚。到了年底，家數上升到六十二家，一年後上升到八十三家。最好的菜餚價格高達十元人民幣，而當時工人一天的平均收入不到二元人民幣。整個一九六一年，這些高檔餐館接待了一千三百六十六萬名顧客，營業額達到三千三百八十五萬元人民幣，占北京餐飲業總收入的三分之一以上。就如事前計畫的那樣，國家在這新一波的消費潮裡得到它的那部分收入。一九六一年，包括手錶、腳踏車和縫紉機這「三大件」在內的高價國家產品的銷售總額，讓一千萬至一千二百萬元人民幣的稅收重回國庫。[116] 在另一個政策領域裡，儘管倡導平等主義和節儉生活的論調，但國家資本主義政策還是優先於社會主義理想。

國家准許恢復以需求為導向的供應制度，大大影響了地方經濟。政府容忍重新開設無數的家庭商鋪（在大躍進高峰期，國家幾乎消滅了這些商店）。例如在北京，小吃店的消失，迫使有能力的工作單位也必須賣早餐和深夜小吃，導致半合法的家庭商鋪如雨後春筍般湧現，填補了這個空缺。「大躍進」期間消費品極度匱乏，導致人們對私人修繕的需求再度出現，因為破損的商品很難買到新品。官員鼓勵一些本來已經消失的服務重新出現在北京街頭，像是修理破碗破鍋，甚至還命令這些服務商店降低五百種物品的修理價格。[117]通盤來看，國家不優先生產消費品的政策，無意中刺激了私人經濟活動，事實上更加劇了人們對這些商品的需求。在這些例子裡，製造消費品的投資不足，不僅破壞國家對經濟的控制，更刺激了地下黑市的發展。

在限制消費和服務方面，國家的態度似乎已有些鬆動；儘管有些人對此表示歡迎，卻也有一些人表示反對。消費主義和私人資本主義在這時候的明顯復甦，引起了部分人的關注和反彈，正如第三章所敘述，這最終導致了「社會主義教育運動」（又稱四清運動）和五反運動，並在文化大革命時期達到了極端敵對狀態。隨著六〇年代的發展，毛澤東及其支持者目睹了與工業資本主義及消費主義相關的不平等逐漸擴大，越來越多人批評國家試圖將資本主義做法貼上「社會主義商業」的標籤。在反對派看來，這些做法標誌著資本主義的復辟。

這種對消費主義日益激進的解釋，延伸到所謂的「良好服務」概念上。在文化大革命初期，過去採取的任何貌似「資產階級」的做法，如今在「好的服務，會引來修正主義」

的口號下，反而遭到批評。文化大革命的支持者重新詮釋了幾年前商店為改善社會主義商業購物體驗所做的努力，認為增加多種產品或改善客戶服務——這是仿效「學天橋」運動的核心做法——其實是「宣揚資產階級的生活方式，是實現資本主義復辟的和平演變」，也就是朝著蘇聯路線前進。根據這些批評者的說法，五顏六色的櫥窗展示散布著「封建迷信」的「腐敗臭味」。一些毛澤東的支持者拒絕接受欠缺誠意的黨內論述，因為這樣的論述試圖把服務工作與其他形式的勞動相提並論，他們並試圖禁止在餐館裡提供服務，認為替別人服務會助長「資產階級的休閒形式」，以及「教導人們鄙視體力勞動」。相反地，他們宣稱，自助服務並不是資本主義節省勞力和誘導需求的一種形式，而是減少明顯奉承的一種方法，因為這樣的奉承會製造出社會階級制度。[118] 舉例來說，在哈爾濱的老道外地區，餐館顧客不僅必須排隊訂餐、付錢和領取飯菜，吃完飯後還要自己洗碗，然後將碗、盤和筷子在桌子上排好，供下一位客人使用。[119] 對服務業的攻擊發生在社會的各個層面。例如，一些在南京的旅館被認為過於資產階級，令他們不得不取消單人房，並開始提供能容納多位客人的大型通鋪。就連旅館決定修理而非更換破舊物品的做法也遭到抨擊。紅衛兵堅持要求立即關閉街道和小巷所有自由修鞋店業者，並讓收費較低的集體戶接管修理工作。[120]

上海的紅衛兵試圖採取更極端的實驗。他們提議將最著名的「社會主義商業」的商業空間改造為社會主義的展示場、傳播宣傳的立體區，稱其為「宣傳毛澤東思想的場所」。這些提議包括把「第一百貨商店」變成閱讀毛主席作品的大廳，把永安百貨（當時已經更名為東方紅百貨）改建成展示毛派經濟成就的展廳。紅衛兵還主張把「紅衛兵百貨商店」變成展覽館，宣傳大寨農業生產的成果。他們表示透過這些改變，「來到南京路的革命群眾不僅能購物，還能接受到毛澤東思想的深刻教育。」[121]

這些對消費主義的敵對態度，在中國各地的程度不一。一九六六和六七年，在大躍進期間被國家徵調到農村的店員想回到上海和原來的工作單位，還要求賠償工資損失。當上海當局同意償還工資並允許這些工人返回上海時，臨時工和合約工也跟著提出要求，並獲得了類似的福利。[122] 突然間，上海很多人有了一些可以自由動用的金錢，這些人便爭先恐後地用這些新到手的財富去買東西。在上海第一百貨商店，很多商品很快就賣完了。例如一九六七年一月八日早上，店門一開，就有三百多人直奔「三大件」陳列處，想買什麼就買什麼。昂貴的手錶立即銷售一空，高端服裝銷售量也增加了一倍。像平時一樣，在這段購物狂潮期間，顧客很少去考慮實際的需要，甚至不會考慮商品的價格。相反地，他們擔心的是錯失將現金轉換成能保值商品的機會。這種恐慌心態逐漸擴散，很多工人因而離開工作崗位去購物，導致上海港的裝卸工人出現人手不足的狀況。[123] 地方當局擔心這種搶購現象會在二月初農曆新年到來之前更加惡化，因此取消了預支薪水，並懇求工人放慢採購速度，來緩解這次危機。[124]

國家資本主義政策造成的同樣服務問題依然存在，國家也以同樣無效的社會主義解決辦法來加以解決。一九七〇年十月，當文化大革命的激進浪潮已然退去後，周恩來總理再次指定特定商店做為全國零售商的榜樣，並呼籲其他商店效法，要它們改善服務（即更加努力地工作），延長上班時間（即延長工作時間），增加新的服務（即增加更多工作）。周恩來後來還試圖解決服務人員士氣低落的問題，敦促他們不要抱有「服務工作沒有未來」這樣的想法。[125]

文革爆發後幾年內，為了促進資本積累，中國社會再次出現了資本主義制度安排的變化，對消費主義和私人儲蓄容忍度更高，因而改善了商業。例如從一九七二到七六年，北京多家餐館在非商業區開設分店，一共增加了二千零四十六張桌子和一萬二千一百個座位，另外還開設了三百多家提供早餐和小吃的食品店。國家開始重新批准副業。長期虧損的公共浴室和修理廠被允許銷售冷飲和生產蒸餾水來賺錢。地方政府允許修理廠銷售商品和製造小型機械零件。政府幫助開辦了四百二十七家「代理食堂」，這些餐館提供部分利潤給國有餐館和食品店，並獲得設備、資源和支持。在類似安排下，另外也開設了二百七十九家洗衣店，五十四家小型理髮店以及二十八家綜合維修廠和汽車維修廠。[126] 儘管「文化大革命」的爆發使得對資本主義的敵對情緒再度展現，但也可以看到許多相同做法再度出現，而這通常是在國家的明確指示下進行。這些例子再次說明，即使在毛澤東時代的「破四舊」運動最高潮期間，只要能讓國家積累到足夠資金來用於工業發展，那麼即使是實施社會主義大眾生產分配的願景，也被視為是次要的。

小結

在一九五〇和六〇年代期間，國家的干預有助於擴大和引導消費主義。消費主義（以及工業資本主義）的基礎設施發展得更快，因為國家建立商店網絡的速度比國內私人資本家所能建立的要快。國家對零售業的集中控制大大加快，並且相對地減少了家庭商鋪、攤位和小販網絡的數量；在此同時，黨則從國民黨時代卑微的百貨公司傳承中，擴大了全國性的工業消費基礎設施。透過在全國各地城鎮開設數千家百貨商店（在農村公社則設立數萬家小型商店），國家引進了與大眾消費相關的新行為形式的培訓基地。這為數百萬人提供了更多的購物場所，並讓更廣大的社會階層能夠買到新種類的產品，如「三大件」日常生活用品及其他大眾產品。

這些商店的影響不僅限於一般行銷和購買。商店引導人們去隨意觀看、了解和產生想要購買產品的欲望——甚至執著於特定品牌——而不必期望一定會購買（或根本沒有錢去購買）。此外，這些商店也和上門參觀的消費者一同接觸到新形式的商品展示和產品互動，以及固定價格（不二價）等客戶服務的新做法。在這個全國性的商店網絡，黨以犧牲服務人員為代價，創立了平抑且讚揚消費主義的機構，儘管黨也同時透過宣傳活動來讚揚艱苦樸素精神，希望以此約束人民的物質欲望。

就如本章所揭露的，黨試圖創造「社會主義商業」而衍生的許多問題——事實上，很多被歸類為社會主義的問題都是大眾想像出來的——並不是國家努力「建設社會主義」的結果，而是國家資本主義不惜代價以積累資本為優先的結果。對黨來說，國家資本積累比消費品生產、服務業或客戶滿意度更重要，國家依靠勞動力大隊的無償勞動力，用快速廉價的補救措施掩蓋了宣傳和政策之間的裂痕。總而言之，黨塑造社會主義商業來「為消費者服務」的目標，就是國家資本家試圖管理消費者後備大軍，並壓制其對資本剩餘的需求。在符合國家目標時，國家就會動員消費者大軍，在不符合國家目標時，則會遣散消費者。當人們焦躁不安、生產下滑，國家就試圖透過物質獎勵來解決這個問題，再次在「國家—私人」工業資本主義光譜上偏向更多的私人資本主義和消費主義。反之，在毛澤東領導下，這種走向消費主義的轉變加深了黨內領導人的憂慮，擔心新中國正走向資本主義復辟，以及否定共產主義革命之路。

第六章

文化大革命時期的消費主義

在「建立社會主義」將近二十年後，黨還是沒能夠讓中國擺脫黨認定的資本主義習慣和做法。黨內外的人已經注意到這種持續存在的事實並加以挑戰，因為這與共產主義革命的論述和承諾不一致，且國家不但對這些資本主義做法採取寬容態度，甚至還依賴它們。做為回應，一九六六年八月初中共中央委員會又發動了一次群眾運動：這是一次文化革命，進一步推動過去幾十年來的政治和經濟變革的目標。[1] 黨表示，「資產階級雖然已經被推翻，但是，他們企圖用剝削階級的舊思想、舊文化、舊風俗、舊習慣，來腐蝕群眾，征服人心，力求達到他們復辟的目的。」[2]

為了挫敗這種「資本主義復辟」的企圖，黨轉向群眾，號召「必須迎頭痛擊資產階級在意識型態領域裡的一切挑戰，用無產階級自己的新思想、新文化、新風俗、新習慣（所謂的「四新」），來改變整個社會的精神面貌。」根據黨的說法，現在要由中國人民自己來鬥垮走資本主義道路的當權派，批判資產階級的反動學術「權威」，批判資產階級和一切剝削階級的意識形態，改革教育，改革文藝，改革一切不適應社會主義經濟基礎的上層建築，以利鞏固和發展社會主義制度。

因此，毛澤東和他的盟友指責「走資本主義道路的當權派、學者和剝削階級」破壞了國家早期建設社會主義的努力。現在他們宣稱，攻擊這四類模糊的「四舊」是實現共產主義革命承諾、使中國擺脫黨一再容忍甚至透過政策促成的資本主義元素的關鍵。[3]

此一訊息在中國各地群起響應。正如本章接下來要說明的，隨後爆發的全國大規模暴力運動，並不是國家發動的又一次由上而下的運動，而是證明了全國數千萬人民對國家資本主義政策及其不公平的結果懷有嚴重疑慮。對消費主義的敵意是工業資本主義不平等的表現，這並非文革開始所獨有，而是民眾對毛澤東時代國家資本主義優先事項造成的結果長期不滿的一股暗流的反映，而黨的政策未能實現共產革命的口頭願望，更加劇了這種不滿情緒。

儘管這類攻擊資產階級文化的言論在中國已經流傳幾十年，但在正式宣布文化大革命之前的那年夏天，共產黨官員又加強了公共輿論的力度。同年六月，《人民日報》一篇題為《橫掃一切牛鬼蛇神》的社論提出了「破四舊，立四新」的口號，這成為早期文革的代名詞，並使隨後的最初一波破壞和暴力得以合法化。[4] 跟文化大革命許多其他方面不同，與「破四舊」有關的活動並不是國家策劃的群眾運動的主要部分，而是跟二十世紀初的「國貨」運動有關，因為它也是一場從下而上的運動。就如本章前半部分將要說明的，這些活動攻擊了「四舊」的物質表現形式，從摧毀教堂、寺廟到洗劫「階級敵人」的家，以尋找「罪證」和「資產階級」財產，如書籍、藝術品和珠寶。在全國各地，「破四舊」

運動者發表演講、分發小冊子，在街上張貼標語，批評各種時尚髮型和服裝是「資產階級生活方式」的可惡證據。在文化大革命的最初幾年（一九六六至一九六八年），這種由國家批准對「資本家」和資產階級消費主義的攻擊，在所有官僚階層和整個社會遍地開花。

關於文化大革命的通俗和學術性敘述，集中在政治和學生派系鬥爭的極端暴力；考量其中不可估量的人力和物力代價，這是有道理的。[5] 一九六七到六八年，這場全國性的政治大清洗被稱為「清理階級隊伍」，一共批鬥了約三千六百萬人，其中估計有七十五萬至一百五十萬人死亡。[6] 到處可見的暴力行動從城市擴展到農村，蔓延到西藏、內蒙古、新疆等少數民族地區。[7]「無產階級文化大革命」的通俗形象，外表上的表現是極權主義群眾盲從的特性，思想上的表現則為社會主義狂熱、肆意破壞「封建」和「資產階級」物質文化。然而，正如本章後半部要表明的，這個時代的一般歷史紀錄只強調紅衛兵的反資本主義言論和看似一致性的行動，卻忽視了「破四舊」運動最終並沒有建立社會主義，而是引入新的擴大消費主義形式，結果反而否定了共產主義革命（圖6.1）。[8]

圖 6.1 「打碎舊世界，創立新世界」（1967）。一九六六年六月八日，《人民日報》發出一篇暗示由黨最高層級背書的社論，解釋了「破四舊」運動背後的理由：「我們要建設新世界，就必須破壞舊世界，我們要建設社會主義和共產主義的新思想、新文化，就必須徹底批判和肅清資產階級的舊思想、舊文化及其影響。」資料來源：國際社會史研究所（Landsberger collection）。

「破四舊」運動對消費主義現象的攻擊

「破四舊」運動主要針對與消費主義相關的社會機構，包括零售商店、品牌、廣告和時尚。文化大革命則立基於以農村為主的社會主義教育運動，和一九六二至六六年第二次以城市為主的五反運動。它的目的在試圖解決資產階級習俗持續存在的問題，而這些運動都必須仰賴被稱為「紅衛兵」的年輕人參與。紅衛兵是學生的非正式社團，在某些情況下會成為準軍事組織。紅衛兵之名首先被北京中學生採用，說明了他們的目標就是保衛或挽救「紅」（毛澤東思想和共產主義革命）的衰敗，「破四舊」是他們的主要活動，目的是捍衛他們認為的革命正確性。

紅衛兵最初由幹部子女帶頭，批評知識分子和資本家應該為社會弊病負責，正如幾年前「關於赫魯雪夫的假共產主義」所做的那樣，文化大革命打開了大門，讓黨外人士能夠更直接批評中國共產黨。[9]「破四舊」運動的開始通常被認為與毛澤東一九六六年八月十八日至十一月二十六日主持的一系列八次壯觀的群眾集會有關。[10] 來自全國各地約一千萬名紅衛兵和他們的老師匯聚首都，參加了在天安門廣場——這是全球社會主義集團國家裡最大的公共城市空間——舉行的集會。[11] 毛澤東特地戴上一名學生呈獻給他的紅衛兵袖章，以表示對紅衛兵的支持。毛和他的盟友利用這些集會來支持和鼓勵紅衛兵攻擊那些被歸類為「封建資產階級修正主義」分子的模糊人事類別，因為即便黨宣稱中國已經是社會主義國家，但這些人事仍然存在。

在後來被稱為「紅色恐怖」的事件中，紅衛兵不遺餘力地攻擊所有四舊標誌。[12] 在第一次群眾大會的第二天，北京的紅衛兵走上街頭，把帶有「舊」味道的街頭路標全部砸爛，改換上適當的「革命」路名路標，這掀起了一股改名風潮，並且很快席捲全國：貫穿天安門廣場北緣的長安街被改成東方紅大路，外國使館區的主要道路被改成反帝國主義大路，蘇聯大使館前的揚威街成了反修正主義大路，北京市的主要購物街王府井成了革命大路（圖6.2）。不能倖免了的天橋

圖6.2 革命大路。這張照片說明了「破四舊」運動如何努力破壞資產階級和封建物質文化的象徵，換上帶有社會主義意義的替代品。在這張照片，一群路人讀著紅衛兵張貼的一張大字報，解釋北京一條著名商業街的名稱從王府井改成革命大路。資料來源：《中國重建》（*China Reconstructs*），第16卷，第2期（1967），第7頁。

劇院也這一天的一條

在國家領導人和官方媒體的支持下，紅衛兵在隨後幾個月裡不斷擴大攻擊教堂、寺廟、劇院、圖書館和歷史遺跡等非社會主義文化表現形式。全國各地無數的舊書籍被燒毀，包括學校圖書館藏書。[15] 紅衛兵甚至攻擊官方指定的文化或歷史名勝。光是北京一地六千八百四十三處這類遺址中，文化大革命結束時就有四千九百二十二處被毀壞。[16]

零售業革命

除了更改街道名稱外，紅衛兵還瞄準商店。雖然一九四九年以後開設的商店通常會選擇帶有革命味道的店名，或根據商店功能來命名，但一些歷史悠久的老店，即使在社會主義改造完成後也不改店名或招牌。做為對「破四舊」運動的回應，這些從四九年之前就傳承下來的店家使用新的政治時尚術語，來取代他們原來的店名和招牌。當時最流行的店名包括工農兵、革命、文化大革命、紅旗、紅衛兵，和永遠受歡迎的東方紅。甚至連沒有「四舊」名稱的企業，也試圖讓自己的企業名稱聽起來很「新」，比如著名的四川菜館就改名為工農食堂。而以北京商業街命名的王府井百貨在最終成為北京市百貨公司之前，也曾經嘗試過各種革命意義的替代名稱。[17] 這些更名舉動說明了，在文化大革命的極端反資本主義階段，很多商店用他們的店名來表明自己是「社會主義者」，不管這些名稱的實際經濟地位或功能是什麼。

紅衛兵強行讓一些商店和餐館改名，其他許多商店則再度採取他們先前在消費主義政策和社會態度發生變化時的生存策略，先主動表示會遵守這些要求，希望能夠照常營業或擴大客戶。在北京第一次集會的第二天，來自當地三所中學的紅衛兵衝進有著中國古典盛名的「全聚德」烤鴨店，並勸說店內員工拆掉這家店裡七十年歷史的招牌。於是，該店家選擇改名為聽來較政治中立的北京烤鴨店，並懸掛歡迎工農兵來店用餐的大布條，還在菜單上增加了五道低價菜肴。[18] 隨著「破四舊」運動的擴大，無數其他商店也紛紛效法。[19] 八月下旬，杭州紅衛兵襲擊了該市街頭的「四舊」，摧毀一些商店和路標，並在店門前貼上手寫的大字報。知名的張小泉剪刀廠本來以明代創始人的名字命名，這時因為害怕暴力，自動改名為杭州剪刀廠，雲翔女子服裝廠也改成了「珍愛軍女子服裝店」。[20] 連國營企業都面臨越來越多的革命熱情威脅。在上海，由八家上海國營企業經營的三千七百家零售店中有三千家改變了店名和招牌，其中三十二家甚至改名為紅衛兵商店。在北京的王府井商業大道，至少有六家商店被重新命名為聽起來更社會主義的「紅旗」商店。[21]

攻擊消費文化的其他符號

在這一波反消費主義的極端時刻，再次引發了對櫥窗展示、廣告和消費主義視覺文化等方面的批評，批評它們刺激了資產階級的物質欲望和消費主義，僅僅只是給資本主義的內在披上一層社會主義外衣。對傳統上商業視覺文化的廣泛攻擊，後來又擴展到商店的門聯，因為這些門聯都是用舊時代的文言文表達對生意興隆和顧客滿意的渴望。正如他們在傳單中所說的，紅衛兵堅持商店必須將「裝滿香水和美容產品」的櫥窗裡的展示品全部移走，改以「節儉但有品味的方式」展示強調毛主義的展示品。[22] 二十二家商店很快將櫥窗裡預備出售的商品撤下，轉而展示具革命意義的裝飾，像是紅太陽、毛澤東選集、政治標語的宣傳布條和小紅書。[23]

在反對以消費主義為代表的「封建主義—資本主義—修正主義」鬥爭中，上海的南京路成為鬥爭的原點。[24] 一九六六年八月二十三日，數萬名紅衛兵聚集在商業中心，手持印有毛主席肖像的標語牌和橫幅布條，宣稱「我們是舊世界的批判者」和「我們是新世界的創造者」。[25] 紅衛兵拒絕接受黨先前把社會主義和消費主義結合成「社會主義商業」，他們在城市的百貨商店到處張貼毛語錄。在紅衛兵還未出現在他們的商店前，許多員工就已意識到可以透過搶先將大門漆成紅色來傳達社會意義。擁有裝飾藝術風格的國際飯店（Park Hotel）是前西方帝國主義在中國的象徵，這時也在它的二百多間客房及接待休息區裡放置毛澤東像和文字。然而，並非所有商店都如此有遠見，紅衛兵最後強迫了二千多家行動不夠迅速的商店更換店名和招牌。[26] 在永安百貨商店，紅衛兵和服從命令的店員在商店櫥窗貼上大字報，要求把反革命的店名（永安，意思是永遠的和平）改為永紅、永戰或紅衛兵。報紙上刊出一張紅衛兵在上海最大的遊樂大樓「大世界」拉下巨大店名標牌的照片。以資本家名字命名的商店，趕快改用聽起來有革命味道的名字。還有外灘，這是許多外國公司以前設立總部的地方，現在當地所有的外文標誌都被換掉了。[27]

對於改變刺眼的消費主義標誌的這些舉動，激進的紅衛兵不為所動，他們試圖將這些商店轉變為政治教育場所。一九六七年十二月，一張標題為「炮轟南京路」的大字報出現在原來的麗華百貨（這時已更名為紅衛兵百貨）的櫥窗，提出了更全面的政治變革：

> 同志們！偉大的無產階級文化大革命進行到現在已經一年多了，我們能容忍南京路上目前的現狀嗎？不能，不能，一萬個不能。為此，我們提出以下幾項緊急倡議：砸掉大店、名店、特色店，改成各種類型的毛澤東思想宣傳陣地。如毛澤東著作閱覽館；

東方紅百貨商店（現為永安百貨公司）可改成突出毛澤東思想的各條戰線的經濟建設成就展覽會；紅衛百貨商店可改成大寨農業成就展覽會。使全市革命群眾到南京路來不光是買東西，主要是可受到深刻的毛澤東思想教育。[28]

雖然這項建議從未被採納，但這張大字報和其他類似的海報反映了，紅衛兵否決了透過早期黨的政策所鼓勵的表面變化，消費企業可以社會主義化這項前提，也認為資本主義商業經濟很難（應該說不可能）跟共產主義革命目標相互妥協。

紅衛兵同樣拒絕接受黨早先創造社會主義廣告的企圖。他們抨擊，一切形式的廣告都是想在人民中間灌輸資本主義。[29]無論是應付來自紅衛兵的壓力，或是害怕來自上層官僚的攻擊，還是真正相信消費主義是資本主義的具體表現，報紙和期刊的編輯及管理者很快就取消了幾乎所有廣告，尤其是消費品廣告。負責監督中國各地城市廣告的國家監管機構被解散，成員轉而從事其他工作，或被派往農村接受「再教育」。雖然廣告並沒有在文革十年（一九六六至一九七六年）裡完全消失，但倖存的這些廣告主要以報紙公告的形式出現，內容則為文化表演、電影資訊及政治書籍，以及《紅旗》這類期刊的出版訊息。[30]

事實上在文化大革命時期，城市和商業空間的視覺文化被急遽增加的政治文宣所取代，這種廣告宣傳叫「紅海」。紅衛兵到處張貼毛語錄和毛圖像：在建築物上，在看板上，在家裡和辦公室，在腳踏車、三輪車、汽車、火車上，隨處可見。一位曾擔任過毛澤東祕書的女士說，人們騎著腳踏車上街時，如果沒有在他們的腳踏車掛上一塊印有毛語錄的金屬板，可能會被紅衛兵攔下來。[31] 紅色出現在一切事物上，從紅衛兵的袖章到小紅書，再到無處不在的毛澤東像章（將在第七章討論），以及公廁牆壁等不太可能出現的地方。北京航空學院的紅衛兵在繁忙的街道、政府辦公室、學校甚至私人住宅的大門和牆上塗上紅色塗料。「紅海」延伸到馬路兩邊的看板，一路展示毛澤東口號和圖像，創造了一種社會主義的城市美學；在往後的幾年裡，這種城市美學將與「毛澤東的中國」（Mao's China）聯繫在一起。[32]

紅衛兵不僅試圖破四舊和消滅商業主義，有時為了他們的「立四新」目的，他們會自己動手發揮創造出這兩種東西。為了除掉被他們貼上「舊」和「封建」標籤的社會傳統，他們用毛語錄取代傳統裝潢形式，例如取代了農曆新年前夕貼在家門口的傳統春聯。[33] 他們要求劇院和電影院在開演和放映前先放映毛語錄，而不是風景圖片或廣告，還要求電影院降低票價，對工農兵提供更好的服務。紅衛兵也試圖改造資產階級和傳統視覺文化，包括建議用政治題材取代信封或郵票上的貓狗圖像，因為貓狗被認為是資產階級寵物。[34]

有問題的產品

「破四舊」運動的支持者向商店施壓，迫使他們移除或重新包裝被紅衛兵標記的「問題產品」，也影響了商品的銷售。[35] 奢侈品是最明顯的目標，比如化妝品（尤其是口紅）、金銀珠寶、高跟鞋或繡花鞋、高價烟酒、西服和裙子、機械玩具、賭博用撲克牌，以及中國象棋。有時紅衛兵只針對產品名稱和商標，特別是那些產品的包裝和商標上印有宗教或迷信的文字或圖像，例如壽星或觀音菩薩，以及傳統問候語如「祝你長壽富貴」等等。一九六六年九月十日，天津市工商行政管理部門發下《商標改革緊急通知》，禁止銷售含「龍鳳呈祥」、「天女散花」等傳統形象或語句商標的產品，原本被人們視為學子力爭上游榜樣的「才子佳人」，現在被國家視為是工人階級英雄的對立面。[36]

「破四舊」運動期間紅衛兵對「四舊」的極端解釋，使得一些產品的名稱都被政治化了，包括那些無明顯「封建資本主義修正主義」含義的名稱和商標。例如，「破四舊」運動把用鳥類、動物、昆蟲和花卉命名的產品名稱都予以政治化，理由是這些名稱「缺乏強烈的無產階級意識」。[37] 即使是傳統食物名稱也難逃批判。例如，武漢市更改了餐飲業銷售的八十一種菜肴名稱，因為這些名稱和舊事物有關聯。例如「麻婆豆腐」就改成聽起來較親切的「肉末豆腐」，或簡單稱為「麻辣豆腐」。[38]

除了清除產品名稱內的外文單字，「破四舊」運動還試圖根除聽起來像外文的中文產品名，包括巧克力、夾克、卡其色、甚至阿司匹林（譯註：臺灣多半譯為阿斯匹靈）。一些紅衛兵還再度重啟先前討論過的，要將毛主席從一般產品名稱中分離出來，如此可讓毛不和庸俗的商業掛勾，作法就是把產品名稱的「毛」（毛澤東的姓）去掉。除了姓氏之外，毛還有「頭髮」、「羊毛」或「羽毛」等用法，因此被要求更名的目標產品，就包括了毛衣、毛線和毛毯。在哈爾濱，回力牌球鞋是當時市場上最時尚的昂貴品牌，直到有傳言該牌鞋底花紋酷似「毛主席」三個漢字，幾乎一夜之間人人避之唯恐不及，誰也不想被發現他的運動鞋鞋底竟然踩著主席的名字。作家梁曉聲後來回憶，他和幾個同學在哈爾濱的一條街上散步時，另一組人跑到他們這群人當中的某個人面前，只因這人穿了一雙新的回力牌球鞋。他們強迫這人脫下鞋子當場燒掉。[39] 這再次展示了消費主義如何瀰漫到社會各處，以及如何繼續擴散。但消除資本主義殘餘的努力，往往會產生新的品牌等級制度。[40]

在「破四舊」運動期間，街坊謠言、意志堅定的紅衛兵和對「舊」的模糊定義，三者結合造成一場對產品的大清算，並大大影響了可用消費品的種類。例如一九六六年八月二十四日，南京幾所學校的紅衛兵要求南京中央商場暫停營業一天，找出店內的「四舊」商品，並將其改名為人民商場，然後看著店員搬走幾卡車剛被認定為違禁品的商品。南京的紅衛兵從商店貨架上撤下估計約百分之二十的產品，理由是這些產品都是「封建的、資本主義的或修正主義的」。[41] 同樣地，學生們還暫時關閉了南京新街口附近的商店，花了四個小時檢查店內商品，並從商店裡清除了印有「龍鳳呈祥」等傳統標誌的商品。[42]

這些壓力和改名損害了產品的供應，造成了短缺。百貨公司要求客人只買被認為具革命意義、適合大眾使用和實用的產品，並避免購買被封建和資本主義玷污的產品。[43] 北京市百貨商店停售六千八百多種商品，占其商品總數的五分之一。武漢最大的百貨店停售四千二百件商品，並將化妝品商品數從二百件一下子減少到十五件。天津百貨商店撤掉了五十多種化妝品，包括潤膚霜、粉劑、香水、口紅、胭脂、眉筆和指甲油，並停止銷售帶有「香」字的產品，因為這是個長期以來被認為代表資產階級浪費的生活方式縮影的一個中文字，最主要的例子就是香水。總的來說，商店一共從貨架上撤下了價值一萬五千元人民幣的化妝品，直到一九七三年才恢復銷售，之後也只能在專門指定的櫃檯銷售。[44]

然而，顧客並不會輕易放棄他們喜愛的產品和品牌。正如四九年後消費者只是口頭上表示會放棄對進口產品的偏好一樣，商店和顧客也採取了無數次最低限度的妥協行動。這些抵抗行動表明，對於什麼是令人討厭的資產階級，什麼是正確的社會主義，人們看法分歧；同時，消費者亦有回避這些問題的實際策略。儘管有些商店燒毀了庫存違禁品，但也有些商店找到出售這些產品的方法，例如用普通紙來包裝「問題產品」。[45] 紅衛兵對四千三百五十四件封建資產階級修正主義產品的攻擊，導致許多小型零售商倒閉，顧客卻也對大型百貨商店施加新的壓力，要求他們想法子銷售這些違禁品。其中，上海第一百貨商店（原大新百貨）找到了許多繞過新規定的方法，並繼續銷售百分之九十以上的違禁品，占總庫存約百分之十五。一些商店選擇銷售沒有包裝或標籤的產品，另一些則要求工廠用普通紙重新包裝產品，或製造流行產品如素色或無精緻圖案的保溫瓶。知名書法家任政回憶說，他曾向上海第一百貨公司的一位店員表示要買知名品牌「周虎臣」的毛筆，店員把裝在一個不起眼盒子裡的毛筆遞給他，並低聲告訴他實際上這是一支周虎臣毛筆，是該店為常客保留的，但當時已經禁止用這個品牌名稱銷售毛筆。[46] 在另一個例子裡，天津百貨公司的店員在售貨前會先撕掉或破壞總價值約七萬四千元人民幣的各種產品包裝。[47] 儘管紅衛兵對品牌和一些消費品公開表示敵意，但許多人和商店顯然還是很重視品牌產品，並試圖逃避監控。

紅衛兵對服務業的攻擊，說明了想消除根深蒂固的「資產階級」習慣是很困難的。例如，梁曉聲後來回憶起他十幾歲時哈爾濱街區裡「破四舊」運動造成的影響。他常去的理髮店在櫥窗上掛了個告示，宣布「今後我們不再剪任何非無產階級的髮型。頭髮不可超過一寸。不得塗抹髮油、髮蠟或面霜。男士：不留鬢角或捲髮。女性：不燙髮或捲髮。」在其他地方，理髮店和髮廊不再提供洗髮、刮鬍子或修腳的服務，也不可以剪被視為受美國次文化啟發的特定髮型，如香港式或「阿飛式」髮型（**譯註：來自上海的洋涇浜英語，指舉動輕狂的青少年流氓**），因為在毛時代這些髮型都被聯想成流氓。[48] 街道對面的餐館貼了塊牌子，通知顧客：「今後，我們餐館的服務員不擦桌子、不洗碗。我們不是顧客的僕人。相反地，餐館應該是顧客的家。顧客應該為自己服務，表現出所有生活在先進社會主義制度下的人人平等。」[49] 攝影工作室拒絕拍攝傳統家庭照，或男女站得太近的照片。一些工作室還實施「我們不會拍的東西」政策，包括戴墨鏡的任何人（被認為是阿飛的矯揉造作）、民族服裝或西式婚紗。一些旅店不再打掃房間，也不再送熱水給客人，公共浴室禁止提供按摩和修指甲服務。[50]

仰仗著紅衛兵的暴力，這種反資產階級的流行趨勢持續了幾個月。一九六六至六七年農曆新年前後，《解放軍報》記者李景榮在北京主要商業街採訪時注意到，儘管許多商店因政治化環境而關閉，但仍有一家理髮店營業。然而在店內，紅衛兵強迫一群在店裡等待燙髮的婦女剪短頭髮，甚至剃光頭。後來，他看見幾位沒有穿鞋子、卻在寒冷的冬日街道上奔跑的年輕女子，其中一位告訴他，不久前她們被一群紅衛兵攔下，被迫脫下高跟鞋，然後那些紅衛兵揮舞著皮帶，將她們趕走。她說，「我不該穿高跟鞋。它們是「四舊」產品，所以我的鞋子被毀了。」[51]

紅衛兵在中國各地城市對「資產階級」服裝髮型的攻擊，與一九一一年國民革命期間個人外貌的被政治化非常相似。反清政府的革命黨人士強迫男人改變滿清時期強加的薙髮髮型（剃光額頭，腦後紮成一條長辮子）；保皇黨人則攻擊那些穿著西式服裝的人，因為他們認為這樣穿的人會支持革命黨。[52] 一九六六年秋天，廣州紅衛兵在街上搜尋身穿「四舊」服裝的行人，用墨水瓶測試女人穿的褲子是不是太緊。他們在街上攔住一個被他們懷疑的婦女，要求她把墨水瓶扔進褲管裡面。如果褲管夠寬，瓶子會直接掉到地上，他們就讓她通過；否則，這條褲子被會認為太緊、不適當，就會被他們當場撕碎。[53] 這種撕破褲子的現象似乎很常見。[54] 鄭光路也回憶，守在成都部分街角的紅衛兵會手持大剪刀，強行剪掉紮著長辮子或燙成波浪捲的婦女頭髮，並當場剪碎華麗的襯衫或褲子。[55]

一些時尚服裝經常會被視為輕浮，而個人優良的革命資歷並不能自動保護個人的時尚選擇。例如，二十一歲的洪霞和她的男友都曾被工作單位評為思想上可靠的「先進青年」，而他們喜歡穿時髦的衣服。有一天，當這對情侶去紫禁城約會時，他們被一群紅衛兵包圍，紅衛兵撕碎了洪霞穿的花色連衣裙，剪掉她男友的褲子，然後將剪下來的碎衣服扔進河裡。這還不夠，紅衛兵還剪掉這對情侶的的頭髮，在洪霞的頭髮上剪出一個大大的十字。[56]在另一起成了全國性新聞的例子裡，北京第十五女子學校的紅衛兵響應毛澤東幾年前提出的反蘇論調，宣稱員警穿的制服是蘇聯風格，是「修正主義」文化的樣本。這些女學生推翻了黨早先提倡的蘇聯時尚，要求重新設計警察制服，以此取得政治正確。強烈支持毛澤東的公安部長謝富治，很快就同意讓警察制服擺脫蘇聯的影響。[57]

針對不能被接受的服裝是什麼樣的，是一個開放性和不斷在變的問題。這給很多普通老百姓造成了焦慮和不安，尤其是城市居民。有些人選擇主動不再去穿一些他們本來最喜歡的衣服，避免激怒紅衛兵。在一九四九年之後的二十年裡出現了「性別抹除」現象，當時男女平等在很大程度上，意味著女性在外表和行為上都要跟男人一樣，這也影響了女性的穿著。根據歷史學家安東籬（Antonia Finnane）的說法，一九六五年是「在最近一段時間內，婦女被許可『打扮得漂漂亮亮』的最後一年。」[58]從這一時期的照片可以看出，在文化大革命期間，不管是年齡或性別，幾乎每個人都把他們的衣服換成了樸素的軍裝風格，只有淺綠色、深藍色或灰色。[59]在「破四舊」運動中，丁抒的家人甚至燒毀了丁抒父親以前穿西裝打領帶的照片。[60]

「破四舊」運動，是早期那些運動更激進和更具破壞性的版本。在早期運動中，指控者會拿某人擁有那些財產做為證據，證明此人是「階級敵人」。但在文革期間，人們可以根據某人身上的衣服，就指控對方背叛了無產階級。正如在「國貨運動」期間，時尚女性被指控將國家資源浪費在輕浮時裝以及購買帝國主義敵國進口商品，「破四舊」運動也指控女性對時尚的選擇，反映了她們對主要意識形態的侵犯。[61] 在中共建國初期，國民黨時代對婦女的情色刻板印象，很快被過渡成光榮而「有生產力的女性群眾」，也就是為黨和國家利益犧牲自己的婦女形象。雖然去攻擊那些並未因衣著而投射出對應形象的一般女性，不免太過武斷且暴力，但紅衛兵也試圖迫使政治精英的女性成員屈從他們的攻擊。他們甚至要求孫中山遺孀宋慶齡改變她的髮型，但宋慶齡拒絕了，理由是她曾向母親承諾永遠不會把頭髮剪短。[62] 然而，他們更成功地將矛頭對準中國共產黨副主席暨前國家主席劉少奇的妻子王光美的個人風格，向全國發出警告。在文化大革命前一部於中國各地播出的紀錄片中，王光美被譽為時尚偶像和中國日益強大的象徵，特別是在一九六三年出訪東南亞期間，當時她身穿旗袍，看上去優雅迷人。[63] 但一九六七年四月《人民日報》的一篇社論抨擊劉是「走資本主義道路的當權派」（簡稱走資派）之後，王光美的時尚感遂成了她和她那位可恥丈夫的「資產階級傾向」的證明。[64] 指控她的人指控她腐敗和「被奢侈品迷住」，並舉出許多例子，證明她挪用國家資源來為個人治裝。[65] 一九六七年四月十日，清華大學紅衛兵在中央政府和當地人民解放軍軍區的支持下，舉行了一次三十萬人參加的鬥爭大會，批判大約三百位國家敵人。王光美在這次大會現身，紅衛兵強迫她穿著高跟鞋、旗袍和一條用乒乓球做成的項鍊，以此嘲弄她四年前訪問東南亞時所戴的珍珠項鍊和衣服，這次會議成為了文革激進主義的又一標誌。[66]

「破四舊」運動的特點除了極端主義和暴力，它的批鬥對象後來更超出個人行為，擴大到攻擊國家試圖創造社會主義商業的膚淺作法。例如一份紅衛兵大字報就批判，早前國家在群眾運動中改善社會主義服務經濟的企圖，如「學天橋」運動，就被紅衛兵批判是「宣揚資產階級生活方式，實行和平演變」，走向資本主義，並譴責炫目、五顏六色的櫥窗展示是「傳播封建迷信的管道」。[67]《人民日報》在一九六六年八月下旬刊出的一篇社論，更對這樣的批判作出了明顯的貢獻，宣稱從今而後「開始供應價廉物美的大眾化商品」，以前只為有錢顧客服務的商店都必須降價，並「絕不把自己的商店辦成為資產階級服務的『名店』。」[68] 為了避免漏掉這個批判重點，一九六八年九月，商務部革命委員會特別修改了毛澤東的口號「為人民服務」——在「商業躍進」期間這一口號曾被解釋為「為消費者服務」——成為「為工農兵服務」，以明確表明所要服務的是哪些人。[69] 儘管做了這樣的澄清，但企業這時遇到的問題與之前所有想要達成消費大眾化過程中遇到的問題是一樣的，那就是如何實現為窮人服務的目標，但同時還要吸引付費顧客，以及避免服務人員失業。商務部認為有必要明白指示服務業不允許他們關店，但這種指示恰恰表明了，有許多服務業者很難在這種左右為難的困境中生存。[70]

儘管這些粉碎消費主義的嘗試反映出一種消費主義仍然猖獗的潛在意識，但識別階級敵人和剷除陰險行為的任務，也有賴於品牌和消費來傳達。我們將在下一節看到，文革期間的攻擊並不是試圖透過改變社會關係來否定資本主義，而是通過灌輸一系列新的品牌等級制度，以及個人價值的社會表達方式來否定資本主義，反而繼續促成了消費主義的擴張。

消費主義在抄家行動中的再現與傳播

按照最初的「破四舊」運動口號，中國必須先「破四舊」（除掉四種舊事物），才能夠「立四新」（創立四種新事物）。就某層面來看，「破四舊」運動揭示了一種瘋狂企圖，也就是消除被認為阻礙社會主義建設的「封建主義」和資本主義殘餘（馬克思的「胎記」

理論），來從頭開始社會主義建設。但文化大革命的社會主義論述又一次地，伴隨了僅僅表面帶社會主義色彩的政策。儘管紅衛兵不斷大聲疾呼，以及肆無忌憚地使用暴力，但他們基本上並沒有傷到工業資本主義的機制，並讓這種機制繼續造成社會的不平等。正如本章的其餘部分將要表明的，與文化大革命密切相關的破壞活動，最終只是更加否定了社會主義，而不是摧毀資本主義。由於紅衛兵只攻擊資本主義和消費主義的表面，而忽視了優先重視資本積累而非社會關係平等的這種錯誤的根本制度安排，導致他們在文革期間的極端手段不僅沒有達到既定目標，還適得其反，進一步助長了消費模式的發展和傳播。

在令人不安的文化大革命期間，暴力的青少年意識形態分子猖狂地發動抄家行動，搜查「階級敵人」的住宅，毆打住戶，並以保衛共產主義革命的名義沒收或砸毀與「四舊」相符的財物。[71] 在「破四舊」運動的最初幾個月裡，被列為抄家目標的精英人士住家多次遭到不同團體的襲擊，包括居委會、當地學校，甚至受害者自己的工作單位。上海的「破四舊」運動的參與者一共抄查了至少八萬四千二百二十二戶「資產階級」人士的家。一九六六年八月下旬和九月，北京紅衛兵突襲了三萬三千六百九十五戶，抄出剛被定義為違禁品的財物，包括特定傢俱、衣服、鞋子、床上用品，以及化妝品、電視機、鋼琴，甚至手風琴。[72] 這些抄家者祭出對「四舊」毫無限制和開放的定義——不管他們是否理解這些定義，或這樣的定義是否合適——盡情扣押、盜竊或銷毀被認為是「四舊」的文物、貨幣、金銀條和其他貴重物品。在整個中國，紅衛兵沒收了至少六十五噸黃金，數千萬元人民幣，數百萬美元和其他外幣，還有數不清的黃金珠寶和其他貴重物品。[73]

抄家一直是文革中最臭名昭著的一面，部分原因是紅衛兵抄家的對象包括受人尊敬的知識分子和藝術家，其中包括小說家老舍、巴金和丁玲（她的房子被抄了十多次）。[74] 一九六六年八月二十三日到九月八日，上海的紅衛兵抄了大約一千二百三十一位「精英知識分子」與教師的家。[75] 例如，在一九六六年八月二十四日，紅衛兵突襲了梁漱溟的家，他是早期農村復興運動的著名教育家和組織者，紅衛兵燒毀了梁漱溟所有書籍，以及他曾祖父、祖父和父親收藏的所有繪畫，只留下毛澤東或馬列主義的書籍。當紅衛兵把他那本《辭海》扔進火堆裡時，他們告訴他：「新中國辭典（一九五七年首次出版）已經足夠我們革命紅衛兵使用，這些封建遺物是無用的。」[76] 兩個月後，一九六六年十月二十二日，電影學院的紅衛兵闖入著名歷史學家侯外廬的家，當時，侯的住處已被先前另一批紅衛兵搜查過並封存，但第二批紅衛兵還是砸毀並沒收了侯所有的剩餘財產，包括現金和無價古董，使侯外廬身無分文，飢寒交迫。[77] 進行抄家行動的人把「四舊」的定義推到極限，比如訓示中國著名作家沈德鴻（筆名茅盾）停止使用檯燈（這是波蘭朋友送給他的禮物），因為這個檯燈上有裸體維納斯像，他們認為這是「資產階級腐朽」的象徵。[78]

紅衛兵以各種消費主義和資本主義跡象為目標，以期達到政治目的。「資產階級」文物是紅衛兵最有效的定罪工具，可以用來對付他們的政治敵人，就像在「三反／五反」運動戰期間，擁有好的東西，就能拿來當成幹部和資本家貪腐的證據。一個值得注意的例子是，一九六六年九月四日，黑龍江省省長李範五在一次有十萬多名觀眾參加的群眾鬥爭中被紅衛兵指控「試圖隱藏貴重物品」。紅衛兵在抄他侄女的家時發現了三只手錶、兩個像章和兩個人造皮手提包，以此做為他腐敗的證據。報導這次批鬥大會的省報攝影記者李振盛，特地湊近觀看這些所謂的證據，他看到其中一只手錶有著破舊的皮錶帶，另一只手錶則是很普通的金屬錶帶，第三只手錶則根本沒有錶帶。[79]

此外，抄家也導致無數人民急著遵守不被紅衛兵接受的消費品的最新定義，希望能夠事先避免抄家。北京大學文學教授樂黛雲回憶，她和她的所有同事在家裡被抄之前，都焦急地處理任何可能被這種新定義妖魔化的財物。[80] 在哈爾濱，攝影記者李振盛事先檢查了他的財物，因為他預期房子會被紅衛兵抄家，還好，這件事從來沒有發生過：

> 和當時所有人一樣，我把自己所有的「嫌疑」物品全部處理掉，比如普希金的一本情

詩和徐悲鴻的一本畫作，徐曾在法國留學，在文革期間因裸體而受到批判。我還在床下藏了三張郵票，上面印著戈雅的作品，包括他的畫《裸體瑪雅》，還有一些有著蔣介石和自封皇帝的袁世凱肖像的舊銀幣。[81]

一位化名「江山千古」的退休幹部也在他的部落格上表示，雖然紅衛兵多次抄他在瀋陽的家，但對他來說一個非常痛苦的損失，是他搶先賣掉了自己的腳踏車。那是一輛從東德進口的高品質腳踏車，他賤價將它賣掉，還說當地市場後來充斥著其他各種高端腳踏車，這些腳踏車全都來自同樣想搶先清除掉「嫌疑」財物的家庭。[82]這些物品大量出現在當地市場，有些也許比較不會被紅衛兵注意和懷疑政治立場的人則利用機會購入這些物品。因此，消費商品的所有權還是繼續替人們分門別類，只是換成新的方式而已。

儘管文化大革命初期的抄家行動表現出對消費主義的極端敵意，但抄家也在沒收物品的基礎上產生了新形式的消費主義。抄家行動造成一個意想不到的後果，使得紅衛兵和其他數百萬人有了更多機會，接觸到資產階級的物品和生活方式。抄家讓來自社會經濟各階層的紅衛兵提供了一個機會，看看他們的經濟可以如何改善生活。即使在「破四舊」運動反消費主義活動的高峰期，舊事物仍然保持著吸引力，這種吸引力現在甚至延伸到那些攻擊它們的人身上。老一輩的紅衛兵指派梁曉聲和他的朋友們保護一個臨時倉庫，裡面裝滿被沒收的資產階級財物，他們要一直保護到國家出面接管這些財物為止。梁曉聲和他的朋友們趁機翻遍了這些昂貴的傳統傢俱、衣服、幾千本書籍、藝術品、鐘錶，以及他們在此之前「只在電影中見過」的其他物品，最吸引他們注意的是一個抽屜，裡面裝滿各種可以想像得到的手錶：腕錶、懷錶、金銀錶，顯示日期的手錶，鑲鑽手錶。梁回憶說，每個人都拿了一件最喜歡的手錶戴在手上，「假裝有錢人」。他們甚至試穿了沒收來的衣服，包括西裝，大家都「穿得像紳士」。83

然而，參與抄家行動的紅衛兵並不是唯一接觸到這些被沒收的資產階級物品的人。紅衛兵會公開展出被扣押的物品，做為指控那些「階級敵人」的「資產階級」或「富商」身分的證據，其中許多展覽還被用來羞辱和恐嚇那些知道自己也擁有同樣財物的人，例如那些有著可疑階級背景的知識分子。樂黛雲回憶，學校要求每個系的教職員都去參觀紅衛兵沒收的資料展覽。展覽內容包括「前（國民黨）官員的照片、繪畫、書籍、文物、郵票和身分證件等等。」不過樂黛雲發現，展覽中「最吸睛的是從校園周圍各個家庭沒收的多雙高跟鞋。」據一位學生導覽員表示，這展覽有三個目的：揭示北京大學階級鬥爭的意義，說明工農兵的苦難，以及揭露教職員工和幹部的資產階級生活方式。84

儘管這些所謂的階級教育展覽中心或已實現了它們的目標，但也讓非精英人士親眼看到了當時只有最大的資產階級百貨公司的有錢顧客才能買到的商品。[85] 一九六六年，當時還是重慶兩路口小學六年級的十三歲小學生、也是小紅衛兵組織成員的楊耀健，參觀了一場紅衛兵反動成就展，展覽地點在該市博物館，目的是要教育人民認識階級鬥爭。博物館按工作單位將參觀者分組，工廠工人、農民和軍人則發給特別參觀證。展出的違禁品包括鋼琴、紅木傢俱、精緻的浴缸和折疊屏風、珠寶、古董、槍支、毒品、鴉片煙斗，甚至還有蔣介石簽名的證書和信件。新沒收的物品每天都會送到展覽場地。楊耀健回憶說，有天一位紅衛兵領導出現，手上戴著三只手錶，他把手錶解下來，當場交給展覽單位。另外他也利用機會讀了被視為是「毒草」的一些沒收書籍，特別是偵探武俠小說，這些書本來是不可能讀到的。他表示，參觀者確實獲得預期的訊息：在大多數人都過著勉強糊口的生活時，陳列的物品「顯示了貧富差距有多大」，並強調了繼續反對資產階級的階級鬥爭必要性。[86] 然而同樣關鍵的是，展覽品激起了人們對許多產品的需求，而人們本來是幾乎沒有機會親眼看到這些產品的，更別提花錢購買了。此外，這些展覽還以教育自己認識正確的社會主義實務為幌子，允許人們和這些產品互動，並激發希望擁有這些產品的欲望，因而在無形中促進了消費主義。

一旦消費欲望被喚醒，許多參與「破四舊」運動的人就找機會來滿足自己想要購買物質商品的新衝動。至少有一個這樣的機會是可以預見的。從廣西省西南小城梧州的文革委員會與地區及國家文革委員會相互往來的文件證實，在地方官員提出的處理沒收物品計畫中，趁機盜竊這些沒收財物的情況十分猖獗。此外，正如這些文件所揭示的，國家並未採取措施來防止這些被扣押的貨物遭竊或損壞，只指示地方的文革委員會應好好保管沒收的金銀、外幣和大量現金（梧州有戶人家就被沒收了幾千元人民幣現金），以及昂貴的皮衣和手錶等奢侈品。雖然，對於什麼東西是可以沒收的，黨確實設下一些限制，並宣布像服裝布料這樣的普通物品應該歸還，但紅衛兵和政府官員卻很少因為違背這些規定而受到處罰，他們也不須為被偷或遭毀的財物負責，更不需要拿錢支付他們取走的任何東西。國家指令只簡單指示了抄家者應該向上級交出貴重物品，「否則將面臨後果」。[87] 這種含糊不清的警告，讓人們可以去自由解釋什麼是有價值的物品。還有，上級還規定對於沒收財物的合理使用，以及在「合理解釋」情況下花掉沒收的金錢都是合法的，這更是助長了紅衛兵的消費主義傾向，讓他們在自己認為合適的時候使用這些物品和把錢花掉。

在一九六六年到六八年之間，紅衛兵組織已經推翻了既有的政治當局，聲稱擁有權力，無數組織和個人趁機搶走沒收的財物。據當時在成都市第一中學就讀最後一學年的紅衛兵趙園表示，很多紅衛兵聲稱他們從被抄家的房子裡「借」走手錶和腳踏車，而且他們並不是只限於每人「借」走一樣東西。他的一些同學爭先恐後地拿走手錶這類物品，「經常在左手和右手上戴上兩只手錶，有的甚至戴著很多只手錶」，將象徵資產階級地位的這些物質表現轉化為紅衛兵的戰利品。根據他的敘述，女學生利用抄家的機會充實了她們的衣櫥。[88] 在一般民眾心目中，紅衛兵已經與盜竊私人財物緊密連結在一起，甚至一度有傳言他們在囤積黃金。[89] 到了一九六七年，一些當權的紅衛兵組織還濫用國家資源，使用公家車輛和乘坐飛機旅行。例如在上海的一個紅衛兵組織，領導沒收了卡車、吉普車、機車、六輛蘇聯轎車和十七輛腳踏車。[90] 這些例子顯示出「破四舊」運動如何產生反效果，把未來的反資本主義者變成腐敗的幹部或不守法的公民，甚至還喚醒了這群革命先鋒的消費主義傾向。

「破四舊」運動肆無忌憚地進行，輕微犯罪和侵占國家資源的行為也跟著增加。即使沒有直接參與抄家行動的工人，也利用文革培養出來對政治權威的不信任，從他們的工作場所隨意拿走東西，或使用工廠用品來滿足自己對消費品的需求。關聖力回憶在他工作的工廠裡，一個工人偷了玻璃和鐵來做自己的魚缸；另一個工人拿走銅線做鳥籠，儘管養鳥已經被指責為是資產階級的休閒活動；第三個工人把工廠的盆花直接帶回家。[91] 其他人則修改工具或偷布料替自己做拖把。還有一些工人利用工作時間製造塑膠菸盒、腳踏車和配件、檯燈、刀具、傢俱和門窗以供自用或出售。儘管有證據表明在文革開始時，工人們做這些事情都很謹慎小心，但後來許多工人明目張膽地進行這種活動，大家成群結隊去偷竊、運送和出售公共財物。[92]

在政治和社會階級的最高層，「破四舊」運動為領導人竊取國家文物和收集私人藏品提供了大好機會。例如，替林彪（毛崇拜的主要推動者）妻子葉群上課的官偉勳表示，當葉群聽說其他官員把被沒收的珍貴古董拿回家自用時，她也想從這些贓物中分得一杯羹。但她沒有鑑賞眼光，於是就讓官偉勳和其他工作人員去倉庫為她挑選一些貴重物品。[93]從一九六七年到七九年之間，林彪夫婦陸續派祕書到文物管理處「購買」古董，但只付了很少錢就買下這些珍貴文物。[94]

貪腐情況如此猖獗，以至於如果要替這場運動取個更好的名字，那可能就是「沒收和重新散播四舊」運動。被列為銷毀清單的物品，最後往往落入不同的擁有者之手。金銀製品、鋼琴、傢俱、孤本，以及繪畫和書法等中國傳統藝術珍品，都落入當地紅衛兵手中。除了那些戰利品或個人保留的物品外，許多沒收物品後來出現在全國各地的國有商店和黑市，那些地方擺滿了稀有物品。例如四川省成都市，這類商品出現在跳蚤市場和專門市場裡，全都是抄家期間沒收或從圖書館偷來的書籍。[95]

流通中心：淮海路國營舊貨商店

在上海，沒收和被偷的東西會在社會各階層重新出現。沒被官員侵占的最好的古董，最後多半會被送進上海博物館，普通物品有時則經由二手商店重新流通，例如透過上海市著名的「淮海路國營舊貨商店」（簡稱為「淮國舊」）。「淮國舊」於一九五四年九月二十九日在上海購物街淮海路開業，位於前法國租界。[96] 這個舊貨商場最初的任務是出售被國家從逃離的國民黨官員那兒沒收的財物，包括蔣介石及其支持者，其中有二百萬人在一九四八年至四九年國共內戰尾聲從中國大陸逃到臺灣。一九五六年，這家位於淮海路和長樂路之間占地一萬平方英尺的商店，擴大了服務範圍，並增加了很多庫存，也開始出售由私人提供和委託出售的物品。這些私人寄售的物品包括古董、舊衣、手錶、鐘錶、皮大衣、鞋子、收音機，以及勞力士手錶、歐米茄手錶和萊卡相機等高端商品。

除了被當作市場，「淮國舊」還被當作資產階級生活方式背後的物質文化展覽場所；在此之前，造訪這個場所的民眾很少有機會接觸到這種文化。這些商品稀有且種類繁多，吸引了很多只看不買的櫥窗購物者，而在進店的民眾當中，買得起二手勞力士手錶的顧客相當少。雖然另外兩家店友誼商店和華僑商店都有出售這些最昂貴的資產階級商品，但這兩家店主要是服務外國人和海外華僑。相較之下，「淮國舊」則允許一般老百姓用人民幣購買店內商品，且不需要使用配給券，為手上握有現金的人提供了規避法規、享受資產階級美好事物的途徑。

儘管「淮國舊」提供的商品是以上海居民為主要銷售對象——上海居民對此類商品的供應，以及對四九年以前中國資產階級生活方式的記憶都更為強烈——該店也是外來遊客的熱門景點。儘管有文化大革命的反消費主義言論，上海仍然是中國的消費之都，因為國家政策再度確立了上海做為消費之都的至高無上地位。除了向人們展示奢侈品外，「淮國舊」還出售工廠生產的瑕疵品，讓不太富裕的人可以買到更好的東西。儘管瑕疵品質量可能較低，但其較低的價格讓更多的人可以購買使用。例如朱海平回憶，有一次他去那裡買了雙折扣很大的回力牌球鞋。店員讓他檢查鞋子並告訴他，回力系列的鞋子品質很好，是為出口而生產的，但這雙鞋有輕微的變色，所以他只須花一元八角人民幣就可以買到，是原價的一半。他立即掏錢買下這雙鞋，欣喜若狂地「在同學面前炫耀我的新鞋」。[97] 這家店在上海的購物生態發揮了特殊的作用，為購物者和遊客提供了學習、辨識全球知名品牌商品的參考點，也就是發展出消費主義的意識。儘管這些知名品牌大多是二手貨，但它們仍然在中國流通。

「淮國舊」做為外國品牌的參考點，在文革期間的抄家行動使這項作用更加擴大，因為人們會把自己的或偷來的東西賣到那裡。據上海市民沈嘉祿回憶，這家店「為中國人打開了一扇親眼看到西方物質文化的視窗」，人們光是站在「淮國舊」店門口的台階上，從那兒展現的平淡視野中，就能夠實踐消費主義文化，甚至鑒賞店內的奢侈品。「淮國舊」也造成喜愛店內出售某種商品的收藏家和愛好者的大量出現，特別是手錶。胡明寶一九六八年從軍隊退休後，花了四十年時間修理了無數手錶，這家商店讓他第一次瞭解到各種手錶的不同之處，以及如何修理這些手錶。他和其他手錶的愛好者經常聚集在那裡：「我記得每個星期天，我都要在「淮國舊」待上大半天。我們這些人通常都聚集在商店後門，在那裡討論手錶、鐘錶和古董。我們可以檢查商品，同時聆聽專家們（包括店員在內）討論這些商品。我現在仍然戴著我在那裡買的第一只手錶。」[98]

文革期間，該店體現了毛澤東時代反資產階級言論與消費主義實踐之間的核心矛盾。一方面，「淮國舊」（與當時其他商店一樣）懸掛的宣傳橫幅布條宣示履行毛澤東「發展經濟，確保供應」的使命。[99] 但正如一些常客所觀察到的，該店展示的另一個口號是「勤儉持家」，用「節儉」概念來說明該店出售的是二手物品，為商店提供政治掩護，繼續銷售顧客心中「許多象徵資產階級生活方式的商品」。[100] 與中國其他地方一樣，這些政治正確的口號、行銷和品牌分類，對於該商店能不能夠在文革期間持續經營至關重要，也支撐了文革期間「反資本主義」運動已經摧毀資本主義遺毒的極端神話。

這家商店還接收富人拋售的物品，以維持他們資產階級的生活方式，這一做法破壞了打著社會主義幌子的配給制度。一位上海資本家寡婦在文革開始時，就陸續出售她寶貴的財產。雖然被紅衛兵抄了房子，但她還有珠寶和珍貴的紅木傢俱，於是趕緊將它們出售，避免被紅衛兵沒收。國家已經停止向社會主義改造中被徵用的私營企業支付利息，並且她需要這筆錢。[101] 像無數的其他人一樣，她的交易讓資產階級的物質文化再度流通，而這種文化正是需要被反覆和明確毀滅的目標。

在「破四舊」運動期間，這類產品的社會價值或意義因人身分而異，也為「四舊」物品提供了火紅的二手交易活動。[102] 在一九四九年以前，黨根據各別經濟狀況替將所有家庭指定他們的出身階級，然後在毛時代期間由各家庭的父系傳承下來。「最好」的階級（稱為紅五類）是工人階級、貧困和中下層農民、革命幹部、士兵和烈士家庭，而「壞」階級（稱為黑五類）包括地主、富農、反革命分子、壞分子、右派分子。這樣的階級劃分反映了「血統論」，認為政治血統或階級淵源決定了一個人的階級性質，因此有一種廣為流傳的說法：「老子英雄兒好漢，老子反動兒混蛋」。[103] 雖然，錯誤的產品如果落入黑五類階級成員手中，就確立了他們是革命敵人的地位，但紅五類的階級成員手中即使擁有相同的財物，也會被認為是無害的。基於這個原因，許多違禁品所有者因為擔心這些物品會被紅衛兵沒收或銷毀，於是就將這些物品廉價出售給購買者，而這些購買者往往可以使用或展示這些物品，卻很少會被和有限的負面意識形態聯想在一起。[104] 因此，紅衛兵的活動反而再度激勵了他們原本應該十分痛恨的各種黑市活動和市場資本主義活動。於是，「血統論」及其在消費市場上的表現形成了一個漏洞，使得一些紅五類階級成員容易替自己辯解，說明他們為什麼不毀掉屬於自己族群的「四舊」物品，或是為什麼在抄家行動中偷走這些財物。在探討某個特定物品的社會意義時，竟然可以出現這種模稜兩可的話，這意味著在定義什麼是「四舊」物品時幾乎沒有絕對性，這導致了很難真正確定什麼東西是違反規定的。

某種產品的政治價值是如何受到環境的影響，紅衛兵佩戴的手錶就是一個典型例子。競爭性消費主義誘導紅衛兵去模仿他們無情攻擊的富裕階層，然而一旦他們將這些既定的身分象徵符號收入囊中，它們就反而成為革命地位的象徵，成為紀念個人參加抄家行動成功的驕傲標誌。結果，手錶並沒有如人們預期的，和其他奢侈品一樣在文革期間讓人產生負面聯想；相反地，它們反而象徵了佩戴者擁有正確的革命家庭背景，能夠去執行抄家任務，也證明了他們曾成功參與了革命活動。當時還是中學生的徐友玉回憶，在他的圈子裡，那些有資格當紅衛兵、執行抄家任務的人很快都改頭換面了。很多男生的目標是要得到足夠的手錶，以便能夠戴滿他們的左右手腕，甚至整隻手臂。同樣地，女紅衛兵也開始拿著她們在抄家行動沒收的優雅繡花手帕，對那些有壞階級背景的人來說，這是種不可思議的時尚選擇。徐友玉表示，這些紅衛兵非但不覺得自己得到的物品是「四舊」，反而對這些新收獲感到自豪。一位以善於抄家而聞名的同學，很高興地炫耀被他找出來的資產階級珍貴財物，其中包括一只金懷錶。[105]

具有正確血統和政治背景的人會影響「四舊」的社會意義，然後他們就可以用國家的名義保留對這些物品的所有權。沈嘉祿指出，「淮國舊」會把類似豪華傢俱這類的資產階級物品賣給工廠，讓工廠改造這些傢俱：「我曾經看到很多各種設計的紅木桌子被拆下來放上卡車。它們被賣到一家樂器廠，用來生產像京胡（胡琴）這樣的傳統樂器。」這些象徵資產階級生活方式的豪華傢俱被改造成樂器，為革命和政府政策服務。[106] 同樣地，傳統京劇使用的樂器也被拿去改造，用於在革命樣板戲，擴大了它們的用途。[107] 黨意識到這種做法可能與「破四舊」運動的目標相互矛盾，於是命令修理這些樂器商店除掉上頭的名牌徽章，通常是製作這些樂器的著名工匠之名。[108] 這種重新定位或更名的情形也發生在國家層級，周恩來等人曾經將一些教堂和佛教寺廟重新定義，甚至指定為「文化瑰寶」，以此保護它們。[109] 據報導，周恩來將北京城更名為「東方紅」，並用毛澤東塑像取代了紫禁城天安門入口前的獅子，以阻止紅衛兵進入洗劫紫禁城，就像百貨公司新增了社會主義的櫥窗展示，以淡化裡面的資本主義活動一樣。[110] 文化大革命很明顯地迅速擴充了新的策略，避免所有的「四舊」遭到破壞。

塑造一場革命

文化大革命還有另一項矛盾。儘管「破四舊」運動高調地使用暴力反對時尚，但這場運動反而幫助創造、甚至強行創造出社會主義的新時尚，從而擴大人們對物質商品的欲望。毛主席本人無意間推動了可能是文革最大的時尚潮流：穿軍裝（配紅衛兵袖章）。從一九六六年八月的第一次集會開始，毛澤東就一直選擇穿著軍裝出現在數百萬集會者（以及看到照片的數千萬人）面前，並如大家所注意到的，他接受了紅衛兵宋彬彬為他配戴的紅袖章（圖 6.3）。他的選擇是經過深思熟慮的，而因為他已經有幾十年沒有穿過這樣的制服，毛澤東還強迫他的幕僚們緊急找出一個體格跟他相似的軍官，然後穿上這位軍官的軍裝。[111] 毛澤東打算用這身軍裝來象徵他對文革的支持，以及他對文革狂熱分子的暴力活動的默許，默許這些人「製造革命」，摧毀資本主義和封建主義的殘餘。在此同時，毛希望用穿軍裝來支持這種最受紅衛兵歡迎的裝扮，而現場聚集的數百萬人之中，紅衛兵就占

圖 6.3 毛澤東支持時尚。在這幅來自天安門廣場紅衛兵集會的代表性照片中，宋彬彬將紅衛兵袖章戴在毛主席手臂上。這張照片被解讀為毛澤東同意佩戴袖章，就是支持紅衛兵運動。然而全國各地的年輕人發現，模仿毛澤東「革命性」的反時尚選擇—穿上人民解放軍軍裝和配戴紅衛兵袖章—要比推行毛的階級鬥爭思想更容易。資料來源：《中國重建》，第15卷，第10期（1966），第16頁。

了絕大多數。後來流傳的影像畫面中，毛澤東以「總司令」身分穿著軍裝的形象，開始支持並傳播了一種急速成長的新時尚，那就是穿上解放軍軍裝，而且不只軍人家庭的子女這樣穿，幾乎所有年輕人都穿上了。[112] 就在官方媒體試圖通過經濟文宣來阻止消費主義蔓延的同時，媒體也強化了民眾對軍裝的渴望。一種反時尚的潮流就這樣成了新的時尚。

文化大革命期間，由於解放軍制服的供給和種類增加，一般民眾穿解放軍制服的時尚在無意中被炒熱。但是，軍裝的分配卻並不平均。一九六五年六月文革前夕，人民解放軍取消了軍銜制度，原來因軍階不同而在布料品質上有明顯差異的舊軍裝，就被沒有任何差異的新制服所取代。[113] 陸軍把軍服改成了明亮的「國防綠」；空軍改成了綠上衣和藍褲子；海軍把軍服改成了「鼠灰色」。隨著軍隊把舊軍服淘汰不用，大量種類繁多的舊軍服因此流出，這讓很多不是軍人家庭子女的年輕人也有軍服可穿。而舊軍服每個軍銜的布料都各自不同，因而提供了軍服的多樣變化，而這樣的變化正是任何流行時尚趨勢的核心。

例如舊軍服是用高級布料製成，顏色更豐富，尺寸更多，款式更合身。任何能拿到舊羊毛軍服的人傾向認為，穿著新的國防綠色軍服的人都是些不時髦的暴發戶。新軍服之間甚至也有區別，例如軍官制服有四個口袋，而士兵制服只有兩個口袋。這些微小的差別意味著那些來自精英軍人家庭的人，和那些只有國防綠軍服（這在文化大革命期間很流行）

可選擇的普通群眾，形成了不同的時尚階級。老紅衛兵（即文革初期最早成立組織的紅衛兵）大都出身精英家庭，能接觸到老軍裝，因此看不起穿新軍裝的新紅衛兵，這再次顯示出時尚如何洩漏個人身分認同和階級層次。[114]

雖然原則上不允許平民穿軍裝，但國家並沒有執行這一規定，甚至在文革之前，軍人家庭的孩子就經常穿父母的舊軍服。這種做法不僅節省了金錢和布料配給，也證明這個家庭確實實踐了節儉生活，更表明了做為軍人和紅五類成員家庭的地位很高。隨著文革如火如荼地進行，一個人的穿著表明他的家庭階級背景，這件事也可能成為生死攸關的問題。這種個人階級烙印的意義極其重大，即使在寒冷的冬天，來自軍人家庭的青少年也會打開外套最上面的鈕扣，讓人們看見外套下的軍官制服。軍服式樣的多樣性，意味著他們可以利用這些式樣上的差異來展現他們的身分。文革開始時，編輯兼作家劉仰東正好在北京讀小學，他表示：文革開始時，青少年開始穿父母的軍裝。他們有不同的制服可供選擇。例如，冬天的制服是用漂亮的羊毛做的，軍階級別越高，制服就越好。中校的制服是用很厚的黃色羊毛製成的，有栽絨領子，而將軍的軍服是真皮領子。[115]

解放軍軍服的流行時尚，從頭一路往下延伸到全身。在這股流行時尚的最高潮期間，北京的年輕人偶爾會搶奪他人的軍帽。最具時尚意味的目標是軍靴，可以搭配他們的軍服。特別是在冬天，最理想的是上尉軍階的靴子，但很難取得，有些人就找鞋店給他們做一雙。這種軍裝時尚甚至影響了青少年對回力牌球鞋的渴望，儘管有傳言說回力牌球鞋在哈爾濱不受歡迎，但它在全國各地仍保持良好的聲譽。不過，雖然這種球鞋很受歡迎——既可以穿來從事各種不同運動，也可以用於日常活動——但顧客拒絕接受它的藍色鞋款，因為這與最流行的軍裝顏色不匹配。[116]

對軍服的渴望並不限於軍人家庭的子女們，汰換下來的舊軍裝已無法滿足大家的需求，造成市面上舊軍服的短缺，更進一步助長了人們想要擁有軍服的衝動。對解放軍軍服的渴望是如此之大，以至於有許（應該說絕大多數）平民老百姓都穿著自製的軍服。據一位來自廣東省的年輕人回憶，他是如此渴望參與軍裝流行時尚行列，以至於在有人偷走了他從同單位與軍人結婚的同事那裡得到的真正軍裝後，他馬上去買了一件仿製軍裝。他也表示解放軍沒有出售多餘的軍裝，因此任何穿著時髦軍裝、軍帽或軍鞋的平民都很有可能穿假貨。[117] 如此猖獗的仿造行為進一步增強了人們想要購買新時尚、新產品的衝動，從而在文化大革命的鼎盛時期表現出消費主義的本質和運作。由於不再被用來反映軍事背景或軍銜，軍服及仿製品因而變得更有價值，它們傳達了一個人最新的政治立場，很像五〇年代在中國流行的蘇聯風。縫紉機的數量大為增加，使得一般人更容易仿製他們夢寐以求的解放軍軍服。然而不論是真貨還假貨，並不是每個人都敢穿中共解放軍的軍裝；雖然國家沒有正式禁止黑五類階級成員穿這種軍裝，但黑五類分子若膽敢這樣做，就可能招致紅衛兵的批判。然而，紅衛兵也經常從黑五類分子身上沒收或銷毀這些衣服，這表明至少某些成員來說，冒這個險還是值得的。[118]

小結

到頭來，與國民黨時期的「國貨運動」非常類似，「破四舊運動」與早期政治和消費主義活動糾結在一起的情況，反而鼓舞和強化了它本來試圖控制或根除的消費主義衝動。文化大革命激發了新一代人的衝動，在所謂追求一個更加平等的社會主義社會的過程中，透過購買和展示某些特定產品來表現自己的與眾不同。在人們擁有象徵著不平等的物質時，社會等級制度的各種新形勢被創造出來。與此同時，文化大革命還將消費主義擴大覆蓋到全國數千萬的新參與者身上。

紅衛兵們曾聲稱看不起造成社會不平等的那些潛在經濟、政治和制度安排，然而即使是在文化大革命暴力的高峰，他們也很少攻擊這些安排。因此，即使文革終究未能摧毀

「封建」和「資本主義」文化，但這不應被視為是政治上的失敗，而應被視為是共產主義革命與生俱來的問題。「破四舊運動」的參與者不但沒有終結工業資本主義不平等中的消費主義表現，反而繼續擴大了這種不平等。但是，在工業資本主義的光譜上，國家資本主義這一端的制度安排導致人們無法平等地獲取產品。從這個角度來看，文化大革命這些臭名昭著的活動，並不代表毛澤東時代在最大程度上建設社會主義和拯救共產主義革命，而是資本主義和消費主義的進一步擴張。

第七章

消費狂熱的毛像章現象

除了清除中國社會的資產階級和封建分子之外，文化大革命的另一個主要目標，是向中國青年灌輸革命的社會主義文化價值觀。該運動的主要支持者毛澤東認為，青年是一個關鍵性工具，可以用來打擊他所看到的國內日益增加的資本主義式官僚。更具體來說，毛澤東擔心官僚機構的成員，他們有權運用和分配國家剩餘，因此開始變得沈迷於維護這種權力帶來的更高的地位，以及更好的生活方式。簡言之，國家資本主義的制度安排，就是在市場資本主義國家裡創造出相當於資產階級的一種階級。為了對付黨內對黨的革命目標日益增長的這種威脅，毛澤東轉向年輕一代。在一九六五年，毛澤東對美國記者愛德加・史諾（Edgar Snow）說，他認為這些年輕人並沒有在之前的革命鬥爭中受過關於革命原則的教育，所以有潛力推動「向共產主義繼續發展的革命」，不然就會「否定革命和幹壞事」。[1] 基於支持和鼓勵年輕人，毛澤東努力招募紅衛兵，向他們灌輸實現共產主義革命承諾所必需的價值觀。

文化大革命的最初幾年，毛和黨內其他領導人開始激發和加強年輕人的革命理想，方法是鼓勵他們參與諸如第六章所描述的各種活動，包括大型集會、革命活動，或是穿著軍裝、持有毛澤東各種著作，來體現他們的革命熱情。在文革十年的初期，用來表明革命身分的強大圖騰之一就是毛澤東像章，雖然在中國以外毛澤東像章的知名度不如《毛主席語錄》。這些像章印有毛澤東的肖像或革命口號，是在一九六六年八月十八日天安門廣場舉行的第一次群眾大會之後開始流行起來。[2] 很快地，全國上千萬紅衛兵都渴望參加集會一睹毛的風采，宣示他們對毛和革命的承諾，並帶一枚毛像章回家做為參加的證明。

正如本章將要說明的，這些像章為其擁有者創造出來的象徵性和社會價值，迅速激起了一股物質欲望的浪潮，推動了幾十億枚像章在全國和全球各地生產、銷售和收藏。[3] 跟規模更大、更引人注意的文化大革命一樣，這股毛像章狂熱也是由國家發起的，用來達成極其緊迫的政治目標，但這股狂熱同時提供了很重要的例子，證明消費主義自我擴張和具強制性的特質。[4] 對毛像章的狂熱，反映了工業消費主義的三個核心特徵：大量生產，無休止地交換和討論，以及用佩戴這些像章來表達身分認同和社會地位。但這股像章狂熱與各地的消費狂熱有一些共同的特色。狂熱是一種被強化的時尚形式：它們突然出現、被熱情擁抱、從社會的一小部分迅速向外擴展、吸引廣大群眾參與，然後和開始一樣突然結束。[5] 流行時尚的狂熱通常不必花很多錢，也很容易加入，因此很容易就能鼓勵大眾參與和模仿，並在需求大於供給的情況下，一下子就引爆大眾的熱情，人們經常為了參與這股狂熱而採取極端行動。隨著狂熱迅速發展，往往會誘發一種欲望，而這種欲望後來會變得跟產品的最初用途或社會價值完全脫離，結果創造出全新的階級制度。

當毛澤東審視著一九六六年夏末湧進北京的一群群崇拜他的青少年時，應該沒有預想到，他在文革期間動員的這些年輕主人公，會傳播他本來想要抵制的那些價值觀。儘管紅衛兵在天安門廣場和全國各地吶喊的高漲情緒，似乎表明了毛對他們這一代最殷切的希望，但這些年輕人對毛像章的狂熱，進一步證明了日常行為將會如何促進消費主義和否定共產主義革命。

像章狂熱的國家起源

做為一種典型的流行時尚狂熱，絕大多數的毛像章都是在很短的時間內生產出來的，先是從一九六六到七七年文化大革命的頭幾個月開始，到一九六九年四月中共第九次全國代表大會前後達到頂峰，六九年六月以後迅速衰落。雖然這股狂熱在全國各地興起，但第一批推動者是經由國家生產和銷售管道獲得毛像章的高級幹部，他們啟動了這些通路以創造和傳播這股狂熱。到了一九六六年十月中旬，也就是北京第一次紅衛兵大集會僅僅兩個月後，林彪元帥、周恩來總理等高級幹部們出現在公眾面前及各地流傳的報紙圖片上時，他們的外套上都戴著毛像章。隨著政府官員開始把毛像章當作禮物送給前來首都的遊客，這一股時尚狂熱也跟著散播，例如周恩來就贈送了一萬枚毛像章給新疆學生代表團帶回家鄉。[6] 不到幾個月，這一股狂熱就開始了，各級政府幹部都自豪地戴上毛像章。[7]

這股狂熱能夠在如此短的時間內快速傳播和多樣化，部分原因應該歸功於國家之前開發和推廣毛像章的歷史。黨在一九三〇年代，即天安門集會前幾十年，製造了第一批帶有毛澤東肖像的像章，在四〇年代已成為初期毛個人崇拜的一部分。[8] 這些像章最初是被當作獎章，用來授予有功勳的人或紀念重要事件，如完成某項公共工程或建設項目。這些最初的像章為小量生產，主要贈送給精心挑選的傑出人士佩戴。除了單獨放置毛澤東肖像，他們有時會把毛和其他民族英雄，諸如魯迅、朱德和林彪的肖像擺在一起。新中國成立後，私人公司開始將毛的形象商業化，有時還為了特殊場合製造出高品質的毛像章奢侈品，更做商業生產，用來配合由國家發行或個人像章的製作和發行。例如一九五〇年，上海文具店老鳳祥就製作了少量的二十二克拉金質毛像章，以紀念新政府成立。這是一家上流社會商店試圖通過接受新秩序來改造自己，同時將社會主義時尚商業化的另一個例子。然而，當時絕大多數像章仍由國家為了官方目的而製作。例如一九五一年，做為抗美援朝運動的一部分，中國人民政治協商會議全國委員會的代表們全都獲得了銅質毛像章。[9]

不久，其他人民也渴望得到毛像章。一些人開始製作自己的像章，比如六〇年代初期參加越戰的中國軍人，他們用被擊落的美軍飛機上的廢金屬製作像章。[10] 一九六七年《人民日報》報導一位北京工廠工人田治海，他在一九六六年八月製出毛像章，引發一波熱潮。他用新生兒佩戴的吉祥物製作模具，一共花了八個月，才用《人民日報》上刊登的毛澤東照片製作了一枚毛像章。新產品立即受到工廠客戶的歡迎，隨著這股狂熱的流行，這家工廠與全國其他廠商分享了這個模具，幫助加快全國各地的生產。經過五〇年代的資本積累和工業投資，國家已經有了促進時尚、擴大生產、滿足消費者需求的機制，並替國營工廠賺錢。[11]

像章狂熱早期的主要響應者，是被動員的一支真正的消費者大軍。當林彪在「大躍進」之後接掌人民解放軍時，他開始推動毛像章，發動規模更大的毛崇拜，用像章來宣示對毛的忠誠。[12] 一九六七年五月，全國各大報紙頭版文章大大稱讚林彪決定向所有解放軍人員頒發一套兩枚像章，其中一枚是星形像章，中間是毛的頭像，另一枚是長方形像章，下方印有社會主義口號「為人民服務」，是毛的書法作品。[13]「為人民服務」是毛澤東為紀念一位陣亡軍人發表的演講標題，這句話概括了中國國家資本主義賴以存在的前提——勤勞的工人和節儉的消費者為了人民和國家集體利益而作出自我犧牲。[14] 在資本主義繼續蔓延的政治經濟中，這是一個可預見的予盾，因為原來像章上的口號是在頌揚穩定物價和消費者的節儉，後來卻變成一種高價值和廣大人民期望的像章。[15]

官員利用國家資本主義和國家消費主義的資源，特別透過降低像章價格和增加生產的方式，來直接刺激和滿足大眾需求，進一步動員消費者後備大軍。財政部還對生產革命產品（包括像章）的工廠給予特別的文化革命減稅獎勵。一九六六年八月二十七日，也就是第一次群眾大會過後不到兩周，國務院全國價格委員會就下指令要求全國各地商店對所有與毛澤東有關的產品，包括海報、雕塑、毛澤東詩詞書法、畫框，當然還有像章，要盡量降低售價。價格下調的產品還包括墨條和毛筆，大概是為了鼓勵人們製作大字報。[16] 委員會還警告不要哄抬價格，並敦促地方官員「確保不抬價」，還要降價到「接近生產成本的價格」。國家更下令增加像章供給量，例如命令擁有二千二百萬人口的陝西省生產三千萬枚像章。[17] 因此，國家對經濟的控制提供了啟動像章狂熱的最初需求和最初供給，從而代表國家想創造更多收入，也就是使用消費文化和資本主義市場的技術來追求資本積累。

儘管無數人取得毛的紀念品，以表明他們對毛澤東、共產主義革命和中國的赤膽忠心，但像章狂熱也從參與者的極端壓力氣氛獲得了無法估量的好處，這一事實在無數對那個時代的回憶中得到了證實。[18] 來自紅衛兵的壓力和大環境促成一大片紅海，這刺激了一種欲望——基於政治上的必要性——渴望擁有以毛澤東為主題的物品來表明自己的忠誠。[19] 一些國營場所規定必須佩戴毛像章才能進入；例如在上海，電影院的工作人員會檢查觀眾的像章和電影票。[20] 有些學校甚至要求學生每天帶三樣東西上學：毛選（毛澤東

圖 7.1 各式各樣的毛像章。請注意，不管是像章大小、圖像和材質（塑膠、鋁和瓷器），都有很多樣式。這些毛像章裡包括右下方的「夜光」像章，以及它上面的那枚毛像章，毛澤東望向右邊；對製造者來說，這是一個有潛在危險的圖像，因為這暗示毛澤東支持右翼政治。最右下角的星星形狀像章，是送給解放軍軍人的一套兩枚毛像章的其中一枚，但後來一般民眾也開始佩戴。

選集）、毛語錄和毛像章。學生到校時，紅衛兵會上前檢查，沒有帶齊這三樣東西的學生就禁止進入學校，導致許多學生拼命想拿到這三樣物品的最新款。[21]

國家動員群眾參與毛像章狂熱，很快就產生了無法滿足的需求。在文化大革命的最初一年，隨著生產增加，更多人開始擁有和佩戴毛像章。到了一九六七年年底，隨著文化大革命範圍的擴大，新的革命委員會獲得了更多的政治和社會權力，每個委員會都想要擁有自己訂製的像章，因此產量大為增加。據估計，在那個時間點上，超過一半的人口擁有像章（百分之五十九），這個數字在一九六八年攀升到百分之八十九，一年後更幾乎達到人口的全部（百分之九十四）。[22] 在廣州等城市，一些居民試圖確保每個人都有一枚像章，他們收集像章後發送到全國較貧窮的地區。[23] 雖說聲稱全國人民都有像章也許不太可能，但除了毛語錄之外，沒有其他東西在當時是如此普遍，超越了年齡和性別限制，甚至還超越了種族。一九六六到七一年期間，毛像章生產總數估計在二十五億至五十億枚之間。[24] 儘管這些估計的範圍誤差很大，但即使是最低數字也很可觀，是中國當時約七億人口的好幾倍（圖 7.1）。

自我膨脹的像章狂熱

然而很快地，對像章的需求大幅成長，已經超出了國家滿足和控制這股需求的能力，因此很難估計實際生產的授權和未授權像章總數。隨著這股狂熱越來越瘋狂，國家認可的像章製造商開始少報像章生產量，以保留更多的像章在各自的工作單位間分發，或拿來交換其他東西。[25] 有證據顯示，國家工作單位生產了大量授權和未授權的像章。在一九六九年這股狂熱達到最高潮時，共有二萬多家「工廠」生產毛像章，其中大多數未經授權，這說明國家消費主義有能力激起民眾巨大的物質欲望，而不僅僅是宣傳艱苦奮鬥和節儉生活。[26] 在中國各地，大大小小的工作單位都把國家分配給它們的資源重新挪來生產毛像章。例如在東北城市大連，即使是該市最小的商業組織太陽升商店，也有自己訂製的像章；北京最小的公共交通組織五路車站，以及瀋陽最小的工作單位玻璃量杯廠黨支部，它們的工人也都有自己生產的像章。[27]

這種未經批准私下生產和銷售毛像章的現象，說明國家無法獨占出售像章所需的資金分配和所得的利潤。未經授權的生產商在黑市甚至公開場合交換像章，跟其他工作單位交易，或未經官方許可在自己的工作單位內發送。授權廠商也經常從事未經授權的分銷活動。例如一位化名為默人的部落客回憶，一九六七年他還是一名年輕學生，父親的朋友帶他參觀了武漢最好的像章工廠之一，在那裡他收到了工廠製作的所有像章樣品，以及工廠與其他製造商交換的像章樣品。[28] 來自全國各地的無數軼聞故事，揭示了這些活動如何破壞國家資本主義對經濟的控制；即使是看似輕微的國家資源分配不當，也會犧牲國家的其他目標。

像章的個體化和個別化生產，進一步破壞了國家資本主義，將勞動力和物質資源挪用到不是原來要用的其他地方。文化大革命導致年輕人停課和高失業率，許多人有足夠時間從事其他活動，包括自己動手製作像章。例如，武漢的一位年輕人陪著叔叔去了他的工作單位，當地一所工程學校，在那裡他們用學校的設備製造出未上色的金屬像章，然後這位年輕人在家裡親手替它上色，製造出他所說的「鎮上最好的像章」。[29] 一些報導描述人們在黑市取得半成品像章，然後在業餘時間或在國營培訓班上課時，用油漆和黏合劑替這些像章上色、修飾。[30]

儘管幹部可能鼓勵年輕人自己動手製作像章，或讓工作單位的成員們一起製作像章，但像章狂熱將國家的資源和勞動力轉向私人像章生產，程度遠遠超出了任何官方授權。例如在福建省三明市地區，製作像章的人會利用醫院注射器，因為注射器的針頭夠鋒利，可以在精緻的像章表面注入油漆。自製像章的人發現，他們可以從工作場所偷取未完成的像章，然後塗上獨特的顏色，創造出具更高交換性和社會價值的像章。許多想擁有自己獨特像章的工作單位和工廠從製造商那裡取得未上漆的像章，然後在工作時間自己上漆。這種做法也延伸到國家官僚機構。一些革命委員會成員認為像章的製作和分發過程太慢了，於是他們利用工作時間來上漆、烘乾和分發像章，等自製的像章一烘乾就立即佩戴上。[31]

在需求方面，像章狂熱開始以無法控制的速度擴張。人們處於各種不同的個人原因佩戴像章，間接地增加了同年齡人間的壓力和跟風的趨勢，從而擴大這些像章的用途。像章既可用來表明自己的身分，也可用來和別人一較高下。取得並佩戴毛像章是為了保護紅衛兵，因為紅衛兵可以用像章來表示他們已經加入革命先鋒隊的特權階級。即使是非極端派也意識到像章的社會價值和交換價值。隨著獲得像章的強制性增加，取得新像章的競爭更為激烈，有時甚至產生可怕的後果。在政治上，除了使自己避免受到可能的紅衛兵攻擊，佩戴像章更是提高個人社會地位的一個有效方法。在像章狂熱之前，表示對黨的忠誠，是加入黨的青年組織（共青團）的關鍵資格標準；而加入共青團後，將來就能正式入黨，享受所有的社會和經濟利益。新中國力爭上游的競爭特質，間接促成了年輕人對像章無休止的需求。

收集和展示最新、最好、最大的毛像章，既是一種政治策略，也是一種明顯的社會和經濟發展策略。社會學家安舟（Joel Andreas）指出，社會主義改造消滅了對生產工具的私有制之後，在剩下兩種資本形式——來自教育的文化資本和來自和黨及國家關係的政治資本——的基礎上，逐漸出現了一個新的統治階級。社會想要進步，很大程度上必須取決於這些文化和政治形式的資本。由於獲得文化資本的教育途徑更加困難，許多中國青年便透過入黨以尋求政治資本。對於有意走政治這條路的人來說，想要取得正式黨員資格，最簡單的途徑就是通過各級黨營組織循序漸進。黨員身分能夠獲得很大的獎勵，但想入黨的替代道路卻很窄，這是高度競爭的過程。幾乎所有六歲到十四歲的兒童都是少年先鋒隊隊員（通常稱為紅領巾，他們用戴這樣的領巾來表示他們是少先隊員），但只有百分之二十的青少年和成年人從少先隊員升入共青團。在這百分之二十的人之中，只有百分之五的成年人能晉升進入正式黨員的最高級圈子，伴隨黨員身分而來的則是美好工作前景和地位。32 在競爭激烈的政治運作的世界，未來的幹部都會抓住一切可能的機會，使自己從同輩中脫穎而出。

像章的擴展意義及用途

除了彰顯個人社會地位，透過鑒賞和擁有某種物品，毛像章還成為用來顯示自己與眾不同的一種方式——這與文化大革命的目標完全相反——並以此表明個人的相對財富和權勢關係。就像第一章所討論的，能夠買到「三大件」物品，就是證明一個人的能力，能夠在計畫消費短缺的經濟條件下買到難以取得的物品。同樣地，能夠展示一枚罕見的像章，證明了這個人竟然可以在一個不是光靠金錢就能拿到某樣物品的艱難環境中予取予求。能夠對像章和三大件都展現出豐富的知識，成為階級和社會地位的標誌，譬如展示（和炫耀）一個人收藏的像章及其價值，就變成談話和社交活動的熱門話題。此外，像章的價值還因地方不同有所差異。人們會把像章送給其他地方的親朋好友，因為他們知道，這些像章在其他地方會更有價值。[33] 一位筆名叫清茶的部落格作者，他的父母在他小時候收集毛像章，這是當時一種非常流行的消遣，為人們提供機會去「比較和吹噓他們收藏的品質和數量」。客人來訪時，他的父母會展示他們的像章，偶爾做一些交易。[34] 這些每天都會做的社交行為——展示、處理和與親朋好友交換像章——進一步提升了人們對像章的認識和渴望。

隨著毛像章狂潮的發展，人們進一步將像章工具化做為賄賂和禮物，這突顯出與正規國家經濟並駕齊驅的黑市經濟。人們收集、交易、送出像章，以討好社會各個階層的人。對於日常賄賂，像章比現金更有用，因為人們當時仍然需要有適當的配給券才能用現金購買物品，而缺乏物品和金錢的地區，只能依靠以物易物的經濟型態。在用來賄賂某人或建立關係的各種物品排行中，像章有時比香菸或酒類更有效，也更受歡迎。一些紅衛兵的回憶錄裡記述了利用像章賄賂或取得便利的一些事例。雖然索討現金在政治上不被接受，但索討像章，卻將這種行為的風險降到了最低，特別是在凡帶有「資本主義」味道的所有東西都會遭到攻擊的這種政治環境。前紅衛兵耿淩回憶，在一次紅衛兵遊行中，他接受別人給的像章而不是用現金交換，以此讓他用腳踏車送這位陌生人一程，然後又用其中一枚像章換到搭卡車的便車：「司機不敢公開向我們要錢，怕我們記下他們的車牌號碼並舉報……相反地，他們要的是毛像章，可以拿去黑市交易。」[35]

有些時候，人們會用像章代替現金。例如去公園，可能會給銷售攤位一個低端毛像章，而不是買入場券。如果沒有買車票上車而被抓到，那人可能會給列車長一枚毛像章做為車票的替代品。[36] 一些學生和工廠工人在打牌或下棋時使用像章賭博。[37] 簡而言之，像章交易成為每天可見的日常，其效用進一步維持了這股熱潮，以及因而產生的消費主義。人們推測像章的價值會不斷上漲，因此很多人一口氣收集了幾十個、幾百個、甚至幾千個像章，就像眾所周知的守財奴囤積黃金那樣。像章交易的普遍存在，再次突顯出這一時期對資本主義傾向的刻薄攻擊，如何掩蓋了中共經濟和政治結構潛在的資本主義制度安排。勞動並沒有停止被商品化，而是以另一種替代貨幣支付了。

如果每一枚毛像章都一模一樣的話，那麼這股熱潮可能很快就會褪去——或者一開始根本就不具備時尚狂熱的特質。相反地，像章的種類、款式和品質範圍不斷擴大，導致了「像章膨脹」現象，類似於其他受歡迎消費品的情況，例如強迫用更時尚的手錶取代還能正常的手錶。數百萬人同樣被迫感到必須升級到更時尚的像章，因為他們擁有的像章不受歡迎；或者擴大收藏，以展示他們對現有選擇的專業和鑒別知識。如同所有類似的消費狂熱，當像章經濟中的這股狂熱開始時，一個小的或普通的像章可能就很受到歡迎，但隨著時間推移，人們會開始尋求更特別或更大的像章來傳達相同的地位。像章的擁有變得越來越普遍，價值觀的複雜性和流通層次結構也助長了競爭和炫耀性消費，因為像章擁有者會試圖擁有更時尚的像章，來展現自己在同年齡層出類拔萃。這些由時尚狂熱推動的消費模式的爆發，不斷地破壞國家資本主義和國家消費主義，並且在「國家—私人」的光譜上朝向更以市場為基礎的資本主義和消費主義。

毛澤東去世後，重新出現了眾多像章收藏家組成的社群，我們仍然可從它們製作的大量書籍和網站中，看到最終製作出來的無窮無盡的各類像章，大概有幾萬種之多。[38]和現在一樣，當時像章間的細微差異會造成價值不一，有些像章比其他像章更時髦或更有價值。[39]雖然表面上，國家製造毛像章是為了增加意識形態的熱情，但這種像章狂熱複製了品牌的消費主義效應，顯示了消費主義的自我擴張性質。隨著像章狂熱失去控制，像章的社會價值和交換價值逐漸由四個主軸來決定：政治意義、相對稀有性、材質差異和大小。

其中，像章首先根據其蘊含的政治意義，在傳達對毛澤東和革命的忠誠的社會價值（也就是其潛在的交易價值）上，會有所不同。毛像章上往往有「為人民服務」以外的革命口號，如「造反有理」、「敬祝毛主席萬壽無疆」等。背面通常印有工作單位名稱、像章製作的紀念理由，以及製作日期和地點，所有這些都產生了類似品牌的效果，反過來使像章更具排他性，對收藏者來說也更具價值。[40]根據多位紅衛兵的回憶錄，與毛澤東有關的地方製造出來的像章，特別是在他的出生地製造的像章，是人們最嚮往的。同樣地，人們更看重一些視覺符號，例如「忠」這樣的字，可以出現在正面或背面；向日葵圖像象徵奉獻；芒果則象徵毛澤東的仁愛。[41]在北京，最受歡迎的毛像章是專門為人民解放軍總政治部製作的兩枚一套原版像章，人們非常重視這套像章。據某位人士表示，幾十枚這樣的像章可以用來交換高級品牌的腳踏車，例如飛鴿牌腳踏車。[42]

第二個主軸是可用性。和任何限量版產品一樣，少量製作的像章非常有價值且具吸引力。比如令人垂涎的韶山毛像章，背景是韶山沖村的毛澤東故居圖畫，非常罕見，甚至只要四枚韶山毛像章就可以換到一輛飛鴿牌腳踏車。[43] 除了在毛澤東出生地表達對毛的敬意之外——這是像章表面上的目的——從韶山獲得的像章的高交換價值，有助於吸引更多的紅衛兵前去參觀。例如，姚小平和他的同學在朝聖過程非常高興地發現，每一位參觀毛故居的遊客都會收到一套四枚紀念章，於是他們就去參觀了好多次，每一次都要忍受排隊六個小時的辛苦。[44] 他們多次參觀毛故居的動機似乎不是為了表達敬意，也不是為了研究毛澤東文化大革命背後的反資產階級消費主義和反資本主義中心思想，而是把他們的勞動（排隊等候）轉化為更有用的像章資本。

個人和各地使用各種不同的材質，來製成種類繁多的毛像章，這就構成了像章本身和交換價值之間的第三個差異主軸。雖然鍍鋁的毛像章最常見，但也有用金、銀、銅、不鏽鋼、錫和其他金屬製成，譬如鉛、鋁，甚至炮彈外殼。[45] 能夠取得其他材料（如鐵、琅和塑膠）的工作單位，通常會改變這些材料的用途，拿來擅自生產未獲授權的像章，或用其他當地材料來製作，包括竹子、陶瓷、木材、骨頭、大理石、玻璃和紙板。到了一九六八年，以前專門生產御用瓷器的景德鎮所生產的瓷質毛像章開始出現。儘管人們認為用昂貴材料製成的像章更受到喜愛，但基於它們的聲望或稀有性，收藏家們都希望在他們的收藏品包含用各種材質製成的像章。[46]

最後，像章膨脹最明顯（或最具象徵意義）的跡象，就是像章本身的尺寸越來越大，很快就從不足半英寸長到了像餐盤那麼大。正如馮驥才回憶的那樣，在某種程度上，「像章越大，佩戴者的忠誠度就越高，也就越引人注目。」但正如他所承認的，像章的魅力在於「總而言之，這些像章必須是當時最新、最大、最時尚的像章。」[47] 尺寸如此珍貴，以至於更小的像章會被回收利用，再製成更大、更顯眼的像章。儘管有很多人擔心在文革期間，不當處理帶有毛澤東形象的物體，會被認為是不尊重的表現，或更糟的是持反對意見的表現，但尺寸比較小的毛像章還是會被刻意銷毀，再回收來製造更大、更時尚、更有價值的產品（圖 7.2）。[48]

（像章）大串聯

另一個例子是，國家向年輕一代灌輸革命價值觀，卻造成了意外的後果。這是文革期間另一個矛盾、但基本上無人深入研究的事件：革命經驗的大交流。在天安門廣場第一次集會後不久發起的「大串聯」，准許數百萬學生自由往返北京和全國其他革命地點參加政治集會，以提高他們的革命意識。[49] 實際上，國家對資源進行了重大的重新分配，從完全專注重工業，轉向灌輸社會主義價值觀的政治目標。國家

圖 7.2 自我膨脹的像章狂熱。毛像章不僅尺寸越來越大，而且與其他消費品的製作一樣，複雜程度也越來越高。尺寸從左邊的普通大小的像章，擴大到中間的中型像章（底部寫著「忠」的字樣），最後是帶有毛澤東現身在紫禁城（中國傳統的權力中心）上空圖像的大型像章。

命令全國的火車、卡車和船隻運輸網提供免費交通，地方政府則為數千萬青少年提供免費食宿。可以預見，這樣的經濟代價是相當龐大的。在一九六六年，由於客運量大量增加，估計煤炭、木材、鋼鐵和建材等貨物和原料運輸量減少了一千萬噸，對工廠生產和基本建設產生了不利影響。[50] 結果過沒多久，國家的工業化優先項目就再次站立起來，凌駕傳播社會主義文化的次要目標之上。大串聯計畫僅僅幾個月就被終止了。然而，該計畫在進行期間深深地影響了像章狂熱和消費主義，讓它們擴散到更廣大的地區。[51]

這次大串聯的既定目標，是要讓革命後的這一代學生——毛澤東擔心這些學生會逐漸否定革命——親身體會共產主義革命的成果和參與者的犧牲。這次大串聯也是為了激勵紅衛兵把文化大革命傳播到全國各地社區，因為各地方幹部可能一直在阻撓文革的實施。這些學生當中很少有人去過家鄉以外的地方，他們發現自己無法抗拒免費的交通、到處旅遊，以及參與政治活動的大好機會。因此，在接下來的幾個月裡，來自中國各地的紅衛兵和其他年輕人蜂擁到北京，希望親眼看到毛澤東，這促使毛主席又舉行了七次紅衛兵大集會。到一九六六年十一月二十日國家取消免費旅遊為止，已經有大約一千萬名學生和他們的老師來到北京；人數如此之多，以至於這座首都不得不在天壇的空地上搭起臨時帳篷，一次容納四十萬名訪客。但在這次大規模的實地考察之旅中，北京只是其中一個目的地：

中央政府一共設置了四千處接待點，全都設在通往對共產主義革命歷史和重要人物生活有特殊意義的地點沿途。

這次大串聯達到了許多政治目的。正如一位專門研究毛崇拜的歷史學家所指出，這場大串聯「比任何其他因素都更有助於傳播毛的個人崇拜，以及在全國範圍內攻擊舊文化。」[52] 然而，在此同時，這次大串聯卻也造成國家被迫去挪用工業優先項目的資源，並讓數百萬紅衛兵竄流全國各地，不但破壞了國家資本主義，也擴大了毛像章風行的範圍，導致必須再挪用更多資金來生產和囤積毛像章。儘管天安門廣場集會是獲得授權像章最受歡迎的目的地，但學生們也蜂擁到五千里長征沿線和其他「革命聖地」，其中很多地點都在農村地區，學生們朝聖時都會在每一站收集像章。每天都有數以萬計的人參觀這些重要地點，比如毛澤東的出生地湖南省韶山市，因為參觀人數太多，當地像章工廠無法滿足需求，國家不得不建立一個專門的補給網絡來滿足額外需求，每天都要把大量的毛像章從上海空運到長沙，再用卡車運到韶山。[53]

無論大串聯這個項目在傳播革命價值觀或摧毀「舊文化」方面取得了什麼樣的成功，參與這項活動的學生都把大串聯當成趁機從事文化大革命所攻擊的一些活動，包括購物和旅遊。大串聯活動也把在上海和其他大城市已經流行的消費主義形式和相關行為介紹給數百萬農村青少年；如果不是大串聯，這些農村青少年根本沒有資源或機會去這些地方旅遊。[54] 此外，大串聯還為旅遊學生提供了在各個革命聖地收集像章的機會，讓他們接觸到其他學生佩戴的各種像章，一些非正式的市集和像章交換站也在各地紛紛出現，包括火車站，以及國家鼓勵他們參觀的一些革命聖地。

來自小城鎮的紅衛兵很快就學會了模仿大城市的紅衛兵，他們不僅戴著毛像章，甚至還非法交易這些像章。有個典型的故事是關於高原這個人，他在前往北京的一次大串聯朝聖中獲得了他的頭兩枚像章。他表示在天安門廣場南側松樹林裡，「我們發現毛像章交易十分活躍。我問是否有人願意賣給我像章。「我們不是投機客，」一個男孩說，「我們只做交換。兩個小的換一個大的。」高原沒有任何像章可交換，但男孩們有個變通方式，就是用十張毛澤東照片換一個像章。高原很快買了兩包毛澤東的照片，用它們換到兩枚像章：「我把其中一枚別在胸前，另一個放在口袋裡。我確信，我能夠感覺到毛主席的光輝在我身上燃燒。」[55] 在文化大革命的鼎盛時期，卻必須利用黑市交易來滿足欲望，這樣的矛盾現象讓高原和這些像章交易者都迷失其中，他們的多重動機和政治熱情全都被工具化，或轉化為物質欲望。

從參與大串聯的學生們所敘述的幾十件事例中可以看出，在重要的革命場所分發像章，會激勵學生旅行，因而形成一個所謂的反饋迴路（feedback loop），在這個迴路中，更多的旅行產生了更多對像章的渴望。例如曾經在長沙當過紅衛兵的梁恒回憶，他十分羨慕堂兄佩戴的一枚十分漂亮的像章，因為這枚像章比他見過的任何像章都要大。堂兄告訴他，他是在學校前往韶山的旅行中得到這枚像章的，梁恒「下定決心，有一天我也會去，即使必須徒步走到那裡。」[56] 從遙遠地方或難以到達的地點收集像章，這樣的困難度反而增加了像章的社會價值，使學生更加渴望去這些地方旅行，或從其他收藏者那兒取得這樣的像章。[57]

透過大串聯，國家提供學生最便宜和最容易獲得的管道，讓他們得以學習到，什麼才是最合適的像章，並產生取得這種像章的欲望，甚至還想收集各式各樣的珍貴像章。一九六六年十月，如同來自中國各地的數百萬學生，姚小平和他的同學們利用大串聯的機會參觀了武漢、廣州、長沙等地，從他們的敘述來看，比起革命歷史，他們反而更加瞭解了像章的巨大多樣性。他們在廣州參觀第二十屆中國進出口商品交易會（又稱廣交會），儘管文革譴責資本主義，但這屆年會仍舊舉行（圖7.3）。大廳裡擺滿了毛的圖像和寫著毛口號的橫幅，反映了早期的社會主義文宣形式。姚小平說，博覽會上最吸引人的地方是一個巨大的玻璃箱，裡面展示著各種漂亮的毛像章。[58] 他們可以看，但買不到。另外有人表

圖 7.3 文革期間的交易。雖然中國對與市場資本主義國家的貿易一直保持謹慎態度，但黨還是需要出口產品來支付技術和糧食進口。即使是在文化大革命的鼎盛時期，廣交會仍如期舉行，不過會場外面還是掛著社會主義的大布條和海報。在最上面毛澤東肖像兩側的直幅大布條，分別寫著「偉大的領袖毛主席萬歲」和「偉大的中國共產黨萬歲」。右邊中間（大巴士後面）的海報上寫著「跟著毛澤東，世界一片紅」。與此同時，在一九六八年這同一場交易會的會場裡，主辦單位一共賣出二十三萬多枚毛像章。資料來源：中國出口商品交易會，《經濟導報》增刊，1968年4月15日，第38頁。

示，儘管遊客需要門票才能進入交易會，而且展品只賣給外國人，但當地民眾還是與香港和澳門商人私下接觸，請他們代為購買像章。[59]

這些像章的誘惑力非常強大，當地官員最終用它們來鼓勵學生遊客離開城市。在上海，當國家宣布停止大串聯並下令外地學生回到各自家鄉後，大量湧入上海的大串聯學生卻繼續逗留上海，當地官員於是想出引誘學生離開上海的法子：學生只要搬離校園住宿點，或出示火車票證明即將離開上海，地方幹部就發給他們非常珍貴的特別版毛像章。[60]這種做法非常有效，即便上海當地工廠生產像章的原材料已在一九六六年十二月即將用罄，負責發放像章的上海辦事處還是優先把像章發放給自願離開的來訪學生。[61]

大串聯因此在不知不覺中否定了自己的目標，反而把學生變成了收藏家和遊客，把消費主義和毛澤東希望灌輸的社會主義價值觀一起推廣了出去。對數百萬中國青年來說，正如官員所希望的那樣，這次大串聯讓他們有了交換「革命經驗」和參與群眾政治的機會。但這也讓他們可以遊歷全國，一路參與消費狂熱，透過和同輩學生的交易來學習新的狂熱層面。正如許多毛澤東時代的回憶錄中，人們如何獲得第一章所討論的「三大件」那些極為生動的故事，許多談到文化大革命的回憶錄也包括了如何拿到像章，以及之後進行交易的故事。當這些中國青年和其他人被認為正在建設社會主義時，他們也在建立自己的像章收藏（圖7.4）。

政府打擊

儘管許多中國人想要像章是為了他們的明確目的——傳達個人對毛澤東和黨的忠誠以及革命的熱情——但事實上，他們是透過消費（而不是透過安靜的反思）來實現這一目的，這再次證明了消費文化在整個毛澤東時代的持續和擴張。像章與無處不在的海報和毛圖像不同，它給了佩戴者與毛澤東的個人連結和表達機會，尤其是當這些人佩戴自己親手

圖 7.4 課堂照片。在北京101中學的這張畢業照中（照片上面那一行中國字，是畢業場合經常使用的一首詩句），大多數學生都戴著像章，有些學生還戴著紅衛兵袖章。到一九七〇年，大多數城市居民都會有一套像章可供參與這些正式場合。許多人，包括胡亞非（中間一排右三）都選擇了瓷器像章。資料來源：胡亞非和寒哲（L. James Hammond）合著，《我在中國的青春歲月》（*My Youth in China*，2017）。獲得授權使用。

製作出來的像章時；或者就如紅衛兵梁恒所形容的，佩戴毛像章是「熱情和真誠的國家象徵」。[62]儘管如此，即便是在文革歷史的最高峰，這些愛國熱情和對黨的忠誠表達，卻破壞了文化大革命的既定宗旨，實際上更破壞了紅衛兵聲稱要推進的更大幅度共產主義革命。

終於，包括毛澤東本人在內的政府官員開始意識到，毛崇拜，尤其是像章狂熱已經失控，並已經成為勤工儉學風氣的反面。不管他們施行怎樣的公權力，最終都會被物質和勞動成本所抵消，越來越多證據顯示這股狂熱正在複製文化大革命想要消除的「封建」和「資本主義」文化表現形式。包括毛澤東本人的疑慮，以及對擁有和展示像章渴望的深度和廣度，都可由毛的一位機要祕書謝靜宜所回憶的一件事上看出來。謝靜宜表示，她和毛澤東身邊的其他工作人員都參加過收集像章的瘋狂活動，一九六七年年底，她決定將自己的收藏展示給毛澤東看。當謝解釋每個人都在收集像章，而且像章收藏量都比她大得多時，「毛的臉色立刻變得嚴肅起來。我知道他很不高興；我從來沒見過這種表情。我變得緊張起來，於是馬上闔上了像章收集冊。」毛澤東把收藏像章比作當時已禁止的資產階級集郵愛好，他聲稱：「天哪！這真的太浪費了！」然而，當毛澤東要求她交出她的像章收集冊時，她拒絕了，說道：「如果你把它們扔掉呢？我可是收藏了很長一段時間，並很好地照顧了它們。」對謝靜宜來說，她的收藏已經很有意義；而她違抗毛旨意的行為，既沒有表現出對毛的忠誠，也沒有表現出對中國願景的憧憬。儘管如此，謝靜宜還是將毛的反應視為這股狂熱終結的開始。[63]

越來越多人理解像章狂熱的反革命影響，因為越來越顯而易見，也越來越多人投訴毛像章的交易已經涉入地下市場和黑市。這些非法市場非常類似那些為了能更容易買到「三大件」而發展出來的地下市場，而且只要這種市場存在並運作，國家就很難控制消費主義。儘管政府試圖將毛像章排除在市場之外，但隨著這股狂熱的發展，中國各地出現許多越來越厚臉皮、專供像章交易的非法市場和黑市。非法市場和交易行為都被貼上資本主義的標籤，因此不受尊重，於是人們會委婉地用「交換點」來指涉購買或交換像章的地方。這些交換點是不斷增長的供給量，和不斷增長的消費需求造成的結果。由於有幾十億枚像章在中國各地流通，許多人都有多餘的像章，便想出售或跟別人交換其他像章，以充實他們的收藏。此外，國家資本主義未能控制生產，導致像章生產不受管制且四處分散，也出現了無數圖案和形狀笨拙的劣質品或劣質毛澤東肖像（更糟的是，這些劣質毛像章的肖像看起來很像文革打擊的首要目標劉少奇）。在國家認可的通路裡獲得的像章品質太低，導致許多人從國家分銷系統之外的管道去尋找更理想的像章，就像他們在六〇年代早期尋找其他消費品一樣。對像章的渴望越來越強烈，人們開始跨越親朋好友和同事之間自然的非正式交換圈，在必要時與陌生人進行交易。因此，像章交易體現了六〇年代國家資本主義和消費主義的局限性——國家越是試圖通過正規的國家通路限制像章供應，就越是激勵人們從事商品和服務的非法買賣。

像章市場在首都市中心迅速興起。北京三個主要商業區中的兩個，王府井和西單，是每天早晨交換像章的特色市場。[64] 最大的黑市在天安門廣場外，那裡也是發起文革的大規模紅衛兵集會地點。有些交易者公然在那裡活動，其他比較謹慎的則將像章釘在夾克或外套內側，一次只向潛在客戶展示幾枚像章。有傳言說，林彪的妻子葉群不僅熱衷於收藏第六章提到的古董和其他違禁品，甚至還收藏毛像章，她經常變裝出門，到市場尋找最新版本的毛像章。[65]

很多人在這些非法市場跟別人交換像章，或用像章換取現金、禁書及燈泡和雞蛋等普通物品，進一步印證了毛時代資本主義的自我擴張特性。[66] 根據報導，一個想賺點零用錢的少年在三天之內賣出了二千多個像章，後來被捕時身上還藏著另外的九百六十九枚像章。[67] 作家張戎回憶，她十三歲的弟弟當時也收集毛像章，資助她在地下市場購買禁書。[68] 一些有商業頭腦的學生為了增加收入，就在市場裡出售原本只限特定幹部閱讀的內部通訊，並將它們換成像章。[69] 最著名的地下市場和黑市都在上海和北京這些大城市，其他城市的非法市場則沒有那麼顯眼。一九六六年正好十二歲的周欣平後來回憶，這樣的市場在當時已經在武漢各地形成，「人們在這些地方交換像章，吹噓自己的收藏，覺得樂趣無窮。」[70]

然而到最後，這些交換活動太引人注目，終於引起了官員的注意。他們宣稱，將毛澤東的形象以像章形式變成商品，而不是像原來規劃的那樣成為一種宣示效忠的對象，這是對毛澤東的不尊重。在上海這個最早出現像章交易的地方，市場既混亂又驚人，當地非法像章交易市場的數量，在一九六七年春天短短幾個月內從十二處增加到三十五處。[71] 上海的官員因此命令便衣員警、紅衛兵和工人在這些地區巡邏，搜尋投機者。早在一九六七年一月，即便他們沒有足夠的力量和權限，上海革命工人造反隊和紅衛兵的一些成員就組成了團體，攻擊日益增多的像章交換行為。很快地，有人發起一場公開運動，聲稱這些市場是資本主義的證據，參與者則是從事資本主義行為的階級敵人。[72] 一九六七年二月十二日，《解放日報》刊登了上海市工商行政管理局造反隊的一封來信，信中駁斥這些黑市交易者的種種說辭，因為這些黑市交易者一再聲稱他們從事像章交易只是為了推動「建立友誼」和「表達對毛主席的忠誠」的崇高目標，並用「交換」像章做為買賣像章的藉口。

這篇文章指責，這些所謂的交換其實就是「以革命名義進行反革命活動」的資本主義形式，並證明了「一場激烈而複雜的階級鬥爭確實存在」。[73]報紙刊出造反隊的來信後，當地政治領導聯合了包括解放軍代表在內的上海革命委員會，開始對非法生產、銷售、購買毛像章行為採取一系列反制措施，將交易市集視為是「資本主義復辟」的驚人陰謀。[74]一九六七年三月十一日，上海市革委會「抓革命，促生產」火線指揮部、上海市公安局、上海市工商行政管理局，三方聯合發布了《關於禁止交換紀念章場所，嚴格管理紀念章生產的通知》。該通知對所有非法購買、倒賣和盜竊像章的「非法生產者」提出警告，要他們立即終止這些活動。此後只有上海市輕工業局和手工業局有權生產像章，其他像章生產者都必須交出像章。十天後市革委會發布了一份通知，禁止非專業生產商（即未經授權的工廠）生產像章，並要求國家指定的像章生產商僅能在獲得授權的情況下生產像章。[75]

儘管各方齊心協力制止或管制像章的生產和交易，但在這股風潮最盛之時，消費主義的自我擴張和強制性似乎壓倒了紅衛兵和警察的種種努力。至少在上海，像章業務——生產和消費——仍然繼續蓬勃發展。在一九六七年春季打擊工作單位內未經授權生產的行動中，員警部隊共收繳了四百一十六個像章模具，四十六萬六千枚未完成像章和三百多公斤原料。地方政府跟警方打擊了像章交易，處置了一萬四千七百六十九人，其中包括很多慣犯，也沒收了六十三個模具和九萬一千三百零一枚像章。[76]不幸的是，商業化像章的問題遠遠超出了市場的範圍，也不僅僅是幾個青少年在業餘時間製作或偷竊像章而已。上海等城市的一些有力工作單位未獲核准就擅自製造像章，使得打擊行動更加複雜。上海官員因此被迫採取多方措施來消滅像章生產商、銷售商和消費者之間的連接鏈，這不但突顯出封鎖像章市場擴張的困難，也突顯出像章在中國社會的深厚根基。

警察部隊無法完全壓制市場，以及市場所代表的消費主義和私人資本主義，因為打擊這些活動的權力和態度在全國各地，甚至政府內部都各不相同。上海的鎮壓工作結束很久之後，未經授權的像章非法生產和流通仍在上海以外的地方繼續存在。[77]這種不同調的情況也發生在軍隊內部，軍隊私下生產了一些品質最好的像章，但上海市革委會卻沒有權力制止他們這樣做。雖然很容易得到軍方在書面上的配合，但實際上要消滅軍隊寶貴的副業利益來源，卻困難得多。在一九六七年五月五日，上海市革委會邀請駐上海高級官員與上海市政府督導工商企業代表舉行會議。與會者一致同意，駐紮在上海市的軍隊只要他們認為合適，就可以根據自身情況管理生產，但城外的軍人必須取得相應的授權書才能生產，而且將由上海市輕工業局和手工業局監管生產。然而，這項協定卻無法在為軍方製作像章的無數未經授權的工作單位中執行，軍方繼續想方設法滿足消費者的需求。例如中國人民銀行上海分行就報告，一九六七年十一月，某個空軍部隊未經許可製造了二百七十六枚鍍金像章；當黃金用完後，它試圖向銀行索取更多黃金，表面理由是聲稱需要用這些黃金製造飛機部件。後來的調查更發現，解放軍最初提供的一些黃金竟然是盜墓得來的。[78]

儘管北京的官員已經開始質疑像章的生產範圍，但為了滿足需求，國家仍繼續建立大型像章工廠。一九六八年年初，黑龍江紅色造反者革命委員會在東北重要工業城市哈爾濱建立了專門的毛像章廠——黑龍江像章廠。委員會分配給工廠大量資源，迅速開始生產。到了四月，這家工廠一共有八十名員工，其中包括專業工匠、三萬二千平方呎的廠房，以及從市內其他工廠移來的先進設備。與當地規模較小的像章工廠相比，這家新工廠改善許多，品質控管嚴格，銷毀了所有刮痕、油漆有氣泡或字跡不清的像章。製作完成後，工人們就把像章放在特製的手工製造盒裡。這家工廠生產的像章是為了滿足省革命委員會的特殊需要，一九六九年一月，也就是中國共產黨第九次全國代表大會召開前三個月，省革命委員會向這間工廠訂購了大會的紀念像章。儘管全代會只有一千五百名代表，但工廠一共製作了三萬枚像章，並保留了其中一萬枚做為禮物。給別人頒發最好像章的計畫奏效了。跟其他數量太多或太大的像章相比，黑龍江像章成了大熱門。[79] 透過投入大量時間、勞動力和資源生產，省領導把代表們對最好像章的渴望，變成了他們可以在今後使用的象徵性資本。

即便兩個月後，中央禁止生產像章，而其他工廠也真的停止生產像章了，黑龍江像章廠仍繼續生產像章六個月，以滿足在海外工作的軍官和技術人員的訂購需求，包括最後一批像章，上面印著「壯麗的七〇年代」字樣。雖然這家一百三十名工人的工廠終於在年底關閉，但它還是繼續生產像章，一直到海外和國內市場消失。這證明了時尚狂熱所帶來對利潤的追求，在制度層面和個人層面都起了作用。[80]

黑龍江等地的官員繼續使用生產工具來推動消費熱潮，但當時的一些觀察家已對此感到不安。從一般人到毛主席本人都注意到了這個矛盾點：無產階級文化大革命竟然在複製極端版本的「封建」和「資產階級」文化。反對這場毛像章狂熱的一些憤怒人士，終於大膽公開表達他們的質疑。當時在西安的十幾歲年輕學生姜明亮給毛澤東和中央寫了一封信，抱怨文化大革命正在把中國變成一個「提倡盲目奉獻的社會」，並認為向毛宣示「忠誠」的活動和商品，等同於封建崇拜。[81] 姜明亮認為，像章狂熱和毛澤東個人崇拜相關事物等同是浪費，或是資源分配不當，因為本來可以用來建造工廠或飛機的數百萬元人民幣和材料全被挪作他用。他作出結論，眼前的情況並不能落實「為人民服務」的口號，而是反映了跟現實狀況完全相反的價值觀。姜明亮非常生氣，甚至把信寄給毛澤東本人，並把內容寫在三十五張大字報上，然後貼在校園裡。由於姜明亮指出了黨的社會主義修辭和實際政策之間的矛盾，因此被判入獄並遭到毆打。[82]

像姜明亮這樣的人不只一個。蕭瑞怡（一九四八年出生）從毛澤東家鄉湖南省的一所小鎮高中畢業後，成了另一位上書陳情者。他在信中譴責當時文革的做法其實是在否定文革的既定目標。一九六八年春末，蕭瑞怡給毛主席寫了一封長達一萬二千字的信，表達他對毛崇拜這種表現方式的懷疑。蕭瑞怡認為，「現在全國除了主席本人，每個人都有毛像章或毛語錄，甚至那些與主席密切合作的國家最高領導人也是如此。但主席並沒有制止這種現象。我們真的很難理解，為什麼不這樣做。」蕭瑞怡引用了姜明亮提到的許多同樣的證據，認為毛崇拜的傳播已經過度。「到處都掛著毛澤東的海報；在一家餐館裡，我甚至看到掛著七十多張這樣的海報」；書店除了擺出以各種形式和顏色出版的《毛澤東選集》和《毛主席語錄》外，幾乎沒有其他書籍可供選擇。[83] 如果我們能理解在文化大革命的政治氛圍作出這樣的指責是多麼危險，那麼就能了解到，這些幻想破滅的人提出的證詞正好反映了當時的一種共識，即毛像章的消費主義狂熱已經根深蒂固，距離灌輸革命價值觀的初衷已經很遠。

國家浪費原本可用來進行工業化和國防建設的大量資源，這樣的批評聲浪，黨的領導人也注意到了。事實上，一九六九年四月中共第九次全代會召開前後，把鋁挪去生產像章的做法已經達到最高點，導致金屬短缺非常嚴重，引起了毛的注意。據說毛曾大聲宣示「把飛機還給我」，這句話突出了消費品和軍事優先權之間權衡取捨的困難。[84] 當各個工作單位紛紛生產紀念九大的像章時，領導階層開始呼籲結束這種過度的消費狂熱，因為這股狂熱似乎越來越否定文化大革命的最初目標。例如周恩來就譴責，這種風尚和更大規模的毛崇拜直接違背了文化大革命的目標。一九六九年三月二十四日，周恩來在全國計畫工作會議上發表長篇講話，譴責從像章到書籍這類毛澤東紀念品是浪費資源。他對這種過度生產實則是在傳播毛澤東思想的說法表示極度懷疑，並指出這種狂熱的諷刺之處，例如追求更多、更廉價的生產，是如何導致品質欠缺控制和過度浪費。周恩來還感嘆，新版和改進版的《毛語錄》和像章製作反映和強化了「三大不平等」，他指出：「城裡人拿到的數量比城外人多；高位幹部的份額比將軍多；而農村一些家庭則什麼也沒有。」（圖7.5）[85] 周恩來指出，囤積已經成為一個問題，一些幹部擁有一百多枚毛像章和幾十本毛語錄。對此，周恩來大聲問道：「這怎麼不是浪費呢？」[86]

在領導階層如此龐大的壓力下，這股狂熱似乎和開始時一樣，很快就結束了，消費者後備大軍也跟著解散。正如國家先前的干預加快了像章消費，政府這時也開始著手終止像

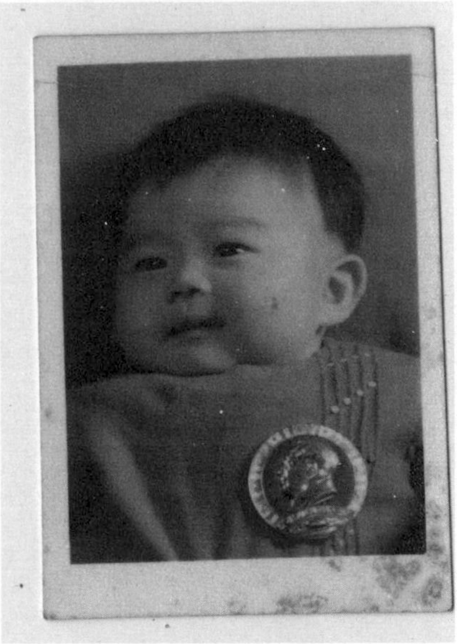

圖 7.5 溫暖人心的不平等。大約在一九七〇年，南京的一個家庭用從父親工廠獲得的最新版毛像章給他們健康的嬰兒拍照。按照慣例，這枚毛澤東像章被別在佩戴者的心臟上方（因而可以把毛親熱地擁抱在懷中）。這個家庭的父親是一家好工廠的工作領導，比普通工人能夠獲得更多像章。儘管中國生產了幾十億枚像章，足以滿足男女老幼每個人的需求，但不是每個人都有同樣的取得管道。資料來源：陳晰私人收藏。

章消費。一九六九年六月十二日，黨中央下發〈關於宣傳毛主席形象應注意的幾個問題〉的文件，明確提出「未經中央准予，禁止再製作毛主席像章」，全國展開了對像章的打擊。政府還禁止了其他方面的毛崇拜，在此之前這樣的毛崇拜幫助推動了對像章的需求。到了一九七〇年，只有韶山毛主席像章廠、北京紅旗像章廠等少數工廠還在生產毛像章，幾乎所有未經核准擅自生產毛像章的工作單位和軍隊都已經停止生產。

然而鑒於未經授權的生產規模是如此之大，因此除了政府的命令外，似乎還有其他原因在一九七〇年的像章狂熱崩潰中起了作用。[87] 美國記者愛德加・史諾自七〇年年底在中國待了六個月，他指出，儘管所有官員在七一年年初仍在佩戴毛像章，但像章風潮已繼續消退，特別是在林彪去世之後。林彪一直是毛崇拜和毛像章狂熱的最大推動者，他在一九七一年的空難中喪生；據報導，當時林彪是在企圖發動政變失敗後搭機逃往莫斯科途中墜機死亡。在他死後，黨的領導層不再支持「個人崇拜」，並從黨的所有文宣中清除了林彪與毛澤東交好的資料。[88] 與林彪有關的像章崇拜也迅速消失。據估計，林彪去世後次年的一九七二年，只有百分之十的中國人還在佩戴毛像章。到了七四年，也就是毛澤東去世的前兩年，一般中國百姓和周恩來以外的領導人已經很少佩戴毛像章。[89]

然而有證據顯示，即使在這股狂熱結束後，一些個人和工作單位也不願放棄像章，即使他們已經不再佩戴。一直到了七〇年代末，各工作單位才開始覺得有必要叫員工上繳毛像章，路邊的回收中心把像章當廢鐵回收，中宣部也規定每個工作單位的政治部門都要處理好所有的「忠字品」，包括銷毀所有的「不合格品、損壞、品質不好的物品，以及任何印有林彪語錄的物品。」[90] 然而，要處理掉數十億件毛澤東紀念品是不可能的，因為有太多這樣的物品分散在太多地方。舉例來說，中宣部在一九七八年七月十九日收到的一份報告指出，軍方在清理軍隊倉庫時發現，許多倉庫仍然存放著大量從軍隊及平民那裡收集來的「忠字品」毛像章。同樣地，昆明軍區在東南部也發現了二千三百多公斤的鋁質毛像章、十套鋼製像章模具、七百二十個塑膠雕塑、一百個石膏和瓷器雕塑、二百五十塊刻有毛像的鐵皮、五百五十塊有類似毛像的膠合板，和六千個上面印有毛澤東口號的樹脂玻璃像章。

即使在毛澤東去世和「四人幫」被捕四年之後，一九八〇年中央委員會仍然認為有必要懲罰收藏者，並指示官員設法消弭人們繼續保存和展示「個人文物」（即毛澤東紀念品）的興趣。此外，全國各地開始出現越來越多地方組織專門收集和交換這類物品。中央委員會試圖打擊這樣的消費行為，於是給這類收藏貼上「奢侈浪費」的標籤，宣稱這與勤工儉學的風氣背道而馳。以此為藉口，該會下令沒收並回收所有剩餘的毛澤東像章，「以避免極端浪費金屬」。[91]

然而最終，這種重申國家優先事項的努力，與企圖消除人們對像章渴望的早期政策一樣無疾而終。不計其數的人無視或抵制這一命令，繼續保存他們的像章收藏品，還有一些人竟然從廢物回收站搶救出像章。雖然國家動用權力減少毛像章的生產、流通和消費，並且打消這股熱潮，但從現存的大量毛像章來看，仍然很難相信有人丟棄他們寶貴的珍藏品。舉例來說，就有一組工人違抗命令，從一堆廢品中救出了可能是有史以來最大的毛像章。據海南機械廠的工人陳華彬表示，整個工廠大約七百名工人合謀無視命令，保存了他們在一九六九年製作的六．五英尺（一百九十五公分）高的毛像章。陳華彬本人是存放這個大像章的倉庫領班，他發誓要保護這個像章，甚至考慮把像章搬回自己家鄉以保護像章安全。不過，他最後還是放棄這個計畫，因為擔心像章可能被發現。儘管如此，他還是設法把像章藏在倉庫架子後面，這一藏就是十五年，直到倉庫搬遷時才被發現。[92]

小結

從像章狂熱的視角來看，文化大革命並沒有終結資本主義，反而是成為毛澤東時代自我擴張和強制性消費主義的典範。雖然是受國家方針指導，但並未經國家授權的情況下，人們對像章的強烈需求，將盈餘資本的分配，從國家資本主義的優先事項（如工業化和國防建設）轉移到了最終的消費主義活動——幾十億件共產主義的庸俗消費作品竟然助長了一股消費狂熱，而這股狂熱反映並加強了不同的經濟、地域和地位等級。即使在最公開反對資本主義的態勢下，毛時代不但並沒有像黨所承諾的那樣消除了社會不平等，反而見證了消費文化的繼續存在，甚至透過人們對歷史上最大消費狂熱的強制性參與而增長。此外，毛澤東所擔心的「資本主義復辟」和否定革命的主要推動者，其實就是「革命一代」

本身。出生在新中國的年輕人，本來應該沒有沾染早期帝國主義、資本主義和封建統治的污穢，結果卻成為再造和擴大資本主義、消費主義以及隨之而來的社會不平等的主要載體。

後記

毛死後大約十年，毛像章的市場在國內外再度浮現，到一九八〇年代末，毛像章已成為中國十大收藏品之一。[1] 一九九〇年，王安廷被列入金氏世界紀錄，收集了超過五萬枚像章。[2] 到了二〇一〇年，約有一千五百萬中國人成為這方面的收藏家，其中一些人已經收藏超過十萬枚像章，並且像王安廷一樣，開設了自己的公共展覽室。[3] 如今，中國每個地方的跳蚤市場都有一些像章出售，另外在淘寶（Taobao.com，相當於eBay的線上中文購物站）上也有數千名賣家和一百多頁的像章出售列表。毛澤東的故鄉湖南韶山市恢復了生產新像章，特別在一九九三年毛澤東誕辰一百周年來臨之際，當地就把毛像章當作旅遊小飾品和幸運符來出售。[4] 毛像章近期的這一段歷史，並不是毛時代歷史的粗糙對立面（或否定對立面），而是合乎邏輯的延伸：像章從誕生之初，就助長了支撐整個毛時代的強制性自我擴張的消費主義和資本主義。

我建議，我們需要重新審視毛時代的政策和實踐，將其視為是「國家—私人」的工業資本主義不同制度安排的表現形式。這種重新解釋挑戰了對中國國內外的既定觀點，包括中共聲稱的，自共產主義革命以來，黨一直在通往共產主義的道路上不斷地「建設社會主義」。毛澤東時代的「錯誤」，就是企圖全力「建設社會主義」，結果造成了大躍進和文化大革命災難，黨現在努力避免被與這項「錯誤」劃上等號，因此宣布中國現在進入「建設社會主義」的「改革開放」時期。[5] 毛的繼任者鄧小平有句名言，他說國家長期目標的最新體現，就是「建設中國特色的社會主義」。[6] 黨先前曾引用馬克思的資本主義「胎記」概念，亦即在革命成功後，資本主義還是會繼續存在；同樣地，為「具有中國特色」設下的限定資格，也可以被拿來當作是一種工具，用來掩飾社會主義論述與黨的實際作為之間不斷擴大的矛盾。事實上，建設社會主義的這一新階段的政策，幾乎與毛澤東時代的政策完全相反。其中包括「開放」中國來接納國際資本主義的投資，並「改善」國內人民的生活，同時壓低早期共產主義革命的階級鬥爭和平等主義目標這類的言論聲量。[7] 現在，黨制定的政策比以往大膽得多，甚至把消費主義的不平等（這是資本主義的特徵）視為是「建設社會主義」過程中不可避免的一部分。[8]

在塑造毛澤東時代時，自我擴張和強制性消費主義所扮演的角色，其實並不是在否定資本主義，而是在否定共產主義革命的目標。這一新視角顯示了毛澤東時代與之前和之後時代的連續性，也表明了十九世紀末國民黨時代來臨前夕首次引進的工業消費主義，在毛澤東時代也有所擴展，並在毛時代奠定了基礎，讓一九七〇年代末以來的消費主義得以加速發展。因此，這一解釋挑戰了以往的學術界觀點，即毛澤東時代是社會主義革命的一次迂迴繞路，消費主義在國民黨時代被引入後，到了毛時代被中斷，直到七〇年代末中國經濟自由化後才重新崛起。這裡的新發現表明，在整個二十世紀，中國政府一直試圖利用不斷擴大的消費主義，並管理消費者後備大軍，讓他們為國家主導的快速工業化服務——換句話說，就是為國家資本主義服務。

在這段消費主義的歷史中顯示出了另一個歷史連續性，亦即中國的國家政策是如何深深地受到這些因素的影響；國際競爭、國內緊急情況，以及在全球資本主義競爭中愈加落後的恐懼。我們已經看到，國民黨時期推出的「國貨運動」——促銷中國國貨，抵制進口貨——試圖管控消費者後備大軍，以對抗來自歐洲，日本和美國公司的國際競爭。在毛澤東時代，冷戰的軍事和經濟壓力不斷深刻地影響著國家利用資本和消費主義的努力。從七〇年代開始，國家的積累政策將制度安排轉向鼓勵更大的私人消費主義，以吸收中國國內工業資本主義不斷增長的產量，包括用物質獎勵來激勵農村勞動力。對於中國政府如此明顯的插手干預，中國的海外對手因此繼續指責中國的政策是排他的、不公平的，甚至是

「國家資本主義」，因而將中國視為是一個獨特的威脅。[9] 但是，無論世界其他國家如何擔心中國崛起，成為軍事和經濟強國，中國的國家資本主義和消費主義政策都無可避免地受到這兩種因素的影響：中國對安全威脅的擔憂，以及中國較全球工業資本主義對手相對落後的事實。

總結來說，國家支持的工業消費主義日益增長的一系列證據，會讓人忍不住懷疑，繼續將這一段時期的中國視為社會主義國家是否妥當。即使幾乎每個人都接受了廣為流行的政治辭令，並認為自己的生活經歷確實是社會主義的，但仔細觀察就會發現，許多人對官方宣稱否定資本主義、建設社會主義的說法的準確性，產生了嚴重懷疑。我們已經看到，一般民眾也在公開表達他們的懷疑，例如以信件和海報形式直接表達，或是以各種間接方式來表達，從罷工到看不見的怠工都包括在內。他們更經常無視於國家消費主義提倡的艱苦樸素精神，並培養自己的物質欲望；在整個毛時代，這種欲望不斷擴大，並變得越來越具強制性。黨內許多人也都抱有這樣的懷疑，包括毛澤東本人。雖然針對「社會主義」國家是否應該、或能在多大程度上利用市場和物質主義來幫助國家積累盈餘，黨內菁英們曾爭論不休，但不管是建立工人對生產和分配的民主控制，或鼓勵以大眾為基礎的消費，毛澤東時代從未將它們放在優先位置。用這些黨對社會主義的基本定義來看，「建設社會主義」根本不能用來體現毛澤東時代的特徵。儘管黨的領導人承諾要終結他們眼中的工業資本主義剝削和不平等，但黨卻繼續動用國家力量來建設資本主義，從而加劇了不平等，並且否定了自己的共產主義革命。

對消費主義持續擴張的分析說明了，當前我們有必要擺脫冷戰時期的二元對立概念，例如計劃經濟與自由市場、獨裁與民主、集體利益與個人自由、公共企業與私營企業、穩定與競爭。儘管沿著這些路線來分類國家，可以幫助站在對立面的雙方學者和評論員，達到對他們有益的分析和某些政治目的，但本文以及其他學者的研究結果皆表明，這些二分法可能已經變得太過政治化和不準確，以至於被它們隱藏的比它們可以揭示的還要多。毛澤東時期的國家資本主義並不能被完全劃入這些類別，而是在「國家─私人」工業資本主義的光譜上來回移動，每一種變體都以不同的方式影響著消費主義。例如在五〇年代末和六〇年代末，政治經濟是朝著國家控制積累的方向發展，而在五〇年代初、六〇年代初和七〇年代，政治經濟則轉向市場仲介的積累和「資產階級」消費主義。儘管在每一種情況下，這些轉變都被認為是黨為達到共產主義而努力「建設社會主義」的必要部分，但這些轉變揭示，無論是國家對社會主義的預見，還是國家資本主義和消費主義的實踐，都不是一成不變的。這也表明，國家資本主義和國家消費主義的術語，不是固定的、而是在「國家—私人」工業資本主義光譜上不斷波動的點。這提醒我們，所有經濟體都混合了與兩端相關的制度安排要素，所有形式的工業資本主義都涉及對消費者欲望的管理。

後毛澤東時代的政策變革，激發了更多的中國消費主義。從毛澤東時代的消費主義歷史來看，這些政策變革似乎與毛主義思想和政策沒有太大的割裂，不過是中國政府主導的又一次制度安排上的轉向，以促進資本積累。這種轉向還說明，除了國家資本主義和私人資本主義之外，在「國家—私人」這兩極之間還存在其他種類的資本主義，範圍遠比我們認識到的廣。[10] 把中國這樣的「社會主義」國家囊括進資本主義變體的研究之中，可以使資本主義和消費主義的歷史更加地真正全球化，也令毛澤東時代成為世界歷史不可或缺的一部分，而不是一段孤立的「社會主義」插曲。

註釋

引言

1 儘管**消費主義**和**消費文化**是同義語，但我使用**消費主義**來強調它是**資本主義**的相關物。同樣，我將**工業資本主義**這一術語當成**工業資本主義**的相關物來使用，這兩者都是在十九世紀末出現於中國。除非另有說明否則消費主義指的是**工業**消費主義。雖然這本書紀錄了資本主義與消費主義的抬頭，但並不表示它們已經完全占了上風。為避免造成消費主義（及資本主義）在毛時代中國有更大幅進展的誤解，我不用美國歷史學者，如Laurence B. Glickman在*A Living Wage: American Workers and the Making of Consumer Society* (Ithaca, NY: Cornell University Press, 1997)等作品中使用的**消費社會**一詞。相對於書寫消費主義的作家如Klein和Schor以貶損的方式使用**消費主義**這一術語，我對消費主義和資本主義這兩個術語當成社會關係的中性描述詞使用。Naomi Klein, *No Logo: Taking Aim at the Brand Bullies* (New York: Picador, 1999); Juliet B. Schor, *The Overspent American: Why We Want What We Don't Need* (New York: HarperPerennial, 1999).

2. 我用「毛時代」這個中性的簡稱來指稱中華人民共和國的頭三十年，從一九四九年建國到一九七六年毛澤東去世為止。儘管使用「毛時代」這一簡稱，但我避免用「毛主義的中國」和「毛的中國」這兩個常見用語，因為它們往往過於強調一個人扮演決定時代的角色。由於一些漸趨明朗的原因，我也不使用像是「社會主義中國」

或「共產主義中國」這類的術語。若用於四九年後這整個時期，它會在多方面產生誤導。就連中共都將結束於五六年的「社會主義改造」期之前頭六年的政治經濟體制稱為「國家資本主義」，而不是「社會主義」，更別說是「共產主義」了。最後，我也打破慣例，避免使用中共建構的一九七八年做為跨入另一個時代的轉捩點；反之，我將毛時代的句點劃在一九七六年，毛澤東過世那年。拒絕將一九七八年做為一非凡轉捩點的作法也符合最近的文獻對連續性的強調。除了我的結論之外，對於一九七八年前後連續性的討論，參見Frederick C. Teiwes and Warren Sun, "China's New Economic Policy under Hua Guofeng: Party Consensus and Party Myths," *China Journal*, no. 6. (July 2011), 1-23. 我也曾在此文中討論一九七八年的迷思："Make Some Get Rich First: State Consumerism and Private Enterprise in the Creation of Postsocialist China," in Juliane Fürst, Silvio Pons, and Mark Selden, eds., *Cambridge History of Communism. Vol. III, Endgames. Late Communism in Global Perspective, 196. to the Present* (Cambridge: Cambridge University Press, 2017), 3. 449-73. 請注意，我不再使用「後社會主義」這一術語。

3. 我對毛時代政治經濟體制的理解依賴於也有助於權威性參考著作中所提出的解釋，如以下這些著作：Carl Riskin, *China's Political Economy: The Quest for Development Since 194.* (Oxford: Oxford University Press, 1987); Chris Bramall, *Chinese Economic Development* (London: Routledge, 2009); and Muqiao Xue, *China's Socialist Economy* (Beijing: Foreign Languages Press, 1981). 然而，即使這些著作均針對毛時代政治經濟體制作出了專門討論，但對於消費文化只是一筆帶過，甚至未提及消費主義或消費文化。

4. 中共聲稱的目標為「建設社會主義」或「社會主義建設」，這些是它交替使用的術語。為了一致性起見，我一般將這兩個術語翻譯為「建設社會主義」，極少使用「社會主義建設」一詞。正如中共過去所做（現在仍在做）的，「建設」強調的是，它的「社會主義」版本是種持續進行的轉型，是一個轉變過程，通過許多階段朝向共產主義的目標邁進。儘管這些詞在更早前就出現了，但是在五三年後，全國性黨報《人民日報》（以下簡稱《人日》）刊出了報導標題含有「建設社會主義」或「社會主義建設」一詞的無數文章。關於正確翻譯這些「提法」的重要性，參見Michael Schoenhals, *Doing Things with Words in Chinese Politics: Five Studies* (Berkeley: Institute of East Asian Studies, University of California, 1992). 有關《人日》在傳達國家政策上扮演的角色，參見Guoguang Wu, "Command Communication: The Politics of Editorial Formulation in the People's Daily," *The China Quarterly*, no. 13. (March 1994), 194-211. 基於George Lakoff對於標語和措辭的重複如何構框議題、設定政治議程，以及固定成為個人大腦神經元連結一部分的觀察，我也試著避免毫無保留地使用黨的構框，如「解放前／以來」、「建設社會主義」，以及「改革年代」等詞。參見 *The Political Mind: A Cognitive Scientist's Guide to Your Brain and Its Politics* (New York: Penguin, 2009), 83-4.

5. 我交替使用「中共」、「黨」以及「國家」這些名詞，並將視同為將黨與國家機器的融合指稱為「黨國」的常見學術作法。正如我在本書中嘗試澄清的，正如任何其他的黨或國家一樣，中共和中國國家既不是同一個機構也不是一個統一的整體。雖然我時而會談論到個人與派系之間差異，也試圖具體指出黨內或國家特定機構裡的個人，但本研究的焦點始終是政策背後更大的社會起源及後果，而不是不同個人的意圖，或是黨與國家內部和之間不同分支的意圖，這些是其他學者研究的議題，正如註釋中可觀察到的。

6. 許多資本主義形式出現的時間早於工業資本主義。針對出現於不同時間及地點的資本主義形式，參見Jürgen Kocka, *Capitalism: A Short History*, tr. Jeremiah M. Riemer (Princeton, NJ: Princeton University Press, 2016). 本書只討論工業資本主義。因此，我在全書中使用「資本主義」一詞作為「從國家到私人的工業資本主義光譜」的簡稱。

7. 「冷戰」雙方均將「資本主義」和「社會主義」（或「共產主義」）的概念推廣出去，這些框架被用於描述截然對立的生活方式之間的鬥爭，或是兩位國家資本主義學者稱為的「資本主義間的對抗」(Adam Buick and John Crump, *State Capitalism: The Wages System under New Management* [Basingstoke: Macmillan, 1986], front matter)。**資本主義**和**社會主義**／**共產主義**這些詞變得（一直是）對雙方都有政治上的好處，既可用來建立國內凝聚力和紀錄，也有助於在鬥爭中爭取對立人群的情感與思想認同。參見，例如Mary Kaldor, *The Imaginary War: Understanding the East-West Conflict* (Oxford: Blackwell, 1990); Oscar Sanchez-Sibony, *Red Globalization: The Political Economy of the Soviet Cold War from Stalin to Khrushchev* (Cambridge: Cambridge University Press, 2014)等書。

8. **國家資本主義**指的是生產與消費均受到國家而非私人市場、私人企業以及私人的高度組織與管理。儘管在這個意義上，國家資本主義是私人資本主義的反面，但我在使用這詞時指的並不是一套靜態的制度安排，而是一個工業資本主義的光譜，指的是在一個政治經濟體內部，從完全國家控制到完全透過市場媒介的所有可能制度安排，而這個政治經濟體是由資本再投資以創造及積累更多資本所支配的。針對國家資本主義及其在「社會主義」國家的應用，參見Stephen A. Resnick and Richard D. Wolff, *Class Theory and History: Capitalism and Communism in the U.S.S.R.* (New York: Routledge, 2002), 85-129. 對於「社會主義」國家其實是「國家資本主義」的批評，出現的時間比這些國家本身存在的時間還要長。對中國資本主義的早期批判可參見 Ygael Gluckstein, *Mao's China: Economic and Political Survey* (Boston: Beacon Press, 1957). 其他研究也得出了相似的結論。二十世紀中時，國家資本主義批判也有如C.R.L. James和Grace Lee Boggs等來自美國的支持者。同樣地，由於在跨越國家和意識形態的不同案例中政治經濟體制上的相似性如此之大，以至於三〇年代末和四〇年代初的法蘭克福學派作家們都將國家資本主義視為政治體制多元樣貌的國家之間的一個共同屬性，這些國家涵蓋了從「極權」到民主，包括納粹德國和蘇聯；他們也開始思索國家資本主義是否就是資本主義的未來，即所有國家均不可避免的共同未來。參見Eike

Gebhardt and Andrew Arato, eds., *The Essential Frankfurt School Reader* (New York: Continuum, 2007), 71-94. 有關當代世界中國家資本主義程度不同之國家的圖表，參見Joshua Kurlantzick, *State Capitalism: How the Return of Statism Is Transforming the World* (New York: Oxford University Press, 2016), ch. 2. 然而，這些工業資本主義的變體都不包括工人對生產及分配的控制，而這是社會主義（以及黨的宣傳）的基本原則表面上必須的。儘管黨領導層並非出身於工人階級，但國家媒體卻經常使用如「工人階級必須領導一切」的標語。關於將國家資本主義這一術語運用於當代中國的例子，參見Barry Naughton and Kellee S. Tsai, eds., *State Capitalism, Institutional Adaptation, and the Chinese Miracle* (Cambridge: Cambridge University Press, 2015).

9. 中共告訴自己和全世界，此一時期持續存在於中國的資本主義表現是「舊社會」的殘餘，而建設社會主義將使其消失。在這個詮釋下，中共引用馬克思寫的一小段話，聲稱社會主義是有別於共產主義的一個發展階段，從而追隨了列寧、史達林和蘇聯的政治領導。但社會主義和共產主義實際上是馬克思交替使用的術語。中共當時用了這個「兩階段」的重新詮釋來說明在它宣稱的「建設社會主義」和實際政策結果之間存在的明顯衝突，這些政策結果包括國家、勞動市場、基於「工作」而非「需求」的分配、工人罷工、商品生產、性別階層制，以及其他工業資本主義屬性的存在。對馬克思的「兩階段」詮釋建立在他的〈哥達綱領批判〉（Critique of the Gotha Programme, 1875）基礎上，而馬克思原本不是將它當成一本主要著作，而是當成旁註來寫作的。在〈哥達綱領批判〉中，馬克思曾寫過一段著名的話，他說革命後的社會將會「帶著孕育出它的舊社會子宮的胎記」。https://www.marxists.org/archive/marx/works/1875/gotha/ch01. htm. Consulted July 9. 2018. 有關列寧的詮釋，參見Lenin, Vladimir, "The Economic Basis of the Withering Away of the State," *The State and Revolution*.(1918). https://www.marxists.org/archive/lenin/works/1917/staterev/ch05. htm. Consulted May 20. 2018. 對〈哥達綱領批判〉和這些重新詮釋的綜述，參見 Michael A. Lebowitz, *The Socialist Alternative: Real Human Development* (New York: Monthly Review Press, 2010), 42-75. Michael A. Lebowitz, *The Socialist Imperative: From Gotha to Now* (New York: Monthly Review Press, 2015), 85-124. Paresh Chattopadhyay稱這些重新詮釋為「完全的反解放，即使不是基於他們對馬克思（及恩格斯）自己文本的徹底曲解，也是出於全然的誤讀。」參見他的*Marx's Associated Mode of Production: A Critique of Marxism* (New York: Palgrave Macmillan, 2016), 8.

10. 儘管這些黨內辯論透露出「建設社會主義」所遇到的困難，但也提供了證據，顯示他們已經懷疑黨正在建設的東西是無法仰賴對哪個馬克思主義政治經濟學概念的理論闡述，就能從主觀上擺脫的。此外，正如在後面章節中將展示的例子，政治菁英及來自各行各業的人都在思考這個明顯的矛盾，這正證明了馬克思的觀察：「說服自己相信矛盾並不存在的渴望同時也在表達一種虔誠的願望，即真實存在的矛盾是不該存在的。」Karl Marx, *Theories of Surplus Value* (Moscow: Progress Publishers, 1968), 2. 519. 正如後面的章節將提到的，黨粉飾這個矛盾的手法就是在他們的政策上加上「社會主義」一詞，包括「原始社會主義積累」、「社會主義廣告」，以及充滿「社會主義櫥窗陳列」的「社會主義商業活動」。然而，在最後的分析中，這個開放、不確定的「社會主義」及其從屬術語如「社會主義商品」，其意涵要不是為了適應以積累為優先的政策而被調整，就是簡單地忽略了其中的這個矛盾。黨內辯論的各方均聲稱他們堅持對馬克思概念的某一詮釋，這些概念包括「價值規律」、「商品」、「薪資勞動」、「原始積累」和「資本」。中共在資本主義制度安排中轉向更多地利用市場、物質激勵及其他私人資本主義和消費主義屬性的作法，是有政治支持者用「社會主義」術語來為這些政策辯護的；例如，參見 Yün Ch'en et al., *Ch'en Yün's Strategy for China's Development: A Non-Maoist Alternative* (Armonk, NY: M.E. Sharpe, 1983). 有關調整術語意義而非調整政策的例子，可參考Audrey Donnithorne, *China's Economic System* (New York: Praeger, 1967),

439. 這位經濟學家從與這一卷中的勞動價值理論相關的角度來討論價值。

11. 毛澤東經常非正式地使用否定的概念（我也是）來標示政策及其帶來的結果，目的是警告它們對於實現共產主義革命目標所帶來的威脅。這些警告跡象包括像都市青年中的消費主義這種普通現象，也有像他批評的南斯拉夫和蘇聯政策這種具體的對象。例如，毛澤東在一九五七年批評史達林時稱「十月革命否定了資本主義，但它拒絕承認社會主義也許也被否定了。」見“Interjections at Conference of Provincial and Municipal Committee Secretaries (Collected) (January 1957),” in Mao Zedong, *Miscellany of Mao Tse-Tung Thought* (1949-1968. (Springfield, VA: Joint Publications Research Service; distributed by the National Technical Information Service, US Department of Commerce, 1974), pt.1. 50. 有關毛澤東論歷史唯物論的著作及他對否定概念的運用，介紹性文章可參見Nick Knight, “Introduction: Soviet Marxism and the Development of Mao Zedong's Philosophical Thought,” in Nick Knight, ed., *Mao Zedong on Dialectical Materialism: Writings on Philosophy, 193.* (Armonk, NY: M.E. Sharpe, 1990), 3-83. esp. 20-4.

12. 例如，一九六年年，毛澤東在為蘇聯經濟學著作作旁註時寫到，工人擁有私有財產以及因他們身為社會一分子而享受的許多其他產品，他稱之為「社會消費」或「公有財產」。參見Mao Zedong, *A Critique of Soviet Economics, tr. Moss Roberts* (New York: Monthly Review, 1977), sec. 31. “Individual Property.” 可用來形容「資本主義」消費之對立面的類似術語包括「公共消費」和「集體消費」。Manuel Castells討論了指涉都市資本主義勞動力之國家再生產的「集體消費」概念，這種國家再生產透過非市場手段來提供住房及醫療保健；參見他的“Collective Consumption and Urban Contradictions in Advanced Capitalism,” in Ida Susser, ed., *The Castells Reader on Cities and Social Theory* (Oxford: Blackwell, 2002), 107-29.

13. 參見Xiaobo Lü and Elizabeth J. Perry, eds., *Danwei: The Changing Chinese Workplace in Historical and Comparative Perspective*

(Armonk, NY: M.E. Sharpe, 1997).

14. 正如過去數十年的學術研究已表明的，資本主義總是在變化，並且也總是包括了針對榨取的非私人資本主義制度安排。這裡採用對資本主義的更寬泛定義與分析，包括持續用資本的徵用來促進資本主義的擴張，相關介紹參見 Nancy Fraser and Rahel Jaeggi, *Capitalism: A Conversation in Critical Theory* (Cambridge: Polity, 2018). 由於工業資本主義做為一全球體系的特徵是其靈活性以及對在地環境的適應力，因此毛時代無數的非資本主義面向並不能用來證明中國不是個資本主義經濟體，或是中國正在邁向共產主義的過程中。更多有關這類非資本主義屬性的分析，參見Tiejun Cheng and Mark Selden, "The Construction of Spatial Hierarchies: China's Hukou and Danwei Systems," in Timothy Cheek and Tony Saich, eds., *New Perspectives on State Socialism in China* (Armonk, NY: M.E. Sharpe, 1997), 23-50. Andrew G. Walder, "Property Rights and Stratification in Socialist Redistributive Economies," *American Sociological Review*, vol. 5. (1992), 524-39. 關於個別工業工作場所中分配不平等的問題，參見 Walder's *Communist Neo-Traditionalism: Work and Authority in Chinese Industry* (Berkeley: University of California Press, 1986), 76-81. 國際比較則可參見他的 *China under Mao: A Revolution Derailed* (Cambridge, MA: Harvard University Press, 2015), 330. Walder 的結論是中國是「世界上最不平等的社會主義經濟體。」

15. 有關資本主義活動持續存在的學術研究正迅速增加，例如參見徐斌，〈「地下經濟」的頑強生存與民營企業的先發優勢〉，《商業經濟與管理》第1期（2010），頁51-60. 68；以及馮筱才的著作，尤其是〈「社會主義」的邊緣人：1956年前後的小商小販改造問題》，《中國當代史研究》第3卷（2011. 8），頁3-45. 〈一九五八年至一九六三年中共自由市場政策研究〉，《中共黨史研究》第2卷（2015），頁38-53。也可參見張學兵，〈中國計劃經濟時期的「地下經濟」探析〉《中共黨史研究》第4卷（2012），頁39-48。一本新的英語著作描繪了毛時代及其後的私人經濟活動：Zhang Qi and Mingxing Liu, *Revolutionary Legacy, Power Structure, and Grassroots Capitalism under the Red Flag in China* (Cambridge: Cambridge University Press, 2019), esp. 130-203. 中文版參見章奇、劉明興，《權力結構、政治激勵和經濟增長基於浙江民營經濟發展經驗的政治經濟學分析》（上海：格致出版社，2016），頁101-59. 高王凌，《中國農民反行為研究（1950－1980）》（香港：中文大學出版社，2013），頁187-94、201-34。如第七章註釋所提到的，一篇特別有價值的研究是金大陸，《非常與正常——上海「文革」時期的社會生活》（上下卷）（上海：上海辭書出版社，2011），下卷。

16. 關於「三大差別」一詞，我並未按慣例將中文的差別翻譯為英文的「差異」，而是翻譯成它的另一個意思，也就是「不平等」。中共領導人使用這一術語來提出、正當化及批判以不平等影響為基礎的那些政策。與五〇年代末成立人民公社有關的一個例子，參見徐琳，〈從我國社會主義建設實踐看消滅城鄉差別、工農差別和體力勞動與腦力勞動差別的問題〉，《教學與研究》（1959），頁 23-40.

17. 除了這三個不平等形式外，黨還企圖處理工業資本主義產生的其他不平等形式，如那些與性別、地區、族群相關的不平等，尤其是與幹部階級相關的不平等。針對女性，參見例如Delia Davin, *Woman-Work: Women and the Party in Revolutionary China* (Oxford: Clarendon Press, 1976); Zheng Wang, *Finding Women in the State: A Socialist Feminist Revolution in the People's Republic of China, 1949-196.* (Berkeley: University of California Press, 2017. 等著作。

18. 關於在原始脈絡中的這段列寧引文，參見Vladimir Lenin, "An Essential Condition of the Bolsheviks' Success," in "*Left-Wing*" *Communism: An Infantile Disorder* (1920), www.marxists.org/archive/lenin/works/1920/lwc/c h02. htm. Consulted March 28. 2018.

第一章　自我擴張和強制性消費主義

1. 這個自我擴張和強制性消費主義相關物的概念想法是我從馬克思自我擴張資本的相關概念中得出的，關於這些概念的介紹，參見Geoffrey Pilling, *Marx's Capital: Philosophy and Political Economy* (London: Routledge & Kegan Paul, 1980), ch. 3. *Karl Marx, Capital: A Critique of Political Economy*, 3 vols., tr. Ben Fowkes (London: Penguin Books, 1990-2), 247-5. and 1056. and Michael Heinrich, *An Introduction to the Three Volumes of Karl Marx's Capital* (New York: Monthly Review Press, 2012), 221. 在討論消費主義時，我從馬克思那裡借用了「強制」的概念，他寫到，資本強制資本家積累資本，並迫使無產階級為了生存而出賣自己的勞動力，以交換薪資所得。參見例如Karl Marx, Grundrisse: *Foundations of the Critique of Political Economy*, tr. Martin Nicolaus (New York: Vintage Books, 1973), 248。關於個人資本主義強制創造出助長消費主義的「虛假需求」之討論，參見Wolfgang Fritz Haug, *Critique of Commodity Aesthetics: Appearance, Sexuality, and Advertising in Capitalist Society* (Minneapolis: University of Minnesota Press, 1986).
2. 有時收音機會被用來代替縫紉機或是加入「三大件」行列。關於國家早期使用此一術語的一個例子，參見Lin Ping, Song Qiong, and Wang Yu，〈「少校政委」的原形〉，《解放軍報》，1958年4月9日。
3. 《山東省日用機械工業制 1915-1985》（山東省日用機械工業公司，1988），頁190、119、253.
4. 一九六八年時，國家透過「三大件會戰」運動來推廣「三大件」。關於該運動在山東的情形，參見青島市志辦公室編，《青島市志：輕工業志建材工業志》（北京：新華出版社，2000），頁54-5。一九七〇年該運動在武漢發動，參見湖北地方志編纂委員會，《湖北省志工業志稿：輕工業》（北京：中國輕工業出版社，1994），頁16-17。

5. 到了八〇年代中期，「三大件」已在農村遍處可見，當時有近半數農村家庭擁有縫紉機。商業部百貨局編，《中國百貨商業》（北京：北京大學出版社，1989），頁159.

6. 九〇年代時的「三大件」是立體聲音響、電冰箱和電腦；而在二十世紀的第一個十年，「三大件」甚至包括了更昂貴、技術更複雜的商品，如汽車、公寓和海外旅遊。正如第二章所闡明的，我強調的是自我擴張的需求如何是強制性的，而不是如其他人所說的那樣，只是簡單的模仿，後面這種說法意味著更多的個人能動性。儘管我不在這裏討論國際競爭，但這類競爭也是這種擴張性消費主義之強制面向的一部分。「社會主義」國家不僅被迫在武器科技方面競爭，也被迫在消費者產品上競爭。這類「社會主義」國家和市場資本主義國家間的競爭，最著名的是赫魯雪夫與美國副總統尼克森的那場「廚房辯論」，發生於一九五九年，當時的莫斯科人被一場美國消費電子產品的展覽所深深吸引。參見 Susan E. Reid, "Cold War in the Kitchen: Gender and the De-Stalinization of Consumer Taste in the Soviet Union under Khrushchev," *Slavic Review*, vol. 61. no. 2 (2002), 211-52. 當兩大強權正面交鋒時，這種與蘇聯式快速工業化及消費主義的對抗就會非常激烈。參見Mark Landsman, *Dictatorship and Demand: The Politics of Consumerism in East Germany* (Cambridge, MA: Harvard University Press, 2005). Landsman提到「西方式消費主義」（頁3）、「西方消費主義」（頁210），以及「資本主義消費主義」（頁217），但並未具體說明他的意思或是對「消費主義」這一術語的使用。

7. "Record of Conversation between Polish Delegation and PRC Leader Mao Zedong, Wuhan," April 2. 1958. History and Public Policy Program Digital Archive, AAN, KC PZPR, sygnatura XI A 130. Dept. V China 074/19/58. Obtained by Douglas Selvage and translated by Malgorzata Gnoinska, at https://digitalarchive.wilsoncenter.org/document/117780. Archived February 5. 2018. 由於部落格往往轉瞬即逝，為確保未來能讀取這些關鍵資料來源，歸檔（archived）日

期指的是我將這篇文章歸檔至Internet Wayback Machine: https://archive.org/web/的日期。如果原始連結不再有效，您可在那裡找到一篇「歸檔的」文章。

8. 參見Francesca Bray, *Technology and Gender: Fabrics of Power in Late Imperial China* (Berkeley: University of California Press, 1997). Bray寫到：「在這個意義上，科技所作的最重要工作就是製造人：製造者受到製造過程的形塑，而使用者則受到使用過程的形塑。」（頁16）

9. Sheila Fitzpatrick, *Everyday Stalinism: Ordinary Life in Extraordinary Times, Soviet Russia in the 1930.* (New York: Oxford University Press, 1999), 266-7.

10. Martin K. Whyte and William L. Parish, *Urban Life in Contemporary China* (Chicago: University of Chicago Press, 1984), 85-100.

11. 例如新行銷技術的引進，參見Sherman Cochran, *Big Business in China: Sino-Foreign Rivalry in the Cigarette Industry, 1890-193.* (Cambridge, MA: Harvard University Press, 1980). 在原始工業化國家中工業資本主義與消費主義存在著廣泛的關係。經典研究方面，參見例如Neil McKendrick, John Brewer, and J. H. Plumb, *The Birth of a Consumer Society: The Commercialization of Eighteenth-Century England* (Bloomington: Indiana University Press, 1982); John Brewer and Roy Porter, eds., *Consumption and the World of Goods* (London: Routledge, 1994). 等著作。關於消費文化的概念及史學綜述，參見Frank Trentmann, "Introduction," in Trentmann, ed., *Oxford Handbook of the History of Consumption* (Oxford: Oxford University Press, 2012. 1-19), 以及他的著作*Empire of Things: How We Became a World of Consumers, from the Fifteenth Century to the Twenty-First* (New York: HarperCollins Publishers, 2016).

12. Andrew Godley, "Selling the Sewing Machine Around the World: Singer's International Marketing Strategies, 1850-1920,"

Enterprise and Society, vol. 7. no. 2 (2006), 266-313. Andrew Gordon, “Selling the American Way: The Singer Sales System in Japan, 1900-1938,” *Business History Review*, vol. 82. no. 4 (2008), 671-99.

13. Vanessa Ogle, *The Global Transformation of Time: 1870-195.* (Cambridge, MA: Harvard University Press, 2015). 關於長達幾個世紀打造同質性「抽象時間」做為活動的衡量尺度及其與工業資本主義歷史的連結，參見Moishe Postone, *Time, Labor, and Social Domination: A Reinterpretation of Marx's Critical Theory* (Cambridge: Cambridge University Press, 1993), 202-11.

14. Peter Oakley, “Ticking Boxes: (Re) Constructing the Wristwatch as a Luxury Object,” *Luxury*, vol. 2. no. 1 (2015), 41-6. (at pp. 46-9). 事實上，軍隊中對手錶的需求如此之高，以至於五〇年代晚期時甚至有士兵參與手錶走私活動。Wen Gongfeng,〈一場「走私手錶」引發的風波〉，東莞日報，2011年4月21日。2011. A11.

15. 關於標準化時間的實施以及鐵路工人對手錶及時鐘的相應需求，參見 Elisabeth Köll, *Railroads and the Transformation of China* (Cambridge, MA: Harvard University Press, 2019), 248-53.

16. 有關「時間紀律」和資本主義之間聯繫的經典研究是E. P. Thompson, “Time, Work-Discipline, and Industrial Capitalism,” *Past & Present*, no. 3. (December 1967), 56-97. 亦請參見 Chuck Koeber, “The Social Reorganization of Time: The ‘Great Speedup’ and the Transformation of Time and Work Discipline,” *Humanity & Society*, vol. 41. no. 2 (2017). 143-57.

17. 關於頂級製造商名單、其所在位置、主要品牌，以及年產量和出口數量的表格，參見商業部百貨局編，《中國百貨商業》，頁165、173。

18. 上海地方志辦公室，〈鐘錶、腳踏車及縫紉機價格〉，2003年2月21日取自 www.shtong.gov.cn/Newsite/node2/

node2245/node4487/node56918/nod e56920/userobject1ai45655. html. 2018. 3. 18歸檔。

19. 商業部百貨局編，《中國百貨商業》，頁169、175。

20. 政治領導人、知識分子、商人及其他人不僅以各種方式強調吸收產業過程及取得使用日常科技所需技巧的重要性，更強調以大量生產這些科技做為國家富強的衡量標準，相關作法參見葛凱，《製造中國》（*China Made: Consumer Culture and the Creation of the Nation*）（麻州劍橋：哈佛大學亞洲中心，2003），第二章。

21. 〈我國開始自製手錶〉，《文匯報》，1955年4月2日；Zhang Di, 〈中國第一塊手錶誕生記〉，《河東區文史資料選輯第17輯》（天津：天津市河東區委員會學習文史資料委員會，2005），頁150-4。在一九五五年至六〇年間開始製造手錶的其他城市，例如上海的東方紅、北京的北京1型、廣州的羊城牌、丹東的安東牌、青島的新青島、重慶的衛星牌，以及南京的七一牌等。魯湘伯，〈圖說早期國產錶的發展軌跡和時代烙印〉，《鐘錶》雜誌（2016. 5），頁26-3.（照片請參見頁 26-27）。

22. 沈嘉祿，〈A581：中國手錶的始祖〉，取自http://blog.sina.com.cn/s/blog_4be1d27f0100d7po.html.2017年11月12日歸檔。第一個推出的是A581型，其中的「58」代表其製造的第一年，「1」是指這是第一個錶款。關於工廠的簡短紀錄片，參見該工廠的上海手錶部門導覽，China Today 195. No. 17. 可前往Adam Matthew建置的資料庫觀賞影 片Adam Matthew: "Socialism on Film: The Cold War and International Propaganda," www.socialismonfilm.amdigital.co.uk .ezproxy.princeton.edu/Documents/Details/N_507739_China_Today_ No_49. Consulted June 14. 2019.

23. 上海地方志辦公室，〈鐘錶、腳踏車及縫紉機價格〉。關於在蘇聯具同等優先性的消費，參見Fitzpatrick, Everyday Stalinism, 55-6. 相對於中國對幹部特權的頻繁攻擊，對於這種雖不是徹底地透過所有權、但仍是透過優先取得的特權而表現出的勞心／勞力不平等，蘇聯似乎更容易接受。

24. 商業部百貨局編，《中國百貨商業》，頁175-6.

25. EdwardJ.M.Rhoads,"Cycles of Cathay: A History of the Bicycle in China," *Transfers*, vol. 2. no. 2 (Summer 2012), 95-120.

26. 關於上海工業資本主義現代性的都市物質及休閒標誌，參見 Leo Ou-fan Lee, *Shanghai Modern: The Flowering of a New Urban Culture in China, 1930-194.* (Cambridge, MA: Harvard University Press, 1999).

27. 劉善齡，《西洋風：西洋發明在中國》（上海：上海古籍出版社，1999），頁27。

28. David Arnold, *Everyday Technology: Machines and the Making of India's Modernity* (Chicago: University of Chicago Press, 2013), 51-6. 亦請參見Wiebe E. Bijker, *Of Bicycles, Bakelites, and Bulbs: Toward a Theory of Sociotechnical Change* (Cambridge, MA: MIT Press, 2002); David V. Herlihy, *Bicycle: The History* (New Haven: Yale University Press, 2006).

29. Marx, *Capital: A Critique of Political Economy*, 165.

30. Marx, *Capital: A Critique of Political Economy*, ch.1. The Commodity (p.163).

31. 黃記雜貨鋪，〈中國手錶往事〉，2009年6月20日取自 http://blog.sina.com.cn/s/blog_609daf0f0100eeft.html. 2017年11月12日歸檔。

32. 徐濤，《自行車與近代中國》（上海：上海人民出版社，2015），頁219-20。

33. 徐濤，《自行車與近代中國》，頁 217-20。

34. 例如實業家小島和三郎（Kojima Kazusaburô）曾成立三家工廠，分別位於瀋陽、天津和上海，皆以長和（Changhe，音譯）命名，均用於生產鐵錨牌腳踏車。

35. Rhoads, "Cycles of Cathay," 105-6.

36. 汪海波，《中華人民共和國工業經濟史》（太原：山西經濟出版社，1998），頁857-9。

37. 關於毛時代腳踏車製造業發展的綜述，參見《當代中國》叢書編輯部編，《當代中國的輕工業》（北京：中國社會科學出版社，1986），下冊，頁1760-97。

38. 中共上海市第一商業局委員會三反整風領導小組辦公室，〈局黨委擴大會議有關黨委官僚主義方面的綜合材料〉，上海市檔案B123-4-568（1960年7月31日），頁7。

39. 一個例子是在六〇年代初時，國家曾用力打壓浙江當地的配給券和其他商品市場，但卻徒勞無功，參見 Qi Zhang and Mingxing Liu, *Revolutionary Legacy, Power Structure, and Grassroots Capitalism under the Red Flag in China* (Cambridge: Cambridge University Press, 2019), 151-3.

40. Xinxin Zhang and Ye Sang, *Chinese Profiles* (Beijing: Chinese Literature, 1986), 9.

41. 蘇峰，〈改革開放初期北京安置待業青年與多種經濟形式的起步〉，《當代中國史研究》第24卷第四期（2017），頁50-62。

42. Rhoads, "Cycles of Cathay," 108.

43. 有關都市工廠針對農村地區產品偏好（包括基於風格的品牌偏好）進行市場調研的其他例子，參見 Hsia Kung, "Producing Goods for the Peasants," *China Reconstructs*, vol. 13. no. 1. (1964), 18-20.

44. 針對二〇年代中期一個農村縣如何使用縫紉機的敘述，參見Mao Zedong, *Report from Xunwu*（尋鄔調查）, tr. Roger R. Thompson (Stanford: Stanford University Press, 1990), 92-5. 毛澤東指出在這個人口十二萬人的縣裡只有四台縫紉機能夠幫助引進從上海和廣州吹起的時尚潮流。

45. 參　見Tim Putnam, "The Sewing Machine Comes Home, "in Barbara Burman, ed., *The Culture of Sewing: Gender, Consumption and Home Dressmaking* (New York: Berg, 1999), 269-83. 關於諸如縫紉機等新科技如何導致社會變遷，例

如終結纏足，參見Laurel Bossen and Hill Gates, *Bound Feet, Young Hands: Tracking the Demise of Footbinding in Village China* (Stanford: Stanford University Press, 2017).

46. Arnold, *Everyday Technology*, 42-51. 關於超出所有權之影響的例子，參見Andrew Godley, "Global Diffusion of the Sewing Machine, 1850-1914," *Research in Economic History*, vol. 2. (2001), 1-46. 關於勝家牌縫紉機支配全球市場的一部通史，參見Robert Bruce Davies, *Peacefully Working to Conquer the World: Singer Sewing Machines in Foreign Markets, 1854-192.* (New York: Arno Press, 1976); Godley, "Selling the Sewing Machine Around the World."

47. 上海輕工業志委員會編，《上海輕工業志》（上海：上海社會科學出版社，1996），頁22。

48. 《當代中國》叢書編輯部編，《當代中國的輕工業》下冊，頁227。

49. 關於生產縫紉機的二十八個城市的名單，參見汪千里編，《縫紉機》（北京：中國財政經濟出版社，1964），頁9-10。

50. 《當代中國》叢書編輯部編，《當代中國的輕工業》下冊，頁229-30。

51. 用這些縫紉機來賺取額外收入的女性不會為自己的產品打廣告。更確切地說，家庭經濟屬於範圍廣泛的非正式經濟，或稱灰色經濟的一環（將於下文討論），這種經濟與占主導地位的國家經濟同時並存。

52. 與王玉石女士（一九五五年生於濟南；夫馮國慶，一九五三年生）的非結構性訪談，訪談日期為二〇一四年八月八日，由王玉石之女馮英（Feng Ying，音譯）執行及錄音，由本書作者建議訪談主題。追蹤問答執行於二〇一四年八月十八日。王玉石原服務於製作鐵路工人制服之濟南鐵路被服廠。

53. 這類故事之一可參見謝沉見，〈「三轉一響」：我們那個年代的時尚故事》〉，《民間文化論壇》Z1期（2000.5/6），頁28-31。

54. Neil Jeffrey Diamant, *Revolutionizing the Family: Politics, Love, and Divorcein Urban and Rural China, 1949-196.* (Berkeley: University of California Press, 2000), 115.

55. 關於手錶的歷史以及它們與更大社會與經濟變遷的關聯，參見 Stephen Kern, *The Culture of Time and Space 1880-191.* (Cambridge, MA: Harvard University Press, 1983); Alexis McCrossen, *Marking Modern Times: A History of Clocks, Watches, and Other Timekeepers in American Life* (Chicago: University of Chicago Press, 2013).

56. 朱展良，〈上海輕工業名牌產品初探〉，《上海經濟研究》第9期（1981. 9），頁7-11。某些產品尤其是手錶，對一些人成了必需品，對另一些人卻成了某種「需求體系」的一部分，相關討論參見Pierre Bourdieu, *Distinction: A Social Critique of the Judgement of Taste*, tr. Richard Nice (Cambridge, MA: Harvard University Press, 1984), 375.

57. 例如Gail Hershatter的助產士研究就根據出生、結婚和其他家庭及情感事件來標記事件，而不是根據「運動時間」，參見*The Gender of Memory: Rural Women and China's Collective Past* (Berkeley: University of California Press, 2011).

58. 黃記雜貨鋪，〈中國手錶往事〉。

59. 黃記雜貨鋪，〈中國手錶往事〉。

60. 在民國時期的城市裡，「負擔得起的男人除了老婆之外還會養小老婆。就像穿戴進口衣服和手錶一樣，養小老婆在中國社會是地位高的標誌。」Lin Qihong, *Social Life of the Chinese (in Peking)* (Peking: China Booksellers, 1928), 112. 119. 127.

61. Diamant, *Revolutionizing the Family*, 81.

62. Diamant, *Revolutionizing the Family*, 123.

63. Elisabeth Croll, "Marriage Choice and Status Groups in Contemporary China," in James L. Watson, ed., *Class and Social*

Stratification in Post-Revolution China (Cambridge: Cambridge University Press, 1984), 175-97.

64. Diamant, *Revolutionizing the Family*, 115.

65. 李動，〈永遠的殲６〉，上海地方志辦公室編，《人民軍隊中的上海兵》（上海：上海人民出版社，2013），頁349。

66. 項小米，《項小米，《記憶洪荒》（北京：北京出版社，2013），頁101-2。

67. 與王玉石女士的非結構性訪談，訪談日期為二〇一四年八月八日，追蹤問答執行於二〇一四年八月十八日。

68. 倪萍，〈上海牌手錶〉，王曉真編，《商品的故事》（廣州：南方日報出版社，2000）。

69. 關於用手錶收買孩子，讓他們在學校考試中取得更好成績，參見Guang Jun, 〈杭六中召開家長會議〉，《杭州日報》，1957年3月27日。

70. 與曹冬梅的非結構性訪談，由本書作者於二〇一五年七月十一日執行。

71. Rhoads,"Cycles of Cathay,"105. 除了女性騎腳踏車外，征服杭州的農村士兵覺得有問題的其他活動還包括乘坐人力車被認為是剝削行為，穿西裝則是資產階級作風。

72. 根據Amir Moghaddass Esfehani的說法，「在大街小巷騎腳踏車或騎上一輛機器被認為是絕對不體面的行為，這讓人一直處於一種微妙狀態，使人筋疲力竭。」Amir Moghaddass Esfehani, "The Bicycle's Long Way to China: The Appropriation of Cycling as a Foreign Cultural Technique (1860-1940)," in *Cycle History 13. Proceedings of the 13th International Cycling History Conference*, ed. Nicholas Clayton and Andrew Ritchie (San Francisco: Van der Plas Publications, 2003), 94-102. and posted as "Bicycle," at http://imperialtours.net/blog/bicycle. Archived November 12. 2017.

73. 我將這類非法經濟活動稱為「灰色經濟」，以對照於「地下經濟」一詞所暗示的隱瞞國家的經濟活動，或是與國家作對的「黑市」裡的經濟活動。這三種另類經濟在整個毛時代都存在於中國，雖然人們對它們所知不多，且灰色和黑色市場經濟活動的數量差異極大。參見Anita Chan and Jonathan Unger, "Grey and Black: The Hidden Economy of Rural China," *Pacific Affairs*, vol. 55. no. 3 (Fall 1982), 452-71. 進一步調查可能會持續揭露國家經濟之外廣泛存在的經濟活動。關於走私的情形，參見Philip Thai, *China's War on Smuggling: Law, Economic Life, and the Making of the Modern State, 1842-196.* (New York: Columbia University Press, 2018).

74. 關於浙江省的情形，參見徐斌，〈「地下經濟」的頑強生存與民營企業的先發優勢〉，《商業經濟與管理》第1期（2010），頁51-60、68。甚至在一九五六年「社會主義改造」完成後，國家媒體仍持續定期報導私人企業「自發性」出現的情形。一篇《人民日報》上的這類報導，參見〈反擊資本主義自發勢力 進一步加強市場管理上海全面清查處理自發工業戶〉，《人民日報》，1957年10月13日，4版。

75. RenYuanhang, 〈蔬菜地區部份農民滋長浪費現象〉，杭州日報，1975年7月25日;〈錢要用在刀口上〉（作者註：「錢要用在刀口上」是一句中國俗語，意思是「錢要留給重要的事情，不要隨意花費。」）《杭州日報》，1957年8月22日。

76. Wen Gongfeng, 〈一場「走私手錶」引發的風波〉，《東莞日報》，2011年4月21日。關於一名走私者的詳細報導，參見Li Ke and Yao Changgan, 〈不法商人向人民贖罪的道路〉，《浙江日報》，1952年2月8日。

77. JiangYigao,〈「倒賣」糧票換手錶〉，《*Longmeizhen*》，第10.（2009），頁39-43。

78. 與葛麗絲．鄭（Grace Cheng，音譯）的非結構性訪談，由作者執行於二〇一四年八月十四日。

79. 與王玉石的非結構性訪談，執行於二〇一四年八月八日。

80. 中央委員會通告，〈廣東省清理「小錢櫃」，「小倉庫」的情況匯報〉1964年1月16日，宋永毅編，《中國文化大革命文庫》（香港：香港中文大學中國研究服務中心，2002）（以下簡稱《文革文庫》）。此一理念在後毛時代被奉為圭臬，當時犧牲環境和放棄經濟平等目標因被認為是「暫時性措施」而得到支持，即它們是支持「建設有中國特色的社會主義」這一目標的必要手段。

81. 整段敘述出自：太原市場物價管理委員會，〈太原市市場物價管理委員會關於河北省定縣定州人民公社所屬筆錶廠皮麻廠在本市以腳踏車手表非法換取國家器材一案的處理決定〉，1961年9月1日，華東師範大學館藏。

82. 事實上，「幹部領導」毛澤東對這類市場現實的反應不一，在五〇年代末和文化大革命開始時，他有時會企圖消滅它們，但是在其他時候他又採取默許和政策許可的態度。關於後者，一個發生於「社會主義改造」完成那年的例子參見毛澤東，〈同民建和工商聯負責人的談話〉，1956年2月7日，《黨的文獻》第六卷（1998），頁8-10。

83. 〈東北鐵路公安局發給哈爾濱人民法院的公函〉，1951年12月25日，收入史丹佛大學，《1949-80當代中國政治檔案彙編》（*Collection of Contemporary Chinese Political Archives 1949-80*），第49卷（東北鐵路公安局文書檔案：案件調查、處理、批示、判決書、事故報告等，1951-53）。

84. 劉少奇，〈劉少奇關於「四清」「五反」蹲點問題的報告〉，1964年9月16日，《批判資料：中國赫魯曉夫劉少奇反革命修正主義言論集（1958. 6-1967. 7）（北京：人民出版社資料室，1967年9月）。

85. 由中央委員會發布並附指導意見，〈中國人民銀行關於整頓信用社，打擊高利貸的通知〉，1963年10月24日，《文革文庫》。

86. 人民政治協商會議通告，〈廣東省清理「小錢櫃」、「小倉庫」的情況匯報〉，1964年1月16日，《文革文庫》。

87. ZhangHuihu，〈戴六塊錶的壞人〉，收入王曉真編，《商品的故事》，頁40-1。

88. 沈嘉祿，〈A581：中國手銬的始祖〉。

89. 國家向工人保證，分配的不平等（即基於工作而非需求的工資）是社會主義社會的一個必要組成，並暗示幹部和普通公民均對此抱有疑慮。相關例子參見 Jackie Sheehan, *Chinese Workers: A New History* (London: Routledge, 1998), 60-1. 關於加劇都市工廠工人之間收入不平等的政策，參見Nara Dillon, *Radical Inequalities: China's Revolutionary Welfare State in Comparative Perspective* (Cambridge, MA: Harvard University Asia Center, 2015).

90. 陳毅林，〈三塊手錶〉，《文史月刊》第12期（2008年12月），頁68。

第二章　跨越四九年，持續建設國家資本主義

1. 以中國東北黑龍江省為例，中共一九四七年的土地改革包括「砍挖運動」。幹部敦促農民到附近城市和鄉鎮去徵收不在地地主（經常被隱瞞的）財產。「砍挖」一詞指的「砍大樹，挖浮財」。前半段的「砍大樹」在隱喻上指的是摧毀農村「封建主義」的「強大」勢力，尤其是「大地主」。後半段的「挖浮財」指的是「挖掘出地主和富農擁有的資產，」包括現金、糧食和衣服等。羅漢平，〈東北解放區1947年土改中的「砍挖運動」〉，《世紀橋》第4期（2004），頁31-3。

2. 關於中共城市政策的概要，參見Frederic Wakeman, Jr., " 'Cleanup': The New Order in Shanghai," in Jeremy Brown and Paul G. Pickowicz, eds., *Dilemmas of Victory* (Cambridge, MA: Harvard University Press, 2007), 21-58. 勞工企圖透過有關工人表面價值的革命社會主義修辭來從革命中累積資本，毛後來背棄了他的承諾，相關討論參見Elizabeth J. Perry, "Masters of the Country? Shanghai Workers in the Early People's Republic," in Brown and Pickowicz, eds., *Dilemmas*

of Victory, 59-79. 史達林的影響限制了中共在中國長期社會主義過渡期的政策與偏好，相關討論參見Hua-Yu Li, *Mao and the Economic Stalinization of China, 1948-195.* (Lanham, MD: Rowman & Littlefield, 2006). 關於四九年前的通貨膨脹歷史，以及中共選擇了立即穩定經濟而非更激進議程的其他理由綜述，參見Alexander Eckstein書中摘要：*China's Economic Revolution* (New York: Cambridge University Press, 1977), 159-71.

3. 關於描述及照片，參見熊月之編，《上海通史》第11卷：當代政治（上海：上海人民出版社，1999），頁4-7。關於士兵睡在上海街頭的照片和描述，參見 www.shtzb.org.cn/node2124/node2132/node2134/u1a1779764. html. Archived April 19. 2018.

4. 關於中共企圖勸誘資本家回到中國，更多詳情參見Sherman Cochran, ed., *The Capitalist Dilemma in China's Communist Revolution* (Ithaca, NY: Cornell East Asia Program, 2015).

5. Thomas N. Thompson, *China's Nationalization of Foreign Firms: The Politics of Hostage Capitalism, 1949-5.* (Baltimore: School of Law, Occasional Papers/Reprint Series in Contemporary Asian Studies, University of Maryland, 1979), 14. Jonathan J. Howlett, " 'The British Boss Is Gone and Will Never Return': Communist Takeovers of British Companies in Shanghai (1949-1954)." *Modern Asian Studies*, vol. 47. no. 6 (2013), 1941-7. (see pp. 1952-7). 關於中共阻止外國資本外逃的作為，參見 Shao Wenguang, *China, Britain and Businessmen: Political and Commercial Relations, 1949-5.* (Basingstoke: Macmillan, 1991).

6. Karl Marx, *Capital: A Critique of Political Economy*, 3 vols., tr. Ben Fowkes (London: Penguin Books, 1990-92), 873.

7. Eckstein, *China's Economic Revolution*, 26. 關於中共的生態傳承，參見Micah S. Muscolino, *Ecology of War in China: Henan Province, the Yellow River, and Beyond, 1938-195.* (Cambridge: Cambridge University Press, 2015). 關於經濟影響，

參見William C. Kirby, "The Chinese War Economy," in James C. Hsiung and Steven I. Levine, eds., *China's Bitter Victory: The War with Japan, 1937-194.* (Armonk, NY: M. E. Sharpe, 1992), 185-212. 關於戰爭在二十世紀中中國造成的社會及經濟影響，參見Rana Mitter, *Forgotten Ally: China's World War II, 1937-194.* (Boston: Houghton Mifflin Harcourt, 2013); Diana Lary, *China's Civil War: A Social History, 1945-194.* (New York: Cambridge University Press, 2015).

8. 歷史學家William MacNeil在對全球戰爭的研究中指責貿易限制是造成中國在軍事上處於落後的原因。William H. McNeill, *The Pursuit of Power: Technology, Armed Force, and Society since AD 100.* (Oxford: Basil Blackwell, 1982), 147. 關於外國武器對二十世紀中國戰爭之重要性的一個例子，參見Steven I. Levine, *Anvil of Victory: The Communist Revolution in Manchuria, 1945. 194.* (New York: Columbia University Press, 1987). 關於上世紀中葉中國國家財政、戰爭及通貨膨脹之間的關係，參見Gregg Huff, "Finance for War in Asia and its Aftermath," in Michael Geyer and J. Adam Tooze, eds., *The Cambridge History of the Second World War: Volume 3. Total War: Economy, Society and Culture* (Cambridge: Cambridge University Press, 2015), 56-93.

9. 參　見Kuisong Yang and Sheng Mao, "Unafraid of the Ghost: The Victim Mentality of Mao Zedong and the Two Taiwan Strait Crises in the 1950s," *China Review*, vol. 16. no. 1 (Spring 2016), 1-34. 政治甚至是個人生命都岌岌可危。毛澤東從二十年前的慘痛經驗中學到了競爭軍事優勢的重要性，當時國民黨進行清黨，幾乎將共產黨員從隊伍中清除殆盡。他為此作出了著名的結論：「槍桿子出政權。」並且認為最好讓中共控制自己的軍隊，然後有朝一日控制武器的生產，而不是倚賴進口。關於一九四九年後中共在征服全中國時所面臨的困難，參見Jeremy Brown and Paul G. Pickowicz, eds., *Dilemmas of Victory: The Early Years of the People's Republic of China* (Cambridge, MA: Harvard University Press, 2010), 尤其是Chen Jian and James Z. Gao分別寫作有關征服西藏和新疆的相關章節。

10. 關於中國加入韓戰的概要，參見Lanxin Xiang, *Recasting the Imperial Far East: Britain and America in China, 1945-195.* (Armonk, NY: M.E. Sharpe, 1995); Kathryn Weathersby, "Stalin, Mao, and the End of the Korean War," in Odd Arne Westad, ed., *Brothers in Arms: The Rise and Fall of the Sino-Soviet Alliance, 1945-196.* (Washington, DC: Woodrow Wilson Center Press and Stanford: Stanford University Press, 1998), 90-116. Chen Jian, *China's Road to the Korean War: The Making of the Sino-American Confrontation* (New York: Columbia University Press, 1994); Shu Guang Zhang, *Mao's Military Romanticism: China and the Korean War, 1950-195.* (Lawrence: University Press of Kansas, 1995); David Clayton, *Imperialism Revisited: Political and Economic Relations between Britain and China, 1950-5.* (New York: St. Martin's Press, 1997).

11. 正如國防分析家張太銘對毛時代所下的結論，「幾乎所有中國最先進的工業部門都與國防經濟有直接或間接的聯繫。」Tai Ming Cheung, *Fortifying China: The Struggle to Build a Modern Defense Economy* (Ithaca, NY: Cornell University Press, 2009), 25. 關於製造核彈的探索如何形塑了中國經濟，參見John Wilson Lewis and Litai Xue, *China Builds the Bomb* (Stanford: Stanford University Press, 1988). 根據他們的顧忌，開發一枚核彈的總成本為一百零七億人民幣，或約四十一億美金，按一九五七年價格計算；約等於一九五七及五八年的中國國防總預算。（頁108）軍事開支和消費之間的權衡在蘇聯歷史中得到了更充分的探討，因為蘇聯很早就面臨包括納粹入侵在內的外國威脅。參見例如John Barber and Mark Harrison, eds., *The Soviet Defence-Industry Complex from Stalin to Khrushchev* (Basingstoke: Macmillan, 2000); David R. Stone, Hammer and Rifle: *The Militarization of the Soviet Union, 1926-193.* (Lawrence: University Press of Kansas, 2000)；尤其是軍事工業的競爭性技術壓力導致蘇聯採用了市場競爭形式，相關研究參見Mark Harrison, ed., *Guns and Rubles: The Defense Industry in the Stalinist State* (New Haven: Yale University Press, 2008).

12. 大量文獻讓早前的詮釋再次得到人們的重視，即資本主義依賴於其他地方的非資本主義徵收，無論是發生在民族國家之間或是單一民族國家內部。關於帝國主義與資本主義之間關係的經典研究是羅莎．盧森堡（Rosa Luxemburg）與列寧的著作。羅森堡將帝國主義定義為「在非資本主義環境中，為仍維持開放事物進行競爭鬥爭過程中的資本積累之政治表達。」Rosa Luxemburg, *The Accumulation of Capital*, tr. Agnes Schwarzschild (London: Routledge, 2003), 426. 這些獨到見解不時重現於歷史著作，包括伊曼紐爾．華勒斯坦（Immanuel Wallerstein）的著作，例如*The Capitalist World-Economy: Essays* (Cambridge: Cambridge University Press, 1979). 關於依賴及世界體系理論的學術研究則進一步探究軍事競爭如何結構化全球市場。參見Christopher K. Chase- Dunn, ed., *Socialist States in the World-System* (Beverly Hills: Sage Publications, 1982). 關於全球北方（Global North）如何透過全球南方（Global South）擴張資本主義，較近期的論證參見John Smith, *Imperialism in the Twenty-First Century: Globalization, Super-Exploitation, and Capitalism's Final Crisis* (New York: Monthly Review Press, 2016). 美式資本主義之跨國起源重新了引起新一代學者對這些連結的學術關注，相關說明參見Sven Beckert, *Empire of Cotton: A Global History* (New York: Alfred A. Knopf, 2014). 關於資本主義制度及消費主義之聯繫性傳播的連結，較一般性的探討參見Victoria de Grazia, Irresistible Empire: America's Advance through Twentieth-Century Europe (Cambridge, MA: Belknap Press of Harvard University Press, 2005).

13. 對這類工業資本主義「後進國」的經典分析是Alexander Gershenkron, *Economic Backwardness in Historical Perspective* (Cambridge, MA: Belknap Press of Harvard University, 1962). 雖然國共內戰並未被構框為某種資本主義競爭形式，但它仍迫使中共進行軍事創新，以擊敗國民黨，獲得軍事和市場主導地位。在《鐵砧的勝利》（*Anvil of Victory*）一書中，列文（Levine）主張讓中共贏得的原因不是「延安方式」，而是在滿州獲得日本和蘇聯人的武器。

14. Mao Zedong, "On Coalition Government（論聯合政府）(April 24. 1945), in *Selected Works of Mao Tse-tung* (Peking:

Foreign Languages Press, 1965), 3. 255-320. at p. 3. 302. 在民國時代的中國，無論是地區領導人或國民黨，每個有抱負的領導人都會學到同樣的教訓，參見Edward A. McCord, *The Power of the Gun: The Emergence of Modern Chinese Warlordism* (Berkeley: University of California Press, 1993). 有大量文獻探討工業資本主義年代戰爭、國家打造及經濟之間的關聯。參見Geoffrey Parker, *The Military Revolution: Military Innovation and the Rise of the West, 1500-1800*. 2nd ed. (Cambridge: Cambridge University Press, 2016).

15. 關於平衡積累與消費以及阻止過度消費之需求的討論，　個代表性的例子是 Mao Zedong, "Talks at the Hangzhou Conference (Draft Transcript)" (January 3-4. 1958), in Roderick MacFarquhar, Timothy Cheek, and Eugene Wu, eds., *The Secret Speeches of Chairman Mao: From the Hundred Flowers to the Great Leap Forward* (Cambridge, MA: Council on East Asian Studies, Harvard University, 1989), 380-1. 383. and 385.

16. 關於將勤儉與家庭管理連結的一個具體例子，參見全國婦聯副主席章蘊在中國婦女第三次全國代表大會上的演說，〈勤儉建國勤儉持家為建設社會主義而奮鬥〉，《人民日報》，1957年9月10日，4版。

17. 由國家發起的節約運動將稀缺的資本轉移至國家手中，這種作法並不是中國或「社會主義」國家所獨有。關於提倡高儲蓄率的國家政策，參見例如Sheldon Garon, "Luxury Is the Enemy: Mobilizing Savings and Popularizing Thrift in Wartime Japan," *Journal of Japanese Studies*, vol. 26. no. 1 (Winter 2000), 41-78. 人們可以在任何一本關於世界大戰期間配給制和儲蓄債券運動的書中看到類似的國家政策。長期以來，研究中國的學者均承認毛時代和戰時經濟間存在著大致上類似的情形，即國家都會要求個人為了共同利益而努力工作、節儉生活。持這種立場的研究例如Barry M. Richman, *Industrial Society in Communist China: A Firsthand Study of Chinese Economic Development and Management, with Significant Comparisons with Industry in India, the U.S.S.R., Japan, and the United States* (New York:

Random House, 1969), 223-364. Andrew G. Walder, *Communist Neo-Traditionalism: Work and Authority in Chinese Industry* (Berkeley: University of California Press, 1986), 113-22.

18. 柯偉林（William Kirby）簡潔地描述了國民黨和共產黨之間的連續性：「將共產黨的黨國區分開來，並且最終使它與其前身分道揚鑣的，是它企圖將所有這些趨勢（政治、經濟和軍事的）都發展到最極端的地步。」William C. Kirby, "The Nationalist Regime and the Chinese Party-State, 1928-1958," in Merle Goldman and Andrew Gordon, eds., *Historical Perspectives on Contemporary East Asia* (Cambridge, MA: Harvard University Press, 2000), 230.

19. 參見葛凱，《製造中國》。我在這本書裡討論了民國年代中國的國貨運動，並（在結論中）探討其對毛時代政治經濟體制的意涵。這種將消費區分成好與壞並連結到道德與善治的話語，有其早期表現方式。參見例如Craig Clunas, *Superfluous Things: Material Culture and Social Status in Early Modern China* (Honolulu: University of Hawai'i Press, 2004)；巫仁恕，《品味奢華：晚明的消費文化與士大夫》（北京：中華書局，2008）。

20. 早在第二次中日戰爭（一九三七年至四五年）爆發前，針對私人資本主義的普遍敵意就已經存在，但是戰爭期間這種敵意與日俱增，尤其是針對那些在日本占領中國東部期間與日本人合作的商人。參見Parks M. Coble, *The Shanghai Capitalists and the Nationalist Government, 1927-1937*. 2nd ed. (Cambridge, MA: Council on East Asian Studies, Harvard University, 1986); Parks M. Coble, *Chinese Capitalists in Japan's New Order: The Occupied Lower Yangzi, 1937-194*. (Berkeley: University of California Press, 2003). 關於一九四九年前夕新一波國貨運動式的反美國產品抵制活動，參見Chou Ping-kun, "The 194. Boycott of U.S. Goods," *China Reconstructs*, vol. 14. no. 1 (1965), 40-2.

21. 關於此概念的意義與發展，參見Roman Rosdolsky, *The Making of Marx's "Capital,"* tr. Pete Burgess (London: Pluto, 2004), ch. 18.

22. 參見Hans van de Ven, "The Military in the Republic," *The China Quarterly*, no. 15. (June 1997), 352-74. Rana Mitter, *Forgotten Ally: China's World War II, 1937-194.* (Boston: Houghton Mifflin Harcourt, 2013)；尤其是針對毛時代的研究，參見 Covell Meyskens, *Mao's Third Front: The Militarization of Cold War China* (Cambridge: Cambridge University Press, 2020).

23. Mao Zedong, "*Talks at the Hangzhou Conference (Draft Transcript)*" (January 3-4. 1958), 377-91. at p. 378. 此外，史達林也支持這些中共的政策。參見Andrei Ledovsky, "Two Cables from Correspondence between Mao Zedong and Joseph Stalin," *Far Eastern Affairs*, no. 6 (2000): 89-96. at p. 95.

24. 中共官員只是進入這些城市的士兵和幹部不要干預私人企業。關於這項有關資本家的規定及其他規定，參見陳伯達，〈不要打亂原來的企業機構〉，《中國人民解放軍入城政策》（漢口：新華書店，1949）。陳伯達的通知也在一九四九年二月五日的人民日報上刊出。這裡的「徵收」指的是全國、地區或地方性的公共機構沒收私人資本，包括土地、企業、機器和其他形式的資本，這有時也被稱為「國有化」。然而，即使「國家」制定了這些政策，它也不是這些被徵收資本的唯一接收者。被徵收的土地和企業（資本）會被置於公社、城市政府和其他次於國家的公共實體的直接控制下。在中國，此一總政策被稱為「社會主義改造」，指的是一九五三年至五六年期間對資本家和地主資本的特定徵收。

25. 例如一九六七年時，毛澤東在會見一個阿爾巴尼亞代表團時就承認了這種妥協，並對於需要在一九四九年時在新中國給資本家一個位置一事表示後悔。"Stenographic Note held during the Conversation between Chairman Mao Zedong and Vangjel Moisiu and Myfit Mushi in Shanghai" (August 16. 1967), History and Public Policy Program Digital Archive, AQSH, F. 14/AP, M-PKK, V. 1967. Dos. 47. Fl. 1-8. Obtained and translated by Elidor Mëhilli. At https://

digitalarchive .wilsoncenter.org/document/117304. Consulted December 28. 2018.

26. 毛澤東為正當化這種與資本家「統一戰線」政策的最重要三篇文章是：〈中國社會各階級的分析〉（1926年3月）、〈中國革命和中國共產黨〉（1939年12月）、〈新民主主義論〉（1940年1月）。*Selected Works of Mao Tse-tung*（毛澤東選集）(Peking: Foreign Languages Press, 1965), 1. 13-19. 2:305-31. and 2. 339-82.

27. Datong Guan, *The Socialist Transformation of Capitalist Industry and Commerce in China* (Peking: Foreign Languages Press, 1960), 46. 毛澤東的〈目前形勢和我們的任務〉，1947年12月25日取自www.marxists.org/reference/archive/mao/selected-works/volume-4/mswv4_24.htm，2018年5月21日歸檔，概述了這個新民主主義革命的目標，包括保護民族資產階級的資產。

28. "From the Journal of Pavel F. Yudin: Record of Conversation with Mao Zedong on 2. December 1955," History and Public Policy Program Digital Archive, AVPRF fond 0100. opis' 49. papka 410. delo 9. listy 11-19. Translated by Gary Goldberg, at https://digitalarchive.wilsoncenter.org/do cument/117834. Consulted December 28. 2018.

29. *The Common Program and Other Documents of the First Plenary Session of the Chinese People's Political Consultative Congress* (Peking: Foreign Languages Press, 1950), 1-20. 當然，國家政策對私人資本，尤其是對那些國家早已垂涎的大型工業資本施加的壓力，也足以促使許多帶頭的資本家外移。關於這類思考的個案研究，參見Cochran, ed., *The Capitalist Dilemma in China's Communist Revolution.*

30. Carl Riskin, *China's Political Economy: The Quest for Development since 194.* (Oxford: Oxford University Press, 1988), 95.

31. Feng Chen, *Economic Transition andPolitical Legitimacy in Post-Mao China: Ideology and Reform* (Albany: State University of New York Press, 1995), 23-34.

32. *The Common Program and Other Documents*, Art. 28.

33. 關於這個剩餘概念的階級意涵分析，參見 Stephen A. Resnick and Richard D. Wolff, *Knowledge and Class: A Marxian Critique of Political Economy* (Chicago: University of Chicago Press, 1987). 關於與我的分析相一致的勞動關係的討論，參見Jake Werner, "Global Fordism in 1950. Urban China," *Frontiers of History in China*, vol. 7. no. 3 (September 2012), 415-41.

34. 關於如何將馬克思核心概念（價值、資本、商品和剝削）應用於中國和蘇聯的資本主義，參見Adam Buick and John Crump, *State Capitalism: The Wages System under New Management* (Basingstoke: Macmillan, 1986. 以及Stephen A. Resnick and Richard D. Wolff, *Class Theory and History: Capitalism and Communism in the USSR* (Abingdon: Routledge, 2013).

35. 中共繼承了這些工業以及管理它們的官僚體制。參見William C. Kirby, "Continuity and Change in Modern China: Economic Planning on the Mainland and on Taiwan, 1943-1958," *The Australian Journal of Chinese Affairs*, no. 2. (July 1990), 121-41. 亦請參見Liu Suinian and Wu Qungan, eds., *China's Socialist Economy: An Outline History* (1949-1984. (Beijing: Beijing Review, 1986), 9.

36. Xue Muqiao, *China's Socialist Economy* (Beijing: Foreign Languages Press, 1981), 19.

37. *The Common Program and Other Documents*, Art. 29. 關於此一分類的歷史概述，參見 Jianzhong Tang and Laurence J. C. Mao, "Evolution of Urban Collective Enterprises in China," *China Quarterly*, no. 10. (1985), 614-40.

38. Odd Arne Westad, *Decisive Encounters: The Chinese Civil War, 1946-195.* (Stanford: Stanford University Press, 2003), 94-5.

39. Thomas D. Lutze, *China's Inevitable Revolution: Rethinking America's Loss to the Communists* (New York: Palgrave Macmillan,

2007). 他們的修辭強調了流行的（也是學術的）看法，也就是將「共產主義」等同於國家對私人資本的接管。在美國，「把中國輸給了共產主義」與戰後右翼政策的崛起，兩者有著密切的聯繫。有關美國的「中國遊說團（China Lobby）」，也就是蔣介石和國民黨支持者以及後來的反共人士，參見一個介紹性研究：Larry Ceplair, *Anti-Communism in Twentieth-Century America: A Critical History* (Santa Barbara: Praeger, 2011), ch. 7. 這裡討論了極度親私人資本家的約翰．柏奇協會（John Birch Society），該協會的名稱來自於一九四五年被中共軍隊殺死的一名美國浸信會傳教士。

40. Thompson, *China's Nationalization of Foreign Firms.* 試圖繼續經營的外國公司成了「人質」，因為他們無法撤回他們的固定和不可移動的資本（如機器），也很難為他們的人力資本（僱員）取得出境簽證。此外，和他們的中國同行一樣，他們也是國家期望下的人質，國家期待他們，儘管經濟不景氣，他們仍要持續運營並僱用員工，儘管虧損正不斷擴大。破產或歇業都需要國家許可。來自市場自本主義國家的商人們得出了結論：他們正受到系統性的針對。無論如何，他們的生意都是撐不住的。Aron Shai, *The Fate of British and French Firms in China, 1949-54. Imperialism Imprisoned* (Basingstoke: Macmillan, 1996), 23.

41. 引自Thompson, China's *Nationalization of Foreign Firms*, 31.

42. Shai, *The Fate of British and French Firms in China*, 20. 本書提供了這些公司的名冊。

43. *The Common Program and Other Documents*, Art. 30.

44. 關於他稱為「官僚資本主義國家打造」的影響，以及蔣介石的國民黨（簡稱KMT）和農村社會，個案研究參見Ralph A. Thaxton, *Salt of the Earth: The Political Origins of Peasant Protest and Communist Revolution* (Berkeley: University of California Press, 1997).

45. 國家認定的民族資本家工業企業有十二萬三千家，僱用人數一百六十四萬人；民族資本家商業企業則有十三萬家，僱用人數九十九萬人。Liu Suinian and Wu Qungan, eds., *China's Socialist Economy*, 9.

46. Xue Muqiao, *China's Socialist Economy*, 21.

47. Gu Hua, *A Small Town Called Hibiscus*, tr. Gladys Yang (Beijing: Foreign Languages Press, 2015).

48. 我曾討論過工人不滿資本所有者持續享受資產階級特殊待遇（在我的案例中是使用私人電梯和一間位於工廠頂樓的公寓）的一個案例，參見Karl Gerth, "Wu Yunchu and the Fate of the Bourgeoisie and Bourgeois Lifestyles under Communism," in Cochran, ed., *The Capitalist Dilemma in China's Communist Revolution* (Ithaca, NY: East Asia Program, Cornell University, 2015), 175-202.

49. 根據盧漢超針對一九六六年前數十年間，上海「民族資本家」生活方式的研究，「就物質舒適而言，儘管針對他們的政治運動持續進行，舊富們的生活仍比當時大多數中國人要好太多。」（頁74）"Bourgeois Comfort under Proletarian Dictatorship: Home Life of Chinese Capitalists before the Cultural Revolution," *Journal of Social History*, vol. 52. no. 1 (2018), 74-100.

50. 一九五六年時約有八十萬私人資本家的資本被政府收購，根據資產不同，所得利息約介於三點五至五個百分點之間，為期十年或更長。Lu Hanchao, "Bourgeois Comfort under Proletarian Dictatorship," 75. 根據一些數字估計，這些前資本家中有三十萬人在一九六六年倖存下來（僅上海一地就有九萬人）。Audrey Donnithorne, *China's Economic System* (London: Allen & Unwin, 1967), 146-7. 這些支付持續進行，直到一九六七年國家結束向資本家支付固定利息的政策為止，參見Xue Muqiao, *China's Socialist Economy*, 30.

51. Sylvia Chan, "The Image of a 'Capitalist Roader' - Some Dissident Short Stories in the Hundred Flowers Period," *The*

Australian Journal of Chinese Affairs, no. 2 (July 1979), 77-102.

52. 關於戰爭成本及其他國內影響之間的關聯，參見Chen, *China's Road to the Korean War*, 220-1. Westad, Decisive Encounters, 399。須注意，中國國內政策與韓戰之間的關聯在此並未詳盡說明。

53. 參　見Daniel H. Bays, *A New History of Christianity in China* (Malden, MA: Wiley-Blackwell, 2012), 158-82. Philip L. Wickeri. *Seeking the Common Ground: Protestant Christianity, the Three-Self Movement, and China's United Front* (Maryknoll, NY: Orbis Books, 1988); Philip West, *Yenching University and Sino-Western Relations, 1916-195.* (Cambridge, MA: Harvard University Press, 1976), ch. 7.

54. 關於其他城市的活動，參見闕文等編，《抗美援朝畫冊》第2冊（北京：人民美術出版社，1951）。

55. 參見Qi Kang,〈對期刊界抗美援朝宣傳的一些意見〉(Some opinions on propaganda in periodicals related to Resist America and Aid Korea), RMRB, December 27. 1950. 5.

56. 關於不同地方的報導，參見〈上海工商界記憶猶新美貨泛濫成災的故事〉，《人民日報》，1950年11月18日，2版；〈京市工商界各行業分別集會，控訴美帝摧殘民族工商業，決心實踐工商界五項愛國公約〉，《人民日報》，1950年11月18日，2版；〈津工商界控訴美帝經濟侵略，美貨傾銷時扼殺了我民族工商業〉，《人民日報》，1950年11月29日，2版；〈美帝國主義勢力被驅逐後 福州民族工業獲生機〉，《人民日報》，1950年12月18日，2版。以小冊子形式發表的類似文章之文集包括：欽本立，《美帝經濟侵華史》（北京：世界知識出版社，1950）；鄧普，《美帝侵略上海的罪證》（北京：世界知識出版社，1950）；《美帝怎樣摧殘我工商業》（北京：十月出版社，1950）；《美帝摧殘下的中國民族工商業》（上海：新華書店華東分店，1951）；魏子初，《美帝在華經濟侵略》（北京：人民出版社，1951）。

57. 這些新聞來自一九五〇年十一月四日上海《文匯報》，以及一九五〇年十一月三十日《政法日報》（以下簡稱JFRB）。類似新聞也出現在全國各地的地區和全國性報紙上。

58. 《人民日報》在十一和十二月刊出了許多有關戰後初期美國經濟帝國主義的文章。參見重野，《京工商界向美國侵略者示威》，《人民日報》，1950年12月十日，1版。

59. 〈重慶工商界紛紛控訴，美帝摧殘我民族工商業〉，《人民日報》，1950年11月27日，2版；〈美帝控制中國海關時的罪惡〉，《人民日報》，1950年11月27日，2版。針對美國的貿易禁運持續到一九七二年，力度甚至比針對蘇聯的貿易禁運更強，相關討論參見Xin-zhu J. Chen, "China and the US Trade Embargo, 1950-1972," *American Journal of Chinese Studies*, vol. 13. no. 2 (2006), 169-86.

60. 雖然不清楚「三反五反」運動的原意是否是兩場獨立的運動，但我在此仍將它們視為一場運動，因為它們提供的證據都同樣指向國家企圖打擊資本濫用，無論濫用資本的人是「腐敗的」國家官員還是「貪婪的」私人資本家。

61. 用中共自己的話來說，發動「三反五反」運動的目的是為了協助向更大國家資本主義的方向過渡。一九五四年臨時憲法第十條談到「利用」資本家的優點，「限制」他們可能造成的損害，並逐步將他們的企業「改造」為國家所有制。*The Constitution of the People's Republic of China* (Peking: Foreign Languages Press, 1954): 76. 關於在向社會主義過渡期間「國家資本主義」所處地位一個具有當代性的清晰闡述，參見周恩來，〈社會主義改造與國家資本主義〉（1953年9月11日），收錄於中共中央文獻研究室編，《周恩來統一戰線文選》（北京：人民出版社，1984），頁253-7。

62. 這場運動開始於一九五一年八月三十一日：Peter S. H. Tang. *Communist China Today*, 2 vols. (New York: Praeger,

1957-58), 339. 注意，「反官僚主義」是中共常用的一個批判術語，指的是太多人在作無生產性，甚至是贅冗的行政工作，以避免從事工廠或田裡的體力勞動。有關概述，參見Michael M. Sheng, “Mao Zedong and the Three-Anti Campaign (November 195. to April 1952): A Revisionist Interpretation,” *Twentieth-Century China*, vol. 32. no. 1 (2006), 56-80. 例如一個報導批判某家國營食品廠雇用了七百名工人，卻只有三百名實際從事食品製作。〈華東工業部直屬廠礦浪費現象嚴重，初步估計約值四百多億〉，《內部參考》（以下簡稱《內參》），1951年12月8日。

63. 〈北京市反貪污反浪費反官僚主義運動現已進入號召貪污，行賄分子自動坦白階段〉，《內參》，1951年12月31日。關於貴陽稅務局的貪腐報導，參見〈貴陽發現幹部訂立集體貪污合同〉，《內參》，1951年12月1日。

64. 〈南充市政建設浪費國家財產巨大〉，《內參》，1952年1月8日；〈中國銀行天津分行修建房屋有嚴重鋪張浪費現象〉，《內參〉，1952年1月14日。

65. Theodore H. E. Chen and Wen-hui C. Chen, “The ‘Three Anti’ and ‘Five Anti’ Movements in Communist China,” *Pacific Affairs*, vol. 26. no. 1 (1953), 4-5. Feng Xiaocai, “Rushing toward Socialism: The Transformation and Death of Private Business Enterprises in Shanghai, 1949-1956,” in William C. Kirby, ed., *The People's Republic of China at 60. An International Assessment* (Cambridge, MA: Harvard University Asia Center, 2011), 240-58.

66. *NBCK*, March 10. 1952.

67. Foreign Office 371/9923. (December 12. 1951), 2.

68. 這種物質補償似乎類似於馬克．W．傅雷澤（Mark W. Frazier）筆下工人所要求的那種福利，參見Mark W. Frazier, *The Making of the Chinese Industrial Workplace: State, Revolution, and Labor Management* (New York: Cambridge University Press, 2002), 109. 115. 這令人不禁要想，黨是否正在暗示類似的工人要求有「資產階級」傾向。傅雷澤

還提供例子說明更好的物質條件（如辦公室的加熱裝置和燈）是如何令人對主管產生疑慮。

69. 關於這種關注焦點的轉移，參見張鳴，〈執政的道德困境與突圍之道：三反五反運動解析〉，《二十一世紀》第92期（2005），頁46-58。亦請參見"Kang Kao Summarizes 3-Anti and 5-Anti Movements in Northeast," Xinhua, June 25. 1952. translated in *Current Background*, no. 20. (August 12. 1952), 16-20.

70. 〈中央轉發北京市委關於三反鬥爭的報告的批語〉（1952年1月5日），收錄於《建國以來毛澤東文稿》（北京：中央文獻出版社，1989）第三冊，頁21-2，此報告由中央委員會簽署，但是根據毛澤東草稿寫成。

71. Yu Guangyuan,〈反對資產階級的進攻，堅持工人階級的領導權〉，《學習雜誌》（1952年1月），頁13-18。

72. A. Doak Barnett, *Communist China: The Early Years, 1949-5.* (New York: Praeger, 1964), 150. 引自一位最近逃到香港的上海商人。

73. 古維進，〈上海私營企業中的六十多萬工人店員在「五反」運動中發揮了巨大的力量〉，《人民日報》，1952年5月10日，2版；宋琤，〈工會組織在「三反」「五反」運動中更加壯大了〉，《人民日報》，1952年5月13日，2版。關於中共企圖使工人轉為效忠國家，參見Walder, *Communist Neo-Traditionalism*, 85-113. 楊奎松，〈1952年上海「五反」運動始末〉，《社會科學》第4期（2006），頁5-30。

74. 〈上海解放日報舉辦反盜竊鬥爭座談會，高級店員揭發資產階級的醜惡本質,詳述打破顧慮檢舉不法資本家的經過〉，《人民日報》，1952年3月7日，3版。

75. Feng Xiaocai,"Between Class Struggle and Family Loyalty: The Mobilization of Businessmen's Wives and Children during the Five-Antis Movement," *European Journal of East Asian Studies*, vol. 13. no. 2 (2014), 284-304.

76. Barnett, *Communist China*, 145.

77. 〈廣州「五反」第二期工作已進入最後階段，迅速徹底處理了九十個行業中的前三類戶五千多戶〉，《人民日報》，1952年4月29日，2版。

78. "NCNA Correspondent's Review of Victory of 5-Anti Campaign in Shanghai," Xinhua, June 7. 1952. translated in *Current Background*, no. 20. (August 12. 1952), 23-4.

79. 參見例如Gerth, "Wu Yunchu and the Fate of the Bourgeoisie."

80. 引用於Frazier, *The Making of the Chinese Industrial Workplace*, 116.

81. 根據歷史學者楊奎松的看法，在二月中前的一個月裡，上海中國商人中有四十九名自殺（另有十六名企圖自殺）。從二月十二日至十五日，僅僅四天內就有二十二人自殺，整個二月份還有另外七十三人自殺。直到二月底為止，自殺者主要為小資本家。但是在這之後，更多的中間或大型資本家結束了自己的生命，參見楊奎松，〈1952年上海「五反」運動始末〉，頁5-30.

82. Gordon A. Bennett, *Yundong: Mass Campaigns in Chinese Communist Leadership* (Berkeley: Center for Chinese Studies, University of California, 1976).

83. "GAC Directive to Conclude 5-Anti Campaign," Xinhua, June 14. 1952. translated in *Current Background*, no. 20. (August 12. 1952), 4-5. 關於非法資本家分類的描述，參見"Provisions Laid Down by the Economy Practice Investigation Committee of the Central People's Government for the Disposal of Cases of Corruption and Waste, and for the Conquest of Bureaucratic Deviations," Xinhua, March 11. 1952. translated in *Current Background*, no. 16. (March 26. 195.), 4-9.

84. "Five-Anti Movement Victoriously Concluded in Canton," translated in *Current Background*, no. 20. (August 12. 1952), 28-9. 關於這場運動在上海的情形，參見"[NCNA] Correspondent's Review of Victory of 5-Anti Campaign in Shanghai,"

Xinhua, June 7. 1952. translated in *Current Background*, no. 20. (August 12. 1952), 23-4. John Gardner, "The Wu-Fan Campaign in Shanghai: A Study in the Consolidation of Urban Control," in A. Doak Barnett, ed., *Chinese Communist Politics in Action* (Seattle: University of Washington Press, 1969), 477-539.

85. 楊奎松,〈1952年上海「五反」運動始末〉,頁5-30(頁8)。關於更普遍的經濟影響,參見Bennis Wai-yip So, "The Policy-Making and Political Economy of the Abolition of Private Ownership in the Early 1950s: Findings from New Materials," *China Quarterly*, no. 17. (2002), 682-703.

86. 吳曉波,《歷代經濟變革得失》(杭州:浙江大學出版社,2016),頁181。沒收總額的其他估計數字從五億至十二點五億美金不等。Barnett, *Communist China*, 160. Weekly Bulletin, Chinese News Service, New York, June 3. 195. (Republic of China Publication); Chen and Chen, "The 'Three Anti' and 'Five Anti' Movements in *Communist China*," 3-23. 18. 在短期內,這些資源為國家提供了發動韓戰所急需的資金,並且,根據毛澤東的說法,「將讓〔中國〕熬過另一場為期一年半的戰爭。」Mao Zedong, "Let Us Unite and Clearly Distinguish Ourselves and the Enemy(團結起來劃清敵我界線)" (August 4. 1952), *Selected Works of Mao Tsetung* (Beijing: Foreign Languages Press, 1977), 5. 80.

87. Gerth, "Wu Yunchu and the Fate of the Bourgeoisie"; Chen Zhengqing, "Socialist Transformation and the Demise of Private Entrepreneurs: Wu Yunchu's Tragedy," *European Journal of East Asian Studies*, vol. 13. no. 2 (2014), 240-61.

88. 關於這些政策的詳情,參見"GAC Directive to Conclude 5-Anti Campaign," 4-5. and "3-Anti, 5-Anti Movements Victoriously Concluded in Tientsin," Xinhua, June 14. 1952. translated in *Current Background*, no. 20. (August 12. 1952), 14-15. 亦請參見楊奎松,〈1952年上海「五反」運動始末〉,頁5-30。

89. 例如一九六〇年時,上海的黨支部曾寫了一份長達六十五頁的報告,詳述「三反運動」的持續進行。報告中詳細列出一長串的浪費行為，包括一家醫療用品公司訂購了數以萬計的設備卻讓它們只是堆在倉庫，未經過品管檢查的錄音設備在審訊一名「反革命分子」時壞掉了，以及一家國營鋼筆工廠必須召回數十萬品質低劣的鋼筆。中共上海市第一商業局委員會三反整風領導小組辦公室，〈局黨委擴大會議有關黨委官僚主義方面的綜合材料〉，上海市檔案 B123-4-568（1960年7月31日），頁3-6。

90. 農村控制制度如此極端，以至於薩提阿南達．J．加百列（Satyananda J. Gabriel）認為必須將其稱為「國家封建主義」，參見*Chinese Capitalism and the Modernist Vision* (London: Routledge, 2006), 18-44.

91. 熊月之編，《上海通史》第11卷：當代政治，頁 24。

92. Richard Day, "Preobrazhensky and the Theory of the Transition Period," *Soviet Studies*, vol. 27. no. 2 (1975), 196-219. E. A. Preobrazhenskii and Donald A. Filtzer, *The Crisis of Soviet Industrialization: Selected Essays* (White Plains, NY: M.E. Sharpe, 1979), xi-liii. 甚至是在一九四九年前，幾乎整個中共菁英階層就已經讀過史達林的經典文本：《聯共（布）黨史簡明教程》（*The History of the All-Union Communist Party (Bolshevik) Short Course*），毛澤東為了正當化其榨取政策並強調工業化的優先性引用了這本書。Hua-Yu Li, "Instilling Stalinism in Chinese Party Members: Absorbing Stalin's Short Course in the 1950s," in Thomas P. Bernstein and Hua-Yu Li, *China Learns from the Soviet Union, 1949. Present* (Lanham, MD: Lexington Books, 2011), 107-30.

93. Felix Wemheuer, *Famine Politics in Maoist China and the Soviet Union* (New Haven: Yale University Press, 2014), 40-6. 我在這一章節十分倚重這本書，它提供了針對「社會主義」國家的榨取政策及其破壞性後果的比較。針對從一八五〇年至一九八〇年間以原始積累的概念為基礎的中國資本主義，包括其對農村剩餘的「國家社會主義」榨取，相關詮釋參見Ho-fung Hung, *The China Boom: Why China Will Not Rule the World* (New York: Columbia University Press,

2016), 34-51.

94. J. V. Stalin, *Problems of Leninism* (Moscow: Foreign Languages Publishing House, 1953), 454-8.

95. 對資本的迫切需求以及持續遭受到的帝國主義壓迫，使得中共和毛澤東無法或者不願意引進資本，或是放慢資本積累的步伐，即更漸進的工業化以及透過稀缺資本的初始配置來提高農業產出。

96. 關於國家與農民就收成分配而展開的鬥爭，介紹性研究參見C. Oi, *State and Peasant in Contemporary China: The Political Economy of Village Government* (Berkeley: University of California Press, 1991); *Mark Selden, The Political Economy of Chinese Socialism* (Armonk, NY: M.E. Sharpe, 1988), ch. 3.

97. 參見例如總理周恩來針對公社成功排除這些不平等的描述：茅以升，〈知識分子要跟上祖國躍進的腳步：茅以升代表的發言〉，《人民日報》，1959年4月28日，9版。中共以其他政策解決了「三大差別」，包括讓都市青年下鄉的理由合理化其他政策。參見〈堅持知識青年上山下鄉的正確方向〉，《人民日報》，1967年7月9日。

98. Gregory Rohlf, "The Soviet Model and China's State Farms," in Bernstein and Li, *China Learns from the Soviet Union*, 197-228.

99. 歷史學者馮客（Frank Dikötter）在包括周曉（Kate Zhou）等學者研究的基礎上重新將此一詮釋普及化，即在一九七〇年代末出現了一個由下而上、非國家非動的「改革」年代，去集體化並恢復了農村地區的私人積累。參見馮客的《文化大革命：人民的歷史1962-1976》（*The Cultural Revolution: A People's History, 1962-1976*）（New York: Bloomsbury Press, 2017；中文版為聯經出版，2016）. 亦請參見Kate Xiao Zhou. *How the Farmers Changed China: Power of the People* (Boulder, CO: Westview Press, 1998).

100. 儘管在整個毛時代，在中國農村地區布料的平均國家配給量大約是五點五公尺，但在艾約博（Jacob Eyferth）針對二十世紀中國布史的研究中，他計算出農村每人年均需要的棉布是至少九公尺。由於配給到的棉布不敷使用，天候惡劣時人們就不得不待在家裏。社會要求的最低數量還更高，需要十一公尺的布才能滿足基本的著裝標準。為避免遲早落入赤身露體的境地，生活在農村的普通人不得不從事非法經濟活動，例如偷竊棉花以及將勞動力投入家織土布的製作。參見Jacob Eyferth, "Beyond the Maoist Commodity: Material Life in Rural China, 1950-1980. " Paper presented at the workshop, "Material Culture in Maoist China," King's College, London, May 18. 2019. 13-14. Cited with permission.

101. *In China under Mao: A Revolution Derailed* (Cambridge, MA: Harvard University Press, 2015), 社會學家魏昂德（Andrew Walder）將毛時代許多悲劇的根源追溯到中共內部自治，尤其是對幹部的管理和激勵措施。

102. 國家為獲取更大份額收成而運用層出不窮的招數，相關訪談參見Oi, *State and Peasant in Contemporary China.*

103. 托洛斯基創造了「價格剪」一詞並首先將它應用於一九二〇年代初新經濟政策（New Economic Policy，簡稱NEP）時期的蘇聯經濟。參見Robert Service, *Trotsky: A Biography* (Cambridge, MA: Belknap Press of Harvard University Press, 2009), 304.

104. 關於此一策略的動機及其優缺點，參見Chris Bramall, Chinese Economic Development (London: Routledge, 2009), 87-8.

105. 為了找到識字的地方幹部，也就是已經擁有更多人力資本的人，需要跨越階級戰線作出妥協，一個相關的例子參　見Anita Chan, Richard Madsen, and Jonathan Unger, *Chen Village: Revolution to Globalization*, 3rd ed. (Berkeley: University of California Press, 2009). 在中共希望賦權的那些階級裡只有極少數人具有管理國家業務和促進國家榨取所需要的基本技能。

106. 關於「共產風」，更多詳情參見David Zweig, *Agrarian Radicalism in China, 1968-198.* (Cambridge, MA: Harvard University Press, 1989), 161-2. William A. Joseph, *The Critique of Ultra-Leftism in China, 1958-198.* (Stanford: Stanford

University Press, 1984), 118.

107. Thomas P. Bernstein, "Mao Zedong and the Famine of 1959-1960," *China Quarterly*, no. 18. (2006), 421-45.

108. Lin Ping, Song Qiong, and Wang Yu，〈「少校政委」的原形〉，《解放軍報》，1958年4月9日。這篇報導的作者們將王標籤為一個「右派」，並稱他是因為自己的薪水不足以讓他實現擁有「三大件」的夢想，所以心生不滿。

109. 這些術語來自詹姆斯．C．斯科特（James C. Scott）的研究。參見他的*Weapons of the Weak: Everyday Forms of Peasant Resistance* (New Haven: Yale University Press, 1985. 以及"Everyday Forms of Resistance," in Forrest D. Colburn, ed., *Everyday Forms of Peasant Resistance* (Armonk, NY: M.E. Sharpe, 1989), 3-33.

110. 關於對抗國家榨取的農村策略、國家回應，以及農村的應對，參見Ralph A. Thaxton, *Catastrophe and Contention in Rural China: Mao's Great Leap Forward: Famine and the Origins of Righteous Resistance in Da Fo Village* (Cambridge: Cambridge University Press, 2008), 尤其是第五、第六章記錄了每個這樣的策略。

111. 關於黨如何優先為天津等地提供食物，參見Jeremy Brown, *City versus Countryside in Mao's China: Negotiating the Divide* (New York: Cambridge University Press, 2012), 65-9.

112. 紀錄下這些極端措施的書包括Xun Zhou, *The Great Famine in China, 1958-1962. A Documentary History* (New Haven: Yale University Press, 2012); Xun Zhou, *Forgotten Voices of Mao's Great Famine, 1958-1962. An Oral History* (New Haven: Yale University Press, 2014); Jisheng Yang, *Tombstone: The Untold Story of Mao's Great Famine* (London: Penguin Books, 2013).

113. 中國國務院知識青年上山下鄉領導小組辦公室編，《全國城鎮知識青年上山下鄉統計資料，1962-1979》（北京：1981）。

114. Selden, *The Political Economy of Chinese Socialism*, 19-23.

115. 參見Brown, *City Versus Countryside in Mao's China, 141-59.*

116. Xue Muqiao, *China's Socialist Economy*, 45.

第三章　蘇聯對國家消費主義的影響

1. 毛澤東，〈論人民民主專政〉，取自www.marxists.org/chinese/maozedong/marxist.org-chinese-mao-19490630. htm. Archived July 15. 2018. 此文也以小冊子形式翻譯及出版。參見*On the People's Democratic Dictatorship* (Peking: Foreign Languages Press, 1967), 20.
2. 五〇年代的宣傳海報告訴觀者中國從蘇聯得到了工業、軍事和農業技術；專家的實用知識，以及文化交流。參見http://chineseposters .net:80/themes/sino-soviet-cooperation.php. Archived June 29. 2017.
3. 關於中蘇同盟之地緣政治轉折點的概述，參見Sergey Radchenko, "The Rise and the Fall of the Sino-Soviet Alliance 1949-1989," in N. Naimark, S. Pons, and S. Quinn-Judge, eds., *The Cambridge History of Communism* (Cambridge: Cambridge University Press, 2017), 243-68.
4. Shu Guang Zhang, *Beijing's Economic Statecraft during the Cold War, 1949-199.* (Washington, DC: Woodrow Wilson Center Press and Baltimore: Johns Hopkins University Press, 2014), 21-95.
5. 李若建，《虛實之間：20世紀50年代中國大陸謠言研究》（北京：社會科學文獻出版社，2011），頁101、109。
6. Mao Dechuan，〈國民黨軍修建利用岱山機場的前前後後〉，收錄於中國人民政治協商會議，浙江省岱山縣委員會文史資料委員會編，《岱山文史資料》（1991）第3卷，頁17-19；〈上海解放初期警備工作的日日夜夜〉及〈把上海的天空保護起來〉，收錄於中國人民解放軍上海警備區政治部，中國上海市委黨史研究室編，《警備大上海》（上海：上海遠東出版社，1994），頁25-6、132-40。

7. 例如商品生產等資本主義連結的經濟實踐如何與馬克思主義相容，蘇聯的解釋參見史達林的經典文本，原文在發布後旋即於中國翻譯出版：史達林（Joseph Stalin），《蘇聯社會主義經濟問題》（北京：人民出版社，1952）。亦發表於《學習雜誌》第八期（1952年11月），頁3-27。中國也發布了英文版：Joseph Stalin, *Economic Problems of Socialism in the U.S.S.R.* (Peking: Foreign Languages Press, 1972). 關於中國仿效蘇聯將商品生產稱為「社會主義」的例子，參見Laurence Coderre, "A Necessary Evil: Conceptualizing the Socialist Commodity under Mao," *Comparative Studies in Society and History*, vol. 61. no. 1 (2019), 23-49.

8. 中共指揮宣傳部指示所有的地方宣傳組織促進民眾對蘇聯關係的積極意識；參見Yan Li, *China's Soviet Dream: Propaganda, Culture, and Popular Imagination* (London: Routledge, 2018), 28-32. 關於克服民眾對蘇聯人懷抱的既有敵意所遇到的困難，參見Miin-ling Yu, "Learning from the Soviet Union: CPC Publicity and Its Effects - A Study Centered on the Sino-Soviet Friendship Association," *Social Sciences in China*, vol. 26. no. 2 (2005), 100-11. 關於支持中蘇關係的群眾動員，參見K. E. Priestley, "The Sino-Soviet Friendship Association," *Pacific Affairs*, vol. 25. no. 3 (1952), 287-92. 關於如管理技術等的制度輸入，參見Deborah A. Kaple, *Dream of a Red Factory: The Legacy of High Stalinism in China* (New York: Oxford University Press, 1994).

9. 這些同樣的價值也出現在文學作品，如蘇聯社會主義寫實主義小說《鋼鐵是怎樣煉成的》（*How the Steel Was Tempered*）中，在小說中資產階級愛好讓位給對於革命的承諾。Donghui He, "Coming of Age in the Brave New World: The Changing Reception of the Soviet Novel, How the Steel Was Tempered, in the People's Republic of China," in

Bernstein and Li, *China Learns from the Soviet Union, 1949-Present* (Lanham, MD: Lexington Books, 2010), 393-420. 關於蘇聯影響的一般性討論，參見Fleit Hang, *Literature the People Love: Reading Chinese Texts from the Early Maoist Period (1949-1966.* (New York: Palgrave Macmillan, 2013); Nicolai Volland, *Socialist Cosmopolitanism: The Chinese Literary Universe, 1945-196.* (New York: Columbia University Press, 2017), esp. ch. 4.

10. 伊．奧庫涅夫，〈蘇聯婦女穿什麼衣服〉，《蘇聯婦女》第四期（1956年4月），頁46-7。中國文章也支持更講究的服裝，這既反映了生活條件的改善，甚至也反映出人們的節儉，因為做一件旗袍所需的布料比做一件幹部制服少。參見例如〈穿花衣服是不是資產階級思想？〉《中國青年》第二二期（1954），頁32；肖玲，〈一件花旗袍引起的風波〉，《中國婦女》第四期（1956年4月），頁18-9。

11. 除了下面所引用的作品外，介紹性研究還包括：Lorenz M. Luthi, *The Sino-Soviet Split: Cold War in the Communist World* (Princeton, NJ: Princeton University Press, 2008); Mingjiang Li, *Mao's China and the Sino- Soviet Split: Ideological Dilemma* (London: Routledge, 2012); Danhui Li and Yafeng Xia, *Mao and the Sino-Soviet Split, 1959-1973. A New History* (Lanham, MD: Lexington Books, 2018).

12. 關於蘇聯可提供的三種不同模式的概述，參見Thomas P. Bernstein, "Introduction: The Complexities of Learning from the Soviet Union," in Bernstein and Li, eds., *China Learns from the Soviet Union*, 1-2. (at pp. 7-8).

13. 關於蘇聯政策的概述以及與中國相應政策的比較，參見Stephen A. Smith, "Introduction: Towards a Global History of Communism," in S. A. Smith, ed., *The Oxford Handbook of the History of Communism* (Oxford: Oxford University Press, 2013), 1-34. 在中國於六〇年代初與蘇聯經濟模式分道揚鑣並開始批判蘇聯老大哥後，赫魯雪夫也以鎮壓被視為資產階級的藝術流派作出回應。參見Sergey Radchenko, *Two Suns in the Heavens: The Sino- Soviet Struggle for Supremacy,*

1962-196. (Washington, DC: Woodrow Wilson Press and Stanford: Stanford University Press, 2009), 52-6. 關於晚期蘇聯消費主義的介紹，參見Natalya Chernyshova, *Soviet Consumer Culture in the Brezhnev Era* (London: Routledge, 2013); James R. Millar, "The Little Deal: Brezhnev's Contribution to Acquisitive Socialism," *Slavic Review*, vol. 44. no. 4 (1985), 694-706.

14. 關於中國將蘇聯模式等同於社會主義的討論，參見Hanbing Kong, "The Transplantation and Entrenchment of the Soviet Economic Model in China," in Bernstein and Li, eds., *China Learns from the Soviet Union*, 153-6. (at p. 162).

15. 「新經濟政策」的歷史提供了一個很好的例子，說明積累的無上命令是如何導致政策逆轉並轉而朝向更大的私人資本主義，包括私人貿易及小規模製造業的再次合法法。參見Alec Nove, *An Economic History of the U.S.S.R., 1917. 1991*. 3rd ed. (Harmondsworth: Penguin, 1992), 78-114. Alan M. Ball, *Russia's Last Capitalists: The Nepmen, 1921-192.* (Berkeley: University of California Press, 1987).

16. 「大生意」一詞來自Vera S. Dunham, *In Stalin's Time: Middleclass Values in Soviet Fiction*, enlarged and updated ed. (Durham, NC: Duke University Press, 1990). 鄧海姆（Dunham）原本將此運用於對二次大戰戰後的詮釋。然而，這個蘇聯領導層與社會特權階層之間妥協的想法早於她的作品，也早於她劃分的時期。一九三〇年代末時蘇聯的國家消費主義就譴責過禁欲主義和平等主義。追求更高收入和更好生活方式成了蘇聯新中產階級的目標。參見Jukka Gronow, *The Sociology of Taste* (London: Routledge, 1997), 55-61。在鄧海姆之前，對於蘇共的最著名批判來自托洛斯基。但其他人也認為，三〇年代時蘇聯不再將建設社會主義等同於自我犧牲以及國家對於享樂主義的容忍，是個關鍵。參見Nicholas S. Timasheff, The Great Retreat: The Growth and Decline of Communism in Russia (New York: E.P. Dutton, 1946); 米洛凡．吉拉斯（Milovan Djilas）也曾作出過相似的知名主張，參見*The New Class: An*

Analysis of the Communist System (New York: Praeger, 1957)。相對於托洛斯基認為的官僚制，吉拉斯的新階級，或鄧海姆的中產階級，謝拉．費茲派翠克（Sheila Fitzpatrick）在*The Cultural Front: Power and Culture in Revolutionary Russia* (Ithaca, NY: Cornell University Press, 1992), 216-3. 則主張一個以變得「有教養」而非「資產階級」為目標的新階級。其他人進一步發展了此一概念，例如Vadim Vokov, "The Concept of kul'turnost': Notes on the Stalinist Civilizing Process," in Sheila Fitzpatrick, ed., *Stalinism: New Directions* (London: Routledge, 2000), 210-30. and Catriona Kelly, *Refining Russia: Advice Literature, Polite Culture, and Gender from Catherine to Yeltsin* (Oxford: Oxford University Press, 2001), 230-393.

17. David Crowley and Susan E. Reid, "Style and Socialism: Modernity and Material Culture in Post-War Eastern Europe," in Susan Emily Reid and D. J. Crowley, *Style and Socialism: Modernity and Material Culture in Post- War Eastern Europe* (Oxford: Berg, 2000), 1-1. (at pp. 10-11).

18. Denis Kozlov and Eleonary Gilbourd, *The Thaw: Soviet Society and Culture during the 1950. and 1960.* (Toronto: University of Toronto Press, 2013). 關於五〇年代及六〇年代初、一九五三年史達林逝世前後進行的那些經濟實驗，參見Nove, An Economic History of the U.S.S.R., 331-77. 一個例子是國家從強迫轉為激勵大眾參與購買國家彩券，參見Kristy Ironside, "Khrushchev's Cash-and-Goods Lotteries and the Turn Toward Positive Incentives," *The Soviet and Post-Soviet Review*, vol. 41. no. 3 (2014), 296-323. 就參與人數以及物質欲望之資本密集程度的消費主義擴張來說，六〇年代開始大量生產私人汽車的決定也許是個典型的標誌。參見Lewis H. Siegelbaum, *Cars for Comrades: The Life of the Soviet Automobile* (Ithaca, NY: Cornell University Press, 2008), 84-7.

19. Kate Brown, *Plutopia: Nuclear Families, Atomic Cities, and the Great Soviet and American Plutonium Disasters* (Oxford: Oxford

University Press, 2013), 255-6. (at p. 260).

20. 均引自Brown, Plutopia, 60. 作者用這個城市來說明助長消費主義的國家政策與趨勢，參見頁255-67。請注意，作者用了一個完整章節來描述「一個社會主義消費者的共和國」（第二十九章），並提到蘇聯是「國家資本主義」。（頁267）

21. 口紅重新被接納具有一種反諷意味，因為共青團成立的理由就是為了對抗資產階級價值觀，這些價值觀因為蘇聯最初在親市場的新經濟政策時代向資本主義妥協，而傳播開來。參見Elena Osokina, *Our Daily Bread: Socialist Distribution and the Art of Survival in Stalin's Russia, 1927-1941*. ed. Kate Transchel, tr. Kate Transchel and Greta Bucher (Armonk, NY: M.E. Sharpe, 2001), 133. Peter Gooderham, "The Komsomol and Worker Youth: The Inculcation of 'Communist Values' in Leningrad during NEP." *Soviet Studies*, vol. 34. no. 4 (1982), 506-28.

22. 參見Dunham, *In Stalin's Time*, 43.

23. 沈志華（Shen Zhihua）估計有五千名顧問在一九四九年至五三年間抵達中國，到五八年又增加了一萬一千名，到六〇年再增加兩千名，參見沈志華，《蘇聯專家在中國（1948-1960）》（北京：中國國際廣播出版社，2003），頁408-10。亦請參見Shen Zhihua and Guy Alitto, "A Historical Examination of the Issue of Soviet Experts in China: Basic Situation and Policy Changes," *Russian History*, vol. 29. no. 2/4 (2002), 377-40. (at p. 380); 以及Deborah Kaple, "Agents of Change: Soviet Advisers and High Stalinist Management in China, 1949-1960," *Journal of Cold War Studies*, vol. 18. no. 1 (2016), 5-30.

24. Mikhail A. Klochko, *Soviet Scientist in Red China*, tr. Andrew MacAndrew (New York: Praeger, 1964), 53-4.

25. Shaw-tong Liu, *Out of Red China*, tr. Jack Chia and Henry Walter (New York: Duell, Sloan, and Pearce, 1953), 164-5.

26. G. Ganshin and T. Zazerskaya, "Pitfalls Along the Path of 'Brotherly Friendship' (A Look at the History of Soviet-Chinese Relations)," *Far Eastern Affairs*, no. 6 (1994), 63-7. (at pp. 68-9). 正如一名研究專蘇關係的學者所作的結論，「許多到過中國的顧問和文化人士普遍假定中國人應對於能夠接觸到社會主義的世界及文化感到感激，並認為他們要教的東西比他們要學的還要多。」Austin Jersild, "Socialist Exhibits and Sino-Soviet Relations, 1950-60," *Cold War History*, vol. 18. no. 3 (2018), 275-8. (at p. 281).

27. 楊奎松，《毛澤東與莫斯科的恩恩怨怨》，第四版（南昌：江西人民出版社，1999），頁326-7。

28. Klochko, *Soviet Scientist in Red China*, 63.

29. 王明榮燙髮的照片，以及她與蘇聯專家互動的更多細節，參見楊軍，〈八十二歲的王明榮憶當年：在蘇聯專家科的日子〉，取自http://zaozhuang.sdnews.com.cn/shys/201511/t20151. 29_2006884. htm. 歸檔於2019年6月26日。

30. Li, *China's Soviet Dream*, 93. 114n13.

31. Jersild, "Socialist Exhibits and Sino-Soviet Relations, 1950-60," 285.

32. 例如，中共引進蘇聯流行音樂來灌輸人民對黨及對它創造一個「社會主義新人」（new Socialist Person）的信仰，但它卻無法控制人們如何接收這些歌曲的訊息，這些歌曲被用來表達個人主義並將蘇聯的浪漫愛觀念引入中國。參見余敏玲，〈從高歌到低唱：蘇聯群眾歌曲在中國〉，《中央研究院近代史研究所集刊》，第53期（中央研究院，2006年9月），頁149-91。

33. Jian Zang, "The Soviet Impacton 'Gender Equality' in China in the 1950s," in Bernstein and Li, eds., *China Learns from the Soviet Union*, 259-74.

34. 參見例如Judd Stitziel, *Fashioning Socialism: Clothing, Politics, and Consumer Culture in East Germany* (Oxford: Berg, 2005).

35. 例如一九五六年，北京主辦過一個時尚展，展出了五百件「適合不同性別、年齡、職業、體型和季節」的服裝。參見旬義，〈記首都的服裝展覽會〉，《人民日報》，1956年4月1日，第2版。

36. A. Doak Barnett, *Communist China: The Early Years, 1949-5.* (New York: F. A. Praeger, 1964), 16. 在毛時代，中國公民的個人服裝選擇昭告了他們在生產性工作中的效用，並進而傳達了個人對無產階級價值觀的承諾。選擇正確的服裝標誌著一個人對於共產主義革命理想的熱愛。Thorstein Veblen, "The Economic Theory of Woman's Dress," *The Popular Science Monthly*, vol. 4. (1894), 198-205.

37. 用服裝樣式來作政治聲明在中國有長遠的歷史，包括一九一一年至一二年推翻清朝的那些男性革命家，他們就透過穿著西服而不是長袍馬褂的服裝風格將自己和非革命家區別開來，而「國貨運動」的早期參與者堅持這種風格的服裝必須用「國產布料」來製作。參見葛凱，《製造中國》，第二章。

38. 一份針對毛時代時尚潮流的回顧終結了人們曾普遍認為的那時每個人幾乎都穿得一樣的看法，參見Antonia Finnane and Peidong Sun, "Textiles and Apparel in the Mao Years: Uniformity, Variety, and the Limits of Autarchy," in Wessie Ling and Simona Segre- Reinach, eds., *Making Fashion in Multiple Chinas: Chinese Styles in the Transglobal Landscape* (London: I.B. Tauris, 2018), 16-43. 關於一九六六年前的潮流及國家在其中扮演的角色，參見Tina Mai Chen, "Dressing for the Party: Clothing, Citizenship, and Gender-Formation in Mao's China," *Fashion Theory*, vol. 5. no. 2 (2001), 143-71.

39. Finnane and Sun, "Textiles and Apparel in the Mao Years," 38.

40. 陳煜，《中國生活記憶：建國六十年民生往事》（北京：中國輕工業出版社，2009），頁22-3。

41. Tina Mai Chen, "Proletarian White and Working Bodies in Mao's China," *positions: east asia, cultures critiques*, vol. 11. no. 2 (2003), 378.

42. 蘇秀，《我的配音生涯》（上海：文滙出版社，2005），頁325-6。

43. James Z. Gao, *The Communist Takeover of Hangzhou: The Transformation of City and Cadre, 1949-195.* (Honolulu: University of Hawai'i Press, 2004), 74. 79. 然而，在紅色布料需求最旺盛時，取得這種布料需要政治人脈。參見Elizabeth J. Perry and Li Xun, *Proletarian Power: Shanghai in the Cultural Revolution* (Boulder, CO: Westview Press, 1997), 77. 關於紅衛兵時尚的概述，參見Verity Wilson, "Dress and the Cultural Revolution," in Valerie Steele and John S. Major, eds., *China Chic: East Meets West* (New Haven: Yale University Press, 1999), 167-86. Antonia Finnane, *Changing Clothes in China: Fashion, History, Nation* (New York: Columbia University Press, 2008), 227-55.

44. 〈一位勞模的美麗記憶〉，收錄於上海影像工作室著編，《百姓生活記憶：上海故事》（上海：學林出版社，2012），頁130。

45. 關於成功以中國製鋼筆取代如派克筆等進口鋼筆的過程，參見Chu Chan-liang, "Fountain Pens for Everyone," *China Reconstructs*, vol. 13. no. 4 (1964), 26-7. 關於國家如何製造出鋼筆潮流，參見例如電影A Nurse's Diary (護士日記) (1957). 在這部電影中，高昌平是個幹部，他來自一個生活艱苦且偏遠的建築工地，前往上海招募醫療人員。高和其他有權威且受人尊敬的角色一樣穿著幹部服，上衣的左口袋裡插著一支鋼筆。欲查看電影，參見：http://v.youku.com /v_show/id_XNDc1OTEwNDQ=.html. Consulted July 7. 2016.

46. 徐華龍，《上海服裝文化史》，（上海：東方出版中心，2010），頁270。

47. Finnane, *Changing Clothes in China*, 205.

48. 陳煜，《中國生活記憶：建國六十年民生往事》，頁22。鐵路工人穿著這些制服的照片，參見 https://baijiahao.baidu.com/s?id=1558818607754058&wfr=spider&for=pc. 歸檔於2018年12月27日。

49. 徐華龍，《上海服裝文化史》，頁271。一元紙幣上的梁軍照片，參見：www.chinanews.com/sh/ 2013/10-30/5442425.shtml. 歸檔於2018年12月27日。關於田桂英，參見：http://cimg2. 163. com/catchimg/20100119/10408290_0. jpg. 歸檔於2018年12月27日。

50. 針對蘇聯時尚產業歷史的廣泛介紹，參見Jukka Gronow and Sergey Zhuravlev, *Fashion Meets Socialism: Fashion Industry in the Soviet Union After the Second World War* (Helsinki: Finnish Literature Society, 2014). 亦請參見Juliane Fürst, "The Importance of Being Stylish: Youth, Culture and Identity in Late Stalinism," in Juliane Fürst, ed., *Late Stalinist Russia: Society Between Reconstruction and Reinvention* (London: Routledge, 2006), 209-30. 針對毛時代中國時尚產業，還沒有可供比較的研究。

51. 徐華龍，《上海服裝文化史》，頁 270。

52. 關於解放軍的女性早期採用此一服裝做為夏季制服後又放棄一事，參見徐平，〈軍版「布拉吉」〉，《軍營文化天地》（2018年1月），頁37-8。

53. Li, *China's Soviet Dream*, 39.

54. 時盛麟，〈蘇聯大花布和手錶〉，取自http://blog.sina.com.cn/s/blog_65d891800102e53r.html，歸檔於2017年11月7日。

55. 時盛麟，〈蘇聯大花布和手錶〉。

56. 〈支持姑娘們穿花衣服〉，《青年報》，1955年5月17日。關於五〇年代中國時尚的回顧，參見Finnane, *Changing Clothes in China*, ch. 8.

57. 天方畫（筆名），〈談「浪費美學」〉，《中國電影》第3期（1958），頁68。張建，〈卓婭頭和布拉吉〉，《今晚報》，2018年12月31日。

58. 〈一位勞模的美麗記憶〉，頁132。
59. 〈支持姑娘們穿花衣服〉，《青年報》，1955年5月17日。
60. Li Pao-kuang (Head of the Service Department, All-China Democratic Women's Federation), "Speaking of Women's Clothing," *Women of China*, no. 1 (Spring 1956), 22-3.
61. Li, *China's Soviet Dream*, 129-30.
62. 引自王辰龍，〈男青年們的花襯衫〉，《假日１００天》（2009年9月18日）。
63. Guo Yuyi,〈蘇聯花布〉，《太原日報》，2010年1月12日。
64. Guo Yuyi,〈蘇聯花布〉。
65. 沈琨，〈老縣城記〉，收錄於《沈琨文集：散文卷四》（北京：作家出版社，2012)，頁 10。
66. 張荃青，〈建國初期的蘇聯大花布〉，「新浪部落格」，張貼於2012年6月9日，http://blog.sina.com.cn/s/blog_5d6e47e601014t8x.html，歸檔於2019年6月27日。
67. 劉亞娟，〈國家與都市之間：上海勞模形象建構與流變的個案研究（1949-1963）〉，《中共黨史研究》第5期（2016），頁70。
68. 〈一位勞模的美麗記憶〉，頁129。本文引用了同名紀錄片中的素材：〈一位勞模的美麗記憶〉，www.sava.sh.cn/visual/video/2014-05-22/4216. html，查閱於2018年12月18日。所有參考文獻皆指文字文本。
69. 黃寶妹，〈我決心帶頭穿起漂亮的服裝〉，《新民晚報》，1956年3月5日。
70. 〈一位勞模的美麗記憶〉，頁132。她在其他地方提到年輕女性尤其意識到自己的外表。Sun Shizheng，〈黃寶妹談蘇聯〉，《新民晚報》，1954年11月7日。

71. 方壯潮、王永年，〈接受黃寶妹等意見，楊浦區一家理髮店擴充〉，《新民晚報》，1956年12月28日。

72. 根據報紙報導，黃收到想要和她交往的全國各地工人來信，暗示穿著類似服裝的女性會吸引許多追求者。據報導，由於收到了大量的信件，導致棉紗廠裡的工會還必須指派一名工人來負責回信。到了某一時刻，也許是為了澆熄人們對她的愛慕之情，人民日報發表了一篇提到了她丈夫和兒子的文章，暗示人們她已經退出婚姻市場了。參見劉亞娟，〈國家與都市之間：上海勞模形象建構與流變的個案研究（1949-1963）〉，頁7-71。

73. 朱葉，〈新服裝送到了國棉十七廠〉，《新民晚報》，1956年3月21日。

74. 田培杰，〈追憶蘇聯大花布〉，歸檔於2018年9月3日；Finanne, *Changing Clothes in China*, 205-6.

75. 劉亞娟，〈國家與都市之間：上海勞模形象建構與流變的個案研究（1949-1963）〉，頁68-78。例如黃寶妹曾與知名女演員徐玉蘭同台演出。參見Chen Ying，〈黃寶妹初唱「盤夫」，徐玉蘭合作演曾榮」〉，《新民晚報》，1958年3月20日。

76. Li, *Mao's China and the Sino-Soviet Split*, 21-2.

77. 中共長期來一直有理由懷疑蘇共對於建設國際社會主義的承諾，更別說是支持中共的承諾了。一九五九年，毛澤東針對蘇聯缺乏對中共領導之革命的至遲作出總結：「一九四五年時，他們不准〔我們去〕革命，但後來他們同意了。從四九年代五一年，他們一直懷疑〔我們的革命〕是不是真的革命，他們開始不願意簽訂一個互助同盟條約，但是後來他們改變了主意。在過去十年裡他們幫我們蓋了很多工廠。」"*Mao Zedong, Outline for a Speech on the International Situation*," December 1959. History and Public Policy Program Digital Archive, tr. David Wolff; 中共中央文獻研究室編，《建國以來毛澤東文稿》（北京：中央文獻出版社，1983）第8卷，頁599-603，https://digitalarc hive.wilsoncenter.org/document/11889，查閱於2018年12月28日。

78. Odd A. Westad, *The Global Cold War: Third World Interventions and the Making of Our Times* (Cambridge: Cambridge University Press, 2005), 65.

79. Li, *China's Soviet Dream*, 32-5.

80. Sergey Radchenko, "The Rise and the Fall of the Sino-Soviet Alliance 1949-1989," 244-8.

81. Roxane Witke, *Comrade Ch'iang Ching* (Boston: Little, Brown, 1977), 258-9.

82. Lowell Dittmer, *Liu Shao-ch'i and the Chinese Cultural Revolution: The Politics of Mass Criticism* (Berkeley: University of California Press, 1974), 27.

83. Liu Shaoqi, as quoted in Elizabeth McGuire, *Red at Heart: How Chinese Communists Fell in Love with the Russian Revolution* (New York: Oxford University Press, 2018), 286. 中國人抱怨他們接觸到的蘇聯學生行為不良且伙食不佳，導致一九六〇年盧蒙巴大學（Lumumba University）的中國學生被隔離。麥基爾（McGuire）估計五〇年代及六〇年代初，中國送了超過八千名學生到盧蒙巴大學，另外還送了八千五百名學生去接受短期訓練。除了劉少奇外，未來總書記江澤民和總理李鵬也都把自己的孩子送過去。（見頁284）

84. 關於該政策的概述，參見Po I-po [Bo Yibo] (薄一波), "Industry's Tasks in 1959," *Peking Review*, no. 1 (1959), 9-11.

85. Ygael Gluckstein, *Mao's China: Economic and Political Survey* (Boston: Beacon Press, 1957), 75. 這份針對「大躍進」政策及後果（但不是我自己的國家資本主義詮釋）的摘要，依據的是Chris Bramall, *Chinese Economic Development* (London: Routledge, 2009), 118-41.

86. Bramall, *Chinese Economic Development*, 130-1.

87. 中共持續透過一九六四年開始的「三線建設」政策實驗其農村工業化策略。參見Barry Naughton, "The Third

Front: Defence Industrialization in the Chinese Interior," *The China Quarterly*, no. 11. (1988), 351-86. 關於廣泛的社會後果，包括「三線建設」工業化如何引入或是大幅擴大了地方性不平等，即便它試圖彌合都市與農村以及沿海與內陸間的不平等，參見Covell Meyskens, *Mao's Third Front: The Militarization of Cold War China* (Cambridge: Cambridge University Press, 2020).

88. 毛時代的災難是一個政黨過度壓抑來自黨較低階層的反饋所造成的結果，相關詮釋參見Andrew G. Walder, *China Under Mao: A Revolution Derailed* (Cambridge, MA: Harvard University Press, 2015).

89. 這九篇評論在許多地方都可找到。它們發表於一九六三年九月六日、十三日、二十六日，十月二十二日、十一月十九日、十二月十二日，以及隔年二月四日、三月三十一日和七月十四日的人民日報；也重印於中共中央文獻研究室編，《建國以來重要文獻選編》（北京：中共文獻出版社，1997-8）第17卷，頁1-45、56-76、92-133、314-44、450-84、529-70；第18卷，頁 81-135、363-415；以及第19卷，頁16-78。

90. *The Polemic on the General Line of the International Communist Movement* (Peking: Foreign Languages Press, 1965).

91. Xi Ping，〈上海市地下工廠不斷發展〉，《內參》，1956年11月23日。

92. Xu Wen，〈蘇州市工商業公私合營後出現地下工廠七千二百四十戶〉，《內參》，1957年11月11日。

93. 〈四川等地發現不少「地下工廠」和黑市交易〉，《內參》1960年2月1；〈一批投機倒把牟取暴利的地下工廠〉，《內參》，1963年5月18日。

94. Tong Xiwen,〈旅大出現一批地下工廠〉，《內參》，1962年12月27日。

95. 〈臨朐縣多次發現奸商出賣假冒化肥〉，《內參》，1962年12月27日。

96. Luthi, *The Sino-Soviet Split*, 274-85.

97. 這個計算根據的研究是：孫沛東，〈視聽暴力：「九評」的生產傳播及 衛兵一代的記憶〉，《思想》第35期（2018），頁57。

98. 逄先知、金沖及編，《毛澤東傳，1949-1976》（北京：中央文獻出版社，2003）上冊，頁723-61；Radchenko, *Two Suns in the Heavens*, 23-70. Roderick MacFarquhar, *The Origins of the Cultural Revolution*, 3 vols. (New York: Columbia University Press, 1974. 1983. 1997). 關於這些評論的內容，參見MacFarquhar, *The Origins*, 3. 362-64. 正如引言中提到的，中共不是第一也不是唯一批評蘇聯模式「社會主義」憑據的來源。

99. 正如北韓領導人金日成告訴劉少奇的，「需要這些〔評論〕的不是赫魯雪夫；需要它們的是世界上的人民……。為了保護馬克思主義的純潔性並反對修正主義，這是條必須要走的路，〔我們必須〕參與這場鬥爭。阿爾巴尼亞和中國帶頭衝，我們〔北韓〕跟在〔阿爾巴尼亞和中國〕後面上。」參見"Minutes of Conversation between Liu Shaoqi and Kim Il Sung," September 15. 1963. History and Public Policy Program Digital Archive, PRC FMA 203-00566-05. 91-100. Obtained by Shen Zhihua and translated by Jeffrey Wang and Charles Kraus, https://digitalarchive.wilsoncenter.org/document/116542. Consulted December 28. 2018.

100. Roderick MacFarquhar and Michael Schoenhals, *Mao's Last Revolution* (Cambridge, MA: Belknap Press of Harvard University Press, 2008), 485.

101. 關於做為「文化大革命」序曲的群眾運動，參見MacFarquhar and Schoenhals, *Mao's Last Revolution*; Richard Baum and Frederick C. Teiwes, *Ssu-Ch'ing: The Socialist Education Movement of 1962-196.* (Berkeley: Center for Chinese Studies, University of California, 1968); Cyril Chihren Lin, "The Reinstatement of Economics in China Today," *The China Quarterly*, no. 8. (1981), 1-48.

102. 楊奎松，《毛澤東與莫斯科的恩恩怨怨》，頁490-1。

103. 閻明復，《親歷中蘇關係：中央辦公廳翻譯組的十年（1957-1966）》（北京：中國人民大學出版社，2015），頁321。這個小組甚至企圖在蘇聯國內散布這些評論。例如中國駐莫斯科大使館就透過信件方式散布俄文翻譯版，也在中國留學生間發送。參見Radchenko, *Two Suns in the Heavens*, 58-64. 關於國家用於傳播類似知識的各種技巧，相關討論參見Jennifer E. Altehenger, *Legal Lessons: Popularizing Laws in the People's Republic of China, 1949-198.* (Cambridge, MA: Harvard University Asia Center, 2018).

104. 〈關於赫魯曉夫的假共產主義及其在世界歷史上的教訓（九評蘇共中央的公開信）〉，《人民日報》，1964年7月14日，1版。關於毛在修正一事上所扮演的角色，參見吳冷西，《十年論戰：1956-1966中蘇關係回憶錄》（北京：中央文獻出版社，1999），頁506-16。

105. 關於這個概念及一九五八年後不斷革命論在中國的普及，參見Nick Knight, "Mao Zedong on the Chinese Road to Socialism, 1949-1969," in Nick Knight, *Rethinking Mao: Explorations in Mao Zedong's Thought* (Lanham, MD: Lexington Books, 2007), 217-47. John Bryan Starr, "Conceptual Foundations of Mao Tse-Tung's Theory of Continuous Revolution," *Asian Survey*, vol. 11. no. 6 (1971), 610-28. Stuart Schram, "Mao Tse-tung and the Theory of the Permanent Revolution, 1958-1969," *The China Quarterly*, no. 4. (1971), 221-44. 請注意，毛澤東在文革時期將這個概念修正為階級衝突的「繼續革命」。

106. 「假共產主義」提醒人們「復辟資本家（capitalist restorationist）」會在經濟和文化領域運用「公開和隱蔽」的戰術。復辟資本家會企圖「用資產階級意識形態腐化無產階級和其他勞動人民。」此外，「權貴共產主義」還標出資本主義復辟的農村起源，提供證據證明一般（農村）人口選擇了類似於市場資本主義及其在消費主義方面表現的作法。正如第二章中提到的，中共對於助長市場資本主義作法的集體所有制有高度警覺，並一直急切地想要取得「全民的國家所有制」。因為在那之前，私人資本主義經濟都不會「完全消失」，而「自發的資本主義傾向」是「不可避免的」。

107. 「假共產主義」宣稱蘇聯仿效了南斯拉夫的負面例示，因此間接將蘇聯貼上了「國家資本主義」的標籤，南斯拉夫自一九五八年來就一直是中共批判蘇聯的一個幌子。參見"Yugoslavia Becomes the 'Mirror' of Revisionism, 1958," in John Gittings, *Survey of the Sino-Soviet Dispute: A Commentary and Extracts from the Recent Polemics, 1963-196.* (Oxford: Oxford University Press, 1968), 85-8.

108. Stuart Schram, ed., *Mao Zedong Unrehearsed: Talks and Letters, 1956-7.* (Harmondsworth: Penguin, 1974), 217. 然而，第九篇評論（和毛澤東）均避免作出結論的一點是，這些「壞分子」是否代表全黨，也就是形成了吉拉斯所謂的「新階級」，還是僅包括了腐敗的個人，在這種情形下，黨需要的則是另一次的整風運動和更多訓練。參見Stuart R. Schram, "Mao Tse-tung's Thought from 194. to 1976," in John King Fairbank, and Roderick MacFarquhar, eds., *The Cambridge History of China*, vol. 14. *The People's Republic of China*, part 2. *Revolutions Within the Chinese Revolution, 1966-198.* (Cambridge: Cambridge University Press, 1991. 15. 73-4.

第四章 廣告、海報和電影裡的國家消費主義

1 在國家迫切要求加大投資和相應減少消費的時候，當時擔任中共國家統計局研究室主任的楊波發表一篇代表性文章，討論關於國家對社會消費以及整個社會產品如何分配給「勞動人民」。這篇標題為《我國國民收入中積

累與消費的關係》的文章，發表於《人民日報》，一九五八年年十月十三日，第七版。這一時期的多篇文章為幹部們講解消費品短缺和節儉的必要性，提供了入門導讀。例如，一篇刊登在一九五八年七月七日《人民日報》二版、標題為《教育眾群眾正確認識消費與積累的關係》的文章，詳細敘述了一個案例：在河南某縣，當地婦女要求供應更多的縫紉機，年輕人則要求更多的腳踏車。根據這篇報導，一位公社社員在得知黨的立場後，附和了後來黨的路線，他說，「生產管理不好的時候，我們連腳踏車都沒有；生產發展起來的時候，我們甚至可以買汽車。」

2. 經濟文宣是中國共產黨塑造公眾輿論的一系列手法之一。在其他各種領域裡，人們可能也會發現經濟文宣（以及對它的反對意見）的例子，像是學術調查、報紙文章（包括廣告）、廣播節目、大字報、電影、藝術和文學。請參見喻德基（Frederick T. C. Yu）的《共產主義中國的群眾說服》（*Mass Persuasion in Communist China*）（紐約：Praeger出版社，1964年）。另見劉平鄰（Alan P.L.Liu）的《共產主義中國的傳播與國家一體化》（*Communications and National Integration in Communist China*）（柏克萊：加州大學出版社，1975年）。

3. 關於一九四九年以後，中國廣告還在持續使用資產階級形象的現象，請見葛凱的文章，〈與社會主義中國的消費主義妥協：跨國流動與社會主義廣告的內部緊張〉（Compromising with Consumerism in Socialist China: Transnational Flows and Internal Tensions in "Socialist Advertising"），Past & Present期刊，第218期（2013年春季），203-32頁。另有一篇不同版本、包含不同例子的文章，請參見葛凱的〈社會主義中國與消費主義的妥協〉（The contradictions between socialist China and consumerism），《華東師範大學學報》，第4期（2013年冬季），59-60頁。本章前三分之一的內容，都是根據這兩篇文章重新梳理和擴展。

4. 在一九五〇年代，除了在大眾媒體上可以看到國家的文宣之外，人們還會遇到並參與國家贊助的「社會主義」

活動。請見洪長泰，《毛澤東的新世界：早期人民共和國的政治文化》（*Mao's New World: Political Culture in the Early People's Republic*），（康奈爾大學出版社，2011年）。

5. 關於廣告在工業資本主義的中心地位，請見威廉．雷斯（William Leiss）等人合著的《廣告中的社會傳播：人、產品和幸福形象》（*Social Communication in Advertising: Persons, Products, and Images of Well-Being*），（多倫多：Methuen出版社，1986年），49-90頁。關於「解放」一詞在毛澤東時代無所不在的現象，請見哈里特．埃文斯（Harriet Evans）的《解放的語言：早期中國共產黨話語中的性別與解放》（*The Language of Liberation: Gender and Jiefang in Early Chinese Communist Discourse*），以及傑佛瑞．瓦瑟斯特羅姆（Jeffrey N. Wasserstrom）主編的《二十世紀中國：新方法》（*Twentieth-Century China: New Approaches*），（倫敦：Routledge出版社，2003年），193-220頁。

6. 菲利浦．泰勒（Philip M. Taylor），《心靈軍火：從古代世界到現代的宣傳史》（*Munitions of the Mind: A History of Propaganda from the Ancient World to the Present Age*），第3版（曼徹斯特：曼徹斯特大學出版社，2003年），211頁。

7. 劉家林，《新編中外廣告通史》，（廣州：濟南大學出版社，2004年），146頁。劉針對在一九五六年仍然存在的六十家廣告公司的名單和營業額，提出質疑；請見上海市檔案館（SMA）的B98-1-23號檔案（一九五六年一月十六日）。在在天津，中共將三十九家廣告公司合併為一家，請見蘇士梅《中國近現代商業廣告史》（開封：河南大學出版社，2006年），第102-3頁。

8. 我在〈與社會主義中國的消費主義妥協〉中，討論了重新批准廣告公司營業和聘用人員的影響。依靠資本主義作法來創造利潤的國營機構，並不是只有《解放日報》一家。例如，很多政府機關就從事各種形式的大規模走私，因為這些機關都有本身的進出口業務，請參閱《全國各機關團體在穗採購物資自辦進口貨，武裝走私現象嚴重》，（機構在廣州採購商品和外國產品許可，武裝走私變得猖），《內部參考》，一九五二年三月八日。

9. 《關於廣告的健康性與嚴肅性：答楊宏誠建議》，《人民日報》，一九五〇年四月二十九日，第6版。關於《解放日報》的重要性，請參見派翠西亞．史傳納罕（Patricia Stranahan）的《塑造媒體：中國共產黨與解放日報》（*Molding the Medium: The Chinese Communist Party and Liberation Daily*），（倫敦：Routledge 出版社，2015年）。《解放日報》和《人民日報》、《解放軍報》及《學習雜誌》，都是中共用來傳播官方政策訊息的主要途徑，派翠西亞．史傳納罕總結了《解放日報》在這方面的重要性：「它以一般方式宣傳了官方路線，同時為幹部提供如何實施這條路線的具體指導。事實真相的重要性被認為小於意識形態的正確性，因為該報的文章已經成為替黨發出資訊的號角。」（第165頁）。

10. 例如〈談廣告〉，《人民日報》，一九五六年七月十六日，第七版。

11. 請參閱《宣傳畫資料》第三期（一九五一年一月）第十五頁的插圖，圖中有三K黨和美國白人壓迫黑人的畫面；還有，徐牧之的《這就是美國》，（上海：大東書局，1951年）。

12. 這家公司後來搬到香港，然後轉往臺灣，最後在一九九一年回到中國，請參閱李曉軍的《牙醫史話：中國口腔衛生文史概覽》，（杭州：浙江大學出版社，2014年），331頁。關於這家公司晚期的歷史，請參閱吳漢仁和白中琪合著的《雙城故事：從上海到臺北的一次文化平移》，（上海：上海文化出版，2014年），161-62頁。

13. 大衛．席雅洛（David Ciarlo）的《廣告帝國：德國帝國的種族和視覺文化》，（美國麻州劍橋市：哈佛大學出版社，2011年），228-30頁。關於國民黨時期如何通過跨國公司把資本主義廣告的做法引進中國，請參閱高家龍的著作，特別是《1900-1950年在中國行銷醫學與廣告夢》（*Marketing Medicine and Advertising Dreams in China, 1900-1950*），以及葉文心編輯的《成為中國人：走向現代及以後》（*Becoming Chinese: Passages to Modernity and Beyond*），（柏克萊：加州大學出版社，2000年），62-97頁。對於熟悉十九世紀晚期美國歷史的人來說，這個商標會讓人想起當時流行的一種街頭藝人秀，表演者（通常是白人）化妝成黑臉，用來諷刺當時剛被解放成為自由人的黑人。請參閱尼爾．赫恩登（Neil Herndon）的〈有效的道德回應：引導利益相關者對道德行為和社會責任行為需求的新方法〉（Effective Ethical Response: A New Approach to Channel Stakeholder Needs for Ethical Behavior and Socially Responsible Conduct），《行銷渠道雜誌》（*Journal of Marketing Channels*），第13卷第1期（2006年），第1頁，第63-78頁。

14. 關於消費主義與通過廣告提高個人缺陷意識之間的關聯，請見詹姆士．崔徹爾（James B. Twitchell），《美國廣告崇拜：廣告在美國文化中的勝利》（*Adcult USA: The Triumph of Advertising in American Culture*），（紐約：哥倫比亞大學出版社，1996年），16-32頁。

15. 李曉軍，《牙醫史話：中國口腔衛生文史概覽》，269頁。書中還刊出幾種不同的黑人牙膏廣告，包括一個廣告牌廣告（在327-31頁）。

16. 《半殖民地的思想應予肅清，國貨商標不要用洋文，黑人牙膏商標沒有一個中國字，應該改正過來》，新民晚報，一九五〇年八月一日。憤怒的讀者抱怨商標使用外文字的另一個例子，請參閱，《某些貨物商標廣告缺乏愛國主義精神》，人民日報，一九五一年七月十九日，第二版；以及《科學技術刊物不應用外文登廣告》，人民日報，一九五二年二月六日，第六版。

17. 《國貨商標不用洋文，百昌行虛心接受》，《新民晚報》，一九五〇年八月二十七日。

18. 這些廣告技巧是國民黨時代一種常見商業手法的遺留。那些聲稱是在製造國貨產品的人，想要兩面得利，一方面，在愛國主義情緒高漲，以及在像「國貨」運動這種全國性活動進行期間，強調他們產品是「中國」的，以避免遭到消費者抵制，但在另一方面，則在他們的產品包裝上使用外國文字和圖像，以此強調他們的產品具有國際標準和聲譽。葛凱，《製造中國》，189-90頁。

19. 相同的廣告也可以在當時的其他報紙上看到，像是《寧波大眾》，一九五一年九月二十一日。

20. 丁浩（海報設計家）作品，《我們為參加國家工業化建設而自豪》（一九五四年），http://chineseposters.net/posters/e16-17.php，二〇一七年七月一日存檔網頁。這個大型網站由海報收藏家史蒂芬．蘭斯伯格（Stefan R. Landsberger）管理，裡面收藏有很多這類勞動婦女的海報。請特別參觀「鐵娘子，媚女郎」（Iron Women, Foxy Ladies）這個主題的作品。https://chineseposters.net/themes/women.php，二〇一八年四月九日存檔網頁。

21. 解放日報，一九四九年十月二日（推測應該是有獲得核可，並在國慶日當天敲定最後版本）。有很多類似的廣告，主角都是穿著旗袍、燙髮、體態優美、衣著優雅的資產階級女性，或是穿著西裝、頭髮後梳的男士。上海大公報，一九五一年四月十日。

22. 想要了解申報刊登商業廣告（尤其是香菸廣告）的情形，請參閱蔡維屏（Weipin Tsai）的《申報解讀：民族主義，消費主義與個性》（*Reading Shenbao: Nationalism, Consumerism and Individuality in China, 1919-37*），（倫敦：Palgrave Macmillan 出版社，2010年）。

23. 《解放日報》，一九四九年十月二十六日。

24. 《解放日報》，一九五一年三月二十日。

25. 《上海大公報》，一九五一年二月四日。

26. 九家主要大報已經公開宣示，它們將從一九五〇年年底開始遵守這項禁令。《廣州各影院拒映美國影片，滬各報停刊美國電影廣告》，《人民日報》，一九四〇年十一月十四日，第三版。一位讀者發表一篇長文，批評電影廣告含有「不健康成分」，並且否定了社會主義，請參閱陳默的《電影廣告中的不健康成分》，《人民日報》，一九五〇年十二月六日，第五版。

27. 公司經常要求額外的時間來遵守基於現有庫存的新規定，因此以下記憶可能是正確的：一位部落格作者（赫玉老大），他於一九六〇年代任職於北京一家航空業，當時他還是一個年輕人。他聲稱在「文化大革命」期間接觸到這個商品的原始品牌名稱，並幫助其進行了更改。某天早上，他在刷牙時，他突然想到，他和家人使用的這款最暢銷牙膏的品牌名稱，「黑人」，與毛澤東關於美國黑人奮鬥和非洲解放運動的文章之間的矛盾。他想要知道：「為什麼要使用黑人作為品牌名稱？這不是對黑人的歧視嗎？」因此，他寫了一封信，向當局投訴，並聲稱，過了不久之後，這個品牌名稱就被改為「黑白」。請參閱《文革中黑人牙膏品牌改黑白牙膏是我惹的禍》，http://blog.sina.com.cn/s/blog_572822c70100qxh9.html，二〇一八年十二月十三日網頁存檔。

28. 關於新的「黑白」商標的圖畫，請參閱左旭初編輯的《民國商標圖典》，（上海：上海錦繡文章出版社，二〇一三年），495頁。

29. 超琪，〈反對資產階級的廣告術〉，《人民日報》，一九五四年十二月三十一日。第二版。

30. 魏保賢，〈吉林省日用化學工廠應糾正製作商品廣告中的浪費〉，《人民日報》，一九五五年四月十日，第六版。

31. 李曉軍，《牙醫史話：中國口腔衛生文史概覽》，269頁。但關於「黑人」名稱的爭論並沒有就此結束。在一九六〇年代和一九七〇年代期間，這個牙膏在中國的名稱仍然不清不楚，而在國際間使用的這個牙膏的英文名稱「Darkie」則一直使用到一九八〇年代中期。一九八五年，美國跨國集團高露潔公司收購好來化工後，該公司收到了來自美國民權組織關於該標誌的投訴（也許是由於其競爭對手寶潔（Procter & Gamble）在私下運作）。此外，美國非裔喜劇演員艾迪．墨菲（Eddie Murphy）在全國電視脫口秀節目中表達了對這個名稱的憤怒。高露潔最終的反應是將產品名稱改為Darlie，並讓它不帶有種族含意，但中文名稱「黑人」仍然存在。請參閱赫恩登的《有效的道德回應》，第1頁，第63-78頁。

32. 關於這個批評，請參閱克里多弗·拉施（Christopher Lasch）的《自戀文化：美國生活在一個期望值下降的時代》（*The Culture of Narcissism: American Life in an Age of Diminishing Expectations*），（紐約：Warner Books出版社，一九八〇年），71-7頁。關於廣告、需求的擴大、和工業資本主義出現之間的聯繫，有大量文獻。例如，請參閱史都華·艾文（Stuart Ewen）的《意識隊長：廣告與消費文化的社會根源》（*Captains of Consciousness: Advertising and the Social Roots of the Consumer Culture*），（紐約：McGraw-Hill出版社，一九七六年）；羅蘭·馬爾尚（Roland Marchand）的《美國夢廣告：為現代性讓路》，（柏克萊：加州大學出版社，一九八五年）；史都華·艾文（Stuart Ewen）的《所有消費圖片：當代文化中的風格政治》（*All Consuming Images: The Politics of Style in Contemporary Culture*），（紐約：Basic Books出版社，一九八八年）。

33. 請參閱賈諾斯·柯奈（János Kornai）的《社會主義制度：共產主義的政治經濟》（*The Socialist System: The Political Economy of Communism*），（牛津：Clarendon Press出版社，一九九二年）。

34. 伊利亞·伊爾夫（Ilya Ilf）和歐金尼·彼得羅夫（Eugenii Petrov），《金色小美國：兩個著名的蘇聯幽默主義者對這些美國的調查》（*Little Golden America: Two Famous Soviet Humorists Survey These United States*），英文版譯者查爾斯·馬拉默斯（Charles Malamuth），（紐約：Farrar&Rinehart Inc.出版社，一九三七年），87頁。作者在書中數十個地方批評了美國的廣告作法。

35. 菲利普·漢森（Philip Hanson），《廣告與社會主義：蘇聯，波蘭，匈牙利和南斯拉夫的消費廣告的性質和程度》（*Advertising and Socialism: The Nature and Extent of Consumer Advertising in the Soviet Union, Poland, Hungary, and Yugoslavia*），（倫敦：Macmillan出版社，一九七四年），第1-2頁。

36. 關於批評中國各地報紙使用國定假日作為藉口，發行廣告增刊，創造更多收入，請參閱〈反對刊登廣告中的鋪張浪費現象〉，《人民日報》，一九五五年六月十八日，第二版。國家對這種批評作出回應，再次承諾嚴格執行廣告法規。請參閱〈對本報批評的反應〉，《人民日報》，一九五五年八月四日，第三版。

37. 有關南斯拉夫問題的全面研究，請參閱派翠克．海德．帕特森（Patrick Hyder Patterson）的《買賣：在社會主義南斯拉夫的生活和失去美好生活》（*Bought and Sold: Living and Losing the Good Life inSocialist Yugoslavia*），（紐約州伊薩卡：康奈爾大學出版社，二〇一一年）。

38. 儘管為建立「社會主義」廣告文化做出了種種努力，歷史學家派翠克．帕特森（Patrick Patterson）在研究南斯拉夫的「社會主義」廣告文化時總結說：「然而，在這些背景之中，找不到一種持續的嘗試來構建可以讓消費者信服的社會主義實踐。」請參閱派翠克．海德．帕特森，〈半講真話：在社會主義南斯拉夫尋找廣告和行銷的完美基調，1950-1991〉（Truth Half Told: Finding the Perfect Pitch for Advertising and Marketing in Socialist Yugoslavia, 1950-1991），《企業與社會：國際商業史雜誌》（*Enterprise & Society: The International Journal of Business History*），第4卷，第2期（2003），179-225頁（第221頁）；漢森，《廣告與社會主義》，29-31頁。儘管「社會主義」國家的廣告具有這些基本特徵，但試圖為「社會主義廣告」的內在衝突創造一個標準的正當理由，卻產生了不同的結果。從來沒有一個統一的社會主義國家集團對廣告採取統一的「社會主義」政策。例如，有些國家允許為香水等資產階級產品做廣告，而包括中國在內的其他國家則不允許。儘管存在這些表面上的差異，但在不同的時期，根據不同的管道，在國家資本主義國家出現了繼續為社會主義而利用廣告的理由。關於蘇聯對資產階級廣告的擁護，請參閱蘭迪．考克斯（Randi Cox）的《所有這些都可以歸你！蘇聯商業廣告與空間的社會建構，1928-1956年》，以及葉夫根尼．多布倫科（Evgeny Dobrenko）和艾力克．奈曼（Eric Naiman）主編的《斯大林主義的風景：蘇聯空間的藝術與意識形態》（*The Landscape of Stalinism: The Art and Ideology of Soviet Space*），（西雅圖：華盛頓大學出版社，2003年），125-62頁。

39. 《商業廣告》，上海市檔案館，B135-1-551號檔案（一九五七年）。

40. 阿納斯塔斯．米科揚（Anastas Mikoyan）是很合適的人選，他在中國備受尊敬，因為在中華人民共和國成立前夕，他被史達林派往中國，以修補蘇聯和中共的關係。請參閱陳兼的著作，《毛的中國和冷戰》，（Chapel Hill：北卡羅來納大學出版社，2001年），第44-5頁。

41. 這份報告總結說，「商業廣告是社會主義商業不能消除的一部分。」

42. 這個產品的新名稱保留了舊名稱的一部分，以維持該品牌的一些知名度，但去掉了「五分鐘」這三個字。

43. 所有這些例子都取自上海市商務局提出的《商業廣告》報告。

44. 「為大批生產的藥品不能宣傳廣告的通知」，上海市檔案館，B123-4-556號檔案（一九五九年四月十七日）。

45. 請參閱，《提高商業廣告思想藝術水準，更好地為生產和消費者服務》和《提高商業廣告水準》，全都刊登在解放日報，一九五九年八月四日。

46. 例如，關於如何使書籍廣告更有吸引力，請看〈書刊廣告這品種〉，《人民日報》，一九六二年一月十三日，第六版。關於商標並非資本主義的說法，請看〈商標廣告雜話〉，《人民日報》，一九六一年十一月十八日，第六版。文中辯解說，商標是一種資訊形式，並不是被設計來欺騙消費者的廣告。

47. 一九六〇年代早期的宣傳海報中，有許多不帶有任何政治意味的漂亮女人。請參閱史蒂芬．蘭斯伯格（Stefan R. Landsberger），〈生活本該如此：中華人民共和國的宣傳藝術〉（Life as It Ought to Be: Propaganda Art of the PRC），《國際亞洲研究所通訊》（*IIAS Newsletter*），第48期（二〇〇八年夏季號），27頁。

48. 關於這個口號的重要性，請看齊衛平和王軍，〈關於毛澤東「超英趕美」思想演變階段的歷史考察〉，《史學月刊》，第2期（二〇〇二年），66-71頁。

49. 上海廣告公司的《關於服務品質與設計品質問題的調查報告》，上海檔案館，第SMA B123-5-78號檔案（一九六一年九月十一日）。

50. 上海廣告公司的《關於服務品質與設計品質問題的調查報告》，上海檔案館，第SMA B123-5-78號檔案（一九六一年九月十一日）。該報告解釋說，與一九六〇年代初的其他政策變化一致，設計師應根據工作內容獲得更高的薪水和獎金。缺乏激勵的設計師會把任何和所有產品都套入預設的設計模式中，以此逃避工作。結果，包括醫療產品在內的廣告，都會出現完全不相關的工廠、卡車或鄉村的陳舊圖像，以及隨機放置在風景背景下的產品。缺乏激勵的設計師會錯過交件的最後期限。在一九六一年的第二季度，五分之二的廣告客戶都經歷過設計師延遲一到三個月才交件的情形，這意味著，這些廣告客戶廠商因此錯過了促銷窗口。例如，T恤衫和蚊香的夏季廣告直到秋天才準備好。客戶抱怨，很多廣告設計師的服務很糟糕，一幅「要不要用隨你」態度，而且設計草率、工作時間短、放假太多，一些客戶乾脆選擇完全放棄推出廣告，以免麻煩。

51. 《中央宣傳部關於禁止用毛主席字拼湊商標的通知》（一九八四年四月四日），收錄在中央宣傳部辦公室編輯的《黨的宣傳工作文件選編，1949-1966》中，（北京：中共中央黨校出版社，1994），1. 491頁（僅限縣級以上幹部內部傳閱）。這是一個長期存在的批評，但顯然它經常被忽視。關於讀者對廣告文案中不恰當、但經常使用毛澤東的簽名和題詞的投訴，請參閱見魏華明（譯音）的「讀者來信」，《人民日報》，一九五一年九月二十九日，第二版。魏抱怨一家滅火器公司使用了毛澤東的簽名，和他那句令人難忘的名言（出現在毛於一九三〇年所寫的一封信中）：星星之火，可以燎原。這句話的本來的用意，是號召士氣低落的中共武裝起來，但這家公司卻用這句話來教導人們擔心火災的可能性，以及購買其產品的必要性。

52. 《商標工作座談會紀要》，上海檔案館，第2 B170-1-1079號文件（一九六四年二月六日）。

53. 有關毛時代宣傳海報的簡要介紹，請上網造訪chineseposters.net，這個網站提供了海報的詳盡介紹，並包括種類繁多的多國語文參考書目。在中國以及其他工業資本主義國家，廣告與政治之間存在著不穩定的關係。如果想要見證整個二十世紀在市場資本主義國家中，為軍事和政治運動動員的廣告和工業插圖，例如，請參見伊麗莎白．古菲（Elizabeth E. Guffey）的《海報：全球歷史》（*Posters: A Global History*），（倫敦：Reaktion Books，二〇一五年）。

54. 中國共產黨在後毛澤東時代繼續推動社會消費，包括所謂的「GDP崇拜」。自一九八〇年代以來，中國國內外都用令人印象深刻的GDP成長率，來證明中國政策及其經濟模式的成功。還有無數其他的例子。一九八〇年代中期，我還在中國當一名留學生時，經常在《中國日報》上看到有關國家生產成就的頭條新聞——例如「化肥產量成長了百分之三．七！——希望讓國內外的人們能夠認定，這是中國政策成功和全民富足的證據。」

55. 為了補充對廣告作為一種經濟宣傳形式的強調，本節專注於關注經濟宣傳海報，而不是宣傳政治、軍事或社會政治主題的海報，例如印有毛澤東肖像的海報，以及宣傳各種主題的海報，例如，運動和衛生保健、仿效革命榜樣（例如雷鋒）以及與少數民族的政治統一。當然，同一張海報也可以傳達多個信息。閱兵式和其他軍事力量的象徵，例如，威力強大的武器試爆後產生的蕈狀雲，也可以被作為經濟宣傳的素材，用來提醒觀看者注意，大家創造出來的盈餘，可以用來滿足國家的集體需要。有關毛時代的中國宣傳海報的介紹，請參哈里特．埃文斯（Harriet Evans）和史蒂芬妮．唐納德（Stephanie Donald）編，《中華人民共和國的攝影力量：文化大革命的海報》（*Picturing Power in the People's Republic: Posters of the Cultural Revolution*），（拉馬里蘭州：Rowman &

Littlefield出版社，一九九九年）。除了上網搜尋「中國宣傳海報」之外，還可參考許多已發行的海報圖集。其中有兩本除了圖片，還包括評論，分別是史蒂芬．蘭斯伯格（Stefan R. Landsberger）的《中國宣傳畫：從革命到現代化》（*Chinese Propaganda Posters: From Revolution to Modernization*），（紐約阿蒙克：M.E。Sharpe出版社，一九九五年）；以及Anchee Min、Jie Zhang和Duoduo等人合著的《中國宣傳海報》（*Chinese Propaganda Posters*）（德國科隆：Taschen出版社，二〇〇八年）。蘭斯伯格的網站已經按照各種類別，分別介紹了極為豐富的海報收藏：www.iisg.nl/landsberger/。網頁造訪日期：二〇一八年十二月十一日。

56. 社會現實主義與一位美國廣告學者所說的「資本主義現實主義」形成強烈對比，後者強調消費、個人主義和私有制。邁可．舒德森（Michael Schudson），《廣告，不安的說服力：對美國社會的不確定影響》（*Advertising, the Uneasy Persuasion: Its Dubious Impact on American Society*）（紐約：Basic Books出版社，一九八六年）。

57. 〈共產主義媒體的廣告：它透露了生活那些事〉（Advertising in the Communist Press: And What It Reveals About Living），《東歐》（*East Europe*）期刊，第8期（一九五九年九月），31-8.頁。

58. 伊莉莎白．史韋恩（Elizabeth Swayne），〈蘇聯廣告：共產主義模仿資本主義〉（Advertising in the Communist Press: And What It Reveals About Living），收錄在C．H．桑達奇（C. H. Sandage）和弗農．弗萊伯格（Vernon Fryburger）合編的《廣告的角色》，（伊利諾伊州霍姆伍德：R. D. Irwin出版社，一九六〇年），第9頁。

59. 關於廣告如何透過情感訴求來使用圖像說服人們，請參閱保羅．梅薩裡斯（Paul Messaris）的《視覺說服：廣告的圖像作用》（*Visual Persuasion: The Role of Images in Advertising*），（Thousand Oaks，加州：Sage Publications，一九九七年）。

60. 關於蘇聯的靈感，請見維多利亞．邦內爾（Victoria E. Bonnell）的《權力圖解：列寧和史達林領導下的蘇聯政治海報》（*Iconography of Power: Soviet Political Posters under Lenin and Stalin*），（柏克萊：加州大學出版社，一九九七年）。對於這些和其他提及的海報，請參閱《十年宣傳畫選集》（上海人民美術出版社，一九六〇年）。對於海報類別和圖例的較長清單（包括提到的這些），請參閱沈揆一的文章〈文化大革命前發布的海報〉（Publishing Posters Before the Cultural Revolution），《中國現代文學與文化》期刊，第12卷，第2期（二〇〇〇年秋季），第184-5頁。

62. 史蒂芬．蘭斯伯格（Stefan R. Landsberger）和瑪莉安．海登（Marien van der Heijden），《中國宣傳海報：國際社會史研究所—蘭斯伯格收藏集》（*Chinese Propaganda Posters: The IISH-Landsberger Collections*），慕尼黑：Prestel出版社，二〇〇九年，第2頁。

63. 據一九六〇年《十年宣傳畫選集》的編輯說，宣傳海報（宣傳畫）的使命是「宣傳和鼓動政治運動和經濟生產」，主要通過「大量印刷和在全國各地流通」的方式進行；《十年宣傳畫選集》並引用沈揆一在〈文化大革命前發布的海報〉第177頁的話：「宣傳海報是一個總類，底下有多個子類別，例如繪畫複製品。」

64. 蘭斯伯格《生活本該如此》，26頁

65. 菲利浦．泰勒（Philip M. Taylor），《心靈軍火》，202頁。黃升民、丁俊杰、劉英華三人主編的《中國廣告圖史》中，就有小學生觀賞這類展覽的例子。（廣州：南方日報出版社，二〇〇六年），第239頁。

66. 他在那裡遇到一位老農民，對方告訴他，大躍進饑荒期間，鄰近的兩個村莊的居民活活餓死，造成這兩個村子不得不廢村。這讓他從此不再相信社會主義的文宣。請看沈揆一的文章《文化大革命前發布的海報》，196頁。有關這項政策的概述，請見托馬斯・伯恩斯坦（Thomas P. Bernstein）的《上山下鄉：一個美國人眼中的中國知青運動》（*Up to the Mountains and Down to the Villages: The Transfer of Youth from Urban to Rural China*），（康乃狄克州紐哈芬：耶魯大學出版社，一九七七年）。

67. 例如，一些學生從廣州下到農村後的反應，請參閱陳佩華（Anita Chan）、趙文詞（Richard Madsen）和安戈（Jonathan Unger）合著的《陳村：全球化革命》（*Chen Village: Revolution to Globalization*），第三版。（柏克萊：加州大學出版社，二〇〇九年）。

68. 關於在一九四九年以前，中國如何試圖限制好萊塢的經濟和文化影響，請參閱蕭知緯的《南京十年的反帝國主義和電影審查，1927-1937》（*Anti-Imperialism and Film Censorship During the Nanjing Decade, 1927-1937*），以及魯曉鵬的《跨國華人電影：身分、民族、性別》（*Transnational Chinese Cinemas: Identity, Nationhood, Gender*），（檀香山：夏威夷大學出版社，1997年），35-58頁。

69. 請參閱陳庭梅，〈宣傳片：中國共產黨著作中電影的意義〉（Propagating the Propaganda Film: The Meaning of Film in Chinese Communist Party Writings, 1949-1965），《中國現代文學與文化》，第十五卷，第2期（二〇〇三年秋季），154-93頁；以及〈成都解放後看電影實行「一票一座」〉，http://news.sina.com.cn/c/2009-09-28/055116369525s.shtml，二〇一八年八月二十六日網頁存檔。關於觀眾人數統計，請參閱張英進，《中國國家電影》（*Chinese National Cinema*），（紐約：Routledge 出版社，2004），192、201頁。.

70. 請參閱杜博妮（Bonnie S.McDougall）的《毛澤東在延安文藝座談會上的講話》（*Mao Zedong's "Talks at the Yan'an Conference on Literature and Art*），這是毛澤東一九四三年這項會談的英文譯本，並且附加評論（密西根州安娜堡：密西根大學中國研究中心出版，一九八〇年）。毛澤東的立場是建立在早期的中外藝術觀念上，即認為，藝術的角色就是用來推進政治目的。請參閱畢克偉（Paul G. Pickowicz），《馬克思主義文學思想在中國：瞿秋白的影響》（*Marxist Literary Thought in China: The Influence of Ch'ü Ch'iu-pai*）（柏克萊：加州大學出版社，1981年）。

71. 想要了解中國電影進出口概況，請參閱陳庭梅，〈在中華人民共和國的國際電影巡迴展和國際電影節〉

（International Film Circuits and Global Imaginaries in the People's Republic of China，1949-57），《中國電影雜誌》，第3卷，第2期（2009），149-61頁。.

72. 請參閱康浩（Paul Clark），《中國電影：一九四九年以來的文化和經濟》（*Chinese Cinema: Culture and Politics Since 1949*），（劍橋：劍橋大學出版社，1987），30-4頁。

73. 請參閱文安立（Odd Arne Westad）的《決定性碰撞——中國的內戰》（*Decisive Encounters: The Chinese Civil War*⊠*1946-1950*），（史坦福：史丹佛大學出版社，2003)，278-9頁。.

74. 換句話說，文化產業有自己的既得利益者，他們禁止市場資本主義國家的電影進口，單純與自己的個人利益有關，而不一定與更大的國家資本主義目標有關。請參閱蕭知緯的〈美國電影被逐出中國〉（The Expulsion of American Films from China, 1949-1950），《二十世紀中國》（*Twentieth Century China*），第三十卷第一期（二〇〇四年十一月），65-6頁。大公報在一九五〇年十一月十八日發表的一篇文章中指出，從一九四五年到一九五〇年之間，進口好萊塢電影的成本，可以用來支付製作二千八百部中國電影的費用（參見Xiao，Xiao, "The Expulsion of American Films"）。

75. 請參閱蕭知緯的〈美國電影被逐出中國〉，69頁。

76. 這篇文章的標題為〈電影廣告中的不健康成分〉。另外，有位讀者的抱怨，電影廣告只為了賺錢，而不是想要促進社會主義價值觀，請參閱〈電影廣告應當嚴肅〉，《人民日報》，一九五一年三月十一日，第五版。

77. 〈讀者來信：翻譯影片的片名應該改進〉，《人民日報》，一九五一年八月二十六日，第二版。〈蘇聯電影在中國：五十年代的考察〉，《電影藝術》，第四期（2008年），55-60頁。

78. 〈來信摘要〉，《人民日報》，一九五一年三月二十一日，第六版。另外，也請參閱〈應注意電影廣告和「說明」

的思想內容〉，《人民日報》，一九五一年九月十一日，第二版。

79. 〈「上影畫報」的方向是什麼？〉，《中國電影雜誌》，第十期（一九五八年），71-2頁。《大眾電影》雜誌則被批評散播資產階級消費主義，請看〈我們對「大眾電影」方向的看法〉，《中國電影雜誌》，第十二期（一九五八年），52頁。以及，〈「大眾電影」的封面和封底〉，《中國電影雜誌》，第十二期（一九五八年），52-3頁。

80. 請參閱康浩，《中國電影：一九四九年以來的文化和經濟》，39頁。

81. 〈解放初期上海電影發行放映初探（1949-1952）〉，《電影藝術》，第一期（2008年），96頁。另外也請參閱《美國電影：帝國主義的侵略工具》，（南京：江南出版社，一九五一年）；以及伯奮，《好萊塢：電影帝國》，（上海潮鋒出版社，一九五一年）。

82. 〈中國人民電影事業一年來的光輝成就〉，《文匯報》，一九五一年一月六日。

83. 黃宗江，〈美國電影毒在那裡〉，收錄在南京文聯電影部主編的《美國電影：帝國主義的侵略工具》，1-19頁。先前表達類似情緒的文章還包括：〈本報座談會記錄婦女界對美國電影的看法〉，《文匯報》，一九四九年九月十九日；以及〈要發動廣大群眾瞭解美片的毒素〉，《文匯報》，一九四九年九月十九日。

84. 〈西片發行職工發表聲明，堅決擁護停映美片，拋開個人利益為抗美而奮鬥〉，《文匯報》，一九五〇年十一月十七日。另外也請參閱〈制毒大本營，好萊塢的剖視〉，收錄在《美國電影：帝國主義的侵略工具》，27-8頁。

85. 〈我對美國電影的看法〉，《文匯報》，一九五〇年九月十六日。

86. 〈我同意陳蒼葉的看法〉，《文匯報》，一九五〇年十月七日。

87. 〈對症下藥〉，《文匯報》，一九五〇年十月七日。

88. 張碩果，《解放初期上海電影發行放映初探，1949-1952》，95-6頁。中國不是戰後唯一擔心好萊塢和美國這個

「不可抗拒的帝國」擴散的國家。關於歐洲的焦慮，請參見維多利亞．格拉齊亞（Victoria De Grazia），《不可抗拒的帝國：美國在20世紀歐洲的前進》（*Irresistible Empire: America's Advance Through Twentieth-Century Europe*），（麻州劍橋：哈佛大學Belknap Press出版社，2005）。

89. 請參閱蕭知緯的《美國電影被逐出中國》，68頁。.

90. 請參閱陳庭梅，〈中蘇文化交流中的電影與性別〉（Film and Gender in Sino-Soviet Cultural Exchange, 1949-1969），收錄在白思鼎（Thomas P. Bernstein）和李華鈺合編的《中國向蘇聯學習》（*China Learns from the Soviet Union, 1949-Present*），（馬里蘭州拉納姆：Lexington Books, 2010）。

91. 張碩果，《解放初期上海電影發行放映初探，1949-1952》，97-10. 頁。

92. 陳志華，〈人民電影〉（Films for the People），《中國人民》（*People's China*），第24卷第10期（一九五三年十二月十六日），10-13頁。

93. 〈電影院，電影放映隊應重視影片內容的解說工作〉，《人民日報》，一九五二年八月五日，第二版；〈幫助工農兵看電影〉，《人民日報》，一九五二年六月十五日，第三版；〈電影放映前後應多作宣傳工作〉，《人民日報》，一九五二年六月三十日，第二版；〈中國影片經理公司總公司注意關於翻譯片的宣傳解釋工作〉，《人民日報》，一九五二年七月三日，第二版。

94. 柳迪善，《蘇聯電影在中國：五十年代的考察》。

95. 馬修．約翰遜（Matthew D. Johnson），〈文宣國的國際和戰時起源：中國電影，1897-1955〉（International and Wartime Origins of the Propaganda State: The Motion Picture in China, 1897-1955），聖地牙哥加州大學博士論文，2008年，第5章；張濟順，〈上海的文化消費和民眾對西方的反應〉（Cultural Consumption and Popular Reception

of the West in Shanghai, 1950-1966），《中國歷史評論》（*The Chinese Historical Review*），第十二卷第一集（二〇〇五年春季），97-126頁。

96. 請參閱張英進的《中國國家電影》（*Chinese National Cinema*）。

97. 請參閱陳庭梅，《宣傳片：中國共產黨著作中電影的意義》，154-93頁。

98. 關於大量生產的「人民文學」主題的分析，請參閱馮麗達（Krista Van Fleit Hang）著作《人民喜愛的文學：閱讀毛主義早期的中國文學》（*Literature the People Love: Reading Chinese Texts from the Early Maoist Period, 1949-1966*），（紐約：Palgrave Macmillan出版社，2013）；該書作者指出，文化大革命之前的文學創作不僅是說教性的，還希望娛樂和吸引大批觀眾。結果，這讓作家們有更多創作空間。關於中國共產黨如何成功利用（視覺和表演藝術）文化生產來推進其政治議程，請參閱洪長泰，《毛的新世界》（*Mao's New World*）。

99. 請參閱葛凱的《製造中國》，第七章。

100. 我感謝何邊（Bian He，音譯）指出了毛澤東時代日記的作用，是人們用中國共產黨對「資產階級」和「社會主義」思想和行動的定義，來管理自己的一種方式。

101. 周文林，〈資產階級思想無孔不入〉，《杭州日報》，一九六四年一月二十六日。如前所述，不可能知道這些信件是不是真的是讀者寫來的，還是編輯自己捏造的。就我而言，真實性問題是次要的，我的觀點是，這些信件是在向報紙讀者傳播國家消費主義規範，而不是反映「一般」中國百姓的「真正想法」。

102. 李阿榮，〈要把無產階級家譜續好〉，《杭州日報》，一九六四年二月二十二日。

103. 這四部電影展示了國家宣傳的「社會主義」價值觀。在《豐收》（1953）這部電影裡，一位地方黨委書記訪問北京，有幸面見毛主席，並去參觀一處國營農場，這激勵了他，讓他回去後，在自己村裡展開「愛國增產運動」。《一場風波》（1954），這部電影的片名洩露了它的結局。在這部電影裡，一個作女兒的利用一九五〇年的《婚姻法》與村長抗爭，這樣她和她的母親（是個寡婦，而根據中國舊習俗，寡婦通常不會再婚）就可以分別嫁給他們所愛的男人，並且愉快地繼續為國家努力耕種。在《夏天的故事》（1955）裡，一位受過教育的年輕人回到自己的家鄉幫助生產。他利用在學校學到的知識，主動調查了村裡的長期會計問題：兩名農民利用自己掌管帳目的機會，侵吞稻米。最後，他決定放棄回到學校，負責管帳和管理村裡的建設計畫，建立了一個耕耘機維修站。在《水鄉的春天》（1955），一個村莊克服了逆境，把沼澤地變成了多產的稻田，結果獲得了豐收。

104. 孟犁野，〈從農村來的一封信〉，《電影藝術》，第A2期（一九五六年），73頁。

105. 張濟順，《遠去的都市：一九五〇年代的上海》，（北京：社會科學文獻出版社，2015），283頁。

106. 由於這些電影，舒適的生活方式於是就與市場資本主義國家被聯想在一起，以至於「洋」這個字，就成了一種標記，代表在香港電影裡出現的舒適、西方化的生活方式。請參閱張濟順的《上海文化消費和大眾接受度，1950-1966》（*Cultural Consumption and Popular Reception of the West in Shanghai, 1950-1966*），109-11頁。

107. 張濟順，《遠去的都市：一九五〇年代的上海》，300頁。

108. 張濟順，《遠去的都市：一九五〇年代的上海》，309頁。

109. 張濟順，《遠去的都市：一九五〇年代的上海》，116-17頁。

110. 張濟順，《遠去的都市：一九五〇年代的上海》，295-6頁。

111. 張濟順，《遠去的都市：一九五〇年代的上海》，284-5頁。

112. 《上海市電影局》，上海檔案館，B170-1-1149號檔案，一九六五年三月二十二日。

第五章　服務業的國家消費主義

1. 薛暮橋和他的合著者闡述了，資本主義領域裡的社會主義改造的理論基礎，以及其「社會主義」成果。請參閱薛暮橋、蘇星、和林子力合著的《中國國民經濟的社會主義改造》，（北京：人民出版社，1959年）。有關引用的單詞和術語，請參閱24頁、50頁、141頁、147頁和154頁。
2. 請參閱羅伯特．福連德（Robert C. Friend），〈在中國購物是什麼感覺？〉（What Is It Like to Go Shopping in China?），《中國重建》（*China Reconstructs*），第13卷第4期（1964年），31-3頁。
3. 朱仲玉，〈為社會主義而笑〉，《人民日報》，一九五八年年三月二十六日，第8版。他的結論預示著，資本主義如何將言辭、情感和「自我介紹」商品化，並將它們視為情感勞動力的一部分。例如，請參閱歐文．高夫曼（Erving Goffman）著作，包括《日常生活中自我的表達》（*The Presentation of Self in Everyday Life*），（紐約州伍德斯托克：Overlook出版社，1973年），以及艾莉．羅素．霍奇希爾德（Arlie Russell Hochschild）的著作，特別是《管理之心：人類情感的商業化》（*The Managed Heart: Commercialization of Human Feeling*），（柏克萊：加州大學出版社，1983年）。
4. 〈商業工作一定能躍進〉，人民日報，一九五八年年二月十四日，第1版。
5. 薛暮橋，《中國社會主義經濟》（*China's Socialist Economy*），（北京：外文出版社出版社，一九八一年），120-1頁。中國共產黨確實取得了成功，並將其吹噓為消費者的勝利。例如，正如中國共產黨告訴它的人民和世界的那樣，說它戰勝了惡性通貨膨脹和大眾對通膨的焦慮。在一九七八年，中國共產黨將中國的物價穩定與資本主義國家的「動盪」作了對比，說資本主義國家的「一般大眾及其家庭每天都被通貨膨脹所困擾。」請參閱Kuang-

hsi Peng的《中國為什麼沒有通貨膨脹》（*Why China Has No Inflation*），（北京：外文出版社出版社，一九七六年），序。

6. 連玲玲，《打造消費天堂：百貨公司與近代上海城市文化》，（北京：社會科學文獻出版社，二〇一八年），10-11頁。上海百貨公司、上海社會科學院經濟研究所和工商行政管理局合編的《上海近代百貨商業史》，（上海：上海社會科學出版社，一九八八年），101-8頁。顏清湟，〈永安百貨和郭家兄弟〉（Wing-on and the Kwok Brothers: A Case of Pre-war Chinese Entrepreneurs），收錄在Kerrie L. MacPherson 主編的《亞洲百貨公司》（*Asian Department Stores*），（英國薩里：Curzon出版社，一九九八年），47-65頁，

7. 伴隨著工業資本主義的擴張，而從小商店轉變成為大型百貨商店，以及需要更大、更資本密集型的零售和行銷，關於這三者之間的聯，請參閱傑弗里．克羅西克（Geoffrey Crossick）和塞吉．賈梅因（Serge Jaumain）合著的《消費大教堂：歐洲百貨公司，1850-1939》（*Cathedrals of Consumption: The European Department Store, 1850-1939*），（英國Ashgate出版社，1999）。

8. 關於這家百貨公司擴展的情形，請參閱《中國百貨公司在京成立領導組成全國工業品推銷網增設省市分支公司一百餘處》，人民日報，一九五〇年年四月四日，第4版。關於這家公司在接下來幾年內的擴展，請參閱商業部百貨局主編的《中國百貨商業》，（北京：北京大學出版社，一九八九年），17-31頁。

9. 浙江百貨公司主編的《浙江百貨商業志》，（杭洲：浙江人民出版社，一九九〇年），7-9頁。其中包括在省內開設該店分店的市縣名稱。請注意，所謂的「百貨公司」是指銷售許多不同類型商品的任何商店，不同於專賣店。其規模從大城市的大型百貨商店到省城較為普通規模的店鋪經營，不一而同。

10. 《浙江百貨商業志》，56頁。

11. 關於一九四九年之前的百貨商店——以及其他形式的商品展示，例如廣告和展覽——開始工業化消費並且幫助擴大消費主義，請參閱葛凱的《製造中國》，5-6頁。關於百貨公司更概括的介紹，請參閱魯迪．拉曼斯（Rudi Laermans）著作，〈學習消費：早期的百貨商店和現代消費文化的形成（1860年至1914年）〉（Learning to Consume: Early Department Stores and the Shaping of the Modern Consumer Culture，1860-1914），《理論，文化與社會》（Theory, Culture & Society），第一卷第4期。

12. 浙江百貨的各地分店有助於把商品——像是，熱水瓶——銷售到農村地區，請參閱浙江百貨公司主編的《浙江百貨商業志》，97-8頁。省級和地方自力更生的政策，幫助國家更快地實現了工業化，但它們也限制了規模經濟並在其他地方產生了重複生產。例如，浙江將省的日常用品自給率，從一九五七年的百分之五十，提高到一九六三年的百分之八十（第32頁）。關於自給自足政策的成本/收益及其造成省際不平等的原因，請參閱卡爾．里斯金（Carl Riskin），《中國政治經濟學：1949年以來的追求發展》（牛津：牛津大學出版社，1987年），201-22頁。

13. 中國共產黨比較喜歡使用「群眾」這兩個字，而不是「無產階級」，因為「無產階級」是指都市勞動力，而不是像當時所希望的，希望能夠動用全部的勞動力，包括農民和軍人等其他工人階級。

14. 《私營工商業應當力求改造》，人民日報，一九五〇年六月十七日，第1版。

15. 關於一九四九年之前的南京路以及專門服務精英人士的百貨公司的歷史，請參閱陳錦江，〈出售商品和推動新商業文化：南京路四大百貨公司，1917-1937〉（Selling Goods and Promoting a New Commercial Culture: The Four Premier Department Stores on Nanjing Road, 1917-1937），收錄於謝爾曼．科克蘭（Sherman Cochran）主編的《發明南京路：上海商業文化，1900-1945年》（*Inventing Nanjing Road: Commercial Culture in Shanghai, 1900-1945*），（紐約州伊薩卡：康乃爾大學東亞研究所，一九九九年），19-36頁；楊天亮的《上海四大百貨公司》，收錄在《民

國社會大觀》（福州：福建人民出版社，1991），353-8頁。

16. 關於永安百貨商店早期歷史，請參閱陳錦江，〈個人風格、文化價值觀與管理：上海和香港的真誠與永續公司，1900-1941〉（Personal Styles, Cultural Values and Management: The Sincere and Wing on Companies in Shanghai and Hong Kong, 1900-1941），《商業史評論》（*Business History Review*），第70卷第2期（1996），141-66頁。想要更了解永安百貨的經營文化，請參見李歐梵，《上海現代：中國新城市文化的綻放》（*Shanghai Modern: The Flowering of a New Urban Culture in China, 1930-1945*），（劍橋，馬薩諸塞州：哈佛大學出版社，1999年）

17. 上海社會科學院經濟研究所主編，《上海永安公司的產生、發展和改造》，（上海：上海人民出版社，1981），236頁；連玲玲，《上海百貨公司的社會主義改造，1949-1956》，收錄在謝國興主編的《改革與改造，冷戰初期兩岸的糧食、土地與工商業變革》，（台北：中央研究院近代史研究所，2010），340-1頁。

18. 郭琳爽又被稱為Leon Kwak，Lam Shuen Kwok，或 L. S. Kwok。關於他在一九四九年之前的活動，請參閱葉文心著作，《上海輝煌：經濟情緒與近代中國的建立，1843-1949年》（*Shanghai Splendor: Economic Sentiments and the Making of Modern China, 1843-1949*），（柏克萊：加州大學出版社，2007年），162-83頁。

19. 上海社會科學院經濟研究所主編，《上海永安公司的產生、發展和改造》，262-3頁。

20. 上海社會科學院經濟研究所主編，《上海永安公司的產生、發展和改造》，236頁。

21. 上海社會科學院經濟研究所主編，《上海永安公司的產生、發展和改造》，240-1頁。永安百貨有兩棟建築，用兩道天橋相連，包括有一樓層的遊樂休閒場所。請參閱連玲玲，《上海百貨公司的社會主義改造，1949-1956》，169、176頁。

22. 關於詳細經過請參閱「新中國第一店的故事編委會」主編，《新中國第一店的故事》，（上海：上海電子出版有限公司，2012），31頁。關於毛時代期間，中國其他城市各大百貨商店的簡短歷史，請參閱商業部百貨局主編的《中國百貨商業》，第5章。四大百貨被接管的步調各不相同，請參閱連玲玲的《上海百貨公司的社會主義改造，1949-1956》，333-72頁。

23. 「國貨運動」期間，像永安這樣的百貨商店也同樣回應了群眾支持「國貨」消費和抵制「外國產品」的呼聲，在它們的櫥窗裡展示出中國製造的「國貨」，然而，在店內則繼續嚴重依賴進口商品的銷售。請參閱葛凱的《製造中國》，152-3頁，該書第5章則介紹國民黨時代，想要創造「國貨」專用的商業空間所作的努力。

24. 上海社會科學院經濟研究所主編，《上海永安公司的產生、發展和改造》，（上海：上海人民出版社，1981），242-7頁。即使該商店已經開始在屋頂上向比較不富裕的顧客提供休閒活動，但電梯會將他們直接送上屋頂，繞開下面各個樓層，而這些樓層全在出售他們買不起的商品，還有，在那些樓層購物的顧客也很少會和他們混在一起。

25. 上海社會科學院經濟研究所主編，《上海永安公司的產生、發展和改造》，288頁。

26. 請參閱〈上海的商店和購物者〉（Shops and Shoppers in Shanghai），《中國建設》（*China Reconstructs*），第13卷第10期（1964），49-50頁。

27. 上海社會科學院經濟研究所主編，《上海永安公司的產生、發展和改造》，259頁。

28. 〈公私合營工業企業暫行條例〉，《人民日報》，一九五四年九月六日，第2版。〈關於「公司合營工業企業暫行條例」的說明（一九五四年九月二日政務院第二百二十三次政務會議通過）〉，《人民日報》，一九五四年九月六日，第2版。和其他資本家一樣，郭琳爽從國家那兒獲得國家付給他的「利息」，在一九五〇年代末期，他一直被當作宣傳工具，他還公開稱讚社會主義提供絕佳的消費經驗，在文化大革命開始時，他的房子被紅衛兵洗劫一空，裡面的東西被用來教導人們，必須繼續向資本家進行階級鬥爭（第六章）。請參閱何若書著作，《策劃革命：毛澤東時代的中國展示政治》（*Curating Revolution: Politics on Display in Mao's China*）（劍橋：劍橋大學出版社，2018年），第5章。

29. 請參閱「商業部商業組織預計資料局」的《商店櫥窗陳列與內部布置》，（北京：財政經濟出版社，1955），11-13頁。

30. 請參閱「商業部商業組織預計資料局」的《商店櫥窗陳列與內部布置》，39-49頁。

31. 〈百貨業職工向顧客宣傳〉，《文匯報》，一九五〇年七月二十一日。

32. 〈櫥窗宣傳工作應該經常化〉，《人民日報》，一九五一年十一月十八日，第4版。

33. 〈櫥窗宣傳工作應該經常化〉。

34. 麻建雄，《武漢老櫥窗》，（武漢：武漢出版社，2013），250頁。

35. 〈提高商業廣告思想藝術水準，更好地為生產和消費者服務〉，《解放日報》，一九五九年八月四日。

36. 麻建雄，《武漢老櫥窗》，250頁。

37. 樊天益，〈商店櫥窗巡禮〉，《解放日報》，一九五九年八月四日。，

38. 樊天益，〈商店櫥窗巡禮〉。

39. 樊天益，〈商店櫥窗巡禮〉。

40. 關於工業消費主義如何教導人們以個人身份去體驗這個世界，請參閱唐．史萊特（Don Slater）的《消費文化與現代性》（*Consumer Culture and Modernity*）（牛津：Polity Press出版社，1997年）。

41. 沈文英，〈一幅背季的電影廣告〉，《人民日報》，一九五三年六月二十八日，第2版。

42. 上海廣告公司主編，《關於服務品質與設計品質問題的調查報告》，上海檔案館，第B123-5-78號檔案（一九六一

年九月十一日）。

43. 〈首都東安等商場實行明碼標價售貨，西單等商場應切實做到明碼交易〉，《人民日報》，一九五〇年二月七日，第4版。另外，也請參閱〈北京市人民政府令〉，一九五〇年一月廿日，〈茲制定「北京市公立（市）場管理暫行規則」公布〉，一九五〇年一月二十二日，第6版；〈保護正當商業合法經營市府頒布四項法令取締囤積居奇空頭交易等非法行為〉，一九五〇年一月二十二日，第4版。

44. 〈蘇州舉辦私營企業生產改進展覽會的方法值得提倡〉，《人民日報》，一九五八年十二月九日，第2版。

45. 〈規訓與溢出：「新民晚報」與社會主義上海商業空間和商業文化建構1949-1966〉，《新聞大學》，第5期（2013），1-14頁。

46. 〈北京朝陽門菜市變了樣〉，《人民日報》，一九五八年五月一日，第7版。

47. 〈興旺繁榮氣象新：記十年來我國市場的變化〉，《人民日報》，一九五九年九月二十四日，第10版。

48. 薛暮橋，《中國社會主義經濟》，20頁。

49. 請參閱克里斯·布拉瑪爾（Chris Bramall），《中國經濟發展》（*Chinese Economic Development*），（倫敦：Routledge出版社，2009），第130-1頁，以及他對大躍進政治經濟學的更廣泛的討論。有關以犧牲農村為代價來預防都市饑荒的詳細討論，請參見Felix Wemheuer的《毛主義中國和蘇聯的饑荒政治》（*Famine Politics in Maoist China and the Soviet Union*）（紐哈芬：耶魯大學出版社，2014年），115-53頁。

50. 桃樂西·索林格（Dorothy J. Solinger），《社會主義下的中國商業：國內商業政治》（*Chinese Business Under Socialism: The Politics of Domestic Commerce, 1949-1980*），（柏克萊：加州大學出版社，1984），第4章。

51. 薛暮橋，《中國社會主義經濟》。31-2頁，42頁，105-7頁。另外，也請參閱盧漢超，《霓虹燈外：二十世紀初日常生活中的上海》（*Beyond the Neon Lights: Everyday Shanghai in the Early Twentieth Century*），（柏克萊：加州大學出版社，1999）；羅伯特．史瓦洛（Robert W. Swallow）的《北京生活側記》（*Sidelights on Peking Life*），（北京：中國書商有限公司，1927年）。

52. 例如，請參閱中共上海市第一商業局委員會三反整風領導小組辦公室提出的《局黨委擴大會議有關黨委官僚主義方面的綜合材料》，上海檔案館，第B123-4-568號檔案（一九六〇年七月三十一日）。

53. 請參見克里斯．布拉瑪爾（Chris Bramall）的《中國農村的工業化》（牛津：牛津大學出版社，2007年）。

54. 關於「短缺文化」和蘇聯的一般購物經歷，請參見朱莉．赫斯勒（Julie Hessler）的《蘇聯貿易社會史：貿易政策，零售慣例和消費，1917-1953年》（*A Social History of Soviet Trade: Trade Policy, Retail Practices, and Consumption, 1917-1953*），（新澤西州普林斯頓：普林斯頓大學出版社，2004年）。經濟學家德懷特．帕金斯（Dwight H. Perkins）把排隊購物視為「實質配給」。有關解決短缺問題的所有三種方法的討論，請參見他在《共產主義中國的市場控制與規劃》（*Market Control and Planning in Communist China*），（麻省劍橋：哈佛大學出版社，1966年），第177-97頁。

55. 華新民，《那過去的事情——回憶五十年代》，華夏文摘，http://archives.cnd.org/HX WK/author/HUA-Xinmin/kd090911-4. gb.html. 網頁存檔日期：二〇一七年八月十五日。

56. 格雷格．麥格雷戈（Greg MacGregor），〈中國購物者開始排長隊〉（Shopper in China Has Long Wait），《紐約時報》，1957年6月25日。

57. 華新民，《那過去的事情——回憶五十年代》。

58. 〈過去是窮排隊，現在是富排隊，天津太平莊街居民認清了買東西為什麼要排隊〉，《人民日報》，一九五七年十二月七日，第4版。蘇聯的商店通過投訴、報紙上的讀者來信、客戶會議以及其他形式的結構化反饋和參與，也進行了類似的舉動以表達不滿。請參閱艾米·蘭德爾（Amy E. Randall），《一九三〇年代蘇聯零售貿易和消費的夢想世界》（*The Soviet Dream World of Retail Trade and Consumption in the 1930s*）（紐約：Palgrave Macmillan出版社，2008），第134-52頁。

59. 〈過去是窮排隊，現在是富排隊，天津太平莊街居民認清了買東西為什麼要排隊〉。

60. 〈讓社員們很快買到東西〉，《人民日報》，一九五四年六月五日，第2版。

61. 〈過去是窮排隊，現在是富排隊，天津太平莊街居民認清了買東西為什麼要排隊〉。

62. 沙航，〈越過「長蛇陣」〉，《杭州日報》，一九五八年三月二日。

63. 〈北京市若干商店和公共場所採取措施，大力消除顧客排隊現象〉，《人民日報》，一九五八年二月十一日，第3版。

64. 機械、建築和技術方面的固定投資，增加至ＧＤＰ的百分之三十一以上。全國範圍內工業化也開始全面推動，包括將勞動力從服務業、輕工業和穀物生產（最基本的消費品）移轉出去。這些工人從服務業被轉移到為鋼鐵廠生產產商品，經常通過在全國各地設立的小型「後院熔爐」來生產鋼鐵。同樣的，大躍進期間有超過一億人從事農田水利工程。請參閱克里斯·布拉瑪爾（Chris Bramall），《中國經濟發展》（*Chinese Economic Development*），125頁；大衛·艾倫·皮茨（David Allen Pietz），《黃河：近代中國的水問題》（*Yellow River: The Problem of Water in Modern China*）（麻省劍橋：哈佛大學出版社，2015年），第207頁。

65. 關於「大躍進」期間的服務業，請參見《新中國商業三十年（徵求意見稿）》，（內部發行，1980年），第95-6頁。關於國家製定這些政策，其中包括將婦女從家庭中「解放」出來的構想，請參見石成之的著作，《共產中國的城市公社實驗》（*Urban Commune Experiments in Communist China*）（香港：聯合研究所，1962年），第99-104頁。

關於毛澤東時代，中國打破性別結構，讓國家可以進一步徵用更多勞動的問題，在中國找不到一本同樣題材的著作，可以比得上溫蒂．高德曼（Wendy Z. Goldman）的《大門口的婦女：史達林的蘇聯性別與歷史》（*Women at the Gates: Gender and History in Stalin's Russia*），（劍橋：劍橋大學出版社，2002年）。

66. 熊月之主編的《上海通史　第12卷：當代經濟》，（上海：上海人民出版社，1999），202頁。

67. 商業部商業經濟研究所主編，《新中國商業史稿（1949-1982）》，（北京：財政經濟出版社，1984），152頁。以及商業部商業經濟研究所主編，《新中國商業三十年》。

68. 〈加強政治思想工作，提高社會主義覺悟，天橋百口商場職工舉起大躍進旗幟，減少人員一半，實行一天一班頂到底吸收商業工作的傳統經驗，服務態度大改觀〉，《人民日報》，一九五八年二月十四日，第4版。

69. 〈同家梁上大團圓〉，《人民文學》，第5期（一九六〇年五月三十日），45-51頁。

70. 巴里．諾頓（Barry Naughton），《中國經濟：轉型與增長》（*The Chinese Economy: Transitions and Growth*），（麻州劍橋：麻省理工學院出版社，2007年），第80-1頁。

71. 請參閱卡爾．里斯金（Carl Riskin），《中國政治經濟學：1949年以來的追求發展》（牛津：牛津大學出版社，1987年），274頁。

72. 一個典型的例子，就是官方呼籲服務人員在店裡進行「商業大躍進」，請見〈商業工作一定能躍進〉，《人民日報》，1958年2月14日，第1版。

73. 例如，請參閱傑基．希罕（Jackie Sheehan）著作，《中國工人：新歷史》（Chinese Workers: A New History），（倫敦：Routledge出版社，1998年），第89-92頁。

74. 《中共中央批轉中共北京市委關於北京市天橋百貨商場改革商業工作的報告》，北京日報，一九五八年四月十九日，後來被收錄在《大躍進中的北京天橋百貨商場》，（北京：北京出版社，一九五八年），1-8頁。關於一九三〇年代蘇聯也作了類似嘗試，試圖促進「有文化的社會主義貿易」，特別是提供更好的服務態度，請見赫斯勒（Hessler），《蘇聯貿易社會史》，197-201頁。

75. 〈學「天橋」趕「天橋」許多城市商店訂出躍進計畫〉，《人民日報》，一九五八年二月二十六日，第3版。關於將「學天橋」運動延伸到農村的進一步努力，請見〈「天橋」人在農村〉，《人民日報》，1958年3月4日，第3版。關於官方號召全國商業工人「學天橋」，請參見〈商業部和商業工會全國委員會聯合發出號召商業職工們，都來響應天橋商場的革命倡議〉，《人民日報》，1958年2月14日，第1版，以及〈商業工作一定能躍進〉。

76. 商業部商業研究所編輯，《新中國商業史稿（1949-1982）》，175頁。

77. 〈學天橋趕天橋，武漢麗豐百貨商店〉，《人民日報》，一九五八年二月十八日，第3版。

78. 〈昆明趕天橋〉，《人民日報》，一九五八年三月五日，第3版；〈天橋散記〉，《人民日報》，一九五八年三月二十日，第八版。。

79. 甘肅省慶陽縣商業局編輯，《破舊立新，十大改革》，收錄在商業部編輯的《商業紅旗》上冊（北京：人民出版社，1959），177-8頁。

80. 〈天橋散記〉和〈商業工作一定能躍進〉，關於這兩篇文章，以及其他有關以減少員工數量來使商店更有「效率」的文章，請參閱北京出版社編輯部主編的《大躍進中的北京天橋百貨商場》（北京：北京出版社，1958）。這本書轉載了主要報紙上的多篇文章，旨在指導其他商店進行類似的商業改革。請特別參閱，中共北京市委會編輯的《北京市天橋百貨商場改革商業工作的報告》，1958年3月4日；《中共中央批轉中共北京市委關於北京市天橋百貨商場改革商業工作的報告》。

81. 〈天橋百貨商場圓滿實現倡議人員減少：銷貨額上升；庫存量下降；資金周轉快；服務態度好；售貨員一班頂到底，還能愉快地休息〉，《人民日報》，一九五八年四月六日，第2版。〈加強政治思想工作，提高社會主義覺悟天橋百貨商場職工舉起大躍進旗幟減少人員一半，實行一天一班頂到底，吸收商業工作的傳統經驗，服務態度大改觀〉。

82. 〈天橋散記〉。

83. 這家商店成立於一九五三年，當時已有八十四名員工，關於該商店的簡要歷史，請參見商業部百貨局編輯的《中國百貨商業》，408-10頁。

84. 〈天橋百貨商場職工舉起大躍進旗幟〉。有關天橋商場店員誓約的完整列表，請參閱〈天橋百貨商場服務公約〉，最初刊登在《北京日報》，1958年2月9日，後來被收錄在《大躍進中的北京天橋百貨商》，83頁。

85. 〈學天橋，趕天橋〉，《中國婦女》第四期（一九五八年），26-8頁。

86. 甚至官方媒體也加強了這種態度，例如在一部熱門電影《女理髮師》（1962）中，主角渴望成為美髮師的願望，卻遭到她那位很在意社會地位的丈夫的反對。

87. 〈學天橋，趕天橋〉，《中國婦女》第四期，照片在28頁。

88. 〈在「人人」之中〉，《人民日報》，一九五八年五月二十五日，第4版；《解放街百貨商店氣象一新》，杭州日報，一九五八年三月十日。

89. 《顧客就是親人》，杭州日報，1958年5月9日。

90. 參見《中共中央批轉中共北京市委關於北京市天橋百貨商場改革商業工作的報告》。

91. 對這種意識形態闡釋得最好的，也許就是人民日報在天橋運動期間發表的一篇社論的的標題：〈人人為我，我為人人〉。《人民日報》，1958年3月15日，第1版。

92. 〈杭州棉布店裡營業員的新態度〉，《人民日報》，1955年12月27日，第2版。

93. 〈一個積極為顧客需要服務的營業員〉，《人民日報》，1953年5月17日，第2版。

94. 四川省商業廳編輯，〈千方百計把方便送給顧客〉，後來收錄在商業部編輯的《商業紅旗（日用工業品類）》（北京：工人出版社，一九六〇年），105頁。

95. 四川省商業廳編輯，〈不斷躍進，面貌一新的重慶「三八」百貨商店〉，後來收錄在商業部編輯的《商業紅旗（日用工業品類）》，98頁。

96. 關於「讓管理人員參與工廠生產，讓工人參與工廠管理」這樣的政策請參閱傑基．希罕（Jackie Sheehan），《中國工人：新歷史》，86-8頁。

97. 〈讓顧客稱心如意〉，《浙江日報》，1958年4月17日。

98. 關於蘇聯這類的批判書籍，請參閱艾米．蘭德爾（Amy E. Randall），《一九三〇年代蘇聯零售貿易和消費的夢想世界》。

99. 〈天橋散記〉。

100. 〈天橋商場營業員深夜配前軸〉，《人民日報》，1958年8月5日。

101. 商業部百貨局編輯，《中國百貨商業》，408頁。

102. 〈天橋散記〉；〈不讓紅旗褪色〉，《杭州日報》，1958年12月6日；〈能幹的售貨員〉，《人民日報》，1958年8月11日，第3版。

103. 關於省級和市級報紙刊登這些見證的詳情，請參見〈天橋之花在杭州結果〉，《浙江日報》，1958年4月17日。〈解放街商店服務態度，顧客稱好〉，《杭州日報》，1958年5月25日。

104. 在此同時，自助零售正在英國興起，請參閱道恩．尼爾（Dawn Nell）等人編輯，〈戰後早期的英國調查超級市場的購物者口述，1945-75年〉（Investigating Shopper Narratives of the Supermarket in Early Post-War England, 1945-75），《口述歷史》第37卷第1期（2009），61-73頁。

105. 〈解放街服務優良，譽滿全城〉，《杭州日報》，1958年8月。

106. 〈不讓紅旗褪色〉。

107. 關於資本主義要求穩定供應被徵用來的勞動力，特別是婦女，而不是單單一次性供應的「原始積累」，請參見席爾維亞．費德里奇（Silvia Federici）的《惡僕和女巫：女性、身體和原始積累》（*Caliban and the Witch: Women, the Body and Primitive Accumulation*），（紐約布魯克林：Autonomedia出版社，2004年），以及她隨後的作品《零點革命：家務勞動的複製和女性主義鬥爭》（*Revolution at Point Zero: Housework Reproduction and Feminist Struggle*），（紐約布魯克林：Autonomedia出版社，2012年）；關於大衛．哈維（David Harvey）所謂的「剝奪性積累」（accumulation by dispossession,），請參見他的《新帝國主義》（*The New Imperialism*），（牛津：牛津大學出版社，2003年），第137-82頁。有關用於繼續進行資本主義積累的徵用形式的介紹，請參見南希．弗雷澤（Nancy Fraser）和拉赫爾．賈吉（Rahel Jaeggi）合著的《資本主義：批判理論的對話》（*Capitalism: A Conversation in Critical Theory*），（劍橋：Polity出版社，2018）。

108. 關於試圖在正規經濟中推動家庭勞動的案例，請參見艾約博（Jacob Eyferth）的《以竹為生：一個四川手工造紙村的二十世紀社會史》，（麻州劍橋：哈佛大學亞洲中心，2009）。

109. 〈重慶的一個城市人民公社〉，《中國婦女》，第4-5期，（1960年4月5日），12-17頁。此外，中國共產黨繼續推動國民黨時代為了國家利益而節儉持家的作法，例如，在一九五六年三月八日婦女節那天，黨在一百零六個城市發起了一項運動，指示家庭主婦「應有計劃地花錢，節儉是一種美德」。請參見〈好主婦運動席捲全國〉，《中國婦女》，第3期（1957年3月），11頁。

110. 李端祥，《城市人民公社運動研究》（長沙：湖南人民出版社，2006年），第153-8頁。為了提高集體意識，一些公社將實驗發揮到了極致，不僅使就餐和育兒更加社會化，而且使育兒更加普遍。參見羅平漢，《大鍋飯：公共食堂始末》，（南寧：廣西人民出版社，2001年），第82頁。但羅也指出，這些想要消除一切自行為的努力，結果卻造成反效果。關於公共食堂作為社會主義要素的悠久歷史，請參閱費利克斯．溫赫勒（Felix Wemheurer）的《烏托邦的餐飲：中國公共食堂起源的知識史》（*Dining in Utopia: An Intellectual History of the Origins of the Chinese Public Dining Halls*），收錄在馬提亞斯．米德爾（Matthias Middell）和費利克斯．溫赫勒合著的《國家社會主義下的饑餓與匱乏》（*Hunger and Scarcity under State-Socialism*）（萊比錫：萊比錫大學，2012年），277-302頁。對於國家如何認為公共食堂將節省女性家庭勞動和「帶來新的自由」，請參見〈共同用餐是最好的〉（Get-Together Cooking Is Best），《中國婦女》（1960年2月），13-15頁。

111. 于文敏，〈財貿戰線上的紅旗〉，《師大教學》，1958年12月24日，4頁。如需其他兩家女子經營商店的例子，請參閱湖北省麻城市商業局的〈五女商店人人誇〉，以及河南省中牟縣商業局的〈十五好的中牟四女商店〉。這兩篇文章都收錄在商業部編輯的《商業紅旗》下冊（北京：人民出版社，1959），9-15頁和15-20頁。例如，後面這家商店因全部只有四名婦女經營，但仍為五萬人服務，而受到表揚。

112. 新中國第一店的故事編委會主編，《新中國第一店的故事》（上海：上海電子出版有限公司，2012），61頁。

113. 新中國第一店的故事編委會主編，《新中國第一店的故事》，60頁。

114. 早期學術界認為，國家對經濟的控制權一直在加大和減小之間來回轉換，也是毛澤東和他的對手在兩條不同的「路線」政策上的鬥爭。但泰伍斯和孫證明，中共高層有著高度的政策共識，而且，無論如何，毛澤東並沒有發動這樣的政策鬥爭。相反的，反而是毛澤東推動了一些政策，而不是其他人。請參閱，弗雷德里克·泰伍斯（Frederick C. Teiwes）和華倫·孫（Warren Sun）合著的《中國的災難之路：大躍進期間的毛澤東、中央政治人物和省級領導人，1955-1959》（*China's Road to Disaster: Mao, Central Politicians, and Provincial Leaders in the Unfolding of the Great Leap Forward, 1955-1959*），（紐約艾蒙克：M.E. Sharpe出版社，1999）。

115. 在高度分散的經濟中，配給產品的數量因地點和時間而異。以山東省為例，到一九六二年年底，在數量逐漸少之前，該省對二百種產品實行定量配給。關於毛澤東時代山東配給的簡要概述，請參見《山東省省情資料庫》，http://lib.sdsqw.cn/bin/mse.exe ?-seachword=&K=b1&A=11&rec=20&run=13。存檔日期：2018年2月20日。到一九六〇年代初，浙江省的口糧有四種：個人口糧和基本生活必需品口糧；工業產品；向國家提供附加產品的獎金；以及軍人、少數民族和艱苦勞動人員的特批口糧。浙江百貨公司編輯的《浙江百貨商業志》，第289-91頁。這本書裡從頭到尾都有提到，國營配給和購買許多必需品和奢侈品（如三大件）所需的配給券。然而，由於這個題材是最被大家所熟悉的，也是被研究得最澈底的，所以，我並不打算在這兒詳細檢視它。因此，請另外參閱，例如，陳明遠的《歷史見證：四十年配給券與人民幣歷史》，（北京：鳳凰出版社，2009）；陳春舫的《上海票證故事》，（上海：東方出版中心，2009）；張世春的《物質供應票證鑒賞與收藏》，（武漢：湖北人民出版社，2008）。諷刺的是，配給券在當代中國已經成為收藏家的收藏品，因此，跟這個話題有關的出版品，自然有它的市場。

116. 北京市地方志編纂委員會編纂，《北京志商業卷飲食服務》（北京：北京出版社，2008），371-72頁。

117. 北京市地方志編纂委員會編纂，《北京志商業卷飲食服務》，371頁。

118. 《炮轟南京路》，轉載自《上海地方志》，上海通網，www.shtong.gov.cn/node2/node4/node2249/huangpu/node36258/node62519/index.html，網頁存檔日期：2014年5月19日。《從買票打菜到餐飲業繁榮》，邢台日報，2008年10月14日。

119. 《回眸哈爾濱：老外道的回憶——國營飯店》，http://blog.sina.com.cn/s/blog_4c1959c001000e2k.html，2017年12月12日網頁存檔。

120. 畢家鎔，《南京財貿行業在動亂中的徘徊》，收錄在莊小軍和徐康英合編的《風雨同舟：南京探索前進三十年，1949-1978》（北京：中共黨史出版社，2002），506-7頁。文化大革命讓人們再度回想起以前的一個理念：購物是為店員和顧客提供機會，讓大家學習如何透過節儉生活來建立社會主義社會主義。一九六八年八月，作家華建南以幹部身份赴北京進行集體訪問。到了北京，他和他的培訓小組前往市中心一家商店購物。在其中一個水果攤上，華的朋友請售貨員為他挑選一顆大梨，並用手指出他想要買的那一顆大梨。但是，售貨員並沒有遵求他的要求，而是對他說，她不會讓他為自己挑選最大、最好的梨子，因為那樣子到最後只會留下小梨給其他客人。售貨員告訴華的那位朋友，「人們不僅應該考慮自己，還應該考慮他人的利益。」她繼續說，那兒的梨子都是包裝成一袋出售，每一袋裡面有大梨子，也有小梨子。客人不可以自己選擇要買那顆梨子。請參閱華建南的《學習班記事》，記憶（期刊）第98期（2013），76-9頁。http://prchistory.org/wp-content/uploads/2014/05/REMEMBRANCE_No98.pdf。網頁存檔日期：2016年8月26日。

121. 胡遠傑，〈一九六七年「炮轟」南京路事件〉，《世紀雜誌》，第3期（2014），28-9頁；毛澤東在一九六六年八月五日所寫的〈炮打司令部——我的一張大字報〉，《人民日報》，1967年8月5日，第1版（在毛的這篇文章問世一周年當天，再度刊登在人民日報）。

122. 關於這些不同類別工人之間的不平等，以及特權勞工精英將其他工人排除在外的努力，請參見那拉・狄龍（Nara Dillon）的《激進的不平等：比較視角下的中國革命福利國家》（麻州劍橋：哈佛大學亞洲中心，2015年）。

123. 「上海市革命委員會反對經濟主義聯絡總部」編輯的《無產階級文化大革命中上海反對經濟主義大事記（討論稿）。（1966年11月至1967年3月15日），1967年3月17日，收錄在《中國文化大革命文庫》。

124. 「上海市革命委員會反對經濟主義聯絡總部」編輯的《無產階級文化大革命中上海反對經濟主義大事記（討論稿）。（1966年11月至1967年3月15日）。

125. 北京市地方志編纂委員會編纂，《北京志商業卷飲食服務》，374頁。

126. 北京市地方志編纂委員會編纂，《北京志商業卷飲食服務》，374頁。

第六章　文化大革命時期的消費主義

1. 正如我在整個毛時代對消費主義的討論所暗示的那樣，事實上，文化大革命的「文化」部分是較早開始的。與一九六六－七六年文化大革命的十年形成鮮明對比的是，我認定的「文化大革命」是指從一九六六年到一九六九年年四月在中共九屆代表大會正式結束之前的三年。關於文化大革命開始和結束日期如何判定的複雜性，請參閱馬若德（Roderick MacFarquhar）、沈邁克（Michael Schoenhals）合著的《毛澤東的最後革命》（*Mao's Last Revolution*），（麻州劍橋：哈佛大學Belknap出版社，2008年）。

2. 中國共產黨第八屆中央委員會第十一次全體會議於一九六六年八月八日通過的《中國共產黨中央委員會關於無

產階級文化大革命的決定》，北京周報第九卷第三十三期（一九六六年八月十二日），6-11頁，並且張貼在www.marxists.org/subject/china/peking-review/1966/PR1966-33g.htm。網頁存檔日期：二〇一八年七月十五日。

3. 針對文化大革命，特別是有關於其中的精英政治運作作出最完整和正確觀察的，就是馬若德和沈邁克合著的《毛澤東的最後革命》。當時，中國共產黨內部被列為文革的潛在攻擊目標的人數是很龐大的。在「文化大革命」前夕，毛澤東認定全國至少有三分之一的黨領導是不可信的。請參閱嚴家其和高皋合寫的《動亂的十年：文化大革命史》（*Turbulent Decade: A History of the Cultural Revolution*），郭穎頤編譯（檀香山：夏威夷大學出版社，1996年），7頁。

4. 「破四舊」運動的號召，隨後在全國主要的報紙和期刊上得到回應，包括中國共產黨的主要理論期刊《紅旗》，這也代表著這項運動已經獲得黨的最高級別的認可。請見郭建、宋永毅、周原編寫的《中國文化大革命歷史詞典》（*Historical Dictionary of the Chinese Cultural Revolution*）（馬里蘭州拉納姆：Scarecrow Press出版社，2006），第70-2頁。

5. 有關介紹，請參閱安戈（Jonathan Unger）在第七十七次莫理循講座（77th George E Morrison Lecture）的演講，《中國文化大革命中的草根動盪：半個世紀的展望》（*Grassroots Turmoil in China's Cultural Revolution: A Half-Century Perspective*），2016年11月3日，www.chinoiresie.info/grassroots-turmoil-inchinas-cultural-revolution-a-half-century-perspective/，2018年7月18日存檔。有關紅衛兵歷史的概述，請參閱請參閱馬若德、沈邁克合著，《毛澤東的最後革命》，102-17頁。

6. 馬若德、沈邁克合著，《毛澤東的最後革命》，262頁。

7. 關於沿海主要城市以外的文化大革命，請參見蘇陽的《文化大革命期間中國農村的集體殺戮》（*Collective Killings*

in Rural China During the Cultural Revolution）（紐約：劍橋大學出版社，2011）；梅爾文．戈爾茨坦（Melvyn C. Goldstein）、Ben Jiao和坦贊．倫德魯普（Tanzen Lhundrup）合著的《西藏文革：1969年尼莫事件》（*Cultural Revolution in Tibet: The Nyemo Incident of 1969*），（柏克萊：加州大學出版社，2009）。

8. 除了這裡所檢視的更為顯著的活動之外，文化大革命最初幾年無意中以其他管道傳播了消費主義。最值得注意的是，國家權力機構的初步解體助長了投機活動，包括買賣縫紉機、腳踏車、手錶、收音機和其他想要但往往難以獲得的產品。參見東莞市工商行政管理局編纂的《東莞市工商行政管理志》（廣州：廣東人民出版社，2011），第190頁。這種未經許可的經濟活動包括集體企業。例如，請見江蘇省地方誌編纂委員會編纂的《江蘇省志：工商行政管理志》，第279-80頁。其他人則利用這一時機建立家庭式商店。請參見《廣州市志：卷九》（上）（廣州：廣州出版社，1999），681-4頁；溫州市工商行政管理局行政管理處編纂委員會編纂的《溫州市工商行政管理志》（上海：復旦大學校出版社，1993），77-8頁。

9. 關於文化大革命的激進批評，包括當代對中共是否有在「建設社會主義」的懷疑，請參見吳一慶的專著，《邊緣的文化大革命：中國社會主義的危機》（*The Cultural Revolution at the Margins: Chinese. Socialism in Crisis*），（麻州劍橋：哈佛大學出版社，2014）。

10. 確定文化大革命開始的時間，取決於個人注意的焦點。大多數人都提到了一九六六年五月十六日一份對全國幹部發布的正式通知，這也等於是概述毛澤東思想的一份備忘錄。其他人已經證明，文革的起源要複雜得多。請參閱馬若德、沈邁克合著，《毛澤東的最後革命》。

11. 請參閱〈天安門廣場：政治史的紀念碑〉（Tiananmen Square: A Political History of Monuments），*Representations*（期刊），第35期（1991），88頁。

12. 紅色恐怖是共產黨為了報復一九二七年，國民黨在上海對所有被貼上「共產黨」標籤的人實施的白色恐怖。

13. 張平化，〈張平化在湖南大學的講話〉，一九六六年八月三十一日。收錄在中國文化大革命文庫（WDGW）。

14. 許青和郭秀茹，〈文化大革命在南京的發動〉，收錄在莊小軍和徐康英合編的《風雨同舟：南京探索前進三十年，1949-1978》，435頁。

15. 請見郭建、宋永毅、周原編寫的《中國文化大革命歷史詞典》，70-2頁。

16. 請參閱馬若德、沈邁克合著的《毛澤東的最後革命》，118頁。一位中國部落客已經整理了一份詳盡的清單，列出了全國範圍內被摧毀的主要古蹟和遺址的比較著名的例子。請上網http://blog.sina.com.cn/s/blog_5ce15ce60100nude.html。網頁存檔日期：2017年11月12日。清單中包括著名的紅衛兵破壞實例，如北京圓明園遺址，以及北京二百多名紅衛兵前往曲阜破壞孔廟和無數珍稀書籍等文物。但是這個網頁也列出了其他很少被提及的很多處遭到破壞的古蹟和遺址。在湖南省，炎帝陵及其附屬建築遭到嚴重破壞。在安徽省，可以追溯到西元前二百零二年的項羽和他的妻子的寺廟和墳墓，都被摧毀了。在江蘇省淮安縣，中國古典名著《西遊記》的作者吳承恩的故居被毀成一片廢墟，因為他的著作被認為是《四舊》的一部分。在西安，全國最大的道教聖地老子講經台及周圍近百座道館被毀。另外，請參閱何大鵬，〈保護和保存：對抗「破四舊」，1966-1967〉（To Protect and Preserve:Resisting theDestroy the Four Olds Campaign, 1966-1967），收錄在周錫瑞（Joseph W. Esherick）等人合編的《中國文化大革命的歷史》（*The Chinese Cultural Revolution as History*），（史丹佛大學：史丹佛大學大學出版社，2006），64-95頁。

17. 張平化，〈張平化在湖南大學的講話〉。

18. 〈上海天津革命小將和商業職工向剝削階級「四舊」發動總攻揮起革命鐵掃帚橫掃一切舊習俗〉，《人民日報》，

1966年8月25日，第2版；〈紅衛兵在「全聚德」點起了革命烈火〉，《人民日報》，1966年8月25日，第2版。

19. 〈上海天津革命小將和商業職工向剝削階級「四舊」發動總攻揮起革命鐵掃帚橫掃一切舊習俗〉；嚴家其和高皋合寫的《動亂的十年：文化大革命史》，73頁，提到了其他城市的破壞活動，包括遠離北京的新疆、西藏和內蒙古，那裡的少數民族也參與了更改名稱的運動，包括聽起來有種族色彩的人名和地名。關於改了新名稱的東風市場的圖片，請參見黃升民、丁俊傑和劉英華合編的《中國廣告圖史》（廣州：南方日報出版社，2006年），第268頁。類似情況，在天津的商業中心，在濱江道附近，許多商店改成聽起來更具有革命性的名稱。例如中原公司改成工農兵市場，北洋棉紡廠等企業更名為四新棉紡廠。

20. 〈紅衛兵的革命精神萬歲！〉，《浙江日報》，1966年8月24日；轉載自《浙江文革紀事，1966. 5-1976》，（杭州：浙江方志編輯部，1989），10頁。收錄在中國文化大革命文庫（WDGW）。

21. 商業部商業經濟研究所主編的《新中國商業史稿，1949-1982》，（北京：中國財政經濟出版社，1984），316頁，317頁。

22. 毛澤東主義學校（原二十六中）紅衛兵（衛旗）的《破舊立新一百例》，收錄在中國文化大革命文庫（WDGW）。有關整個清單的翻譯，請參見沈邁克的《中國文化大革命，1966-1969：不是午餐派對》（*China's Cultural Revolution, 1966-1969. Not a Dinner Party*），（紐約州阿蒙克市：M.E. Sharpe出版社，1996），212-22頁。

23. 上海天津革命小將和商業職工向剝削階級「四舊」發動總攻揮起革命鐵掃帚橫掃一切舊習俗〉。〈一塊造反去！〉和〈麻婆豆腐易名記〉這些文章刊登在《人民日報》，一九六六年八月二十五日，刊登了一整個版的新聞，報導紅衛兵在全國各大城市的「破四舊」活動。

24. 轉載自上海市地方志，〈炮轟南京路〉，上海通網, www.shtong.gov.cn/node2/node4/node2249/huangpu/node36258/

node62519/index.html，網頁存檔日期：二〇一四年五月十九日。

25. 〈上海天津革命小將和商業職工向剝削階級「四舊」發動總攻揮起革命鐵掃帚橫掃一切舊習俗〉。

26. 上海市地方志，〈紅衛兵鬧市掃四舊〉，上海通網, www.shtong.gov.cn/node2/node4/node2249/huangpu/node36258/node62519/index.html，網頁存檔日期：二〇一七年十一月十二日。.

27. 〈上海天津革命小將和商業職工向剝削階級「四舊」發動總攻揮起革命鐵掃帚橫掃一切舊習俗〉。關於商店更名和被塗成紅色引起的南京顧客的困惑，請參見畢家鎔，〈南京財貿行業在動亂中的徘徊〉，收錄在莊小軍和徐康英合編的《風雨同舟：南京探索前進三十年，1949-1978》，506頁。

28. 轉載自上海市地方志，〈炮轟南京路〉。

29. 紅衛兵對廣告的批評，跟「國貨」運動的參與者相似，他們批評外國產品的廣告，增加了民眾對外國產品的渴望，從而引來外國資本主義勢力（帝國主義）進入中國。請參見葛凱的《製造中國》，第16頁及全書。

30. 即使以人民日報的情況來說，一直到一九七〇年年初，這家報紙都還有刊登一些工業和其他廣告，不過，到了文化大革命結束時，這些廣告幾乎已經完全消失。劉家林的《新編中外廣告通史》第2版（廣州：濟南大學出版社，2004），144頁。

31. 謝靜宜，1959年至1976年長期在毛澤東身邊從事機要工作。謝靜宜，《毛澤東身邊工作瑣憶》（北京：中央文獻出版社，2015），168-9頁。

32. 許善斌，〈紅色的海洋〉，現代閱讀網，二〇一三年二月二十一日，www.readit.com.cn/djwz/cjws/2013/02/65101.shtml，網頁存檔日期：二〇一七年十一月十二日。關於另外的其他細節，請參見許善斌，《證照中國，1966-1976：共和國特殊年代的紙上歷史》，第3章。

33. 毛澤東主義學校，《破舊立新一百例》。

34. 毛澤東主義學校，《破舊立新一百例》；草千里，《紅色官窯：文革瓷器》（北京：團結出版社，2002），17-74頁。養寵物被攻擊成是資產階級嗜好，因此寵物店被迫關門，請參閱天津百貨公司編纂的《天津市百貨公司四十年史，1949-1989》（內部自家發行，不對外銷售，一九八九年），60頁。

35. 商業部商業經濟研究所主編的《新中國商業史稿，1949-1982》，316頁。

36. 請參閱天津百貨公司編纂的《天津市百貨公司四十年史，1949-1989》，59-60頁。

37. 請參閱天津百貨公司編纂的《天津市百貨公司四十年史，1949-1989》，59-60頁。

38. 商業部商業經濟研究所主編的《新中國商業史稿，1949-1982》，316頁。

39. 梁曉聲，《一個紅衛兵的自白》（北京：文化藝術出版社，2006）。梁和他的朋友後來看到濃煙竄升到四層樓的高空中，並且聽說，哈爾濱一家百貨公司發生火災，數百雙全新的回力牌球鞋陷入火海中，因此造成濃煙往上冒出。傳聞一出，哈爾濱第一百貨公司就主動提出要把被火燒到的回力球鞋全部換掉。等到謠言散去後，他們又開始賣這品牌的鞋子，並且很快又重新流行起來。筆名松下客的部落格在二〇一三年七月三十一日貼出《回力球鞋的故事》，http://blog.sina.com.cn/s/blog_633646eb0102e10h.html，網頁存檔日期：2017年11月12日。

40. 市場資本主義國家提供了許多例子，說明這種消費主義的力量，將試圖製造反消費主義的極端亞文化融入其中。事實上，消費主義的擴張有賴於亞文化的主流化，以適應新的時尚趨勢、消費者口味，以及通過消費進一步個性化。請參閱約瑟夫．希思（Joseph Heath）和安德魯．波特（Andrew Potter）合著的《反叛者的銷售：為什麼文化不能被干擾》（*The Rebel Sell: Why the Culture Can't Be Jammed*）（多倫多：HarperCollins出版社，2004）。

41. 請參見畢家鎔的《南京財貿行業在動亂中的徘徊》，507頁。

42. 許青和郭秀茹，《文化大革命在南京的發動》，442頁。

43. 商業部商業經濟研究所主編的《新中國商業史稿，1949-1982》，316頁。

44. 請參閱天津百貨公司編纂的《天津市百貨公司四十年史，1949-1989》，59頁。

45. 商業部經濟研究所編纂的《新中國商業三十年》（內部發行，1980），97-103頁。

46. 新中國第一店的故事編委會，《新中國第一店的故事》（上海：上海電子出版有限公司，2012），62-3頁。

47. 請參閱天津百貨公司編纂的《天津市百貨公司四十年史，1949-1989》，59-60頁。

48. 「阿飛」一詞可能來自美國俚語「fly」（飛）。請參閱葉世蓀和葉佳寧的《上海話外來語二百例》（上海：上海大學出版社，2015），第161頁。

49. 梁曉聲，《一個紅衛兵的自白》，（北京：文化藝術出版社，2006），101-3頁。

50. 商業部商業經濟研究所主編的《新中國商業史稿，1949-1982》，319頁。在對服務業的限方面，也請參閱商業部經濟研究所編纂的《新中國商業三十年》，124-6頁。

51. 李景榮，《狂熱幻滅：紅衛兵運動剪影》，收錄在者永平編纂的《那個時代中的我們》（呼和浩特市：遠方出版社，1998），116-19頁。有些時候，順從反資產階級（或「社會主義」）潮流的壓力反而比攻擊它更不可捉摸。那個受歡迎的女孩紮辮子的髮型成了眾矢之的。「破四舊」運動發生時，孫麗波是黑龍江省一名十五歲的中學生，當時學校要求所有女生剪辮子。剪辮子的行為因此被貼上「政治任務」的標籤，如果一個女孩剪了辮子，那就證明她是革命的一部分；否則，那就意味著她反對「破四舊」運動。「我從來不喜歡短髮，我為自己的兩條長辮子感到驕傲，每次出門都會引起注意。但現在我覺得我別無選擇，只能去理髮店……理髮師剪我的辮子時我哭了。」孫麗波，〈破四舊剪掉大辮子〉，《老年日報》，2012年10月19日。

52. 請參見葛凱的《製造中國》，第2章。

53. 孫沛東，《時尚與政治：廣東民眾日常著裝時尚，1966-1976》（北京：人民出版社，2013），124頁。

54. 當時是成都一名中學生的徐友玉不是五個紅色班中的一個，所以他沒有直接參與破壞運動，但他確實有機會看，一個一天，他看見一群紅衛兵攔住一個年輕女子，把她帶到他們的工作地點。幾分鐘後，她出現了，褲腿從上到下被撕碎，以至於她幾乎不能走路。她顯然感到羞愧。據徐，這是最流行的管道之一，破壞運動是製定，並重複多次。徐友漁，〈1966年的我〉，收錄於徐友漁主編，《1966年：我們這一代的記憶》（北京：中國文聯出版社，1988年），第17-41頁。

55. 鄭光路，《文革中成都的破四舊運動》，在這個百度貼吧裡有報導，https://tieba.baidu.com/p/49484013?red_tag=0801333644&traceid=，網頁存檔日期：二〇一九年四月二十二日。

56. 洪霞，《剃過光頭》，收錄在者永平編纂的《那個時代中的我們》，439-41頁。

57. 單少傑，《毛澤東執政春秋》，（台北：聯經出版社），433頁。

58. 安東籬（Antonia Finnane），《中國服飾變化：時尚，歷史，國家》（*Changing Clothes in China: Fashion, History, Nation*），（紐約：哥倫比亞大學出版社，2008），232頁。

59. 尼姆羅德．巴拉諾維奇（Nimrod Baranovitch），《中國新聲音：流行音樂、種族、性別和政治，1978-1997》（*China's New Voices: Popular Music, Ethnicity, Gender, and Politics, 1978-1997*），（柏克萊：加州大學出版社，2003年），108具；艾米莉．霍尼格（Emily Honig），《毛派的性別繪圖：重新評估紅衛兵》（*Maoist Mappings of Gender: Reassessing the Red Guards*），收錄在蘇珊．布朗內爾（Susan Brownell）和傑弗瑞．瓦瑟斯特倫（Jeffrey N. Wasserstrom）合編的《中國女性和中國男性，文選》（*Chinese Femininities and Chinese Masculinities: A Reader*），（柏

克萊：加州大學出版社，2002年），255-308頁。

60. 丁抒，《追思節》，二〇〇九年五月二十五日，最初貼在民間歷史，但後來重貼在www.edubridge.com/letter/dingshu_fumu.htm，網頁存檔日期：二〇一六年四月十三日。

61. 陳庭梅，〈中蘇文化交流中的電影與性別，1949-1969〉（Film and Gender in Sino-Soviet Cultural Exchange, 1949-1969），收錄在李華鈺和湯姆斯．伯恩斯坦合編的《中國向蘇聯學習，一九四九年到現在》（*China Learns from the Soviet Union, 1949-Present*），（馬里蘭州拉納姆：Lexington Books出版社，二〇一〇年），429頁。

62. 單少傑，《毛澤東執政春秋》，433頁。

63. 安東籬（Antonia Finnane），《中國服飾變化：時尚，歷史，國家》，227頁。

64. 〈高舉毛澤東思想的革命批判旗幟積極投入戰鬥〉，《人民日報》，一九六七年四月三日，第1版。

65. 例如紅衛兵指控，一九六三年，在東南亞之行前夕，王光美搭乘包機到上海定做了一件很特別的衣服。她在上海找不到或做不到的東西，包括帽子和絲襪，都是從香港進口的。一九六六年，她再次與劉少奇一起對巴基斯坦等國進行國事訪問，並再次利用官方通路在香港購買精美服裝。在訪問期間，她多次更換衣服、鞋子和手提包，包括一天之內多次這樣作。最後證明王治裝有罪的一項證據是：她把錶帶換成了和衣服顏色相配的顏色。由於受到如此多的官員和其他人的攻擊，王光美這個人就成了文革的「展覽品」，被用來傳播反資產階級的訊息。清華大學井岡山兵團《鎮黑浪》主編的《王光美究竟是什麼貨色》，1967年1月16日。這本小冊子後來收錄在中國文化大革命文庫（WDGW）中。

66. 請參閱馬若德、沈邁克合著的《毛澤東的最後革命》，101-16頁。

67. 毛澤東主義學校的《破舊立新一百例》。

68. 〈上海天津革命小將和商業職工向剝削階級「四舊」發動總攻揮起革命鐵掃帚橫掃一切舊習俗〉。

69. 商業部經濟研究所編纂的《新中國商業三十年》，124-5頁。關於上海紅衛兵禁止銷售名牌，特別是酒類和本地美食，請參閱《上海市地方志》的〈紅衛兵「鬧市」掃四舊〉，www.shtong.gov.cn/node2/node4/node2249/huangpu/node36258/node62519/index.html，存檔日期：二〇一七年十一月十二日。

70. 請參閱商業部商業經濟研究所主編的《新中國商業史稿，1949-1982》，316頁。

71. 關於一位紅衛兵在抄家行動中使用這樣的暴力，請參見翟振華（Zhenhua Zhai）的著作《中國紅花》（*Red Flower of China*）（紐約：SOHO出版社，1992），91-100頁。

72. 這些統計資料是在一九八〇年代中期的報紙上刊載的，當時正處於對這些問題開放的時期，並收錄在王年一著的《大動亂的年代》（鄭州：河南人民出版社，1988年），71頁。

73. 馬若德、沈邁克合著的《毛澤東的最後革命》，117頁，對這些財物的總數都有統計。

74. 對於這些抄家行動的簡短概述，請參閱嚴家其和高皋合寫的《動亂的十年：文化大革命史》，76-81頁。

75. 譚解文，〈抄家述略〉，《湖南文史》，第6期（2001），74-5頁。

76. 梁漱溟，《梁漱溟自述》（鄭州：河南人民出版社，2004），156-9頁。同一天，八月二十四日，顧頡剛在他的日記中寫道，紅衛兵搜查了他的鄰居金荷清（末代皇帝溥儀的姑姑）的家，沒收了許多金條。同樣地，女演員吳瑞燕也被趕出了她的家。請參閱顧頡剛的《顧頡剛日記，1964-1967》（台北：聯經出版，2007），10. 516頁。。

77. 顧頡剛，《顧頡剛日記，1964-1967》，10. 516頁，10. 519頁。.

78. 譚解文，〈抄家述略〉，《湖南文史》，第6期，74-5頁。這些例子也顯示了國家對在北京、上海和其他地方以小組形式進行洗劫的默認和支持，並授權他們以處理扣押的貨物。請參閱何若書（Denise Y. Ho）著作《策展革命：

毛澤東年代的政治陳列》（*Curating Revolution: Politics on Display in Mao's China*），（劍橋：劍橋大學出版社，2018），233-42頁。再一次地，這種對文化文物進行分類和保存所採取的行動，與「破四舊」運動的論述背道而馳。

79. 李振盛、羅伯特．普列吉（Robert Pledge）和賈奎斯．梅納什（Jacques Menasche）合著的《紅色新聞兵：一位中國攝影師的文化大革命》（*A Chinese Photographer's Odyssey Through the Cultural Revolution*）（倫敦：Phaidon出版社，2003），75頁。關於這兒提到的物品，請看書中114-15頁。

80. 樂黛雲和嘉露蓮．瓦克曼（Carolyn Wakeman）合著《面向風暴：文化大革命中的中國婦女》（*To the Storm: The Odyssey of a Revolutionary Chinese Woman*）（柏克萊：加州大學出版社，1985），168-70頁。

81. 李振盛、羅伯特．普列吉（Robert Pledge）和賈奎斯．梅納什（Jacques Menasche）合著的《紅色新聞兵：一位中國攝影師的文化大革命》，137頁。

82. 江山千古（住在南京的一位退休幹部的部落客筆名，原籍沈陽，這則故事的發生地）所寫的《往事回首:我的第一輛腳踏車》，http://jiangshanqiangu.blog.163. com/blog/static/18548737220138295155757/，網頁存檔日期：二〇一七年十一月十二日。

83. 梁曉聲，《一個紅衛兵的自白》，131-5頁；翟振華（Zhenhua Zhai）的《中國紅花》，94頁，其中包括作者的自述，他是年輕的北京紅衛兵，曾參加過抄家行動，並回想起當時接觸到資產階級美好物品（像是絲綢和黃金之類）的那種觸覺經驗。

84. 樂黛雲和嘉露蓮．瓦克曼（Carolyn Wakeman）合著《面向風暴：文化大革命中的中國婦女》，171頁；關於這些展覽的更廣泛討論，請參閱請參閱何若書（Denise Y. Ho）著作《策展革命：毛澤東年代的政治陳列》。

85. 對於這樣一個被扣押的個人物品展覽的照片，比如一個前地主家裡的瑞士手錶和收音機，以及來自黑龍江阿城縣的農民排隊參觀黑龍江農村的「地主大宅」的長長人龍，請看李振盛、羅伯特．普列吉（Robert Pledge）和賈奎斯．梅納什（Jacques Menasche）合著的《紅色新聞兵：一位中國攝影師的文化大革命》，52-4頁。

86. 楊耀健，〈一個小學生的保皇與造反〉，《記憶》，第4期（二〇〇九年二月二日），48-51頁，http://prchistory.org/wp-content/uploads/2014/05/REMEMBRANCE-No-14-2009年2月12日.pdf，存檔日期：二〇一六年八月二十六日。

87. 中國共產黨中央委員會終於在一九六七年三月二十日介入，發布了〈關於在文化大革命運動中處理紅衛兵抄家物資的幾項規定〉。

88. 趙園所寫的文章，〈都在可破之列：文革中的私產與公物〉，原文刊載於《悅讀》雜誌第38期，後來被轉貼在《澎湃》網站，www.thepaper.cn/newsDetail_forward_1261079，網頁存檔日期：二〇一七年十一月十二日。

89. 譚解文，〈抄家述略〉，《湖南文史》，第6期（2001），74-5頁。

90. 「上海市革命委員會反對經濟主義聯絡總部」編纂，《無產階級文化大革命中上海反對經濟主義大事記（討論稿）》，（一九六六年十一月到一九六七年三月十五日），一九六七年三月十四日，收錄在中國文化大革命文庫（WDGW）。

91. 關聖力，〈屠鴿〉，收錄在者永平編輯的《那個年代中的我們》，20頁。

92. 方繼紅，〈公物還家〉，收錄在者永平編輯的《那個年代中的我們》，462-3頁。

93. 「有一天，一位在倉庫工作的工作人員給我看了兩本珍貴的卷軸，一幅是毛主席的書法，另一幅是唐代最偉大的書法家和政治家之一褚遂良的書法。他還告訴我，這些東西在文革前價值一萬多元。我雖然拿了這兩個卷軸給葉群，但感覺不對，於是通知了中央軍委辦公廳的一位工作人員。幾天後，我被她辭退，回到了原來的工作單位。」以上這些節選摘自章潤青的〈林彪集團主要成員竊奪文物記〉，《百年潮》，第1期（2004），49-54頁。

94. 同樣地，陳伯達和他的祕書也到辦公室來搬走一些文物，一共搬大約有一百三十九次之多。當他們拿走古董時，他們只付很少的錢。就連陳伯達也這麼承認：「我應該欠你們（即文物管理處）幾百萬元人民幣。」請參閱章潤青的〈林彪集團主要成員竊奪文物記〉，《百年潮》，第1期，49-54頁。另外，也請參閱何若書（Denise Y. Ho）的〈古物革命化：文革中的上海文化官僚機構，1966-1968〉（Revolutionizing Antiquity: The Shanghai Cultural Bureaucracy in the Cultural Revolution,1966-1968），《中國季刊》，第207期（2011年），第687-705頁。

95. 當時在成都的解全發現，有一個新的「二手書市場」，專門出售紅衛兵沒收的書籍和從圖書館偷來的書籍。請參閱解全所寫的〈我在文化大革命的經歷，1966〉，收錄在徐友漁編纂的《1966：我們那一代的回憶》，154頁。

96. 這家店一直留在淮海路，直到一九九二年拓寬道路時才被拆除。請參閱〈國營上海市貿易信託公司舊貨商店啟事〉，《解放日報》，1954年9月27日。一部記錄片講述了這家商店的基本歷史，包括對以前的工作人員和顧客的訪問：邵大星（編劇和導演）的《上海故事：曾經的淮國舊》，這部記錄片最初在上海廣播電視臺首播，後來貼在網站http://shanghaistory.kankanews.com/movie/jingcaijiemushipin/184.html，網頁造訪日期：2016年1月30日。這裡引用的所有顧客的談話都來自這部紀錄片。「淮國舊」是「淮海路國營舊貨商店」的簡稱，因為該店位於上海原法租界著名的淮海路上，「國」代表這是一家國營商店，「舊」是在告訴人們，這家商店出售的是二手貨，也就是「舊」貨。

97. 邵大星（編劇和導演），《上海故事：曾經的淮國舊》。

98. 邵大星（編劇和導演），《上海故事：曾經的淮國舊》。

99. 邵大星（編劇和導演），《上海故事：曾經的淮國舊》。

100. 沈嘉祿，〈淮國舊，曾讓我開眼界〉，上海網吧，二〇一二年八月二十五日。

101. 與程麟蓀電子郵件連絡，二〇一六年八月二十七日。

102. 關於這樣的一個案例，請參閱李潔的《上海家園：重寫私人生活》（*Shanghai Homes: Palimpsests of Private Life*），（紐約：哥倫比亞大學出版社，二〇一五年）。

103. 想要討論血緣論，請參考吳一慶所著《邊緣的文化革命》（*The Cultural Revolution at the Margins*），（麻州劍橋：哈佛大學出版社，2014），第3章。

104. 〈回望淮國舊〉，收錄在上海影像工作室編纂的《百姓生活記憶：上海故事》（上海：學林出版社，2012），145頁。

105. 徐友漁，《1966：我們那一代的回憶》，34-5頁。

106. 他幫他的一個同學運了四張沒收來的紅木方凳，結果，他朋友以每張二元人民幣的價錢將這些凳子全部買下。請參考邵大星（編劇和導演），《上海故事：曾經的淮國舊》。

107. 于洋，《淺析京劇樣板戲音樂對京胡演奏的影響》，西江月，二〇一三年。

108. 劉正輝，〈京胡的發展與製作（六）〉，《中國京胡》，第十一期（2005），24頁。

109. 高默波，《挑戰中國過往：毛澤東與文化大革命》（*The Battle for China's Past: Mao and the Cultural Revolution*）（倫敦：Pluto Press出版社，2008），21-2頁。

110. 請參閱何大鵬著作《保護和保存：對抗「破四舊」，1966-1967》，收錄在周錫瑞（Joseph W. Esherick）等人合編的《中國文化大革命的歷史》（史丹佛大學：史丹佛大學大學出版社，2006），64-95頁。

111. 張輝燦，〈我所親歷的毛主席八次接見紅衛兵〉，《黨史博采》，第2期（2006），32頁；張輝燦和慕安合寫的〈毛澤東八次接見紅衛兵親歷記〉，《時代文學》，第5期（2006），32頁。

112.〈毛主席和林彪周恩來等同志接見了學生代表並檢閱了文化革命大軍的遊行〉，《人民日報》，一九六六年八月十九日。

113.〈解放軍首次軍銜制取消內幕〉，http://news.ifeng.com/a/20180801/59558112_0. shtml，網頁存檔日期：二〇一九年四月二十二日。

114. 啟麥（這可能是投稿到給民間歷史網和共識網的某位作者筆名）所寫的《文革瑣記：政治邊緣處的眾生相》，民間歷史網編纂，該網站由香港中文大學中國研究服務中心主辦。http://mjlsh.usc.cuhk.edu.hk/Book.aspx?cid=4&tid=1670，存檔日期：二〇一七年十一月十二日。

115. 劉仰東，《紅底金字：六七十年代的北京孩子》（北京：中國青年出版社，2005），268頁。

116.〈文革鎖記：政治邊緣處的眾生相〉，民間歷史網。

117. 因為真正的制服很難取得，那些在街上看到的，大多數是在家裡自己縫製的。請參閱安東籬（Antonia Finnane），《中國服飾變化：時尚，歷史，國家》（*Changing Clothes in China: Fashion, History, Nation*）（紐約：哥倫比亞大學出版社，2008），227頁。

118. 孫沛東，《時尚與政治：廣東民眾日常著裝時尚，1966-1976》，120-1頁。

第七章 消費狂熱的毛像章現象

1. 愛德加．史諾表示，「一九六五年，這位記者對毛主席進行了這次難得的採訪，儘管中國完全封閉於西方。」《新共和周刊》（*The New Republic*），一九六五年二月二十七日，17-23頁。這不是毛澤東第一次表達對年輕人的焦慮。正如他在一九六一年左右所說，「我們幹部的子女是令人氣餒的原因。他們缺乏生活和社會經驗，但他們卻很會裝腔作勢，他們有很大的優越感。他們必須接受教育，不要依賴他們的父母或過去的烈士，而要完全依靠自己。」請參閱毛澤東的《讀蘇聯政治經濟學教科書的談話》（1961-2），www.marxists.org/reference/archive/mao/selected-works/volume-8/msw8_64htm。網頁存檔日期：二〇一四年八月十二日。一位專門研究毛澤東時代精英政治的著名歷史學家總結說，到一九五〇年代末，毛澤東對革命的退化的擔憂，「已經越來越強烈」。請參見馬若德(Roderick MacFarquhar)所寫的《文化大革命的起源》（The Origins of the Cultural Revolution），共三卷（紐約：哥倫比亞大學出版社，一九七四年，一九八三年，一九九七年），第二卷336頁。

2. 有關毛澤東公開接見和私人接見紅衛兵的的完整描述，以及第一次接見大會的詳細過程，請參見嚴家其和高皋合寫的《動亂的十年：文化大革命史》，6-64頁；高皋和嚴家其合寫的《文化大革命十年史》，（天津人民出版社，1986年），第49頁。

3. 姜雅容和大衛．阿史利（David Ashley）合編的《毛的孩子們在新中國：紅衛兵一代的聲音》，（*Mao's Children in the New China: Voices from the Red Guard Generation*）（倫敦：Routledge出版社，2000），第5頁。

4. 在消費主義歷史中，針對時尚的討論卻異常稀少。彼得．史坦恩斯（Peter Stearns）雖然不討論時尚和不斷擴大的消費主義的之間的連結，但他大略描述了，消費主義是通過不斷創造新的需求來進行擴張的，關於這部分，他比較更喜歡稱之為「現代性」，而不是工業資本主義，請參閱彼得．斯特恩斯著作，《不保證滿意：現代社會的進步困境》（紐約：紐約大學出版社，2012年），第213-54頁，以及，從全球觀點來討論的話，請參閱彼得．史坦恩斯另一著作，《世界歷史上的消費主義：慾望的全球轉變》（*Consumerism in World History: The Global Transformation of Desire*）（倫敦：Routledge出版社，2006年）。

5. 孫沛東表示，文革十年有自己的時尚風格，包括穿解放軍軍裝。孫沛東，《時尚與政治：廣東民眾日常著裝時尚，1966-1976》，第3章。

6. 〈周恩來接見新疆大學九．三事件赴京彙報代表團〉（一九六六年十月二十八日），《新疆大學革命造反團革命造反報》，第6期（一九六六年十一月十四日），收錄在中國文化大革命文庫（WDGW）中。

7. 海倫．王（Helen Wang），〈毛主席像章：文革的象徵和口號〉（Chairman Mao Badges: Symbols and Slogans of the Cultural Revolution），《大英博物館研究出版品》（*British Museum Research Publication*），第169期（倫敦：大英博物館出版社，2008年），第2章。王的書主要是搭配大英博物館的展覽《革命的象徵：毛像章的今昔》（Icons of Revolution: Mao Badges Then and Now），展期：二〇〇八年四月到九月）。這是對毛澤東像章的最好的單一篇概述。如果想要獲得更多分析性的概述，請參閱梅麗莎．史里夫特（Melissa Schrift）的《毛主席像章傳記：個人崇拜的創造和大眾消費》（新澤西州新不倫瑞克（New Brunswick）：Rutgers大學出版社，2001年）。克林特．威斯特（Clint Twist）的網站www.maozhang.net，可以看到很多毛像章，並有詳細解說。

8. 王安廷的像章目錄中有文革前像章流行的資訊（附實例）。請見王安廷主編：《毛澤東像章圖譜》（北京：中國書店出版社，1993）。毛崇拜是驅使人們擁有和展示毛像章，以及其他毛物品文化的欲望和強迫性的力量之一。有關毛崇拜發展的概述，請參見赫穆特．馬丁（Helmut Martin）的《崇拜與正典：國家毛主義的起源與發展》（*Cult and Canon: The Origins and Development of State Maoism*），（紐約州阿蒙克市（Armonk）：M.E.Sharpe出版社，1982），以及丹尼爾．李斯（Daniel Leese）的《毛崇拜：中國文化大革命中的語言和儀式》（*Mao Cult:Rhetoric and Ritual in China's Cultural Revolution*）（劍橋：劍橋大學出版社，2011年）。

9. 徐秋梅和吳繼金，〈文化大革命時期的毛澤東像章〉，《黨史縱覽》，第9期（2008），51-2頁。

10. 請見王安廷主編，《毛澤東像章圖譜》，24頁。

11. 像章的生產，是因為市場對工廠原來生產的一些傳統產品的需求降低的一種回應，例如「長命鎖」，這是給新生兒佩戴的傳統好運護身符。請見〈讓毛主席的光輝普照全世界：記北京紅旗證章廠製作毛主席像章的故事〉，《人民日報》，一九六七年十一月十五日，第2版。

12. 甚至在這股狂熱出現之前，林彪就提倡其他形式的對毛澤東的忠誠。他從中國人民解放軍開始，例如，督導將毛澤東語錄彙編成中國人民解放軍訓練手冊。這本手冊後來成了毛主席語錄（也被稱為「小紅書」），一九七一年年產量達到頂峰時，這本書的印刷量超過十億冊。「小紅書」是另一個時尚焦點，因為人們爭相擁有更多和不同版本的小紅書。有關毛語錄起源的討論，請參見丹尼爾．李斯（Daniel Leese），〈星星之火：小紅書在中國的起源和傳播〉（A Single Spark: Origins and Spread of the Little Red Book in China），收錄在亞歷山大．庫克（Alexander C. Cook）主編，《毛澤東的小紅書：全球歷史》（*Mao's Little Red Book: A Global History*）（劍橋：劍橋大學出版社，2014），23-42頁。

13. 林彪命令軍人都要配戴這兩枚像章。〈毛澤東思想光輝永遠照耀全軍勝利前進〉，《人民日報》，一九六七年五月十四日，第13版。

14. 請注意，「為人民服務」，與「商業躍進」為了自己的目的而修改的口號「為消費者服務」，是相同的。請見本書第五章。

15. 「中國女人不喜歡時髦的衣服，但喜歡穿得像個軍人」，是毛澤東的另一句流行語錄，解釋人們為什麼會如此瘋迷像章。然而這是另一個自相矛盾的證據，因為這個時代出現了一股跟個人外表有關的狂熱，但把人們的時裝敏感度妖魔化口號卻占據了中心舞臺。

16. 當代中國商業編輯部編纂，《中華人民共和國商業大事記，1958-1978》（北京：中國商業出版社，1990），609-10頁。

17. 《陝西經濟大事1949-1985》（西安：三秦出版社，1987），295-307頁。

18. 儘管歷史敘事的焦點是順應壓力，但並非每個人都以同樣的管道或程度經歷了這種壓力。有兩本書探討了這些傳統敘事之外的經驗：鐘雪萍等人合著的《我們中的一些人：毛時代成長的中國婦女》（*Some of Us: Chinese Women Growing Up in the Mao Era*）（新澤西州新不倫瑞克（New Brunswick）：Rutgers大學出版社，2001年）；高默波，《挑戰中國過往：毛澤東與文化大革命》（*The Battle for China's Past: Mao and the Cultural Revolution*），（倫敦：Pluto Press出版社，2008）。

19. 例如，紅衛兵的通告要求每個人都要擁有並隨身攜帶幾本毛主席語錄，「任何時候，都要盡可能地研讀這些毛語錄。」毛澤東主義學校 ，《破舊立新一百例》，一九六八年八月，收錄在中國文化大革命文庫（WDGW）中。WDGW公司。

20. 金大陸，《非常與正常：上海文革時期的社會生活》，下冊（上海：上海辭書出版社，2011），第177頁。

21. 毛澤東選集的早期版本都是很大的一冊。出版商在隨後的版本中縮小了頁面的大小和重量，以使這些毛選集便於攜帶。使用字典級薄紙的版本更小、更輕。出版商還特別發行小尺寸的毛語錄，以迎合學生的喜好（更容易打包和攜帶）和時尚。據當時的一位學生說，那些只擁有最大、最厚重版本的毛選集的人因此覺得很「羞愧」。啟麥，《文革瑣記：政治邊緣處的眾生相》http://mjlsh.usc.cuhk.edu.hk/Book.aspx?cid=4&tid=1670。網頁存檔日期：2017年11月12日。

22. 徐秋梅和吳繼金，〈文化大革命時期的毛澤東像章〉，《黨史縱覽》，第9期（2008），52頁。

23. 朱莉．曼頓（Judy Manton），〈毛像章——不可磨滅的形象？〉（Mao Badges - Graven Images?），《今日中國雜誌》，第125期（一九八八年夏季號），8頁。www.sacu.org/maobadges.html，網頁存檔日期：一九七二年毛像章狂熱結束之際，這位作者當時就住在廣州。

24. 魯娜，《毛澤東像章收藏與鑒賞》（北京：國際文化出版社，1993）。有一篇研究得很透徹但沒有註明來源的文章指出，毛像章的總生產量為八十億枚：請見徐秋梅和吳繼金，〈文化大革命時期的毛澤東像章〉，《黨史縱覽》，第9期，51-4頁。

25. 關於毛澤東時代這種地下和黑市活動的盛行，請見本書第一章和第六章，以及張學兵的〈中國計劃經濟時期的地下經濟分析〉，《中共黨史研究》，第4期（2012年），第39-48頁。關於這些市場是如何成為計畫經濟中普遍存在的一部分，請參見買諾斯．柯邁（János Kornai），《社會主義制度：共產主義的政治經濟學》（*The Socialist System: The Political Economy of Communism*），（牛津：Clarendon Press出版社，2007）。

26. 徐秋梅和吳繼金，〈文化大革命時期的毛澤東像章〉，《黨史縱覽》，第9期，51-4頁。

27. 在廣州，愛民街的一家小型社會服務工作單位製作了像章。但是，全國最小的製作供自己使用的像章的單位，可能是河北省保定電機廠的的一個工作班組。請參見〈行業最小單位：班組製作的毛主席像章〉，《保定晚報》，2008年10月19日。

28. 請參閱 http://blog.sina.com.cn/s/blog_4ca44b540100drhb.html，〈文革時期我參觀毛主席像章製造廠〉，造訪日期：2016年9月4日。

29. 和美國柏克萊加州大學斯塔東亞圖書館（C. V. Starr East Asian Library）館長周欣平，討論和交換電郵，二〇一七年三月二十三日。

30. 華建南，《學習班記事》，第7期（二〇一三年五月三十一日），76-9頁。http://prchistory.org/wp-content/uploads/2014/05/REMEMBRANCE_No98. pdf，網頁存檔日期：二〇一七年三月二十四日。

31. 陳志忠，〈文革時期像章描漆工藝〉，《中國商報》，二〇〇一年十二月八日。

32. 安舟（Joel Andreas），〈一九四九年革命後重新配置中國的階級秩序〉（Reconfiguring China's Class Order after the 194. Revolution），收錄在郭英傑主編的《中國階級和社會分層手冊》（*Handbook on Class and Social Stratification in China*）（英國卓特咸（Cheltenham：Edward Elgar出版社，2016年），21-43頁。關於這個階級形成的論點，安舟的另一本著作中有很詳細的討論：《紅色工程師的崛起：文化大革命與中國新階層的起源》（*Rise of the Red Engineers: The Cultural Revolution and the Origins of China's New Class*）（加州斯坦福：史丹佛大學出版社，2009年）。

33. 朱莉．曼頓，《毛像章——不可磨滅的形象？》，8頁。

34. 清茶（一位部落客的化名），〈偉大領袖毛主席像章〉，http://blog.sina.com.cn/s/blog_499a195d0100fg6q.html，網頁存檔日期：二〇一九年四月二十一日。

35. 凌耿，《紅衛兵：在毛的中國，從學生到「小將」》（*Red Guard: From Schoolboy to "Little General"*）（倫敦：Macdonald出版社，一九七二年），286頁。另外，也請參見，羅伯特．懷特（Robert A. White）的〈毛像章和文化大革命〉（Mao Badges and the Cultural Revolution），《國際社會科學評論》（*International Social Science Review*），第69期，3-4頁，53-70頁。

36. 〈毛澤東像章〉，大公報網（香港），二〇〇九年十月十日。.

37. 金大陸，《非常與正常：上海「文革」時期的社會生活》，下冊，193頁。

38. 《西安收藏家四十五年收藏毛澤東像章五萬多種》，www.chinanews.com/sh/2011/07-08/3166885.shtml。網頁存檔

日期：二〇一九年四月二十六日。

39. 羅伯特·懷特（Robert A. White）的《毛像章和文化大革命》，53-70頁。戈登·貝內特（Gordon A. Bennett）和羅納德·莫納佩托（Ronald N. Monaperto）合著的《紅衛兵：戴孝愛的政治傳記》（*Red Guard: The Political Biography of Dai Hsiao-ai*）（紐約花園城：Anchor Books出版社，1972年）；羅伯特·貝內威克（Robert Benewick）和斯蒂芬妮·唐納德（Stephanie Donald）合著，〈為人民服務：毛像章回顧，1949-1995〉（Badgering the People: Mao Badges, a Retrospective, 1949-1995），收錄在羅伯特·貝內威克編纂的《中國信仰：藝術與政治，神與死亡》（*Belief in China: Art and Politics, Deities and Mortality*）（英國布萊頓：布萊頓博物館和美術館的格林非西方藝術和文化中心，1996），31頁。

40. 羅伯特·懷特（Robert A. White）的《毛像章和文化大革命》，53-70頁。

41. 其中，芒果是最新、最常見、並以最廣泛的方式被使用，包括銷售消費品。請參見阿弗瑞達·默克（Alfreda Murck）編纂的《毛澤東的金芒果與文化大革命》（*Mao's Golden Mangoes and the Cultural Revolution*），（蘇黎世：Scheidegger & Spiess出版社，2013年）；邁可·達頓（Michael Dutton），〈毛芒果：神聖的感染〉（Mango Mao: Infections of the Sacred），《公共文化》（*Public Culture*），第16卷，第2期（2004年），第161-87頁。

42. 姚小平，〈瘋狂的像章〉，這篇文章最初刊登在《新天地》，第6期（2011），44-5頁，後來又貼在網上，http://lrtd.qikan.com/ArticleView.aspx?titleid=lrtd20110633。網頁造訪日期：二〇一五年六月二十八日。

43. 漁陽山人（部落客化名），〈文革初期的倒賣毛主席像章活動〉，http://blog.creaders.net/yuyangshanren/user_blog_diary.php?did=182435，網頁存檔日期：二〇一九年，四月十三日。

44. 姚小平，《瘋狂的像章》，44-5頁。

45. 羅伯特・貝內威克（Robert Benewick），〈權力的圖示：毛澤東和文化大革命〉（Icons of Power: Mao Zedong and the Cultural Revolution），收錄在哈里特・埃文斯（Harriet Evans）和史蒂芬妮・唐納德（Stephanie Donald）編輯的《中華人民共和國的圖像力量：文化大革命的海報》（*Picturing Power in the People's Republic: Posters of the Cultural Revolution*），（馬里蘭州拉納姆（Lanham）：Rowman & Littlefield出版社，1999），131頁。

46. 當代收藏家陳新記擁有二萬多枚像章，包括由金屬、水晶、玉石、白色大理石、竹子和絲綢製成的像章。其中一枚像章是由上海手錶廠製造的24k金質像章，這顯示，不是政府指定的像章工廠，也會使用他們自己的機器製作像章。請見《陳新記收藏毛主席像章二萬枚》，新華網，二〇〇四年三月五日（最初刊登在桂林日報），http://news.xinhuanet.com/co2004-03/05/content_1346043. htm。網頁造訪日期：二〇一六年三月八日。裝飾著毛澤東圖像或毛語錄文字的物品，其使用的材料種類，甚至比毛像章使用的還要多，包括酒瓶、糖果紙、枕頭等。請參見丹尼爾・李斯（Daniel Leese）的《毛崇拜：中國文化大革命中的語言和儀式》，212-13頁。

47. 馮驥才，《旋風之聲：中國文化大革命口述史》（*Voices from the Whirlwind: An Oral History of the Chinese Cultural Revolution*）（紐約：Pantheon Books出版社，一九九一年），211頁。

48. 反映了許多消費時尚的荒謬，一些像章是如此之大，以至於不能夠再拿來佩戴。孫茂興回憶說，像章的大小在一九六九年春為慶祝黨的第九次全國代表大會而達到頂峰，當時上海冶煉廠等工作單位在遊行花車上裝潢了九枚毛澤東徽章，最大的「有圓桌那麼大」。請參見，孫茂興的《文革初期的毛主席像章》，2012年11月12日發布於新浪博客http://blog.sina.com.cn/s/blog a388020102wubi.html。2016年8月17日造訪該網頁。海南農墾海口機械廠的五名工人為紀念這次大會，製作了現存最大的毛澤東像章，直徑兩公尺。〈全國最大毛澤東像章現身，出自海口五工人之手〉，《新華網》，2005年6月27日，https://news.artron.net/20050627/n8120. html。網頁存檔日期：

2019年4月26日。

49. 「學生」和「紅衛兵」經常是相同的人，或者至少很難區分。我盡量把「學生」歸類為一般年輕人，「紅衛兵」則是一般年輕人族群中（大）部分更為積極參與的學生。

50. 《中國社會主義經濟：簡史，1949-1984》（*China's Socialist Economy: An Outline History*⊠ *1949-1984*）（北京：北京周報，一九八六年），343頁。

51. 請參閱馬若德、沈邁克合著的《毛澤東的最後革命》，（麻州劍橋：哈佛大學Belknap Press出版社，2008），73頁，其中談到，當局曾經試圖中止大串聯。

52. 請參見丹尼爾．李斯（Daniel Leese）的《毛崇拜：中國文化大革命中的語言和儀式》，139頁。

53. 江建高，《韶山又興像章熱》，《南風窗》第一期（1993）。其他熱門地點包括兩個主要城市：一九二五年毛澤東和周恩來任教的廣州農民運動學院，以及中國共產黨在上海的誕生地。農村地點包括延安，二戰期間毛澤東的總部；井岡山，紅軍建軍的象徵；瑞金，國民黨軍隊把他們趕出井岡山後，共產黨人逃離了那裡；以及遵義，毛澤東在長征期間上台掌權的地方。

54. 旅行的費用很貴，一九五八年實行的戶籍制度，使得一個人在離開住家地區之外無法獲得口糧配給，因此大多數中國人都對出門旅行望而卻步。隨著城市青年的停學出遊，大串聯也讓這些學生認識到城鄉的不平等。

55. 高原，《出生紅：記文化大革命》（*Born Red: A Chronicle of the Cultural Revolution*）（加州斯坦福：史丹佛大學出版社，1987年），120頁。

56. 梁恒和夏竹麗（Judith Shapiro）合著，《革命之子》（紐約：Knopf出版社，一九八三年），94頁，104頁。雖然我主要從比較不出名人士的回憶錄取材，梁恒和夏竹麗合寫的《革命之子》則是最早由紅衛兵所寫的回憶錄之一。

57. 紅衛兵建立的資訊網路組織，有助於解釋學生們如何能在全國傳播文化大革命的消息，關於這方面，請參見沈邁克的著作，〈中國偉大的無產階級資訊革命，1966-1967〉，收錄在傑瑞米・布朗（Jeremy Brown）和馬修・約翰遜（Matthew D.Johnson）編輯的《基層的毛澤東主義：中國高度社會主義時代的日常生活》（*Maoism at the Grassroots: Everyday Life in China's Era of High Socialism*），（麻塞諸塞州：哈佛大學出版社，2015），230-58頁。

58. 姚小平，《瘋狂的像章》，44-5頁。博覽會提供了寶貴的硬通貨，並在整個文革十年中不間斷地舉行，交易額達二百一十四億美元，占全國外貿總額的百分之四十二。《中國進出口（廣交會）：轉型中的貿易展》，國際會展峰會會議記錄（ICES）（2008）。雖然姚小平的經歷是在一九六六年，但照片顯示的是兩年後的博覽會上同樣的場景。參見《中國出口商品交易會特刊》，（1968年4月15日，春季），31、35頁、37-9頁和41-3頁。

59. 何雲華，〈文革期間的廣交會〉，搜狐博客，http://hehouao.blog.sohu.com/16255454.html，網頁存檔日期：二〇一七年十一月十二日。本屆博覽會上，來自世界各地的六千多名參觀者對各種毛澤東紀念品的需求量都很高。主辦單位設立一個指定的攤位來滿足這樣的需求。結果，這個攤位共賣出五萬多本毛語錄、七千五百多套毛主席選集、無數張毛主席照片和二十三萬多枚像章。〈我出口商品交易會政治經濟雙豐收〉，《人民日報》，1966年11月18日，第2版。另見，〈反映我國社會主義建設新成就的出口商品交易會〉，刊載於《中國出口商品交易會》，以經濟導報特刊方式出版，1968年4月15日，第36-7頁。該特刊目錄包括來自世界各地的多位參觀者閱讀毛澤東出版品的照片，以及在博覽會上展示像章的照片。該刊沒有提供毛像章在海外發行的數量，但提到1966年10月至1967年9月，毛語錄被翻譯成二十四種語言，在一百二十八個國家和地區共發行了一百三十萬冊。毛像章很可能也是通過同樣的通路發行。（見第37頁）。

60. 據「上海市接待各地革命學生辦公室」說明，上海市正式接待來訪紅衛兵四百多萬人次，其中不包括親屬和其他工作單位接待的學生。許多學生都暫住在上海各大學，例如，上海戲劇學院，該學院有四百名學生，外加一千名來訪的學生。金大陸，《非常與正常：上海「文革」時期的社會生活》，上冊，64、69頁。

61. 金大陸，《非常與正常：上海「文革」時期的社會生活》，上冊，74頁。

62. 梁恒和夏竹麗（Judith Shapiro）合著，《革命之子》，125頁。

63. 從一九五九年到一九七六年，謝靜宜一直負責處理毛澤東的敏感文件，請見謝靜宜，《毛澤東身邊工作瑣憶》（北京：中央文獻出版社，2015），168-70頁。

64. 漁陽山人（部落客化名），〈文革初期的倒賣毛主席像章活動〉。

65. 姚小平，《瘋狂的像章》。另外也請參見，《毛家灣紀實：林彪祕書回憶錄》（北京：春秋出版社，1988），229頁。

66. 朱莉．曼頓，〈毛像章——不可磨滅的形象？〉。

67. 〈取締紀念章交換場所揪出了投機倒把分子〉，《解放日報》，一九六七年二月二十四日。另外也請參見金大陸，《非常與正常：上海「文革」時期的社會生活》，下冊，182頁。

68. 張戎《鴻：三代中國女人的故事》（1991年），《印度國季中心季刊》（*India International Centre Quarterly*），第三十一卷，第一期（二〇〇四年七月），23-31頁（29頁）。

69. 請參見沈邁克，《中國偉大的無產階級資訊革命，1966-1967》，252頁。難怪會出現很蓬勃發展的市場來買賣違禁品和其他書籍，因為沒有供應短缺的問題；估計有五個省的圖書館的七百萬冊圖書被盜、遺失或被毀。請參閱馬若德、沈邁克合著的《毛澤東的最後革命》，121頁。

70. 不過，周欣平也指出，他知道他的家鄉沒有這樣的市場，並認為那裡很少有人願意冒著極端懲罰的風險公開出售像章。2017年3月23日，本書作者與美國加州大學柏克萊分校斯塔東亞圖書館館長周欣平進行討論和電子郵件交流。

71. 請參見金大陸，《非常與正常：上海「文革」時期的社會生活》，下冊，185頁；「上海市革命委員會反對經濟主義聯絡總部」編纂，《無產階級文化大革命中上海反對經濟主義大事記(討論稿)（一九六六年十一月——一九六七年三月十五日），一九六七年三月十七日》，收錄在中國文化大革命文庫（WDGW）中。到一九六七年春節時，已經有過十二次的大串聯：其中五次是圍繞南京路、黃陂路、以及黃浦區山西路；另一次是圍繞閘北區北站火車站、長寧區曹家渡、虹口區天橋等。請參見金大陸，《非常與正常：上海「文革」時期的社會生活》，下冊，177頁。

72. 金大陸，《非常與正常：上海「文革」時期的社會生活》，下冊，180-3頁。

73. 《堅決取締紀念章交換場所》，解放日報，一九六七年二月十二日。為了擔心這個論點可能不　有說服力，因此他們還列舉這麼多人造成的交通問題。

74. 「上海市革命委員會反對經濟主義聯絡總部」編纂，《無產階級文化大革命中上海反對經濟主義大事記(討論稿)（一九六六年十一月——一九六七年三月十五日），一九六七年三月十七日》，收錄在中國文化大革命文庫（WDGW）。

75. 金大陸，《非常與正常：上海「文革」時期的社會生活》，下冊，184-5頁。

76. 金大陸，《非常與正常：上海「文革」時期的社會生活》，下冊，186-7頁。

77. 朱莉·曼頓，〈毛像章——不可磨滅的形象？〉。

78. 金大陸，《非常與正常：上海「文革」時期的社會生活》，下冊，187-5頁，190-1頁。

79. 王玉利，〈黑龍江像章廠建廠始末〉，《黑龍江史志》，第24期（2011），44-5頁。王玉利是黑龍江省紅色收藏研究會會長。

80. 王玉利，〈黑龍江像章廠建廠始末〉，68頁。

81. 姜明亮提到的活動包括效忠舞；誦讀毛澤東語錄；軍人佩戴毛像章，並在制服上縫上一個很大的「忠」字；以及全國各地個人熱烈收藏毛像章。此外，他還提到一種規矩，就是不能直接說要「購買」毛澤東的書籍、像章或海報，而必須使用動詞「請」，他指出，這一點是最重要的，跟寺廟裡使用的用辭相同。姜明亮所到之處，都會看到「萬歲宮」的建設——指的是像會議廳和展覽廳這樣的公共建築，包括廣交會所在的公共建築，或是火車站，這些地方通常都會掛著「毛主席萬歲」巨型橫幅布條。余習廣主編的《位卑未敢忘憂國：「文化大革命」上書集》（長沙：人民出版社，1989），124頁。

82. 〈文革時大學生上書毛澤東：一句頂萬句很荒謬〉，http://news.ifeng.com/history/zhiqing/ziliao/detail_2013_02/26/22495744_0.shtml，網頁存檔日期：二〇一九年四月二十一日。同一天，他被逮捕、毆打，並被關進一個臨時監獄，這個監獄是文革期間工作單位和地區用來關押「反革命分子」的。另外，也請參見〈姜明亮等上中共中央毛澤東書〉，收錄在余習廣主編的《位卑未敢忘憂國：「文化大革命」上書集》，124-5頁，128頁。

83. 〈蕭瑞怡上毛澤東書〉，收錄在余習廣主編的《位卑未敢忘憂國：「文化大革命」上書集》，11-12頁。

84. 這則故事出自韓素音（著名英籍華裔女作家、社會活動家伊莉莎白．康博（Elizabeth K.C. Comber）的筆名）；故事中提到的像章上寫著「毛澤東以永恆的激情從事工作」，載於鄧立群主編《中外名人評毛澤東》（北京：中央民族大學出版社，2003年），第509-10頁。從1969年6月11日至12日，毛澤東在中共中央提交的《關於宣傳毛主席形象應注意的幾個問題》文件上，用筆寫下「照辦」兩字，認定像章等紀念品浪費。《毛澤東年譜，1949-1976》六卷，（北京：中央文獻出版社，2013年），第6卷，255-6頁。

85. 方厚樞，〈文革十年毛澤東著作、毛澤東像出版紀實〉，收錄在宋原放主編的《中國出版史料第三卷上冊／現代部分》（2001），234-5頁。

86. 周恩來接著提出了解決辦法：「已經擁有幾百枚像章的人應該把它們退回去。其中一些人每天都佩戴不同的像章，這降低了像章的價值。而且與毛澤東思想格格不入。」周恩來表示，這種時尚狂熱不僅造成製造飛機的原材料短缺，而且還造成了日常生活必需品的短缺。周恩來，〈周恩來在全國計畫工作會議上談黨史歷次路線鬥爭〉（1969年3月24日），收錄在周良宵和顧菊英合編的《瘋狂、扭曲與墮落的年代之二：十年文革中首長講話傳信錄》（香港：新大陸出版社，2008），595頁。

87. 周繼厚，《毛澤東像章之謎：世界第九大奇觀》（太原市：北嶽文藝出版社，一九九三年），76-7頁。像章狂熱崩潰的最好證據來自兩個方面。首先，從一九六六年—九年開始，專門從事像章交易的網站，推出了無數新像章，到了一九七〇年卻只有出現很少的新像章，到一九七一年或一九七二年時，則完全沒有看到新像章出現。二〇一七年夏季，定期蒐索兩個暢銷像章網頁（www.997788. com以及孔夫子網www.kongfz.com），結果只找到三枚在一九七〇年及之後製造的像章。其次，收藏家編撰的書籍證實了這個日期是毛像章狂熱結束的日期，包括毛像章達人周繼厚的觀察，他在書中寫道，他從未見過在一九七一年製造的像章。

88. 林彪最初推動的毛崇拜項目——出版《毛主席語錄》——被暫時叫停，以適應設計上的變化，群眾並被要求撕掉他們先前拿到的毛語錄的頭幾頁，以消除對林彪和毛澤東關係的聯想。愛德加．史諾的〈與毛澤東的對話〉（A Conversation with Mao Tse-tung），《生活雜誌》（*Life*），第七十卷，第16期（一九七一年四月三十日），第

46-7頁。關於林彪事件的影響和毛澤東的退卻是絕對正確的，請參閱馬若德、沈邁克合著，《毛澤東的最後革命》，第12章。

89. 徐秋梅和吳繼金，〈文化大革命時期的毛澤東像章〉，《黨史縱覽》，第9期，51-4頁。不難想像，離政治權力中心越遠，像章狂熱的期間就越持久。例如在一九七三年，一位美國記者就在內蒙古報導說，他在當地看到一次展示會上就展出了二千枚毛像章。請參閱朱莉．曼頓，〈毛像章——不可磨滅的形象？〉。

90. 〈中央宣傳部關於處理留存的「忠」字品的請示〉，一九七八年七月二十八日，刊登在《黨的宣傳工作文件選編》（北京：中共中央黨校出版社，1994），第二卷（1976-82），609-10頁。這一系列的書籍只在內部傳閱，並只限縣級以上幹部閱讀。

91. 《中共中央關於堅持「少宣傳個人」的幾個問題的指示》，一九八〇年七月三十日，http://cpc.people.com.cn/GB/64162/71380/71387/71592/4854499.html，網頁存檔日期：二〇一七年十一月十二日。

92. 〈全國最大毛澤東像章現身，出自海口五工人之手〉，《新華網》，2005年6月27日，https://news.artron.net/20050627/n8120.html。網頁存檔日期：2019年4月26日。

後記

1. 〈中國再現毛像章狂熱〉（Mao Badge Craze Returns to China），《北京周報》，第三十六卷第十九期（一九九三年五月十一—十六日），32-3頁。姚炎鑫，〈毛澤東像收藏漫談〉，《浙江檔案》雜誌，50-3頁。

2. 關於收　家王安廷的故事，請參閱羅未然的〈闖入古尼斯大全的毛澤東像章收藏家〉，《中州今古》，第二期

（1997），38-41頁。王安廷編輯了一本四百頁的專書，是早期介紹毛像章收藏家最好的一本書。書中介紹從一九五六年到一九六八年的毛像章，每一頁都有五張或更多的照片。請參閱王安廷主編，《毛澤東像章圖譜》（北京：中國書店出版社，1993）。

3. 李琳，〈毛澤東像章的收藏初探〉，《四川省幹部函授　院學報》，第三期（2010），40-3頁。關於中國著名的毛像章收藏家列表以及他們部分收藏品的照片，請上網 www.wengewang.org/read.php?tid=19639，網頁存檔日期：二〇一九年四月二十一日。李啟天，〈紅色收藏：投資熱流湧動〉，《金融博覽》，第六期（2011），70頁；〈紅色收藏熱神州〉，《人民日報》（海外版），二〇一一年七月一日，第十五版。〈海內外展出毛澤東像章二十餘萬枚〉，請見 www.chinanews.com/sh/news/2008/12-26/1503400. shtml，網頁存檔日期：二〇一七年十一月十二日。

4. 〈韶山的「紅色經濟」熱〉，《廣安日報》，二〇〇九年十月二十九日；〈韶山旅遊紀念品開發中的問題與對策〉，《經濟特區》，第十一期，（二〇〇七年十一月），196-7頁。.

5. 中國共產黨發表對毛澤東時代的官方長篇自我評估中，並沒有將政治經濟的框架改為「社會主義」，而是在文件中用了五十次「錯誤」這個詞。請見一九八一年六月二十七日中共十一屆六中全會通過的《關於建國以來我黨曆史若干問題的決議》，請見 www.marxists.org/subject/china/ documents/cpc/history/0. .htm. 網頁造訪日期：二〇一九年九月九日。

6. 鄧小平：「建設有中國特色的社會主義」，這是一九八四年六月三十日在中日民間人士理事會第二屆會議上與日本代表團談話的一部分，http://en.people.cn/dengxp/vol3/text/c1220. html. 網頁存檔日期：二〇一七年十二月二十六日。除了鄧小平提出的「建設中國特色的社會主義」之外，在毛澤東死後，中國領導人對「建設社會主義」的變相說法還包括：胡錦濤提出的「全面建設小康社會」以及二〇〇六年以來提出的「建設社會主義新農村」。

7. 在黨於二〇〇一年作出接納資本家入黨的決定後，資本主義向著更大的私人資本控制轉變的情況，變得特別明顯。參見狄忠蒲（Bruce J. Dickson）的著作，包括《中國的紅色資本家：黨、私營企業主以及政治變遷的前景》（*Red Capitalists in China: The Party, Private Entrepreneurs and the Prospects for Political Change*）（紐約：劍橋大學出版社，2003）和《財富化為權力：中國共產黨擁抱中國的私營部門》（紐約：劍橋大學出版社，2008）。

8. 例如二〇一七年，習近平預測，到二〇五〇年中國將成為一個「偉大的現代社會主義國家」。請參閱〈中國進入新的「現代社會主義」時代，習近平警告黨要應對挑戰〉，《南華早報》，二〇一七年十月十八日。

9. 有人認為中國國家主導的經濟是對全世界一種獨特的經濟威脅，經濟學家彼得．諾蘭（Peter Nolan）對種觀點提出批評，請參閱他的著作《中國是否在購買世界？》（*Is China Buying the World?*）（劍橋：政治出版社，二〇一二）。

10. 自二〇〇〇年年初以來，對於「資本主義的多樣性」的討論，一直使用以私有財產和市場為中心的狹隘制度作為討論基礎，而這種制度則存在於「自由市場經濟體」（如美國和英國）與「協調市場經濟體」（包括德國和瑞典）之間。請參見彼得．霍爾（Peter A.Hall）和大衛．索斯基塞（David W.Soskice）合著的《資本主義的多樣性：比較優勢的制度基礎》（*Varieties of Capitalism: The Institutional Foundations of Comparative Advantage*）（牛津：牛津大學出版社，二〇〇一）以及此後產生的大量文獻。

Zhu Zhanliang 朱展良. "上海轻工业名牌产品初探" (A brief analysis of Shanghai light industry brand products). *Shanghai jingji yanjiu*, no. 9 (September 1981), 7–11.
Zuo Xuchu 左旭初, ed. 民国商标图典 (An illustrated book of trademarks in modern China). Shanghai: Shanghai jinxiu wenzhang chubanshe, 2013.
Zweig, David. *Agrarian Radicalism in China, 1968–1981*. Cambridge, MA: Harvard University Press, 1989.

Zhonggong zhongyang wenxian yanjiushi 中共中央文献研究室, ed. 建国以来重要文献选编 (A selection of major documents since the founding of the state). Beijing: Zhongyang wenxian chubanshe, 1997–8.
Zhonggong zhongyang 中共中央. "关于在文化大革命运动中处理红卫兵抄家物资的几项规定" (Several provisions on dealing with properties confiscated by Red Guards during the Cultural Revolution). March 20, 1967. Available on many sites, including: www.360doc.com/content/14/1126/13/19096873_428196989.shtml. Archived November 12, 2017.
Zhongguo guowyuyuan, Zhishi qingniian shangshan xiaxiang lingdao xiaozu bangongshi 中国国务院, 知识青年上山下乡领导小组办公室, ed. 全国城镇知识青年上山下乡统计资料, 1962–1979. Beijing, 1981.
"中央宣传部关于处理留存的'忠'字品的请示" (The Central Propaganda Department requests instructions on handling retained loyalty items). July 28, 1978. Pp. 609–10, in Zhongyang xuanchuanbu bangongting 中央宣传部办公厅, ed. 党的宣传工作文件选编 (1976–1982) (Selected documents on party propaganda work [1976–1982]). Beijing: Zhonggong zhongyang dangxiao chubanshe, 1994.
"中央宣传部关于禁止用毛主席字拼凑商标的通知" (Notice of the Central Propaganda Department on prohibiting using Chairman Mao's calligraphy in the creation of trademarks). April 4, 1964. P. 491, in Zhongyang xuanchuanbu bangongting 中央宣传部办公厅, ed. 党的宣传工作文件选编 (1949–1966) (Selected documents of party propaganda work [1949–1966]). Beijing: Zhonggong zhongyang dangxiao chubanshe, 1994.
Zhou Enlai 周恩来. "周恩来在全国计划工作会议上谈党史历次路线斗争" (Zhou Enlai's speech at the National Planning Conference on the previous lines struggles in the history of the party). March 24, 1969. P. 595, in Zhou Liangxiao 周良霄 and Gu Juying 顾菊英, eds. 疯狂, 扭曲与堕落的年代之二:十年文革中首长讲话传信录 (Times of madness, distortion, and degradation [2]: Collected speeches by central party leaders during the ten years of the Cultural Revolution). Hong Kong: Xindalu chubanshe, 2008.
Zhou Enlai 周恩来. "社会主义改造与国家资本主义" (Socialist Transformation and state capitalism). September 11, 1953. Pp. 253–7, in Zhonggong zhongyang wenxian yanjiushi 中共中央文献研究室, ed. 周恩来统一战线文选 (Selected writings by Zhou Enlai on the United Front). Beijing: Renmin chubanshe, 1984.
Zhou Jihou 周继厚. 毛泽东像章之谜: 世界第九大奇观 (The mystery of the Mao Zedong badge: The ninth wonder of the world). Taiyuan: Beiyue wenyi chubanshe, 1993.
Zhou, Kate Xiao. *How the Farmers Changed China: Power of the People*. Boulder, CO: Westview Press, 1998.
Zhou, Xun. *Forgotten Voices of Mao's Great Famine, 1958–1962: An Oral History*. New Haven: Yale University Press, 2014.
Zhou, Xun. *The Great Famine in China, 1958–1962: A Documentary History*. New Haven: Yale University Press, 2012.

Zhang Shichun 张世春. 物质供应票证鉴赏与收藏 (Appreciation and collection of material supply rations). Wuhan: Hubei renmin chubanshe, 2008.

Zhang, Shu Guang. *Beijing's Economic Statecraft during the Cold War, 1949–1991*. Washington, DC: Woodrow Wilson Center Press and Baltimore: Johns Hopkins University Press, 2014.

Zhang, Shu Guang. *Mao's Military Romanticism: China and the Korean War, 1950–1953*. Lawrence: University Press of Kansas, 1995.

Zhang Shuoguo 张硕果. "解放初期上海电影发行放映初探 (1949–1952)" (A preliminary study on the distribution of movies in Shanghai during the early years of Liberation [1949–1952]). *Dianying yishu*, no. 1 (2008), 95–102.

Zhang, Xinxin and Ye Sang. *Chinese Profiles*. Beijing: Chinese Literature, 1986.

Zhang Xuebing 张学兵. "中国计划经济时期的'地下经济'探析" (An analysis of the "underground economy" during the period of China's planned economy). *Zhonggong dangshi yanjiu*, no. 4 (2012), 39–48.

Zhang, Yingjin. *Chinese National Cinema*. New York: Routledge, 2004.

"中央转发北京市委关于三反斗争的报告的批语" (January 5, 1952) (Comments and instructions of the Central Committee on transmitting the report by the Beijing Municipal Committee on the struggle against the Three-Antis). January 5, 1952, Pp. 3.21–2, in 建国以来毛泽东文稿 (Mao Zedong's manuscripts since the founding of the state). Beijing: Zhongyang wenxian chubanshe, 1989.

Zhang Yunsheng 张云生. 毛家湾纪实: 林彪秘书回忆录 (A true account of Maojiawan: The memoirs of Lin Biao's secretary). Beijing: Chunqiu chubanshe, 1988.

Zhao Dexin 赵德馨, ed. 湖北省志工业志稿: 轻工业) (Hubei province annals: Light industry). Beijing: Zhongguo qinggongye chubanshe, 1994.

Zhao Yuan 赵园. "'都在可破之列': '文革'中的私产与公物" ("Everything could be broken": Private property and public property in the "Cultural Revolution"). *The Paper*. www.thepaper.cn/newsDetail_forward_1261079. Archived November 12, 2017.

Zhejiang baihuo gongsi 浙江百货公司, ed. 浙江百货商业志 (Annals of Zhejiang department store commerce). Hangzhou: Zhejiang renmin chubanshe, 1990.

Zhong, Xueping, Zheng Wang, and Di Bai. *Some of Us: Chinese Women Growing Up in the Mao Era*. New Brunswick, NJ: Rutgers University Press, 2001.

"中共中央批转中共北京市委关于北京市天桥百货商场改革商业工作的报告" (The CCP Central Committee approves the work report of the Beijing Tianqiao Department Store on reform of commercial work submitted by the Beijing Municipal Committee of the CCP), republished in Beijing chubanshe bianjibu 北京出版社编辑部, ed. 大跃进中的北京天桥百货商场 (Beijing Tianqiao Department Store during the Great Leap Forward). Beijing: Beijing chubanshe, 1958.

Yu Xiguang 余习广, ed. 位卑未敢忘忧国: "文化大革命"上书集 (Humble people do not forget their country: A collection of petitions from the Cultural Revolution) Changsha: Hunan renmin chubanshe, 1989.

Yu Yang 于洋. "浅析'京剧样板戏'音乐对京胡演奏的影响" (A brief analysis of the influences of "Peking model operas" on Jinghu performances). *Xijiang yue* (西江月), 2013.

Yue Daiyun and Carolyn Wakeman. *To the Storm: The Odyssey of a Revolutionary Chinese Woman*. Berkeley: University of California Press, 1985.

Zang Jian. "The Soviet Impact on 'Gender Equality' in China in the 1950s." Pp. 259–74, in Thomas P. Bernstein and Hua-Yu Li, eds. *China Learns from the Soviet Union, 1949–Present*. Lanham, MD: Lexington Books, 2010.

Zhai, Zhenhua. *Red Flower of China*. New York: SOHO, 1992.

Zhang Di 张谛. "中国第一块手表诞生记" (The birth of China's first watch). 河东区文史资料选辑,第17辑 (Collection of cultural and historical materials on Hedong District, vol. 17). Tianjin: Tianjinshi Hedongqu weiyuanhui xuexi wenshi ziliao weiyuanhui, 2005.

Zhang Huicang 张辉灿. "我所亲历的毛主席八次接见红卫兵" (My personal experiences during Chairman Mao's eight Red Guard receptions). *Dangshi bocai*, no. 2 (2006), 32–7.

Zhang Huicang 张辉灿 and Mu An 慕安. "毛泽东八次接见红卫兵亲历记" (My personal memories of Mao Zedong's eight receptions of Red Guards). *Shidai wenxue*, no. 5 (2006), 164–8.

Zhang Huihu 张辉虎. "戴六块表的坏人" (The bad guy with six watches on his wrists). Pp. 40–1, in Wang Xiaozhen 王晓真, ed. 商品的故事 (Stories about merchandise). Guangzhou: Nanfang ribao chubanshe, 2000.

Zhang Jianqing 章涧青. "林彪集团主要成员窃夺文物记" (The primary members of the Lin Biao clique stole cultural relics from the state). *Bainianchao*, no. 1 (2004), 49–54.

Zhang Jishun 张济顺. 远去的都市: 1950 年代的上海 (A city displaced: Shanghai in the 1950s). Beijing: Shehui kexue wenxian chubanshe, 2015.

Zhang, Jishun. "Cultural Consumption and Popular Reception of the West in Shanghai, 1950–1966." *The Chinese Historical Review*, vol. 12, no. 1 (Spring 2005), 97–126.

Zhang Ming 张鸣. "执政的道德困境与突围之道: 三反五反运动解析" (The moral dilemma of being in power and the ways out: The "Three Antis" and "Five Antis" campaigns). *Ershiyi shiji*, no. 92 (2005), 46–58.

Zhang, Qi and Mingxing Liu. *Revolutionary Legacy, Power Structure, and Grassroots Capitalism under the Red Flag in China*. Cambridge: Cambridge University Press, 2019.

Zhang Qi 章奇 and Liu Mingxing 刘明兴. 权力结构、政治激励和经济增长基于浙江民营经济发展经验的政治经济学分析 (Power structure, political incentives, and economic growth: A political economy analysis based on the experiences of Zhejiang's private economic development). Shanghai: Gezhi chubanshe, 2016.

Yang Kuisong 杨奎松. 毛泽东与莫斯科的恩恩怨怨 (Gratitude and resentment between Mao Zedong and Moscow), 4th ed. Nanchang: Jiangxi renmin chubanshe, 1999.
Yang, Kuisong and Sheng Mao. "Unafraid of the Ghost: The Victim Mentality of Mao Zedong and the Two Taiwan Strait Crises in the 1950s." *China Review*, vol. 16, no. 1 (Spring 2016), 1–34.
Yang Tianliang 杨天亮. "上海四大百货公司" (Shanghai's four great department stores). Pp. 353–8, in Xin Ping 忻平, Hu Zhenghao 胡正豪, and Li Xuechang 李学昌, eds. 民国社会大观 (A comprehensive view of society in the Republic of China). Fuzhou: Fujian renmin chubanshe, 1991.
Yang Wenhua 杨文华 and Lin Yigang 林移刚. "韶山旅游纪念品开发中的问题与对策" (The problem of and solution for the development of tourist souvenirs in Shaoshan). *Jingji tequ*, no. 11 (November 2007), 196–7.
Yang Yaojian 杨耀健. "一个小学生的保皇与造反" (A primary student experiences rebellion). *Wangshi*, no. 4 (February 2, 2009), 48–51. http://prchistory.org/wp-content/uploads/2014/05/REMEMBRANCE-No-14–2009年2月12日.pdf. Archived August 26, 2016.
Yao Xiaoping 姚小平. "疯狂的像章" (The badge craze), *Xin tiandi*, no. 6 (2011), 44–5.
Yao Yanxin 姚炎鑫. "毛泽东像收藏漫谈" (The story of a Mao Zedong badge collections). *Zhejiang dang'an* (March 2015), 50–3.
Ye Shisun 叶世荪 and Ye Jianing 叶佳宁. 上海话外来语二百例 (200 loanwords in the Shanghai dialect). Shanghai: Shanghai daxue chubanshe, 2015.
Yeh, Wen-hsin. *Shanghai Splendor: Economic Sentiments and the Making of Modern China, 1843–1949*. Berkeley: University of California Press, 2007.
Yen, Ching-hwang. "Wing-on and the Kwok Brothers: A Case of Pre-war Chinese Entrepreneurs." Pp. 47–65, in Kerrie L. MacPherson, ed. *Asian Department Stores*. Surrey: Curzon, 1998.
"一位劳模的美丽记忆" (Beautiful memories of a model worker). Pp. 128–37, in Shanghai yingxiang gongzuo shi 上海影像工作室, ed. 百姓生活记忆: 上海故事 (Memories of people's life experiences: Shanghai stories). Shanghai: Xuelin chubanshe, 2012.
Yu, Frederick T. C. *Mass Persuasion in Communist China*. New York: Praeger, 1964.
Yu Guangyuan 于光远. "反对资产阶级的进攻，坚持工人阶级的领导权" (Resist the attacks by the bourgeois class, determinedly uphold the leadership of the working class). *Xuexi zazhi* (January 1952), 13–18.
Yu Miin-ling 余敏玲. "從高歌到低唱: 蘇聯群眾歌曲在中國" (From singing loud to singing low: Soviet mass songs in China). *Zhongyang yanjiuyuan jindaishi yanjiusuo jikan* (Academia Sinica), no. 53 (September 2006), 149–91.
Yu Miin-ling. "Learning from the Soviet Union: CPC Publicity and Its Effects – A Study Centered on the Sino-Soviet Friendship Association." *Social Sciences in China*, vol. 26, no. 2 (2005), 100–11.
Yu Wenmin 于文敏. "财贸战线上的红旗" (The red flags at the commercial frontline). *Shida jiaoxue* (December 24, 1958), 4.

Xu Bin 徐斌. "'地下经济'的顽强生存与民营企业的先发优势" (The tenacious survival of the "underground economy" and the first-mover advantages of privately owned enterprises). *Shangye jingji yu guanli*, no. 1 (2010), 51–60, 68.
Xu Hualong 徐华龙. 上海服装文化史 (A history of Shanghai clothing culture). Shanghai: Dongfang chuban zhongxin, 2010.
Xu Lin 徐琳. "从我国社会主义建设实践看消灭城乡差别, 工农差别和体力劳动与脑力劳动差别的问题" (Seeing the inequalities between urban and rural areas, workers and peasants, and manual and mental labor in the practice of socialist construction in China). *Jiaoxue yu yanjiu* (1959), 23–40.
Xu Muzhi 徐牧之. 这就是美國 (This is America). Shanghai: Dadong shuju, 1951.
Xu Ping 徐平. "军版'布拉吉'" (The military version of the "bulaji"). *Junying wenhua tiandi* (January 2018), 37–8.
Xu Qing 许青 and Guo Xiuru 郭秀茹. "'文化大革命'在南京的发动" (The launch of the "Great Cultural Revolution" in Nanjing). P. 435, in Zhuang Xiaojun 庄小军 and Xu Kangying 徐康英, eds. 风雨同舟: 南京探索前进三十年 1949–1978 (Stand together through storm and stress: Thirty years of exploration and progress in Nanjing, 1949–1978). Beijing: Zhonggong dangshi chubanshe, 2002.
Xu Qiumei 徐秋梅 and Wu Jijin 吴继金. "'文化大革命'时期的毛泽东像章" (Mao Zedong badges during the "Great Cultural Revolution"). *Dangshi zonglan*, no. 9 (2008), 51–6.
Xu Shanbin 许善斌. 证照中国 1966–1976: 共和国特殊年代的纸上历史 (Authorizing China 1966–1976: A history of paper during the special period of the republic). Beijing: Xinhua chubanshe, 2009.
Xu Tao 徐涛. 自行车与近代中国 (Bicycles and modern China). Shanghai: Shanghai renmin chubanshe, 2015.
Xu Youyu 徐友渔. "我在1966年" (Me in 1966). Pp. 297–330, in Xu Youyu 徐友渔, ed. 1966: 我们那一代的回忆 (1966: Memories of our generation). Beijing: Zhongguo wenlian chuban gongsi), 1988.
Xue Muqiao. *China's Socialist Economy*. Beijing: Foreign Languages Press, 1981.
Xue Muqiao 薛暮桥, Su Xing 苏星, and Lin Zili 林子力. 中国国民经济的社会主义改造 (The Socialist Transformation of the national economy in China). Beijing: Renmin chubanshe, 1959.
Yan, Jiaqi and Gao Gao. *Turbulent Decade: A History of the Cultural Revolution*, tr. D. W. Y. Kwok. Honolulu: University of Hawai'i Press, 1996.
Yan Mingfu 阎明复. 亲历中苏关系: 中央办公厅翻译组的十年 (1957–1966) (A personal account of Sino-Soviet relations: A decade in the Translation Group of the General Office of the CCP Central Committee). Beijing: Zhongguo renmin daxue chubanshe, 2015.
Yang, Jisheng. *Tombstone: The Untold Story of Mao's Great Famine*. London: Penguin Books, 2013.
Yang Kuisong 杨奎松. "1952 年上海 '五反' 运动始末" (The entire story of Shanghai's 5-Anti campaign in 1952). *Shehui kexue*, no. 4 (2006), 5–30.

Wu, Hung. "Tiananmen Square: A Political History of Monuments." *Representations*, no. 35 (1991), 84–117.

Wu Lengxi 吴冷西. 十年论战: 1956–1966 中苏关系回忆录 (A decade of polemics: A memoir of Sino-Soviet relations between 1956 and 1966). Beijing: Zhongyang wenxian chubanshe, 1999.

Wu Renshu 巫仁恕. 品味奢华: 晚明的消费社会与士大夫 (A taste of luxury: Consumer culture in the late Ming dynasty and scholar-officials). Beijing: Zhonghua shuju, 2008.

Wu Xiaobo 吴晓波. 历代经济变革得失 (The successes and failures of economic reforms in history). Hangzhou: Zhejiang daxue chubanshe, 2016.

Wu, Yiching. *The Cultural Revolution at the Margins: Chinese Socialism in Crisis*. Cambridge, MA: Harvard University Press, 2014.

Xiang, Lanxin. *Recasting the Imperial Far East: Britain and America in China, 1945–1950*. Armonk, NY: M.E. Sharpe, 1995.

Xiang Xiaomi 项小米. 记忆洪荒 (A flood of memories). Beijing: Beijing chubanshe, 2013.

Xiao Ling 肖玲. " 件花旗袍引起的风波" (Controversy over a flowered *qipao*). *Zhongguo funū*, no. 4 (April 1956), 18–19.

"萧瑞怡上毛泽东书" (Xiao Ruiyi's letter to Mao Zedong"). Pp. 11–12, in Yu Xiguang 余习广, ed. 位卑未敢忘忧国: "文化大革命"上书集 (Humble people never forget their country: A collection of petitions from the Cultural Revolution) Changsha: Hunan renmin chubanshe, 1989.

Xiao, Zhiwei. "Anti-Imperialism and Film Censorship During the Nanjing Decade, 1927–1937." Pp. 35–58, in Sheldon Hsiao-peng Lu, ed. *Transnational Chinese Cinemas: Identity, Nationhood, Gender*. Honolulu: University of Hawai'i Press, 1997.

Xiao, Zhiwei. "The Expulsion of American Films from China, 1949–1950." *Twentieth Century China*, vol. 30, no. 1 (November 2004), 64–81.

Xie Chenjian 谢沉见. "'三转一响': 我们那个年代的时尚故事" (The three things that go "round and the one that makes a sound": Stories about fashion from our times). *Minjian wenhua luntan*, no. Z1 (May/June 2000), 28–31.

Xie Jingyi 谢静宜. 毛泽东身边工作琐忆 (Memories of working alongside Mao Zedong). Beijing: Zhongyang wenxian chubanshe, 2015.

Xie Quan 解全. 我在文化大革命中的经历 (My experience in the Cultural Revolution). Pp. 145–69, in Xu Youyu 徐友渔, ed. 1966: 我们那一代的回忆 (1966: Memories of our generation). Beijing: Zhongguo wenlian chuban gongsi, 1988.

Xin Zhongguo diyi dian de gushi bianweihui 新中国第一店的故事编委会, ed. 新中国第一店的故事 (The story of New China's Number One Store). Shanghai: Shanghai dianzi chuban youxian gongsi, 2012.

Xiong Yuezhi 熊月之, ed. 上海通史, 第11卷: 当代政治 (General history of Shanghai: Volume 11, Contemporary politics). Shanghai: Shanghai renmin chubanshe, 1999.

Weathersby, Kathryn. "Stalin, Mao, and the End of the Korean War." Pp. 90–116, in Odd Arne Westad, ed. *Brothers in Arms: The Rise and Fall of the Sino–Soviet Alliance, 1945–1963*. Washington, DC: Woodrow Wilson Center Press and Stanford: Stanford University Press, 1998.

Wei Zichu 魏子初. 美帝在华经济侵略 (The US imperialist economic invasion of China). Beijing: Renmin chubanshe, 1951.

"为大批生产的药品不能宣传广告的通知" (A notice stating that pharmaceutical products that have not yet been massively manufactured should not be promoted through advertisements). SMA B123-4-556 (April 17, 1959).

Wemheuer, Felix. "Dining in Utopia: An Intellectual History of the Origins of the Chinese Public Dining Halls." Pp. 277–302, in Matthias Middell and Felix Wemheuer, eds. *Hunger and Scarcity under State-Socialism*. Leipzig: Leipziger Universitätsverlag, 2012.

Wemheuer, Felix. *Famine Politics in Maoist China and the Soviet Union*. New Haven: Yale University Press, 2014.

"Wenzhoushi gongshang xingzheng guanlizhi" bianzuan weiyuanhui "温州市工商行政管理志"编纂委员会, ed. 温州市工商行政管理志 (Administrative records of industry and commerce of Wenzhou City). Shanghai: Fudan daxue chubanshe, 1993.

West, Philip. *Yenching University and Sino-Western Relations, 1916–1952*. Cambridge, MA: Harvard University Press, 1976.

Westad, Odd Arne. *Decisive Encounters: The Chinese Civil War, 1946–1950*. Stanford: Stanford University Press, 2003.

Westad, Odd A. *The Global Cold War: Third World Interventions and the Making of Our Time*. Cambridge: Cambridge University Press, 2005.

Werner, Jake. "Global Fordism in 1950s Urban China." *Frontiers of History in China*, vol. 7, no. 3 (September 2012), 415–41.

White, Robert A. "Mao Badges and the Cultural Revolution." *International Social Science Review*, vol. 69, nos. 3–4 (1994), 53–70.

Whyte Martin K. and William L. Parish. *Urban Life in Contemporary China*. Chicago: University of Chicago Press, 1984.

Wickeri, Philip L. *Seeking the Common Ground: Protestant Christianity, the Three-Self Movement, and China's United Front*. Maryknoll, NY: Orbis Books, 1988.

Wilson, Verity. "Dress and the Cultural Revolution." Pp. in 167–86, in Valerie Steele and John S. Major, eds. *China Chic: East Meets West*. New Haven: Yale University Press, 1999.

Witke, Roxane. *Comrade Ch'iang Ching*. Boston: Little, Brown, 1977.

Wolff, Charles., Jr. "China's Capitalists Join the Party." *New York Times*, August 13, 2001.

Wu, Guoguang. "Command Communication: The Politics of Editorial Formulation in the *People's Daily*." *The China Quarterly*, no. 137 (March 1994), 194–211.

Wu Hanren 吴汉仁 and Bai Zhongqi 白中琪. 双城故事 从上海到台北的一次文化平移 (Stories of two cities: A cultural shift from Shanghai to Taipei). Shanghai: Shanghai wenhua chubanshe, 2014.

Unger, Jonathan. "Grassroots Turmoil in China's Cultural Revolution: A Half-Century Perspective." 77th George E. Morrison Lecture, November 3, 2016. www.chinoiresie.info/grassroots-turmoil-in-chinas-cultural-revolution-a-half-century-perspective/. Archived July 18, 2018.
van de Ven, Hans. "The Military in the Republic." *The China Quarterly*, no. 150 (June 1997), 352–74.
Van Fleit Hang, Krista. *Literature the People Love: Reading Chinese Texts from the Early Maoist Period (1949–1966)*. New York: Palgrave Macmillan, 2013.
Veblen, Thorstein. "The Economic Theory of Woman's Dress." *The Popular Science Monthly*, vol. 46 (1894), 198–205.
Vokov, Vadim. "The Concept of *kul'turnost'*: Notes on the Stalinist Civilizing Process." Pp. 210–30, in Sheila Fitzpatrick, ed. *Stalinism: New Directions*. London: Routledge, 2000.
Volland, Nicolai. *Socialist Cosmopolitanism: The Chinese Literary Universe, 1945–1965*. New York: Columbia University Press, 2017.
Wakeman, Frederic, Jr. "'Cleanup': The New Order in Shanghai." Pp. 21–58, in Jeremy Brown and Paul G. Pickowicz, eds. *Dilemmas of Victory*. Cambridge, MA: Harvard University Press, 2007.
Walder, Andrew G. *China under Mao: A Revolution Derailed*. Cambridge, MA: Harvard University Press, 2015.
Walder, Andrew G. *Communist Neo-Traditionalism: Work and Authority in Chinese Industry*. Berkeley: University of California Press, 1986.
Walder, Andrew G. "Property Rights and Stratification in Socialist Redistributive Economies." *American Sociological Review*, vol. 57 (1992), 524–39.
Wallerstein, Immanuel. *The Capitalist World-Economy: Essays*. Cambridge: Cambridge University Press, 1979.
Wang Anting 王安廷, ed. 毛泽东像章图谱 (An illustrated catalogue of Mao Zedong badges). Beijing: Zhongguo shudian chubanshe, 1993.
Wang Chenlong 王辰龙. "男青年们的花衬衫" (Young men's colorful shirts). *Jiari 100 tian*, no. 9 (September 18, 2009).
Wang Haibo 汪海波, comp. 中华人民共和国工业经济史 (A history of the industrial economy of the People's Republic of China). Taiyuan: Shanxi jingji chubanshe, 1998.
Wang, Helen. *Chairman Mao Badges: Symbols and Slogans of the Cultural Revolution*. British Museum Research Publication, no. 169. London: British Museum Press, 2008.
Wang Nianyi 王年一. 大动乱的年代 (A decade of great upheaval). Zhengzhou: Henan renmin chubanshe, 1988.
Wang Qianli 汪千里, ed. 缝纫机 (Sewing machines). Beijing: Zhongguo caizheng jingji chubanshe, 1964.
Wang Yuli 王玉利. "黑龙江像章厂建厂始末" (The rise and demise of the Heilongjiang Badge Factory). *Heilongjiang shizhi*, no. 24 (2011), 44–5.
Wang, Zheng. *Finding Women in the State: A Socialist Feminist Revolution in the People's Republic of China, 1949–1964*. Berkeley: University of California Press, 2017.

Taylor, Philip M. *Munitions of the Mind: A History of Propaganda from the Ancient World to the Present Age*, 3rd ed. Manchester: Manchester University Press, 2003.

Teiwes, Frederick C. and Warren Sun. "China's New Economic Policy under Hua Guofeng: Party Consensus and Party Myths." *China Journal*, no. 66 (July 2011), 1–23.

Teiwes, Frederick C. and Warren Sun. *China's Road to Disaster: Mao, Central Politicians, and Provincial Leaders in the Unfolding of the Great Leap Forward, 1955–1959*. Armonk, NY: M.E. Sharpe, 1999.

Thai, Philip. *China's War on Smuggling: Law, Economic Life, and the Making of the Modern State, 1842–1965*. New York: Columbia University Press, 2018.

Thaxton, Ralph A. *Catastrophe and Contention in Rural China: Mao's Great Leap Forward: Famine and the Origins of Righteous Resistance in Da Fo Village*. Cambridge: Cambridge University Press, 2008.

Thaxton, Ralph A. *Salt of the Earth: The Political Origins of Peasant Protest and Communist Revolution*. Berkeley: University of California Press, 1997.

Thompson, E. P. "Time, Work-Discipline, and Industrial Capitalism." *Past & Present*, no. 38 (December 1967), 56–97.

Thompson, Thomas N. *China's Nationalization of Foreign Firms: The Politics of Hostage Capitalism, 1949–57*. Baltimore: School of Law, Occasional Papers/ Reprint Series in Contemporary Asian Studies, University of Maryland, 1979.

Tian Fanghua 天方画 [pseudonym]. "谈'浪费美学'" (Let's talk about the "aesthetics of wastefulness"). *Zhongguo dianying*, no. 3 (1958), 68.

Tianjin baihuo gongsi 天津市百货公司, ed. 天津市百货公司四十年史 (1949–1989) (Forty years of the Tianjin Department Store [1949–1989]). Self-published and not intended for public circulation, 1989.

"天桥百货商场服务公约" (Service compact of Tianqiao Department Store). *Beijing ribao*, February 9, 1958, republished in Beijing chubanshe bianjibu 北京出版社编辑部, ed. 大跃进中的北京天桥百货商场 (Beijing Tianqiao Department Store during the Great Leap Forward). Beijing: Beijing chubanshe, 1958.

Tien, Yuan. "Learn from Tienchiao, Emulate Tienchiao." *Women of China*, no. 4 (1958), 26–8.

Timasheff, Nicholas S. *The Great Retreat: The Growth and Decline of Communism in Russia*. New York: E.P. Dutton, 1946.

Trentmann, Frank. *Empire of Things: How We Became a World of Consumers, from the Fifteenth Century to the Twenty-First*. New York: HarperCollins Publishers, 2016.

Trentmann, Frank. "Introduction." Pp. 1–19 in Trentmann, ed. *Oxford Handbook of the History of Consumption*. Oxford: Oxford University Press, 2012.

Tsai, Weipin. *Reading Shenbao: Nationalism, Consumerism and Individuality in China, 1919–37*. London: Palgrave Macmillan, 2010.

Twitchell, James B. *Adcult USA: The Triumph of Advertising in American Culture*. New York: Columbia University Press, 1996.

Solinger, Dorothy J. *Chinese Business Under Socialism: The Politics of Domestic Commerce, 1949–1980*. Berkeley: University of California Press, 1984.
Stalin, Joseph V. *Economic Problems of Socialism in the U.S.S.R.* Peking: Foreign Languages Press, 1972.
Stalin, Joseph V. *Problems of Leninism*. Moscow: Foreign Languages Publishing House, 1953.
Starr, John Bryan. "Conceptual Foundations of Mao Tse-Tung's Theory of Continuous Revolution." *Asian Survey*, vol. 11, no. 6 (1971), 610–28.
Stearns, Peter N. *Consumerism in World History: The Global Transformation of Desire*. London: Routledge, 2006.
Stearns, Peter N. *Satisfaction Not Guaranteed: Dilemmas of Progress in Modern Society*. New York: New York University Press, 2012.
Stitziel, Judd. *Fashioning Socialism: Clothing, Politics, and Consumer Culture in East Germany*. Oxford: Berg, 2005.
Stone, David R. *Hammer and Rifle: The Militarization of the Soviet Union, 1926–1933*. Lawrence: University Press of Kansas, 2000.
Stranahan, Patricia. *Molding the Medium: The Chinese Communist Party and Liberation Daily*. London: Routledge, 2015.
Su Feng 苏峰. "改革开放初期北京安置待业青年与多种经济形式的起步" (The arrangements for youth waiting for employment in Beijing and the beginning of various economic forms during the early reform and opening-up). *Dangdai Zhongguo shi yanjiu*, vol. 24, no. 4 (2017), 50–62.
Su Shimei 苏士梅. 中国近现代商业广告史 (A history of modern and contemporary advertising in China). Kaifeng: Henan daxue chubanshe, 2006.
Su Xiu 苏秀. 我的配音生涯 (My career doing voiceovers). Shanghai: Wenhui chubanshe, 2005.
Su, Yang. *Collective Killings in Rural China During the Cultural Revolution*. New York: Cambridge University Press, 2011.
Sun Peidong 孙沛东. "视听暴力: '九评'的生产传播及红卫兵一代的记忆" (Audiovisual violence: The production and transmission of the nine commentaries and memories of the Red Guard generation). *Sixiang*, no. 35 (2018), 43–91.
Sun Peidong 孙沛东. 时尚与政治: 广东民众日常着装时尚 (1966–1976) (Fashion and politics: Everyday clothing fashions of the Guangdong masses [1966–1976]). Beijing: Renmin chubanshe, 2013.
Swallow, Robert W. *Sidelights on Peking Life*. Peking: China Booksellers Ltd., 1927.
Swayne, Elizabeth. "Soviet Advertising: Communism Imitates Capitalism." Pp. 93–103, in C. H. Sandage and Vernon Fryburger, eds. *The Role of Advertising*. Homewood, IL: R. D. Irwin, 1960.
Tan Jiewen 谭解文. "'抄家'述略" (A brief account of "home ransackings"). *Hunan wenshi*, no. 6 (2001), 74–5.
Tang, Jianzhong and Laurence J. C. Mao. "Evolution of Urban Collective Enterprises in China." *The China Quarterly*, no. 104 (1985), 614–40.
Tang, Peter S. H. *Communist China Today*, 2 vols. New York: Praeger, 1957–58.

Shen Kun 沈琨. “老县城记” (Memories of my county), in 沈琨文集: 散文卷4 (The collected works of Shen Kun: Prose, Volume 4). Beijing: Zuojia chubanshe, 2012.

Shen, Zhihua and Guy Alitto. “A Historical Examination of the Issue of Soviet Experts in China: Basic Situation and Policy Changes.” *Russian History*, vol. 29, nos. 2/4 (2002), 377–400.

Shen Zhihua 沈志华. 苏联专家在中国 *(1948–1960)* (Soviet Experts in China, 1948–1960). Beijing: Zhongguo guoji guangbo chubanshe, 2003.

Sheng, Michael M. “Mao Zedong and the Three-Anti Campaign (November 1951 to April 1952): A Revisionist Interpretation.” *Twentieth-Century China*, vol. 32, no. 1 (2006), 56–80.

Shih, Ch’eng-chih. *Urban Commune Experiments in Communist China*. Hong Kong: Union Research Institute, 1962.

十年宣传画选集 (A selection of propaganda posters during the ten years). Shanghai: Shanghai meishu chubanshe, 1960.

Sichuansheng shangyeting 四川省商业厅, ed. “不断跃进, 面貌一新的重庆‘三八’百货商店” (Continuous leap forward, the appearance of a new Chongqing “March Eighth” Department Store). P. 98, in Shangyebu 商业部, ed. 商业红旗 (日用工业品类) (The red flag of commerce [industrial consumer goods sector]). Beijing: Gongren chubanshe, 1960.

Sichuansheng shangyeting 四川省商业厅, ed. “千方百计把方便送给顾客” (Take every means to make conveniences for customers). P. 105, in Shangyebu (商业部), ed. 商业红旗 (日用工业品类) (The red flag of commerce [industrial consumer goods sector]). Beijing: Gongren chubanshe, 1960.

Sidalin 斯大林 (Joseph Stalin). 苏联社会主义经济问题 (Economic problems of socialism in the USSR). Beijing: Renmin chubanshe, 1952. Also published in *Xuexi*, no. 8 (November 1952), 3–27.

Siegelbaum, Lewis H. *Cars for Comrades: The Life of the Soviet Automobile*. Ithaca, NY: Cornell University Press, 2008.

Slater, Don. *Consumer Culture and Modernity*. Oxford: Polity Press, 1997.

Smith, John. *Imperialism in the Twenty-first Century: Globalization, Super-Exploitation, and Capitalism’s Final Crisis*. New York: Monthly Review Press, 2016.

Smith, Stephen A. “Introduction: Towards a Global History of Communism.” Pp. 1–34, in S. A. Snow, Edgar. “A Conversation with Mao Tse-tung.” *Life*, vol. 70, no. 16 (April 30, 1971), 46–7.

Smith, Stephen A., ed. *The Oxford Handbook of the History of Communism*. Oxford: Oxford University Press, 2013.

Snow, Edgar. “A Reporter Got This Rare Interview with Chairman Mao in 1965, Even Though China Was Entirely Closed to the West.” *The New Republic*, February 27, 1965, 17–23.

So, Bennis Wai-yip. “The Policy-Making and Political Economy of the Abolition of Private Ownership in the Early 1950s: Findings from New Materials.” *The China Quarterly*, no. 171 (2002), 682–703.

Shan Shaojie 单少杰. 毛泽东执政春秋 (The reign of Mao Zedong). Taipei: Lianjing chubanshe, 2001.
Shan Shaojie 山东省日用机械工业制 1915–1985 (Records of the Shandong everyday goods machinery industry, 1915–1985). Shandong: Shandongsheng riyong jixie gongye gongsi, 1988.
Shanghai baihuo gongsi. Shanghai shehui kexueyuan jingji yanjiusuo, Gongshang xingzheng guanliju 上海百货公司, 上海社会科学院经济研究所, 上海市工商行政管理局, eds. 上海近代百货商业史 (A history of modern department store commerce in Shanghai). Shanghai: Shanghai shehui kexue chubanshe, 1988.
"上海解放初期警备工作的日日夜夜" (Days and nights of garrison work in the early days of Shanghai's Liberation). Pp. 9–41, in Zhongguo renmin jiefangjun Shanghai jingbeiqu zhengzhibu, Zhonggong Shanghai shiwei dangshi yanjiushi 中国人民解放军上海警备区政治部, 中共上海市委党史研究室, eds. 警备大上海 (Guard great Shanghai). Shanghai: Shanghai yuandong chubanshe, 1994.
Shanghai qinggongye zhi bianzuan weiyuanhui 上海轻工业志编纂委员会, ed. 上海轻工业志 (Shanghai light industry annals). Shanghai: Shanghai shehui kexue chubanshe, 1996.
Shanghai shehui kexueyuan jingji yanjiusuo 上海社会科学院经济研究所, ed. 上海永安公司的产生, 发展和改造 (The birth, development, and transformation of Shanghai's Yong'an Company). Shanghai: Shanghai renmin chubanshe, 1981.
"上海市电影局" (Shanghai municipal movie office). SMA, B170-1-1149 (March 22, 1965).
"上海市广告公司, 关于服务质量与设计质量问题的调查报告" (Inspection report of issues of service and design quality in the advertising industry). SMA B123-5-78 (September 11, 1961).
"商业广告" (Commercial advertising). SMA B135-1-551 (1957).
Shangyebu baihuo ju 商业部百货局, ed. 中国百货商业 (Chinese general commerce). Beijing: Beijing daxue chubanshe, 1989.
Shangyebu jingji yanjiusuo 商业部经济研究所, ed. 新中国商业三十年 (征求意见稿) (Thirty years of New China's business) (Draft Soliciting Opinions). Internal circulation, 1980.
Shangyebu shangye jingji yanjiusuo 商业部商业经济研究所, ed. 新中国商业史稿 (1949–1982) (Draft of New China's business history, 1949–1982). Beijing: Zhongguo caizheng jingji chubanshe, 1984.
Shangyebu shangye zuzhi yu jishuju 商业部商业组织与技术局, ed. 商店橱窗陈列与内部布置 (Store window displays and interior decorations). Beijing: Caizheng jingji chubanshe, 1955.
Shao Wenguang. *China, Britain and Businessmen: Political and Commercial Relations, 1957*. Basingstoke: Macmillan, 1991.
Sheehan, Jackie. *Chinese Workers: A New History*. London: Routledge, 1998.
Shen Kuiyi. "Publishing Posters Before the Cultural Revolution." *Modern Chinese Literature and Culture*, vol. 12, no. 2 (Fall 2000), 177–202.

Riskin, Carl. *China's Political Economy: The Quest for Development since 1949*. Oxford: Oxford University Press, 1988.

Rohlf, Gregory. "The Soviet Model and China's State Farms." Pp. 197–230, in Thomas P. Bernstein and Hua-Yu Li, eds. *China Learns from the Soviet Union, 1949–Present*. Lanham, MD: Lexington Books, 2011.

Rosdolsky, Roman. *The Making of Marx's "Capital,"* tr. Pete Burgess. London: Pluto, 2004.

Sanchez-Sibony, Oscar. *Red Globalization: The Political Economy of the Soviet Cold War from Stalin to Khrushchev*. Cambridge: Cambridge University Press, 2014.

Schoenhals, Michael. *China's Cultural Revolution, 1966–1969: Not a Dinner Party*. Armonk, NY: M.E. Sharpe, 1996.

Schoenhals, Michael. "China's 'Great Proletarian Information Revolution' of 1966–1967." Pp. 230–58, in Jeremy Brown and Matthew D. Johnson, eds. *Maoism at the Grassroots: Everyday Life in China's Era of High Socialism*. Cambridge, MA: Harvard University Press, 2015.

Schoenhals, Michael. *Doing Things with Words in Chinese Politics: Five Studies*. Berkeley: Institute of East Asian Studies, University of California, 1992.

Schor, Juliet B. *The Overspent American: Why We Want What We Don't Need*. New York: HarperPerennial, 1999.

Schram, Stuart R. "Mao Tse-tung and the Theory of the Permanent Revolution, 1958–1969." *The China Quarterly*, no. 46 (1971), 221–44.

Schram, Stuart R. "Mao Tse-tung's Thought from 1949 to 1976." Pp. 1–104, in John King Fairbank and Roderick MacFarquhar, eds. *The Cambridge History of China, vol. 14: The People's Republic of China, part 2: Revolutions Within the Chinese Revolution, 1966–1982*. Cambridge: Cambridge University Press, 1991.

Schram, Stuart R., ed. *Mao Zedong Unrehearsed: Talks and Letters, 1956–71*. Harmondsworth: Penguin, 1974.

Schrift, Melissa. *Biography of a Chairman Mao Badge: The Creation and Mass Consumption of a Personality Cult*. New Brunswick, NJ: Rutgers University Press, 2001.

Schudson, Michael. *Advertising, The Uneasy Persuasion: Its Dubious Impact on American Society*. New York: Basic Books, 1986.

Scott, James C. "Everyday Forms of Resistance." Pp. 3–33, in Forrest D. Colburn, ed. *Everyday Forms of Peasant Resistance*. Armonk, NY: M.E. Sharpe, 1989.

Scott, James C. *Weapons of the Weak: Everyday Forms of Peasant Resistance*. New Haven: Yale University Press, 1985.

Selden, Mark. *The Political Economy of Chinese Socialism*. Armonk, NY: M.E. Sharpe, 1988.

Service, Robert. *Trotsky: A Biography*. Cambridge, MA: Belknap Press of Harvard University Press, 2009.

Shai, Aron. *The Fate of British and French Firms in China, 1949–54: Imperialism Imprisoned*. Basingstoke: Macmillan, 1996.

Shan Shaojie "商标工作座谈会纪要" (An outline of the trademark working meeting). SMA, Document 2 B170-1-1079 (February 6, 1964).

Po I-po [Bo Yibo]. "Industry's Tasks in 1959." *Peking Review*, no. 1 (1959), 9–11.

Po I-po [Bo Yibo]. *The Polemic on the General Line of the International Communist Movement*. Peking: Foreign Languages Press, 1965.

Postone, Moishe. *Time, Labor, and Social Domination: A Reinterpretation of Marx's Critical Theory*. Cambridge: Cambridge University Press, 1993.

Preobrazhenskiĭ, E. A. and Donald A. Filtzer. *The Crisis of Soviet Industrialization: Selected Essays*. White Plains, NY: M.E. Sharpe, 1979.

Priestley, K. E. "The Sino-Soviet Friendship Association." *Pacific Affairs*, vol. 25, no. 3 (1952), 287–92.

Putnam, Tim. "The Sewing Machine Comes Home." Pp. 269–83, in Barbara Burman, ed. *The Culture of Sewing: Gender, Consumption and Home Dressmaking*. New York: Berg, 1999.

Qi Weiping 齐卫平 and Wang Jun 王军. 关于毛泽东'超英赶美'思想演变阶段的历史考察. (Historical research on the formation and development of Mao Zedong's Thought of "surpassing Great Britain and catching up with the United States"). *Shixue yuekan*, no. 2 (2002), 66–71.

Qin Benli 钦本立. 美帝经济侵华史 (A history of the American imperialist economic invasion of China). Beijing: Shijie zhishi chubanshe, 1950.

Qingdaoshi shizhi bangongshi, 青岛市志办公室, ed. 青岛市志: 轻工业志建材工业志 (Qingdao annals: Light industry/building materials industry). Beijing: Xinhua chubanshe, 2000.

Que Wen 闕文 et al. 抗美援朝畫冊: 第二冊 (Resist America and Aid Korea album: Volume 2). Beijing: Renmin meishu chubanshe, 1951.

Radchenko, Sergey. "The Rise and the Fall of the Sino-Soviet Alliance 1949–1989." Pp. 243–68, in N. Naimark, S. Pons, and S. Quinn-Judge, eds. *The Cambridge History of Communism*. Cambridge: Cambridge University Press, 2017.

Radchenko, Sergey. *Two Suns in the Heavens: The Sino-Soviet Struggle for Supremacy, 1962–1967*. Washington, DC: Woodrow Wilson Press and Stanford: Stanford University Press, 2009.

Randall, Amy E. *The Soviet Dream World of Retail Trade and Consumption in the 1930s*. New York: Palgrave Macmillan, 2008.

Reid, Susan E. "Cold War in the Kitchen: Gender and the De-Stalinization of Consumer Taste in the Soviet Union under Khrushchev." *Slavic Review*, vol. 61, no. 2 (2002), 211–52.

Resnick, Stephen A. and Richard D. Wolff. *Class Theory and History: Capitalism and Communism in the U.S.S.R.* New York: Routledge, 2002.

Resnick, Stephen A. and Richard D. Wolff. *Knowledge and Class: A Marxian Critique of Political Economy*. Chicago: University of Chicago Press, 1987.

Rhoads, Edward J. M. "Cycles of Cathay: A History of the Bicycle in China." *Transfers*, vol. 2, no. 2 (Summer 2012), 95–120.

Richman, Barry M. *Industrial Society in Communist China: A Firsthand Study of Chinese Economic Development and Management, with Significant Comparisons with Industry in India, the U.S.S.R., Japan, and the United States*. New York: Random House, 1969.

Ni Ping 倪萍. "上海牌手表" (Shanghai wristwatches). P. 39, in Wang Xiaozhen 王晓真, ed. 商品的故事 (Stories about merchandise). Guangzhou: Nanfang ribao chubanshe, 2000.

Nolan, Peter. *Is China Buying the World?* Cambridge: Polity Press, 2012.

Nove, Alec. *An Economic History of the U.S.S.R., 1917–1991*, 3rd ed. Harmondsworth: Penguin, 1992.

Oakley, Peter. "Ticking Boxes: (Re)Constructing the Wristwatch as a Luxury Object." *Luxury*, vol. 2. no. 1 (2015), 41–60.

Ogle, Vanessa. *The Global Transformation of Time: 1870–1950*. Cambridge, MA: Harvard University Press, 2015.

Oi, Jean C. *State and Peasant in Contemporary China: The Political Economy of Village Government*. Berkeley: University of California Press, 1991.

Osokina, Elena. *Our Daily Bread: Socialist Distribution and the Art of Survival in Stalin's Russia, 1927–1941*, ed. Kate Transchel, tr. Kate Transchel and Greta Bucher. Armonk, NY: M.E. Sharpe, 2001.

Pang Xianzhi 逄先知 and Feng Hui 冯蕙, eds. Zhonggong zhongyang wenxian yanjiushi 中共中央文献研究室, eds. 毛泽东年谱 (1949–1976), 六卷 (A chronicle of Mao Zedong [1949–1976], Volume 6). Beijing: Zhongyang wenxian chubanshe, 2013.

Pang Xianzhi 逄先知 and Jin Chongji 金冲及, eds. 毛泽东传, 1949–1976 (The life of Mao Zedong, 1949–1976). Beijing: Zhongyang wenxian chubanshe, 2003.

Parker, Geoffrey. *The Military Revolution: Military Innovation and the Rise of the West, 1500–1800*, 2nd ed. Cambridge: Cambridge University Press, 2016.

Patterson, Patrick Hyder. *Bought and Sold: Living and Losing the Good Life in Socialist Yugoslavia*. Ithaca, NY: Cornell University Press, 2011.

Patterson, Patrick Hyder. "Truth Half Told: Finding the Perfect Pitch for Advertising and Marketing in Socialist Yugoslavia, 1950–1991." *Enterprise & Society: The International Journal of Business History*, vol. 4, no. 2 (2003), 179–225.

Peng, Kuang-hsi. *Why China Has No Inflation*. Peking: Foreign Languages Press, 1976.

Perkins, Dwight H. *Market Control and Planning in Communist China*. Cambridge, MA: Harvard University Press, 1966.

Perry, Elizabeth J. "Masters of the Country? Shanghai Workers in the Early People's Republic." Pp. 59–79, in Jeremy Brown and Paul G. Pickowicz, eds. *Dilemmas of Victory*. Cambridge, MA: Harvard University Press, 2007.

Perry, Elizabeth J. and Li Xun, *Proletarian Power: Shanghai in the Cultural Revolution*. Boulder, CO: Westview Press, 1997.

Pickowicz, Paul G. *Marxist Literary Thought in China: The Influence of Ch'ü Ch'iu-pai*. Berkeley: University of California Press, 1981.

Pietz, David Allen. *The Yellow River: The Problem of Water in Modern China*. Cambridge, MA: Harvard University Press, 2015.

Pilling, Geoffrey. *Marx's Capital: Philosophy and Political Economy*. London: Routledge & Kegan Paul, 1980.

Marx, Karl. *Theories of Surplus Value*. Moscow: Progress Publishers, 1968, 2.519, reproduced at www.massline.org/PolitEcon/crises/Crises01.htm. Archived November 12, 2018.
McCord, Edward A. *The Power of the Gun: The Emergence of Modern Chinese Warlordism*. Berkeley: University of California Press, 1993.
McCrossen, Alexis. *Marking Modern Times: A History of Clocks, Watches, and Other Timekeepers in American Life*. Chicago: University of Chicago Press, 2013.
McDougall, Bonnie S. *Mao Zedong's "Talks at the Yan'an Conference on Literature and Art": A Translation of the 1943 Text with Commentary*. Ann Arbor: Center for Chinese Studies, University of Michigan, 1980.
McGuire, Elizabeth. *Red at Heart: How Chinese Communists Fell in Love with the Russian Revolution*. New York: Oxford University Press, 2018.
McKendrick, Neil, John Brewer, and J.H. Plumb. *The Birth of a Consumer Society: The Commercialization of Eighteenth-Century England*. Bloomington: Indiana University Press, 1982.
McNeill, William H. *The Pursuit of Power: Technology, Armed Force, and Society since AD 1000*. Oxford: Basil Blackwell, 1983.Meng Liye 孟犁野. "从农村来的一封信" (A letter from the countryside). *Dianying yishu*, no. A2 (1956), 73.
美帝怎样摧残我工商业 (How US imperialism destroyed our country's industry and commerce). Beijing: Shiyue chubanshe, 1950.
Messaris, Paul. *Visual Persuasion: The Role of Images in Advertising*. Thousand Oaks, CA: Sage Publications, 1997.
Meyskens, Covell. *Mao's Third Front: The Militarization of Cold War China*. Cambridge: Cambridge University Press, 2020.
Mi Ruo 米若. "'上影画报' 的方向是什么?" (What is the direction of *Shanghai Film Pictorial*?). *Zhongguo dianying zazhi*, no. 10 (1958), 71–2.
Millar, James R. "The Little Deal: Brezhnev's Contribution to Acquisitive Socialism." *Slavic Review*, vol. 44, no. 4 (1985), 694–706.
Min, Anchee, Jie Zhang, and Duoduo. *Chinese Propaganda Posters*. Cologne: Taschen, 2008.
Mitter, Rana. *Forgotten Ally: China's World War II, 1937–1945*. Boston: Houghton Mifflin Harcourt, 2013.
Murck, Alfreda, ed. *Mao's Golden Mangoes and the Cultural Revolution*. Zurich: Scheidegger & Spiess, 2013.
Muscolino, Micah S. *Ecology of War in China: Henan Province, the Yellow River, and Beyond, 1938–1950*. Cambridge: Cambridge University Press, 2015.
Naughton, Barry. *The Chinese Economy: Transitions and Growth*. Cambridge, MA: MIT Press, 2007.
Naughton, Barry. "The Third Front: Defence Industrialization in the Chinese Interior." *The China Quarterly*, no. 115 (1988), 351–86.
Naughton, Barry and Kellee S. Tsai, eds. *State Capitalism, Institutional Adaptation, and the Chinese Miracle*. Cambridge: Cambridge University Press, 2015.
Nell, Dawn et al. "Investigating Shopper Narratives of the Supermarket in Early Post-War England, 1945–75." *Oral History*, vol. 37, no. 1 (2009), 61–73.

Manton, Judy. "Mao Badges – Graven Images?" *China Now*, no. 125 (Summer 1988), 8–9.

Mao Dechuan 毛德传. "国民党军修建利用岱山机场的前前后后" (The complete story of the KMT army's building of and using the Daishan airport for military purposes). Pp. 13–19, in Zhongguo renmin zhengzhi xieshang huiyi, Zhejiangsheng Daishanxian weiyuanhui wenshi ziliao weiyuanhui 中国人民政治协商会议, 浙江省岱山县委员会文史资料委员会, eds. 岱山文史资料 (Daishan historical materials) (1991).

Mao Tse-tung, *On the People's Democratic Dictatorship*, 3rd ed. Peking: Foreign Languages Press, 1950.

Mao Zedong. "Analysis of the Classes in Chinese Society," March 1926. Pp. 1.13–19, in *Selected Works of Mao Tse-tung*. Peking: Foreign Languages Press, 1965.

Mao Zedong. "The Chinese Revolution and the Chinese Communist Party," December 1939. Pp. 2: 305–31, in *Selected Works of Mao Tse-tung*. Peking: Foreign Languages Press, 1965.

Mao Zedong. "On Coalition Government," April 24, 1945. Pp. 3.255–320, in *Selected Works of Mao Tse-tung*. Peking: Foreign Languages Press, 1965.

Mao Zedong 毛泽东. "同民建和工商联负责人的谈话" (Conversation with the principals of the China Democratic National Construction Association and the Federation of Industry and Commerce). February 7, 1956. *Dang de wenxian*, no. 6 (1998), 8–10.

Mao Zedong. *A Critique of Soviet Economics*, tr. Moss Roberts. New York: Monthly Review, 1977.

Mao Zedong. "Let Us Unite and Clearly Distinguish Ourselves and the Enemy," August 4, 1952. Pp. 5.80, in *Selected Works of Mao Tse-tung*. Beijing: Foreign Languages Press, 1977.

Mao Zedong. "On New Democracy," January 1940. Pp. 2: 339–82, in *Selected Works of Mao Tse-tung*. Peking: Foreign Languages Press, 1965.

Mao Zedong. *Report from Xunwu*, tr. Roger R. Thompson. Stanford: Stanford University Press, 1990.

Mao Zedong. "Talks at the Hangzhou Conference (Draft Transcript)," January 3–4, 1958. Pp. 377–91, in Roderick MacFarquhar, Timothy Cheek, and Eugene Wu, eds. *The Secret Speeches of Chairman Mao: From the Hundred Flowers to the Great Leap Forward*. Cambridge, MA: Council on East Asian Studies, Harvard University, 1989.

Marchand, Roland. *Advertising the American Dream: Making Way for Modernity, 1920–1940*. Berkeley: University of California Press, 1985.

Martin, Helmut. *Cult and Canon: The Origins and Development of State Maoism*. Armonk, NY: M.E. Sharpe, 1982.

Marx, Karl. *Capital: A Critique of Political Economy*, 3 vols., tr. Ben Fowkes. London: Penguin Books, 1990–2.

Marx, Karl. "Critique of the Gotha Programme" (1875), www.marxists.org/archive/marx/works/1875/gotha/ch01.htm. Archived July 9, 2018.

Marx, Karl. *Grundrisse: Foundations of the Critique of Political Economy*, tr. Martin Nicolaus. New York: Vintage Books, 1973.

Liu Suinian and Wu Qungan, eds. *China's Socialist Economy: An Outline History (1949–1984)*. Beijing: Beijing Review, 1986.
Liu Yajuan 刘亚娟. "国家与都市之间：上海劳模形象建构与流变的个案研究 (1949–1963)" (Between the state and the metropolis: A case study of the construction and change in the image of Shanghai model laborers, 1949–1963). *Zhonggong dangshi yanjiu*, no. 5 (2016), 68–78.
Liu Yangdong 刘仰东. 红底金字：六七十年代的北京孩子 (Gold characters on red: Beijing children in the 1960s and the 1970s). Beijing: Zhongguo qingnian chubanshe, 2005.
Liu Zhenghui 刘正辉. "京胡的发展与制作（六）" (The development and production of Jinghu [Part 6]). *Zhongguo jingju*, no. 11 (2005), 24, plus photos.
Lu, Hanchao. *Beyond the Neon Lights: Everyday Shanghai in the Early Twentieth Century*. Berkeley: University of California Press, 1999.
Lu, Hanchao. "Bourgeois Comfort under Proletarian Dictatorship: Home Life of Chinese Capitalists before the Cultural Revolution." *Journal of Social History*, vol. 52, no. 1 (2018), 74–100.
Lu Na 鲁娜. 毛泽东像章收藏与鉴赏 (Collecting and appreciating Mao Zedong badges). Beijing: Guoji wenhua chubanshe, 1993.
Lu Xiangbo 鲁湘伯. "图说早期国产表的发展轨迹和时代烙印" (The picture shows the development of early domestic watches and the brands at that time). *Zui shijian* (May 2016), 26–35.
Lü, Xiaobo and Elizabeth J. Perry, eds. *Danwei: The Changing Chinese Workplace in Historical and Comparative Perspective*. Armonk, NY: M.E. Sharpe, 1997.
Luo Hanping 罗汉平. "东北解放区1947年土改中的'砍挖运动'" (The "chopping and digging campaign" during Land Reform in the liberated districts of Northeast China in 1947). *Shiji qiao*, no. 4 (2004), 31–3.
Luo Pinghan 罗平汉. "大锅饭"：公共食堂始末 ("The big rice bowl": The origins and end of the public canteens). Nanning: Guangxi renmin chubanshe, 2001.
Luo Weiran 罗未然. "闯入'吉尼斯大全'的'毛泽东像章'收藏家'" (Mao Zedong badge collector is granted place in *Guinness Book of World Records*). *Zhongzhou jingu*, no. 2 (1997), 38–41.
Luthi, Lorenz M. *The Sino-Soviet Split: Cold War in the Communist World*. Princeton, NJ: Princeton University Press, 2008.
Lutze, Thomas D. *China's Inevitable Revolution: Rethinking America's Loss to the Communists*. New York: Palgrave Macmillan, 2007.
Luxemburg, Rosa. *The Accumulation of Capital*, tr. Agnes Schwarzschild. London: Routledge, 2003.
Ma Jianxiong 麻建雄. 武汉老橱窗 (Old window displays in Wuhan). Wuhan: Wuhan chubanshe, 2013.
MacFarquhar, Roderick. *The Origins of the Cultural Revolution*, 3 vols. New York: Columbia University Press, 1974, 1983, 1997.
MacFarquhar, Roderick and Michael Schoenhals. *Mao's Last Revolution*. Cambridge, MA: Belknap Press of Harvard University Press, 2008.
MacGregor, Greg. "Shopper in China Has Long Wait." *New York Times*, June 25, 1957.

Li Xiaojun 李晓军. 牙医史话: 中国口腔卫生文史概览 (A narrative history of dentistry: An overview of Chinese dental hygiene). Hangzhou: Zhejiang daxue chubanshe, 2014.

Li, Yan. *China's Soviet Dream: Propaganda, Culture, and Popular Imagination*. London: Routledge, 2018.

Li Ying. "Shops and Shoppers in Shanghai." *China Reconstructs*, vol. 13, no. 10 (1964), 49–51.

Li Zhensheng, Robert Pledge, and Jacques Menasche. *Red-color News Soldier: A Chinese Photographer's Odyssey Through the Cultural Revolution*. London: Phaidon, 2003.

Liang Heng and Judith Shapiro. *Son of the Revolution*. New York: Knopf, 1983.

Lian Lingling (Lien Ling-ling) 连玲玲. 打造消费天堂: 百货公司与近代上海城市文化 (Creating a paradise for consumption: Department stores and modern urban culture in Shanghai). Beijing: Shehui kexue wenxian chubanshe, 2018.

Lian Lingling (Lien Ling-ling) 連玲玲. "上海百货公司的社会主义改造, 1949–1956 (The socialist transformation of Shanghai Department Store, 1949–1956). Pp. 333–72, in Hsieh Kuo-hsing 謝國興, ed. 改革与改造, 冷战初期两岸的粮食, 土地与工商业变革 (Reform and reconstruction: The transformation of rice supplies, land reform, and industry and commerce in early Cold War Mainland China and Taiwan). Taipei: Institute of Modern History, Academia Sinica, 2010.

Liang Shuming 梁漱溟. 梁漱溟自述 (An autobiography of Liang Shuming). Zhengzhou: Henan renmin chubanshe, 2004.

Liang Xiaosheng 梁晓声. 一个红卫兵的自白 (Confessions of a Red Guard). Beijing: Wenhua yishu chubanshe, 2006.

Lin, Cyril Chihren. "The Reinstatement of Economics in China Today." *The China Quarterly*, no. 85 (1981), 1–48.

Lin Qihong. *Social Life of the Chinese (in Peking)*. Peking: China Booksellers, 1928.

Ling, Ken. *Red Guard: From Schoolboy to "Little General" in Mao's China*. London: Macdonald, 1972.

Liu, Alan P. L. *Communications and National Integration in Communist China*. Berkeley: University of California Press, 1975.

Liu Dishan 柳迪善. "苏联电影在中国: 五十年代的考察" (Soviet movies in China: An examination of the 1950s). *Dianying yishu*, no. 4 (2008), 55–60.

Liu Jialin 刘家林. 新编中外广告通史 (A general history of Chinese and world advertising). Guangzhou: Ji'nan daxue chubanshe, 2004.

Liu Shanling 刘善龄. 西洋风: 西洋发明在中国 (Wind from the West: Western inventions in China). Shanghai: Shanghai guji chubanshe, 1999.

Liu Shaoqi 刘少奇. "刘少奇关于 '四清' '五反'蹲点问题的报告" (Liu Shaoqi's report on the issue of the "four clean-ups" and the "five antis"), September 16, 1964. In 批判资料: 中国赫鲁晓夫刘少奇反革命修正主义言论集 (1958.6–1967.7). Beijing: Renmin chubanshe ziliaoshi, September 1967.

Liu, Shaw-tong. *Out of Red China*, tr. Jack Chia and Henry Walter. New York: Duell, Sloan, and Pearce, 1953.

Leiss, William et al. *Social Communication in Advertising: Persons, Products, and Images of Well-Being*. Toronto: Methuen, 1986.

Lenin, Vladimir. "An Essential Condition of the Bolsheviks' Success." In *"Left-Wing" Communism: An Infantile Disorder* (1920). www.marxists.org/archive/lenin/works/1920/lwc/ch02.htm. Archived March 28, 2018.

Levine, Steven I. *Anvil of Victory: The Communist Revolution in Manchuria, 1945–1948*. New York: Columbia University Press, 1987.

Lewis, John Wilson and Litai Xue. *China Builds the Bomb*. Stanford: Stanford University Press, 1988.

Li, Danhui and Yafeng Xia. *Mao and the Sino-Soviet Split, 1959–1973: A New History*. Lanham, MD: Lexington Books, 2018.

Li Dong 李动. "永远的歼 6" (The eternal J-6). Pp. 348–50, in Shanghai difangzhi bangongshi 上海地方志办公室, ed. 人民军队中的上海兵 (Shanghai soldiers in the People's Army). Shanghai: Shanghai renmin chubanshe, 2013.

Li Duanxiang 李端祥. 城市人民公社运动研究 (Research on the urban People's Commune movement). Changsha: Hunan renmin chubanshe, 2006.

Li, Hua-Yu. "Instilling Stalinism in Chinese Party Members: Absorbing Stalin's *Short Course* in the 1950s." Pp. 107–30, in Thomas P. Bernstein and Hua-Yu Li, eds. *China Learns from the Soviet Union, 1949–Present*. Lanham, MD: Lexington Books, 2011.

Li, Hua-Yu. *Mao and the Economic Stalinization of China, 1948–1953*. Lanham, MD: Rowman & Littlefield, 2006.

Li, Jie. *Shanghai Homes: Palimpsests of Private Life*. New York: Columbia University Press, 2015.

Li Jingrong 李景荣. "狂热 幻灭: 红卫兵运动剪影" (Fanaticism and disillusionment: Silhouettes of the Red Guard movement). Pp. 116–19, in Zhe Yongping 者永平, ed. 那个时代中的我们 (Ourselves at that time). Huhehaote: Yuanfang chubanshe, 1998.

Li Lin 李琳. "毛泽东像章的收藏初探" (A brief study of Mao Zedong badge collections). *Sichuansheng ganbu hanshou xueyuan xuebao*, no. 3 (2010), 40–3.

Li, Mingjiang. *Mao's China and the Sino-Soviet Split: Ideological Dilemma*. London: Routledge, 2012.

Li Pao-kuang. "Speaking of Women's Clothing." *Women of China*, no. 1 (Spring 1956), 22–3.

Li Ping'an 李平安 et al., eds. 陕西经济大事 1949–1985 (Record of major events in Shaanxi's economy 1949–1985). Xi'an: Sanqin chubanshe, 1987.

Li Qitian 李启天. "红色收藏, 投资热流涌动" (Red collecting, a favorite investment activity). *Jinrong bolan*, no. 6 (2011), 68–70.

Li Ruojian 李若建. 虚实之间: 20世纪50年代中国大陆谣言研究 (Between fact and fiction: An analysis of rumors in China during the 1950s). Beijing: Shehui kexue wenxian chubanshe, 2011.

Li Shuhua 李叔华. "同家梁上大团圆" (Reunion in Tongjialiang). *Renmin wenxue*, no. 5 (May 30, 1960), 45–51.

Koeber, Chuck. "The Social Reorganization of Time: The 'Great Speedup' and the Transformation of Time and Work Discipline." *Humanity & Society*, vol. 41, no. 2 (2017), 143–57.

Köll, Elisabeth. *Railroads and the Transformation of China*. Cambridge, MA: Harvard University Press, 2019.

Kong, Hanbing. "The Transplantation and Entrenchment of the Soviet Economic Model in China." Pp. 153–66, in Thomas P. Bernstein and Hua-Yu Li, eds. *China Learns from the Soviet Union, 1949–Present* Lanham, MD: Lexington Books, 2010.

Kornai, János. *The Socialist System: The Political Economy of Communism*. Oxford: Clarendon Press, 2007.

Kozlov, Denis and Eleonary Gilbourd. *The Thaw: Soviet Society and Culture during the 1950s and 1960s*. Toronto: University of Toronto Press, 2013.

Kurlantzick, Joshua. *State Capitalism: How the Return of Statism Is Transforming the World*. New York: Oxford University Press, 2016.

Laermans, Rudi. "Learning to Consume: Early Department Stores and the Shaping of the Modern Consumer Culture (1860–1914)." *Theory, Culture & Society*, vol. 10, no. 4 (November 1993), 79–102.

Lakoff, George. *The Political Mind: A Cognitive Scientist's Guide to Your Brain and Its Politics*. New York: Penguin, 2009.

Landsberger, Stefan R. *Chinese Propaganda Posters: From Revolution to Modernization*. Armonk, NY: M.E. Sharpe, 1995.

Landsberger, Stefan R. "'Life as It Ought to Be': Propaganda Art of the PRC." *IIAS Newsletter*, no. 48 (Summer 2008), 27.

Landsberger, Stefan R. and Marien van der Heijden. *Chinese Propaganda Posters: The IISH-Landsberger Collections*. Munich: Prestel, 2009.

Landsman, Mark. *Dictatorship and Demand: The Politics of Consumerism in East Germany*. Cambridge, MA: Harvard University Press, 2005.

Lary, Diana. *China's Civil War: A Social History, 1945–1949*. New York: Cambridge University Press, 2015.

Lasch, Christopher. *The Culture of Narcissism: American Life in an Age of Diminishing Expectations*. New York: Warner Books, 1980.

Lebowitz, Michael A. *The Socialist Alternative: Real Human Development*. New York: Monthly Review Press, 2010.

Lebowitz, Michael A. *The Socialist Imperative: From Gotha to Now*. New York: Monthly Review Press, 2015.

Ledovsky, Andrei. "Two Cables from Correspondence between Mao Zedong and Joseph Stalin." *Far Eastern Affairs*, no. 6 (2000), 89–96.

Lee, Leo Ou-fan. *Shanghai Modern: The Flowering of a New Urban Culture in China, 1930–1945*. Cambridge, MA: Harvard University Press, 1999.

Leese, Daniel. *Mao Cult: Rhetoric and Ritual in China's Cultural Revolution*. Cambridge: Cambridge University Press, 2011.

Leese, Daniel. "A Single Spark: Origins and Spread of the Little Red Book in China." Pp. 23–42, in Alexander C. Cook, ed. *Mao's Little Red Book: A Global History*. Cambridge: Cambridge University Press, 2014.

Jin, Xin, Karin Weber and Jing Xu. "The China Import and Export (Canton) Fair: A Trade Show in Transformation." *Proceedings of the International Convention Exposition Summit* (ICES) (2008).

Johnson, Matthew D. "International and Wartime Origins of the Propaganda State: The Motion Picture in China, 1897–1955." PhD dissertation, University of California, San Diego, 2008.

Joseph, William A. *The Critique of Ultra-Leftism in China, 1958–1981*. Stanford: Stanford University Press, 1984.

"局党委扩大会议有关党委官僚主义方面的综合材料" (Comprehensive materials on the bureaucratic aspects of party committees for the expanded meeting of party committees). SMA B123-4-568 (July 31, 1960).

Kaldor, Mary. *The Imaginary War: Understanding the East–West Conflict*. Oxford: Blackwell, 1990.

Kaple, Deborah. "Agents of Change: Soviet Advisers and High Stalinist Management in China, 1949–1960." *Journal of Cold War Studies*, vol. 18, no. 1 (2016), 5–30.

Kaple, Deborah A. *Dream of a Red Factory: The Legacy of High Stalinism in China*. New York: Oxford University Press, 1994.

Kelly, Catriona. *Refining Russia: Advice Literature, Polite Culture, and Gender from Catherine to Yeltsin*. Oxford: Oxford University Press, 2001.

Kern, Stephen. *The Culture of Time and Space 1880–1918*. Cambridge, MA: Harvard University Press, 1983.

Kirby, William C. "The Chinese War Economy." Pp. 185–212, in James C. Hsiung and Steven I. Levine, eds. *China's Bitter Victory: The War with Japan, 1937–1945*. Armonk, NY: M.E. Sharpe, 1992.

Kirby, William C. "Continuity and Change in Modern China: Economic Planning on the Mainland and on Taiwan, 1943–1958." *The Australian Journal of Chinese Affairs*, no. 24 (July 1990), 121–41.

Kirby, William C. "The Nationalist Regime and the Chinese Party-State, 1928–1958." Pp. 211–37, in Merle Goldman and Andrew Gordon, eds. *Historical Perspectives on Contemporary East Asia*. Cambridge, MA: Harvard University Press, 2000.

Klein, Naomi. *No Logo: Taking Aim at the Brand Bullies*. New York: Picador, 1999.

Klochko, Mikhail A. *Soviet Scientist in Red China*, tr. Andrew MacAndrew. New York: Praeger, 1964.

Knight, Nick. "Introduction: Soviet Marxism and the Development of Mao Zedong's Philosophical Thought." Pp. 3–83, in Nick Knight, ed. *Mao Zedong on Dialectical Materialism: Writings on Philosophy*, 1937. Armonk, NY: M.E. Sharpe, 1990.

Knight, Nick. "Mao Zedong on the Chinese Road to Socialism, 1949–1969." Pp. 217–47, in Nick Knight, *Rethinking Mao: Explorations in Mao Zedong's Thought*. Lanham, MD: Lexington Books, 2007.

Kocka, Jürgen. *Capitalism: A Short History*, tr. Jeremiah M. Riemer. Princeton, NJ: Princeton University Press, 2016.

Hubeisheng Machengxian shangyeju 湖北省麻城县商业局. "五女商店人人夸" (Everyone praises the five-women store). Pp. 9–15, in Shangyebu 商业部, ed. 商业红旗, 下册 (The red flag of commerce, vol. 3). Beijing: Renmin chubanshe, 1959.
Huff, Gregg. "Finance for War in Asia and Its Aftermath." Pp. 56–93, in Michael Geyer and J. Adam Tooze, eds. *The Cambridge History of the Second World War: Volume 3, Total War: Economy, Society and Culture*. Cambridge: Cambridge University Press, 2015.
"回望淮国旧" (Recalling the Huaiguojiu). Pp. 138–48, in 上海影像工作室, ed. 百姓生活记忆: 上海故事 (Memories of people's life experiences: Shanghai stories). Shanghai: Xuelin chubanshe, 2012.
Hung, Chang-tai. *Mao's New World: Political Culture in the Early People's Republic*. Ithaca, NY: Cornell University Press, 2011.
Hung, Ho-fung. *The China Boom: Why China Will Not Rule the World*. New York: Columbia University Press, 2016.
Ilf, Ilya and Eugenii Petrov. *Little Golden America: Two Famous Soviet Humorists Survey These United States*, tr. Charles Malamuth. New York: Farrar & Rinehart, Inc., 1937.
Ironside, Kristy. "Khrushchev's Cash-and-Goods Lotteries and the Turn Toward Positive Incentives." *The Soviet and Post-Soviet Review*, vol. 41, no. 3 (2014), 296–323.
Jersild, Austin. "Socialist Exhibits and Sino-Soviet Relations, 1950–60." *Cold War History*, vol. 18, no. 3 (2018), 275–89.
Ji Zhifeng 冀志枫. "制毒大本营, 好莱坞的剖视" (The basecamp of poison: An analysis and observation of Hollywood). Pp. 27–8, in Nanjing wenlian dianyingbu 南京文联电影部, ed. 美国电影: 帝国主义的侵略工具 (American films: Tools of imperialist invasion). Nanjing: Jiangnan chubanshe, 1951.
Jiang Jiangao 江建高. "韶山又兴'像章热'" (The "badge fad" is hot again in Shaoshan). *Nanfang chuang*, no. 1 (1993).
"姜明亮等上中共中央, 毛泽东书" (Letter to the Central Committee of the Chinese Communist Party and Mao Zedong by Jiang Mingliang et al.). Pp. 121–31, in Yu Xiguang 余习广, ed. 位卑未敢忘忧国: "文化大革命"上书集 (Humble people do not forget their country: A collection of petitions from the Cultural Revolution). Changsha: Hunan renmin chubanshe, 1989.
Jiang, Yarong and David Ashley, eds. *Mao's Children in the New China: Voices from the Red Guard Generation*. London: Routledge, 2000.
Jiang Yigao 江义高. "'倒卖'粮票换手表" ("Speculating" on grain ration coupons for a wristwatch). *Longmeizhen*, no. 10 (2009), 39–43.
Jiangsusheng difangzhi bianzuan weiyuanhui 江苏省地方志编纂委员会, ed. 江苏省志: 工商行政管理志 (Jiangsu province: Administrative records of industry and commerce). Nanjing: Jiangsu guji chubanshe, 1995.
Jin Dalu 金大陆. 非常与正常: 上海 "文革"时期的社会生活 (The extraordinary and the ordinary: Social life in Shanghai during the "Cultural Revolution"). 2 vols. Shanghai: Shanghai cishu chubanshe, 2011.

Hershatter, Gail. *The Gender of Memory: Rural Women and China's Collective Past*. Berkeley: University of California Press, 2011.
Hessler, Julie. *A Social History of Soviet Trade: Trade Policy, Retail Practices, and Consumption, 1917–1953*. Princeton, NJ: Princeton University Press, 2004.
Ho, Dahpon David. "To Protect and Preserve: Resisting the Destroy the Four Olds Campaign, 1966–1967." Pp. 64–95, in Joseph Esherick et al., eds. *The Chinese Cultural Revolution as History*. Stanford: Stanford University Press, 2006.
Ho, Denise. *Curating Revolution: Politics on Display in Mao's China*. Cambridge: Cambridge University Press, 2018.
Ho, Denise. "Revolutionizing Antiquity: The Shanghai Cultural Bureaucracy in the Cultural Revolution, 1966–1968." *The China Quarterly*, no. 207 (2011), 687–705.
Hochschild, Arlie Russell. *The Managed Heart: Commercialization of Human Feeling*. Berkeley: University of California Press, 1983.
Hong Xia 洪霞. "剃过光头" (Shaved bald). Pp. 439–41, in Zhe Yongping 者永平, ed. 那个时代中的我们 (Ourselves at that time). Huhehaote: Yuanfang chubanshe, 1998.
Honig, Emily. "Maoist Mappings of Gender: Reassessing the Red Guards." Pp. 258–68, in Susan Brownell and Jeffrey N. Wasserstrom, eds. *Chinese Femininities and Chinese Masculinities: A Reader*. Berkeley: University of California Press, 2002.
Howlett, Jonathan J. "'The British Boss Is Gone and Will Never Return': Communist Takeovers of British Companies in Shanghai (1949–1954)." *Modern Asian Studies*, vol. 47, no. 6 (2013), 1941–76.
Hsia Kung. "Producing Goods for the Peasants." *China Reconstructs*, vol. 13, no. 11 (1964), 18–20.
Hu Yuanjie 胡远杰. "1967 年'炮轰'南京路事件" (The "bombardment" of Nanjing Road in 1967). *Shiji*, no. 3 (2014), 28–9.
Hua Jiannan 华建南. "'学习班'记事" (Memories of the "Study Group"). *Remembrance*, no. 7 (May 31, 2013), 76–83. http://prchistory.org/wp-content/uploads/2014/05/REMEMBRANCE_No98.pdf. Archived August 26, 2016.
Hua Yi. "An Urban People's Commune in Chungking." *Women of China*, nos. 4–5 (April 5, 1960), 12–17.
Huang Shengmin 黄升民, Ding Junjie 丁俊杰, and Liu Yinghua 刘英华, eds. 中国广告图史 (An illustrated history of Chinese advertisements). Guangzhou: Nanfang ribao chubanshe, 2006.
Huang Zongjiang 黄宗江, ed. 美国电影: 帝国主义的侵略工具 (American films: Tools of imperialist invasion). Nanjing: Jiangnan chubanshe, 1951.
Huang Zongjiang 黄宗江. "美国电影毒在那里" (Where is the poison in American films?). Pp. 1–19, in Nanjing wenlian dianyingbu 南京文联电影部, ed. 美国电影: 帝国主义的侵略工具 (American films: Tools of imperialist invasion). Nanjing: Jiangnan chubanshe, 1951.

Gu Xiegang 顾颉刚. 顾颉刚日记 (1964–1967) (Gu Xiegang's diary [1964–1967]). Taipei: Lianjing chuban shiye gufen youxian gongsi, 2007.
Guan, Datong. *The Socialist Transformation of Capitalist Industry and Commerce in China*. Peking: Foreign Languages Press, 1960.
Guan Shengli 关圣力. "屠鸽" (Killing a pigeon). Pp. 20–4, in Zhe Yongping 者永平, ed. 那个年代中的我们 (Ourselves at that time). Huhehaote: Yuanfang chubanshe, 1998.
广州市志：卷九(上) (Guangzhou City records: vol. 9, part 1). Guangzhou: Guangzhou chubanshe, 1999.
Guffey, Elizabeth E. *Posters: A Global History*. London: Reaktion Books, 2015.
Guo Jian, Yongyi Song, and Yuan Zhou. *Historical Dictionary of the Chinese Cultural Revolution*. Lanham, MD: Scarecrow Press, 2006.
Hall, Peter A. and David W. Soskice. *Varieties of Capitalism: The Institutional Foundations of Comparative Advantage*. Oxford: Oxford University Press, 2001.
Han Jianwen 罕见闻. "'大众电影' 的封面和封底" (The cover page and back page of *Mass Films*). *Zhongguo dianying zazhi*, no. 12 (1958), 52–3.
Han Suyin 韩素英. "毛泽东以永恒的激情从事工作" (Mao Zedong always works in a passionate way). Pp. 509–10, in Deng Liqun 邓力群, ed. 中外名人评说毛泽东 (Comments on Mao Zedong by famous Chinese and foreigners). Beijing: Zhongyang minzu daxue chubanshe, 2003.
Hanson, Philip. *Advertising and Socialism: The Nature and Extent of Consumer Advertising in the Soviet Union, Poland, Hungary, and Yugoslavia*. London: Macmillan, 1974.
Harrison, Mark, ed. *Guns and Rubles: The Defense Industry in the Stalinist State*. New Haven: Yale University Press, 2008.
Harvey, David. *The New Imperialism*. Oxford: Oxford University Press, 2003.
Haug, Wolfgang Fritz. *Critique of Commodity Aesthetics: Appearance, Sexuality, and Advertising in Capitalist Society*. Minneapolis: University of Minnesota Press, 1986.
He, Donghui. "Coming of Age in the Brave New World: The Changing Reception of the Soviet Novel, *How the Steel Was Tempered*, in the People's Republic of China." Pp. 393–420, in Thomas P. Bernstein and Hua-Yu Li, eds. *China Learns from the Soviet Union, 1949–Present*. Lanham, MD: Lexington Books, 2010.
Heath, Joseph and Andrew Potter. *The Rebel Sell: Why the Culture Can't Be Jammed*. Toronto: HarperCollins, 2004.
Heinrich, Michael. *An Introduction to the Three Volumes of Karl Marx's Capital*. New York: Monthly Review Press, 2012.
Henansheng Zhongmouxian shangyeju 河南省中某县商业局. "十五好的中牟四女商店" (Fifteen good experiences in a Zhongmou store run by four women). Pp. 15–20, in Shangyebu 商业部, ed. 商业红旗下册 (The red flag of commerce, vol. 3). Beijing: Renmin chubanshe, 1959.
Herlihy, David V. *Bicycle: The History*. New Haven: Yale University Press, 2006.
Herndon, Neil. "Effective Ethical Response: A New Approach to Channel Stakeholder Needs for Ethical Behavior and Socially Responsible Conduct." *Journal of Marketing Channels*, vol. 13, no. 1 (2006), 1, 63–78.

Gerth, Karl. *As China Goes, So Goes the World: How Chinese Consumers Are Transforming Everything*. New York: Hill and Wang, 2010.
Gerth, Karl. *China Made: Consumer Culture and the Creation of the Nation.* Cambridge, MA: Harvard University Asia Center, 2003.
Gerth, Karl. "Compromising with Consumerism in Socialist China: Transnational Flows and Internal Tensions in 'Socialist Advertising'." *Past & Present*, no. 218 (Spring 2013), 203–32.
Gerth, Karl. "Make Some Get Rich First: State Consumerism and Private Enterprise in the Creation of Postsocialist China." Pp. 449–73, in Juliane Fürst, Silvio Pons, and Mark Selden, eds. *Cambridge History of Communism. Vol. III, Endgames. Late Communism in Global Perspective, 1968 to the Present*. Cambridge: Cambridge University Press, 2017.
Gerth, Karl. "Wu Yunchu and the Fate of the Bourgeoisie and Bourgeois Lifestyles under Communism." Pp. 175–202, in Sherman Cochran, ed. *The Capitalist Dilemma in China's Communist Revolution*. Ithaca, NY: East Asia Program, Cornell University, 2015.
Gittings, John. *Survey of the Sino-Soviet Dispute: A Commentary and Extracts from the Recent Polemics, 1963–1967*. Oxford: Oxford University Press, 1968.
Glickman, Lawrence B. *A Living Wage: American Workers and the Making of Consumer Society*. Ithaca, NY: Cornell University Press, 1997.
Gluckstein, Ygael. *Mao's China: Economic and Political Survey*. Boston: Beacon Press, 1957.
Godley, Andrew. "Global Diffusion of the Sewing Machine, 1850–1914." *Research in Economic History*, vol. 20 (2001), 1–46.
Godley, Andrew. "Selling the Sewing Machine Around the World: Singer's International Marketing Strategies, 1850–1920." *Enterprise and Society*, vol. 7, no. 2 (2006), 266–313.
Goffman, Erving. *The Presentation of Self in Everyday Life*. Woodstock, NY: Overlook Press, 1973.
Goldman, Wendy Z. *Women at the Gates: Gender and History in Stalin's Russia*. Cambridge: Cambridge University Press, 2002.
Goldstein, Melvyn C., Ben Jiao, and Tanzen Lhundrup. *On the Cultural Revolution in Tibet: The Nyemo Incident of 1969*. Berkeley: University of California Press, 2009.
Gooderham, Peter, "The Komsomol and Worker Youth: The Inculcation of 'Communist Values' in Leningrad during NEP." *Soviet Studies*, vol. 34, no. 4 (1982), 506–28.
Gordon, Andrew. "Selling the American Way: The Singer Sales System in Japan, 1900–1938." *Business History Review*, vol. 82, no. 4 (2008), 671–99.
Gronow, Jukka. *The Sociology of Taste*. London: Routledge, 1997.
Gronow, Jukka and Sergey Zhuravlev. *Fashion Meets Socialism: Fashion Industry in the Soviet Union After the Second World War*. Helsinki: Finnish Literature Society, 2014.
Gu Hua. *A Small Town Called Hibiscus*, tr. Gladys Yang. Beijing: Foreign Languages Press, 1983.

Friend, Robert C. "What Is It Like to Go Shopping in China?" *China Reconstructs*, vol. 13, no. 4 (1964), 31–3.

Fürst, Juliane. "The Importance of Being Stylish: Youth, Culture and Identity in Late Stalinism." Pp. 209–30, in Juliane Fürst, ed. *Late Stalinist Russia: Society Between Reconstruction and Reinvention*. London: Routledge, 2006.

Gabriel, Satyananda J. *Chinese Capitalism and the Modernist Vision*. London: Routledge, 2006.

Ganshin, G. and T. Zazerskaya. "Pitfalls Along the Path of 'Brotherly Friendship' (A Look at the History of Soviet-Chinese Relations)." *Far Eastern Affairs*, no. 6 (1994), 63–70.

Gansusheng Qingyangxian shangyeju 甘肃省青阳县商业局, ed. "破旧立新, 十大改革" (Destroy the old and establish the new, ten big reforms). Pp. 177–78, in Shangyebu (商业部), ed. 商业红旗, 上册 (The red flag of commerce, vol. 1). Beijing: Renmin chubanshe, 1959.

Gao Gao 高皋 and Yan Jiaqi 严家其. "文化大革命"十年史: 1966–1976 (Ten Years of the "Great Cultural Revolution": 1966–1976). Tianjin: Tianjin renmin chubanshe, 1986.

Gao Hongtao 高洪涛. "我们对 '大众电影'方向的看法" (Our view of the direction of *Mass Films*). *Zhongguo dianying zazhi*, no. 12 (1958), 52.

Gao, James Z. "A Call of the Oases: The 'Peaceful Liberation' of Xinjiang, 1949–53." Pp. 184–204, in Jeremy Brown and Paul G. Pickowicz, eds. *Dilemmas of Victory: The Early Years of the People's Republic of China*. Cambridge, MA: Harvard University Press, 2010.

Gao, James Z. *The Communist Takeover of Hangzhou: The Transformation of City and Cadre, 1949–1954*. Honolulu: University of Hawai'i Press, 2004.

Gao, Mobo. *The Battle for China's Past: Mao and the Cultural Revolution*. London: Pluto Press, 2008.

Gao Wangling 高王凌. 中国农民反行为研究 (1950–1980) (Research on the counter-strategies of Chinese peasants [1950–1980]). Hong Kong: Zhongwen daxue chubanshe, 2013.

Gao Yuan. *Born Red: A Chronicle of the Cultural Revolution*. Stanford: Stanford University Press, 1987.

Gardner, John. "The *Wu-Fan* Campaign in Shanghai: A Study in the Consolidation of Urban Control." Pp. 477–539, in A. Doak Barnett, ed. *Chinese Communist Politics in Action*. Seattle: University of Washington Press, 1969.

Garon, Sheldon. "Luxury is the Enemy: Mobilizing Savings and Popularizing Thrift in Wartime Japan." *Journal of Japanese Studies*, vol. 26, no. 1 (Winter 2000), 41–78.

Ge Kai 葛凯 (Karl Gerth). "社会主义中国与消费主义的妥协" (The contradictions between socialist China and consumerism). *Huadong shifan daxue*, no. 4 (Winter 2013), 1–7.

Gebhardt, Eike and Andrew Arato, eds. *The Essential Frankfurt School Reader*. New York: Continuum, 2007.

Gershenkron, Alexander. *Economic Backwardness in Historical Perspective*. Cambridge, MA: Belknap Press of Harvard University Press, 1962.

Eyferth, Jacob. *Eating Rice from Bamboo Roots: The Social History of a Community of Handicraft Papermakers in Rural Sichuan, 1920–2000*. Cambridge, MA: Harvard University Asia Center, 2009.

Fang Houshu 方厚枢. "'文革'十年毛泽东著作、毛泽东像出版纪" (Mao Zedong works and posters published during the ten years of Cultural Revolution). Pp. 215–36, in Song Yuanfang 宋原放, ed. 中国出版史料第三卷上册: 现代部分 (Historical materials on publishing in China, vol. 3, part 1: Contemporary section). Ji'nan: Shandong jiaoyu chubanshe, 2001.

Fang Jihong 方继红. "公物还家" (Public property becomes private). Pp. 462–63, in Zhe Yongping 者永平, ed. 那个年代中的我们 (Ourselves at that time). Huhehaote: Yuanfang chubanshe, 1998.

Federici, Silvia. *Caliban and the Witch: Women, the Body and Primitive Accumulation*. Brooklyn, NY: Autonomedia, 2004.

Federici, Silvia. *Revolution at Point Zero: Housework Reproduction and Feminist Struggle*. Brooklyn, NY: Autonomedia, 2012.

Feng, Jicai. *Voices from the Whirlwind: An Oral History of the Chinese Cultural Revolution*. New York: Pantheon Books, 1991.

Feng Xiaocai. "Between Class Struggle and Family Loyalty: The Mobilization of Businessmen's Wives and Children during the Five Antis Movement." *European Journal of East Asian Studies*, vol. 13, no. 2 (2014), 284–304.

Feng Xiaocai. "Rushing toward Socialism: The Transformation and Death of Private Business Enterprises in Shanghai, 1949–1956." Pp. 240–58, in William C. Kirby, ed. *The People's Republic of China at 60: An International Assessment*. Cambridge, MA: Harvard University Asia Center, 2011.

Feng Xiaocai 冯筱才. "社会主义的边缘人: 1956 年前后的小商小贩改造问题" (The marginalized people of socialism: The transformation of small business hawkers circa 1956). *Zhongguo dangdai shi yanjiu*, no. 3 (August 2011), 3–45.

Feng Xiaocai 冯筱才. "一九五八年至一九六三年中共自由市场政策研究" (A study of the free market policy of the CPC from 1958 to 1963). *Zhonggong dangshi yanjiu*, no. 2 (2015), 38–53.

Finnane, Antonia. *Changing Clothes in China: Fashion, History, Nation*. New York: Columbia University Press, 2008.

Finnane, Antonia and Peidong Sun. "Textiles and Apparel in the Mao Years: Uniformity, Variety, and the Limits of Autarchy." Pp. 16–43, in Wessie Ling and Simona Segre-Reinach, eds. *Making Fashion in Multiple Chinas: Chinese Styles in the Transglobal Landscape*. London: I.B. Tauris, 2018.

Fitzpatrick, Sheila. *The Cultural Front: Power and Culture in Revolutionary Russia*. Ithaca, NY: Cornell University Press, 1992.

Fitzpatrick, Sheila. *Everyday Stalinism: Ordinary Life in Extraordinary Times, Soviet Russia in the 1930s*. New York: Oxford University Press, 1999.

Fraser, Nancy and Rahel Jaeggi. *Capitalism: A Conversation in Critical Theory*. Cambridge: Polity, 2018.

Frazier, Mark W. *The Making of the Chinese Industrial Workplace: State, Revolution, and Labor Management*. New York: Cambridge University Press, 2002.

Dickson, Bruce J. *Wealth into Power: The Communist Party's Embrace of China's Private Sector*. New York: Cambridge University Press, 2008.
Dikötter, Frank. *The Cultural Revolution: A People's History, 1962–1976*. New York: Bloomsbury Press, 2017.
Dillon, Nara. *Radical Inequalities: China's Revolutionary Welfare State in Comparative Perspective*. Cambridge, MA: Harvard University Asia Center, 2015.
Ding Shu 丁抒. "追思节" (Pursuing Memorial Day). May 25, 2009. Originally published in 民间历史, but reposted on www.edubridge.com/letter/dingshu_fumu.htm. Archived April 13, 2016.
Dittmer, Lowell. *Liu Shao-ch'i and the Chinese Cultural Revolution: The Politics of Mass Criticism*. Berkeley: University of California Press, 1974.
Djilas, Milovan. *The New Class: An Analysis of the Communist System*. New York: Praeger, 1957.
Dong Qian 董倩. "规训与溢出: '新民晚报'与社会主义上海商业空间和商业文化建构 1949–1966" (Discipline and overflow: *Xinmin Evening News* and the construction of Shanghai's socialist business space and business culture 1949–1966), *Xinwen daxue*, no. 5 (2013), 1–14.
Dongguanshi gongshang xingzheng guanliju 东莞市工商行政管理局, ed. 东莞市工商行政管理志 (Administrative records of industry and commerce in Dongguan). Guangzhou: Guangdong renmin chubanshe, 2011.
Donnithorne, Audrey. *China's Economic System*. London: Allen & Unwin, 1967.
Dunham, Vera S. *In Stalin's Time: Middleclass Values in Soviet Fiction*, enlarged and updated ed. Durham, NC: Duke University Press, 1990.
Dutton, Michael. "Mango Mao: Infections of the Sacred." *Public Culture*, vol. 16, no. 2 (2004), 161–87.
Eckstein, Alexander. *China's Economic Revolution*. New York: Cambridge University Press, 1977.
Esfehani, Amir Moghaddass. "The Bicycle's Long Way to China: The Appropriation of Cycling as a Foreign Cultural Technique (1860–1940)." Pp. 94–102, in Nicholas Clayton and Andrew Ritchie, eds. *Cycle History 13, Proceedings of the 13th International Cycling History Conference*. San Francisco: Van der Plas Publications, 2003.
Evans, Harriet. "The Language of Liberation: Gender and *Jiefang* in Early Chinese Communist Discourse." Pp. 193–220, in Jeffrey N. Wasserstrom, ed. *Twentieth-Century China: New Approaches*. London: Routledge, 2003.
Evans, Harriet and Stephanie Donald, eds. *Picturing Power in the People's Republic: Posters of the Cultural Revolution*. Lanham, MD: Rowman & Littlefield, 1999.
Ewen, Stuart. *All Consuming Images: The Politics of Style in Contemporary Culture*. New York: Basic Books, 1988.
Ewen, Stuart. *Captains of Consciousness: Advertising and the Social Roots of the Consumer Culture*. New York: McGraw-Hill, 1976.
Eyferth, Jacob. "Beyond the Maoist Commodity: Material Life in Rural China, 1950–1980." Paper presented at the workshop, "Material Culture in Maoist China," King's College London, May 18, 2019.

Cox, Randi. "All This Can Be Yours! Soviet Commercial Advertising and the Social Construction of Space, 1928–1956." Pp. 125–62, in Evgeny Dobrenko and Eric Naiman, eds. *The Landscape of Stalinism: The Art and Ideology of Soviet Space*. Seattle: University of Washington Press, 2003.

Croll, Elisabeth. "Marriage Choice and Status Groups in Contemporary China." Pp. 175–97, in James L. Watson, ed. *Class and Social Stratification in Post-Revolution China*. Cambridge: Cambridge University Press, 1984.

Crossick, Geoffrey and Serge Jaumain, eds. *Cathedrals of Consumption: The European Department Store, 1850–1939*. Aldershot: Ashgate, 1999.

Crowley, David and Susan E. Reid. "Style and Socialism: Modernity and Material Culture in Post-War Eastern Europe." Pp. 1–17, in Susan Emily Reid and D. J. Crowley, eds. *Style and Socialism: Modernity and Material Culture in Post-War Eastern Europe*. Oxford: Berg, 2000.

Cui, Lili. "Mao Badge Craze Returns to China." *Beijing Review*, vol. 36, no. 19 (May 10–16, 1993), 32–3.

"Dangdai Zhongguo" congshu bianjibu "当代中国"丛书编辑部, ed. 当代中国的轻工业 (Light industry in contemporary China), 2 vols. Beijing: Zhongguo shehui kexue chubanshe, 1986.

Dangdai Zhongguo shangye bianjibu 当代中国商业编辑部, ed. 中华人民共和国商业大事记 (1958–1978) (A record of commercial activities in the People's Republic of China [1958–1978]). Beijing: Zhongguo shangye chubanshe, 1990.

Davies, Robert Bruce. *Peacefully Working to Conquer the World: Singer Sewing Machines in Foreign Markets, 1854–1920*. New York: Arno Press, 1976.

Davin, Delia. *Woman-Work: Women and the Party in Revolutionary China*. Oxford: Clarendon Press, 1976.

Day, Richard. "Preobrazhensky and the Theory of the Transition Period." *Soviet Studies*, vol. 27, no. 2 (1975), 196–219.

"Decision of the Central Committee of the Chinese Communist Party Concerning the Great Proletarian Cultural Revolution (Adopted on August 8, 1966)." *Peking Review*, vol. 9, no. 33 (August 12, 1966), 6–11. www.marxists.org/subject/china/peking-review/1966/PR1966-33g.htm. Archived July 15, 1918.

De Grazia, Victoria. *Irresistible Empire: America's Advance through Twentieth-Century Europe*. Cambridge, MA: Belknap Press of Harvard University Press, 2005.

Deng Pu 邓普. 美帝侵略上海的罪证 (Evidence of the US imperialist invasion of Shanghai). Beijing: Shijie zhishi chubanshe, 1950.

Deng Xiaoping. "Building Socialism with a Specifically Chinese Character." Excerpt from a talk with the Japanese delegation to the Second Session of the Council of Sino-Japanese Non-Governmental Persons, June 30, 1984. http://en.people.cn/dengxp/vol3/text/c1220.html. Archived December 26, 2017.

Diamant, Neil Jeffrey. *Revolutionizing the Family: Politics, Love, and Divorce in Urban and Rural China, 1949–1968*. Berkeley: University of California Press, 2000.

Dickson, Bruce J. *Red Capitalists in China: The Party, Private Entrepreneurs and the Prospects for Political Change*. New York: Cambridge University Press, 2003.

Chen Zhengqing. "Socialist Transformation and the Demise of Private Entrepreneurs: Wu Yunchu's Tragedy." *European Journal of East Asian Studies*, vol. 13, no. 2 (2014), 240–61.
Cheng, Tiejun and Mark Selden. "The Construction of Spatial Hierarchies: China's *Hukou* and *Danwei* Systems." Pp. 23–50, in Timothy Cheek and Tony Saich, eds. *New Perspectives on State Socialism in China*. Armonk, NY: M.E. Sharpe, 1997.
Chernyshova, Natalya. *Soviet Consumer Culture in the Brezhnev Era*. London: Routledge, 2013.
Cheung, Tai Ming. *Fortifying China: The Struggle to Build a Modern Defense Economy*. Ithaca, NY: Cornell University Press, 2009.
Chin Feng. "Good Housewife Campaign Sweeps the Country." *Women of China*, no. 3 (March 1957), 10–12.
Chou Ping-kun. "The 1947 Boycott of U.S. Goods." *China Reconstructs*, vol. 14, no. 1 (1965), 40–2.
Chu Chan-liang. "Fountain Pens for Everyone." *China Reconstructs*, vol. 13, no. 4 (April 1964), 26–7.
Ciarlo, David. *Advertising Empire: Race and Visual Culture in Imperial Germany*. Cambridge, MA: Harvard University Press, 2011.
Clark, Paul. *Chinese Cinema: Culture and Politics Since 1949*. Cambridge: Cambridge University Press, 1987.
Clayton, David. *Imperialism Revisited: Political and Economic Relations between Britain and China, 1950–54*. New York: St. Martin's Press, 1997.
Clunas, Craig. *Superfluous Things: Material Culture and Social Status in Early Modern China*. Honolulu: University of Hawai'i Press, 2004.
Coble, Parks M. *Chinese Capitalists in Japan's New Order: The Occupied Lower Yangzi, 1937–1945*. Berkeley: University of California Press, 2003.
Coble, Parks M. *The Shanghai Capitalists and the Nationalist Government, 1927–1937*, 2nd ed. Cambridge, MA: Council on East Asian Studies, Harvard University, 1986.
Cochran, Sherman. *Big Business in China: Sino-Foreign Rivalry in the Cigarette Industry, 1890–1930*. Cambridge, MA: Harvard University Press, 1980.
Cochran, Sherman. "Marketing Medicine and Advertising Dreams in China, 1900–1950." Pp. 62–97, in Wen-hsin Yeh, ed. *Becoming Chinese: Passages to Modernity and Beyond*. Berkeley: University of California Press, 2000.
Cochran, Sherman, ed. *The Capitalist Dilemma in China's Communist Revolution*. Ithaca, NY: East Asia Program, Cornell University, 2015.
Coderre, Laurence. "A Necessary Evil: Conceptualizing the Socialist Commodity under Mao." *Comparative Studies in Society and History*, vol. 61, no. 1 (2019), 23–49.
The Common Program and Other Documents of the First Plenary Session of the Chinese People's Political Consultative Congress. Peking: Foreign Languages Press, 1950.
The Constitution of the People's Republic of China. Peking: Foreign Languages Press, 1954.

Chen Boda 陈伯达. "不要乱打原来的企业机构" (Don't throw into disarray the existing structure of capitalist enterprises). Pp. 17–29, in 中国人民解放军入城政策 (Policies regarding the takeover of cities by the People's Liberation Army). Hankou: Xinhua shudian, 1949.

Chen Chi-hua. "Films for the People." *People's China*, vol. 24, no. 10 (December 16, 1953), 10–13.

Chen Chunfang 陈春舫. 上海票证故事 (Stories of Shanghai ration coupons). Shanghai: Dongfang chuban zhongxin, 2009.

Chen, Feng. *Economic Transition and Political Legitimacy in Post-Mao China: Ideology and Reform*. Albany: State University of New York Press, 1995.

Chen Jian. *China's Road to the Korean War: The Making of the Sino-American Confrontation*. New York: Columbia University Press, 1994.

Chen Jian. "The Chinese Communist 'Liberation' of Tibet, 1949–51." Pp. 160–83, in Jeremy Brown and Paul G. Pickowicz, eds. *Dilemmas of Victory: The Early Years of the People's Republic of China*. Cambridge, MA: Harvard University Press, 2010.

Chen Jian. *Mao's China and the Cold War*. Chapel Hill: University of North Carolina Press, 2001.

Chen Lo-Kiang. "Get-Together Cooking Is Best." *Women of China*, no. 2 (February 1960), 13–15.

Chen Mingyuan. 陈明远, 历史的见证: 四十年票证和人民币史 (Historical witness: Forty years of ration coupons and the history of the Renminbi). Beijing: Fenghuang chubanshe, 2009.

Chen, Theodore H. E. and Wen-hui C. Chen. "The 'Three Anti' and 'Five Anti' Movements in Communist China." *Pacific Affairs*, vol. 26, no. 1 (1953), 4–5.

Chen, Tina Mai. "Dressing for the Party: Clothing, Citizenship, and Gender-Formation in Mao's China." *Fashion Theory*, vol. 5, no. 2 (2001), 143–71.

Chen, Tina Mai. "Film and Gender in Sino-Soviet Cultural Exchange, 1949–1969." Pp. 421–45, in Thomas P. Bernstein and Hua-Yu Li, eds. *China Learns from the Soviet Union, 1949–Present*. Lanham, MD: Lexington Books, 2010.

Chen, Tina Mai. "International Film Circuits and Global Imaginaries in the People's Republic of China, 1949–57." *Journal of Chinese Cinemas*, vol. 3, no. 2 (2009), 149–61.

Chen, Tina Mai. "Proletarian White and Working Bodies in Mao's China." *positions: east asia, cultures critiques*, vol. 11, no. 2 (2003), 361–93.

Chen, Tina Mai. "Propagating the Propaganda Film: The Meaning of Film in Chinese Communist Party Writings, 1949–1965." *Modern Chinese Literature and Culture*, vol. 15, no. 2 (Fall 2003), 154–93.

Chen, Xin-zhu J. "China and the US Trade Embargo, 1950–1972." *American Journal of Chinese Studies*, vol. 13, no. 2 (2006), 169–86.

Chen Yilin 陈毅林. "三块手表" (Three watches). *Wenshi yuekan*, no. 12 (December 2008), 68.

Chen Yu 陈煜. 中国生活记忆: 建国60年民生往事 (Recollections of life in China: 60 years of everyday happening since the establishment of the state). Beijing: Zhongguo qinggongye chubanshe, 2009.

Bray, Francesca. *Technology and Gender: Fabrics of Power in Late Imperial China*. Berkeley: University of California Press, 1997.
Brewer, John and Roy Porter, eds. *Consumption and the World of Goods*. London: Routledge, 1994.
Brown, Jeremy. *City versus Countryside in Mao's China: Negotiating the Divide*. New York: Cambridge University Press, 2012.
Brown, Jeremy and Paul G. Pickowicz., eds. *Dilemmas of Victory: The Early Years of the People's Republic of China*. Cambridge, MA: Harvard University Press, 2010.
Brown, Kate. *Plutopia: Nuclear Families, Atomic Cities, and the Great Soviet and American Plutonium Disasters*. Oxford: Oxford University Press, 2013.
Buick, Adam and John Crump. *State Capitalism: The Wages System under New Management*. Basingstoke: Macmillan, 1986.
Cao Qianli 草千里. 红色官窑: 文革瓷器 (The red official kiln: Cultural Revolution porcelain). Beijing: Tuanjie chubanshe, 2002.
Castells, Manuel. "Collective Consumption and Urban Contradictions in Advanced Capitalism." Pp. 107–29, in Ida Susser, ed. *The Castells Reader on Cities and Social Theory*. Oxford: Blackwell, 2002.
Ceplair, Larry. *Anti-Communism in Twentieth-Century America: A Critical History*. Santa Barbara: Praeger, 2011.
Ch'en, Yün et al. *Ch'en Yün's Strategy for China's Development: A Non-Maoist Alternative*. Armonk, NY: M.E. Sharpe, 1983.
Chan, Anita and Jonathan Unger. "Grey and Black: The Hidden Economy of Rural China." *Pacific Affairs*, vol. 55, no. 3 (Fall 1982), 452–71.
Chan, Anita, Richard Madsen, and Jonathan Unger. *Chen Village: Revolution to Globalization*, 3rd ed. Berkeley: University of California Press, 2009.
Chan, Sylvia. "The Image of a 'Capitalist Roader' – Some Dissident Short Stories in the Hundred Flowers Period." *The Australian Journal of Chinese Affairs*, no. 2 (July 1979), 77–102.
Chan, Wellington K. K. "Personal Styles, Cultural Values and Management: The Sincere and Wing On Companies in Shanghai and Hong Kong, 1900–1941." *Business History Review*, vol. 70, no. 2 (1996), 141–66.
Chan, Wellington K. K. "Selling Goods and Promoting a New Commercial Culture: The Four Premier Department Stores on Nanjing Road, 1917–1937." Pp. 19–36, in Sherman Cochran, ed. *Inventing Nanjing Road: Commercial Culture in Shanghai, 1900–1945*. Ithaca, NY: East Asia Program, Cornell University, 1999.
Chang, Jung. "Twentieth Century China Through Three Generations of Women." *India International Centre Quarterly*, vol. 31, no. 1 (July 2004), 23–31.
Chase-Dunn, Christopher K., ed. *Socialist States in the World-System*. Beverly Hills: Sage Publications, 1982.
Chattopadhyay, Paresh. *Marx's Associated Mode of Production: A Critique of Marxism*. New York: Palgrave Macmillan, 2016.

Beijingshi difangzhi bianzuan weiyuanhui 北京市地方志编纂委员会, ed. 北京志 商业卷 饮食服务志 (Beijing gazetteer, commerce volume: Food and service sector). Beijing: Beijing chubanshe, 2008.

Benedict, Carol. *Golden-Silk Smoke: A History of Tobacco in China, 1550–2010*. Berkeley: University of California Press, 2011.

Benewick, Robert. "Icons of Power: Mao Zedong and the Cultural Revolution." Pp. 123–37, in Harriet Evans and Stephanie Donald, eds. *Picturing Power in the People's Republic: Posters of the Cultural Revolution*. Lanham, MD: Rowman & Littlefield, 1999.

Benewick, Robert and Stephanie Donald. "Badgering the People: Mao Badges, A Retrospective 1949–1995." Pp. 28–39, in Robert Benewick, ed. *Belief in China: Art and Politics, Deities and Mortality*. Brighton: Green Centre for Non-Western Art and Culture at the Royal Pavilion, Art Gallery and Museums, 1996.

Bennett, Gordon A. *Yundong: Mass Campaigns in Chinese Communist Leadership*. Berkeley: Center for Chinese Studies, University of California, 1976.

Bennett, Gordon A. and Ronald N. Montaperto. *Red Guard: The Political Biography of Dai Hsiao-ai*. Garden City, NY: Anchor Books, 1972.

Bernstein, Thomas P. "Introduction: The Complexities of Learning from the Soviet Union." Pp. 1–23, in Thomas P. Bernstein and Hua-Yu Li, eds. *China Learns from the Soviet Union, 1949–Present*. Lanham, MD: Lexington Books, 2010.

Bernstein, Thomas P. "Mao Zedong and the Famine of 1959–1960." *The China Quarterly*, no. 186 (2006), 421–45.

Bernstein, Thomas P. *Up to the Mountains and Down to the Villages: The Transfer of Youth from Urban to Rural China*. New Haven: Yale University Press, 1977.

Bi Jiarong 毕家镕. "南京财贸行业在动乱中的徘徊" (Lingering finance and trade in Nanjing during the time of chaos). Pp. 506–12, in Zhuang Xiaojun 庄小军 and Xu Kangying 徐康英, eds. 风雨同舟：南京探索前进三十年 1949–1978 (Stand together through storm and stress: Thirty years of exploration and progress in Nanjing 1949–1978). Beijing: Zhonggong dangshi chubanshe, 2002.

Bijker, Wiebe E. *Of Bicycles, Bakelites, and Bulbs: Toward a Theory of Sociotechnical Change*. Cambridge, MA: MIT Press, 2002.

Bo Fen 伯奋. 好莱坞：电影帝国 (Hollywood: Cinematic imperialism). Shanghai: Hufeng chubanshe, 1951.

Bonnell, Victoria E. *Iconography of Power: Soviet Political Posters under Lenin and Stalin*. Berkeley: University of California Press, 1997.

Bossen, Laurel and Hill Gates. *Bound Feet, Young Hands: Tracking the Demise of Footbinding in Village China*. Stanford: Stanford University Press, 2017.

Bourdieu, Pierre. *Distinction: A Social Critique of the Judgement of Taste*, tr. Richard Nice. Cambridge, MA: Harvard University Press, 1984.

Bramall, Chris. *Chinese Economic Development*. London: Routledge, 2009.

Bramall, Chris. *Industrialization of Rural China*. Oxford: Oxford University Press, 2007.

參考書目

Altehenger, Jennifer E. *Legal Lessons: Popularizing Laws in the People's Republic of China, 1949–1989*. Cambridge, MA: Harvard University Asia Center, 2018.

Andreas, Joel. "Reconfiguring China's Class Order after the 1949 Revolution." Pp. 21–43, in Yingjie Guo, ed. *Handbook on Class and Social Stratification in China*. Cheltenham: Edward Elgar, 2016.

Andreas, Joel. *Rise of the Red Engineers: The Cultural Revolution and the Origins of China's New Class*. Stanford: Stanford University Press, 2009.

Arnold, David. *Everyday Technology: Machines and the Making of India's Modernity*. Chicago: University of Chicago Press, 2013.

"把上海的天空保护起来" (Protect the Shanghai sky). Pp. 132–40, in Zhongguo renmin jiefangjun Shanghai jingbeiqu zhengzhibu, Zhonggong Shanghai shiwei dangshi yanjiushi 中国人民解放军上海警备区政治部, 中共上海市委党史研究室, eds. 警备大上海 (Guard great Shanghai). Shanghai: Shanghai yuandong chubanshe, 1994.

Ball, Alan M. *Russia's Last Capitalists: The Nepmen, 1921–1929*. Berkeley: University of California Press, 1987.

Baranovitch, Nimrod. *China's New Voices: Popular Music, Ethnicity, Gender, and Politics, 1978–1997*. Berkeley: University of California Press, 2003.

Barber, John and Mark Harrison, eds. *The Soviet Defence-Industry Complex from Stalin to Khrushchev*. Basingstoke: Macmillan, 2000.

Barnett, A. Doak. *Communist China: The Early Years, 1949–55*. New York: Praeger, 1964.

Baum, Richard and Frederick C. Teiwes. *Ssu-Ch'ing: The Socialist Education Movement of 1962–1966*. Berkeley: Center for Chinese Studies, University of California, 1968.

Bays, Daniel H. *A New History of Christianity in China*. Malden, MA: Wiley-Blackwell, 2012.

Beckert, Sven. *Empire of Cotton: A Global History*. New York: Alfred A. Knopf, 2014.

Beijing chubanshe bianjibu 北京出版社编辑部, ed. 大跃进中的北京天桥百货商场 (Beijing Tianqiao Department Store in the Great Leap Forward). Beijing: Beijing chubanshe, 1958.

Beijing huace bianji weiyuanhui 北京画册编辑委员会, ed. 北京 (Beijing). Beijing: Beijing huace bianji weiyuanhui, 1959.

國家圖書館出版品預行編目 (CIP) 資料

消費中國：資本主義的敵人如何成爲消費主義的信徒／
葛凱（Karl Gerth）著；陳雅馨，莊勝雄譯
——初版——新北市：臺灣商務印書館股份有限公司，2021.08
面； 公分（歷史．中國史）
譯自：Unending Capitalism: How Consumerism Negated China's Communist Revolution
ISBN 978-957-05-3342-2（平裝）

1.消費社會 2.資本主義 3.共產主義 4.中國

551.85 110010017

歷史．中國史

消費中國：資本主義的敵人如何成為消費主義的信徒

Unending Capitalism: How Consumerism Negated China's Communist Revolution

作　　者　葛凱（Karl Gerth）
譯　　者　陳雅馨、莊勝雄
發 行 人　王春申
選書顧問　林桶法、陳建守
總 編 輯　張曉蕊
責任編輯　洪偉傑、徐鉞
封面設計　盧卡斯工作室
內文排版　菩薩蠻電腦科技有限公司
業務組長　何思頓
行銷組長　張家舜
影音組長　謝宜華
出版發行　臺灣商務印書館股份有限公司
23141 新北市新店區民權路 108-3 號 5 樓（同門市地址）
電話：（02）8667-3712　傳眞：（02）8667-3709
讀者服務專線：0800-056193　郵撥：0000165-1
E-mail：ecptw@cptw.com.tw　網路書店網址：www.cptw.com.tw
Facebook：facebook.com.tw/ecptw

局版北市業字第 993 號
2021 年 8 月初版 1 刷
印刷　沈氏藝術印刷股份有限公司
定價　新台幣 550 元

法律顧問　何一芃律師事務所